FERNANDA SCHUHLI BOURGES

Prefácio
Daniel Wunder Hachem

Apresentação
Luiz Alberto Blanchet

MEDIAÇÃO ADMINISTRATIVA
SOLUÇÃO DE CONTROVÉRSIAS ENTRE OS PARTICULARES E A ADMINISTRAÇÃO PÚBLICA

Belo Horizonte

FÓRUM
CONHECIMENTO JURÍDICO
2023

© 2023 Editora Fórum Ltda.

É proibida a reprodução total ou parcial desta obra, por qualquer meio eletrônico, inclusive por processos xerográficos, sem autorização expressa do Editor.

Conselho Editorial

Adilson Abreu Dallari
Alécia Paolucci Nogueira Bicalho
Alexandre Coutinho Pagliarini
André Ramos Tavares
Carlos Ayres Britto
Carlos Mário da Silva Velloso
Cármen Lúcia Antunes Rocha
Cesar Augusto Guimarães Pereira
Clovis Beznos
Cristiana Fortini
Dinorá Adelaide Musetti Grotti
Diogo de Figueiredo Moreira Neto (*in memoriam*)
Egon Bockmann Moreira
Emerson Gabardo
Fabrício Motta
Fernando Rossi
Flávio Henrique Unes Pereira
Floriano de Azevedo Marques Neto
Gustavo Justino de Oliveira
Inês Virgínia Prado Soares
Jorge Ulisses Jacoby Fernandes
Juarez Freitas
Luciano Ferraz
Lúcio Delfino
Marcia Carla Pereira Ribeiro
Márcio Cammarosano
Marcos Ehrhardt Jr.
Maria Sylvia Zanella Di Pietro
Ney José de Freitas
Oswaldo Othon de Pontes Saraiva Filho
Paulo Modesto
Romeu Felipe Bacellar Filho
Sérgio Guerra
Walber de Moura Agra

FÓRUM
CONHECIMENTO JURÍDICO

Luís Cláudio Rodrigues Ferreira
Presidente e Editor

Coordenação editorial: Leonardo Eustáquio Siqueira Araújo
Aline Sobreira de Oliveira

Rua Paulo Ribeiro Bastos, 211 – Jardim Atlântico – CEP 31710-430
Belo Horizonte – Minas Gerais – Tel.: (31) 99412.0131
www.editoraforum.com.br – editoraforum@editoraforum.com.br

Técnica. Empenho. Zelo. Esses foram alguns dos cuidados aplicados na edição desta obra. No entanto, podem ocorrer erros de impressão, digitação ou mesmo restar alguma dúvida conceitual. Caso se constate algo assim, solicitamos a gentileza de nos comunicar através do *e-mail* editorial@editoraforum.com.br para que possamos esclarecer, no que couber. A sua contribuição é muito importante para mantermos a excelência editorial. A Editora Fórum agradece a sua contribuição.

Dados Internacionais de Catalogação na Publicação (CIP) de acordo com a AACR2

B772m   Bourges, Fernanda Schuhli

Mediação administrativa: solução de controvérsias entre os particulares e a Administração Pública / Fernanda Schuhli Bourges. Belo Horizonte: Fórum, 2023.

367 p. 14,5x21,5cm

ISBN 978-65-5518-557-7

1. Mediação administrativa. 2. Administração dialógica. 3. Autocomposição. 4. Interesse público. 5. Consensualidade. I. Título.

CDD: 351
CDU: 35

Ficha catalográfica elaborada por Lissandra Ruas Lima – CRB/6 – 2851

Informação bibliográfica deste livro, conforme a NBR 6023:2018 da Associação Brasileira de Normas Técnicas (ABNT):

BOURGES, Fernanda Schuhli. *Mediação administrativa*: solução de controvérsias entre os particulares e Administração Pública. Belo Horizonte: Fórum, 2023. 367 p. ISBN 978-65-5518-557-7.

Dedico esta obra aos meus filhos, Henrique e Laura, e à minha mãe.

AGRADECIMENTOS

Agradeço a Deus por tudo.

Agradeço à minha mãe, Joyne, pelo amor e cuidado, bem como pelo auxílio e apoio diário, dedicados a mim e aos meus dois filhos pequenos, à época, com dois anos e recém-nascida, para que a pesquisa envolvida nesta obra pudesse ser iniciada e desenvolvida.

Agradeço o auxílio, incentivo, amor e compreensão do meu esposo, Alex, assim como pela dedicação aos nossos filhos, que foram fundamentais para a realização deste trabalho.

Agradeço ao meu pai, Fernando, sempre estudioso, exemplo de perseverança e meu grande incentivador. Sou grata ao apoio e ao incentivo do meu padrasto, Roberto.

Agradeço ao prof. Dr. Luiz Alberto Blanchet, pela orientação no desenvolvimento da pesquisa objeto desta obra, assim como pelo constante apoio e incentivo e por gentilmente fazer a apresentação desta obra.

À profa. Dra. Angela Cassia Costaldello, pela participação e contribuição com a pesquisa realizada, bem como pela inspiração, incentivo, carinho e amizade desde o início da minha jornada no direito administrativo, quando tive a felicidade de ser sua estagiária.

Agradeço ao prof. Dr. Daniel Wunder Hachem pelas inspirações a partir de suas aulas e obras, pelo apoio e gentileza durante todo o percurso de pesquisa, pelo auxílio com a realização do doutorado sanduíche na Sorbonne e pelo aceite em gentilmente prefaciar a presente obra.

Sou grata ao prof. Dr. David Capitant, por me receber para o período de pesquisa na Université Paris 1 – Panthéon Sorbonne, por sua gentileza e cordialidade nesta recepção e por aceitar a orientação da pesquisa em cotutela.

Sou grata ao prof. Dr. Pierre Bourdon pelas contribuições e reflexões propiciadas pelo seu minucioso relatório e por sua participação na banca de defesa da tese que antecedeu esta obra.

Também sou grata à profa. Dra. Adriana Schier pela amizade, acolhimento, participação e contribuição para as reflexões da pesquisa em sua fase de qualificação.

Agradeço ao prof. Dr. Juarez Freitas, pela inspiração e conversas sobre o tema, assim como pelo carinho e incentivo. Agradeço a inspiração, amizade e incentivo da profa. Dra. Vivian Lima Valle. Agradeço também ao prof. Dr. Emerson Gabardo pelo incentivo e encorajamento à realização do doutorado sanduíche. Sou grata pelos ensinamentos e exemplo do Prof. Dr. Romeu Felipe Bacellar Filho, meu professor de direito administrativo e orientador durante a graduação, pós-graduação e mestrado.

Agradeço à CAPES, pelo custeio de parte das mensalidades do doutorado e à PUCPR, que reconheceu e apoiou o caráter inovador desta pesquisa e conferiu a isenção do pagamento das mensalidades por todo o período remanescente. Agradeço, ainda, ao programa PDSE-CAPES, pela concessão de bolsa para a realização do doutorado sanduíche de seis meses na Université Paris 1 – Panthéon Sorbonne.

Agradeço ao Grupo de Estudos em Mediação e Negociação, GEMNPUCPR, nas pessoas dos professores Luciana Drimel Dias e Cézar Franco, pelo acolhimento e pelo espaço de estudo, práticas, trocas de experiências e competições em mediação e negociação, o que enriqueceu muito a pesquisa e a assimilação de conteúdos. Agradeço à Bárbara Tiradentes pela acolhida no CEJUSC/Boqueirão, à amizade e à disponibilidade para compartilhar os conhecimentos sobre a mediação. Agradeço também ao Marcel Tulio, instrutor e mediador do TJPR, pelas reflexões e compartilhamento de experiências. Agradeço à gentileza e disponibilidade da Dra. Leila Cuéllar (PGEPR) e da Dra. Claudine Camargo (PGMCuritiba), pelas conversas a respeito da mediação. Assim como sou grata ao apoio da Dra. Elisa Eidt (PGERS), por viabilizar minha participação no Grupo de Trabalho de Mediação e Administração Pública da OABRS. Agradeço também ao IMAB e ao Dr. Adolfo Braga Neto, pela oportunidade de participação em grupo de debates e reflexões sobre mediação e Administração Pública.

Agradeço a amizade e a parceria da amiga Ana Viana, com quem compartilhei muitas das experiências em Paris. Agradeço ao carinho e à gentileza da amiga Natália Prigol. À amiga Giulia Andrade também sou grata pelo carinho, inspiração e companhia em vários momentos acadêmicos importantes desta trajetória. Sou grata também ao amigo Lucas Reis, pela companhia e auxílio mútuo em Paris.

Agradeço à amiga Mariane Lubke, por todo o carinho e parceria, grande amiga e companheira da jornada do doutorado e da vida. Sou grata ao amigo Luciano Elias Reis, pela inspiração, incentivo e apoio.

Agradeço aos amigos Ana Carolina e Rafael Guedes de Castro e Andréa Abrahão, pela amizade, incentivo e companheirismo nas jornadas acadêmicas, profissionais e da vida. Assim como sou grata ao incentivo e ao carinho da Heiga Engel.

Sou grata à amizade e ao apoio das amigas de todas as horas, Andréia Latreille e Érica Domingues.

Agradeço ao companheirismo e ao apoio dos amigos Alexandre Gonçalves e Fernanda Bragança, os quais tive a sorte de conhecer na Sorbonne durante o doutorado sanduíche e muito me auxiliaram na pesquisa.

Sou grata ainda ao apoio e ao incentivo dos colegas e amigos da Comissão de Gestão Pública da OABPR, representados por: Francisco Zardo, Laerzio Chiesorin Júnior, Viviane Duarte, Bruno Gofman, Eduardo Tesseroli, Pablo Souza, Renata Zelinski, Rodrigo Cabral, Cecília Leindorf e Tiossi Júnior.

Agradeço aos meus dois filhos, Henrique e Laura, pela alegria, amor e aprendizados diários, que me fazem ser e querer ser uma pessoa sempre melhor.

"Todo desenvolvimento verdadeiramente humano significa o desenvolvimento conjunto das autonomias individuais, das participações comunitárias e do sentimento de pertencer à espécie humana."

Edgar Morin, *Os sete saberes necessários à educação do futuro.*

LISTA DE ABREVIATURAS E SIGLAS

AGU – Advocacia Geral da União
Art. – artigo
CADE – Conselho Administrativo de Defesa Econômica
CEDH – Corte Europeia dos Direitos do Homem
CEJUSC – Centro Judiciário de Solução de Conflitos e Cidadania
CEPEJ – Comissão pela Eficácia da Justiça – Conselho da Europa (FR)
CJA – Código de Justiça Administrativa (FR)
CNJ – Conselho Nacional de Justiça
CPC – Código de Processo Civil
CRFB – Constituição da República Federativa do Brasil
CRPA – Código das Relações entre o público e a Administração (FR)
CVM – Conselho de Valores Mobiliários
DCRA – Direitos dos Cidadãos em suas Relações com a Administração (FR)
Dec. – Decreto
IBGE – Instituto Brasileiro de Geografia e Estatística
LINDB – Lei de Introdução às Normas do Direito Brasileiro
MARC – Modos Alternativos de Resolução de Conflitos (BR/FR)
MARD – Modos Amigáveis de Resolução de Diferenças (BR/FR)
MARL – Modos Alternativos de Resolução de Litígios (BR/FR)
MPO – Mediação preliminar obrigatória (FR)
OAB – Ordem dos Advogados do Brasil
RAPO – Recurso administrativo preliminar obrigatório (FR)
Res. – Resolução
TJPR – Tribunal de Justiça do Estado do Paraná
UE – União Europeia

SUMÁRIO

PREFÁCIO
Daniel Wunder Hachem 19

APRESENTAÇÃO
Luiz Alberto Blanchet 21

INTRODUÇÃO 25

CAPÍTULO 1
ESTADO DEMOCRÁTICO DE DIREITO: NOVOS HORIZONTES
ÀS RELAÇÕES ENTRE AS PESSOAS E O ESTADO 33

1.1 Função administrativa democrática 44

1.1.1 O direito à boa administração: participação em um espaço administrativo de diálogo 53

1.1.2 Em busca da horizontalização das relações entre as pessoas e a Administração Pública na França 59

1.2 Construção de uma Administração Pública dialógica 68

1.2.1 Perspectivas dialógico-democráticas aos interesses públicos 75

1.2.2 A contratualização como instrumento da Administração Pública dialógica-democrática 91

CAPÍTULO 2
A AUTOCOMPOSIÇÃO ADMINISTRATIVA COMO MODO
PRIORITÁRIO E PREVENTIVO PARA A SOLUÇÃO DE
CONTROVÉRSIAS ENTRE A ADMINISTRAÇÃO PÚBLICA
E OS PARTICULARES 105

2.1 A falta de composição administrativa, a excessiva judicialização contra a Administração Pública e os possíveis prejuízos ao interesse público 112

2.1.1 Possíveis consequências da subutilização de mecanismos autocompositivos... 116

2.2 O ordenamento jurídico brasileiro e a priorização à solução consensual de conflitos administrativos 135

2.2.1 A consensualidade na Constituição da República............................. 136

2.2.2 A consensualidade administrativa na legislação................................ 137

2.2.3 A priorização da consensualidade administrativa no ordenamento jurídico brasileiro 148

2.3 A mediação como mecanismo de autocomposição administrativa na solução e prevenção de controvérsias entre a Administração Pública e os particulares 152

2.3.1 A autocomposição administrativa.. 154

2.3.2 A mediação como instrumento de diálogo e consenso..................... 161

2.4 Características da mediação e a possibilidade de renovação das relações jurídicas entre particulares e a Administração 167

2.4.1 O procedimento da mediação 168

2.4.2 O potencial da mediação no fortalecimento das relações administrativas.. 179

CAPÍTULO 3
A MEDIAÇÃO ADMINISTRATIVA COMO MODO ADEQUADO À SOLUÇÃO E À PREVENÇÃO DE CONFLITOS EM UMA ADMINISTRAÇÃO PÚBLICA DEMOCRÁTICA – POSSIBILIDADES À SUA IMPLEMENTAÇÃO.................................... 187

3.1 Mediação e Administração Pública – possíveis óbices e sua compatibilização 189

3.2 Mediação administrativa como mecanismo de aprimoramento à realização dos interesses públicos 206

3.2.1 A mediação administrativa e a indisponibilidade do interesse público revisitada... 207

3.2.2 A mediação como um espaço de construção de interesses públicos 215

3.3 Mediação – um novo instrumento à função administrativa 234

3.3.1 Desafios à implementação da mediação administrativa 236

CAPÍTULO 4

PERSPECTIVAS COMPARADAS DA MEDIAÇÃO ADMINISTRATIVA NA FRANÇA – PROPOSIÇÕES DE IMPLEMENTAÇÃO NO BRASIL 263

4.1 Aspectos da mediação administrativa na França 266

4.2 Aspectos da mediação administrativa no Brasil – Perspectivas comparadas com a França 287

4.3 Propostas para a implementação da mediação administrativa 310

4.3.1 Providências necessárias à implementação da mediação administrativa 311

4.3.2 Mediação prévia obrigatória: um dever da Administração, um direito ao particular 317

4.3.3 Estruturação necessária à mediação administrativa 320

CONSIDERAÇÕES FINAIS 329

REFERÊNCIAS 343

PREFÁCIO

A obra que tenho a alegria de prefaciar, intitulada *Mediação administrativa – Solução de controvérsias entre os particulares e a Administração Pública*, é a versão em língua portuguesa da tese de doutorado redigida e defendida em francês pela professora Fernanda Schuli Bourges, em cotutela entre a Pontifícia Universidade Católica do Paraná e a Université Paris 1 Panthéon-Sorbonne. Foi orientada pelos professores Luiz Alberto Blanchet (PUCPR) e David Capitant (Sorbonne) e aprovada por banca examinadora composta por professores brasileiros e franceses, da qual tive a honra de participar.

A parceria entre as duas instituições é fruto de um convênio de cooperação científica celebrado pelas universidades em 2018, a partir do qual diversas iniciativas acadêmicas conjuntas vêm sendo desenvolvidas, desde intercâmbios de professores e alunos de graduação, mestrado, doutorado e pós-doutorado, até eventos e publicações conjuntas. A produção de uma tese de doutorado em cotutela – realizada conjuntamente nas duas universidades, sob a coorientação de um professor de cada instituição, com uma única defesa de tese e obtenção de dois diplomas de doutorado – é certamente uma das realizações mais relevantes desse tipo de parceria institucional. E a professora Fernanda Bourges foi a primeira a obter a dupla diplomação a partir desse convênio.

O estudo aborda temática de grande importância e atualidade, que consiste na solução de controvérsias entre o Poder Público e os sujeitos privados por meio da mediação. Tem o objetivo de propor alternativas aos métodos tradicionais de resolução de conflitos desenvolvidos no âmbito do Poder Judiciário quando em um dos polos figuram entidades da Administração Pública. No cenário brasileiro, a questão assume ainda maior destaque, haja vista a adoção de um sistema de jurisdição uno – que julga tanto os casos envolvendo somente particulares quanto aqueles em que participa o Poder Público – atualmente abarrotado de demandas cujo objeto são matérias de Direito Administrativo.

Em sua obra, a autora identifica uma série de problemas que decorrem da inexistência de uma prática de autocomposição administrativa no Brasil, gerando excesso de judicialização de demandas em face da Administração Pública. Valendo-se de extensa bibliografia nacional e estrangeira, Fernanda encontra no ordenamento jurídico-constitucional brasileiro fundamentos para sustentar a existência de um dever de priorização, por parte do Estado, da utilização de meios consensuais de resolução de controvérsias, fundados no diálogo e no consenso.

O livro faz uma aposta no instituto da mediação administrativa, não sem antes examinar os possíveis argumentos contrários à admissibilidade do seu emprego no sistema jurídico nacional. Arrola os óbices normalmente levantados pela doutrina em face do uso da mediação pela Administração Pública para, então, refutar cada um deles e demonstrar em que medida o instituto é compatível com os pilares do Direito Público brasileiro. Em seguida, apresenta quais são os principais desafios para a implementação prática do instituto no país, sugerindo alguns requisitos para o seu manejo por parte do Estado.

No último capítulo, a autora lança um olhar sobre o Direito francês, tentando identificar aspectos do ordenamento jurídico estrangeiro que possam ser úteis para inspirar os administrativistas brasileiros. Após realizar uma comparação entre a configuração jurídica da mediação administrativa na França e no Brasil, Fernanda elabora, de forma original e inovadora, uma série de propostas concretas a respeito das providências que a Administração Pública deve necessariamente adotar para implementar e aplicar a mediação administrativa no país.

Parabenizo a autora pelo excelente trabalho de pesquisa que ora vem à luz, trazendo relevantes contribuições à temática da mediação administrativa, e à Editora Fórum, pela publicação de mais uma obra de destaque para enriquecer o seu seleto catálogo de Direito Público.

Curitiba, dezembro de 2022.

Daniel Wunder Hachem
Professor da Graduação, Mestrado e Doutorado em Direito da PUCPR e da UFPR. Professor Visitante da Escola de Direito da Sorbonne.

APRESENTAÇÃO

O curtíssimo tempo dedicado pelos cursos jurídicos ao estudo do Direito Administrativo corre sempre o risco de deixar no estudante a impressão de que a Administração Pública é criada, estruturada e equipada exclusivamente para defender o interesse público, como se este fosse um fenômeno absoluto preexistente à realidade. Inúmeras e infindáveis considerações, nem sempre de conteúdo jurídico, sobre o que se deve entender por interesse público, continuam pendentes de solução e em nada contribuem para eliminar ou ao menos atenuar as dúvidas preexistentes.

O insuficiente estudo do interesse público nas escolas de Direito e o desprezo ao fato de que tal fenômeno integra o mundo da realidade e não da fantasia, já levou muitos estudiosos a afirmarem que questões envolvendo interesse público jamais poderiam ser submetidas a métodos alternativos de solução de conflitos. Mas exatamente por integrar o universo da realidade, o interesse público é altamente importante, mas não soberano e absoluto, condicionando-se necessariamente, portanto, a outros fatores reais igualmente imbuídos de relevância jurídica.

Claro que o interesse público deve prevalecer sobre o interesse privado, porém jamais eliminá-lo. E o espírito perspicaz de Fernanda Schuhli Bourges, hábil autora desta obra, inspirado por valores constitucionais, resgata alguns fatores de inelimináveis importância para exame e solução de qualquer questionamento no qual a Administração Pública esteja em um dos polos: a democracia, o Estado de Direito e a dignidade da pessoa humana. Optou, portanto, pelo caminho certo para a construção de sua tese de doutoramento, o que, aliás, deve ser feito por todo aquele que pretende estudar temas jurídicos: ou avalia o objeto da pesquisa através da lente constitucional, ou o trabalho será qualquer outra coisa, mas não jurídico. Sem dúvida, considerações filosóficas, sociológicas e outros enfoques também são importantes em trabalhos jurídicos, porém seu papel será sempre subsidiário, jamais determinante. Qualquer conclusão em cujo alicerce não estejam presentes e respeitados os valores constitucionais, é absolutamente temerária, não é jurídica e arrisca embrenhar-se em ideologismos não raramente danosos, inclusive e principalmente, ao próprio interesse público.

Não se trata de relativização do interesse público. Não é uma simples nova tendência ou mero modismo. A natureza e amplitude do interesse público sempre foram as mesmas. O interesse público tem supremacia, mas não absoluta ou excludente. Ele prevalece sobre o interesse privado somente nos limites definidos pelo Direito. E assim sempre foi e não apenas nas hipóteses de conflito com interesses privados. O simples fato de ser adotado, pelo Direito Público, o instituto do contrato, já é suficiente para demonstrar que interesse público e interesse privado mais convergem e se conjugam do que conflitam. A referência aqui se faz ao contrato como acordo de vontades cujas cláusulas – nitidamente negociais – figuram no mesmo instrumento em que são definidas unilateralmente pela Administração as cláusulas *regulamentares*, ou *do serviço*. O documento é o mesmo e um só, mas contém um ato administrativo e um autêntico contrato.

O ato administrativo e, pois, unilateral, é representado pelas cláusulas que podem ser alteradas unilateralmente pela Administração Pública, uma vez que já na minuta anexada ao edital da licitação estavam integralmente redigidas. O contrato, a seu turno, é representado pelas cláusulas que, para assinatura, foram preenchidas com dados extraídos da proposta vencedora da licitação. Estas cláusulas são autenticamente contratuais e obviamente não podem ser alteradas unilateralmente pela Administração contratante, simplesmente porque se submetem ao regime jurídico dos contratos, o mesmo que rege os contratos privados.

Se os interesses público e privado conjugam-se nas situações em que as vontades da Administração (vontade normativa) e do particular convergem, a conclusão lógica é a de que, nas situações de conflito, deve ser buscada a mesma convergência. Na convergência e conjugação de interesses, as partes preservam o seu controle sobre a solução final, pois não a abandonam nas mãos de terceiros a busca da solução que, se espera, seja mais justa.

É nesse terreno, muitas vezes habitado por crenças e frases de efeito, que a autora desenvolveu sua pesquisa e, com a objetividade que todo estudo jurídico exige, conseguiu afastar as dúvidas, inseguranças e equívocos que ainda remanesciam sobre o tema.

O leitor pode ter a certeza de que tem em mãos a primeira edição de uma grande obra jurídica. Não foi, enfim, por mero acaso, que Fernanda Schuhli Bourges submeteu sua tese à avaliação em regime de cotutela, ao Programa de Pós-Graduação em Direito da Pontifícia

Universidade Católica do Paraná e ao Programa de Doutorado da Universidade de Sorbonne. E obteve nota máxima por parte de todos os integrantes da banca avaliadora constituída pelos professores Dr. David Capitant (coorientador – Université Paris 1 – Panthéon Sorbonne/FRANÇA), Dra. Angela Cássia Costaldello (UFPR), Dr. Pierre Bourdon (CERGY-PONTOISE/FRANÇA), Dr. Daniel Wunder Hachem (PUCPR) e pelo autor desta apresentação. Foi com grande satisfação pessoal e orgulho como ex-professor e colega de escritório, que o autor desta apresentação recebeu da autora o convite para atuar como seu orientador juntamente com o professor David Capitant durante o desenvolvimento deste excelente trabalho jurídico, e também agora pelo convite para fazer a apresentação de sua obra.

Luiz Alberto Blanchet
Professor Titular de Direito Administrativo do
Programa de Pós-Graduação em Direito da Pontifícia
Universidade Católica do Paraná – PUCPR.

INTRODUÇÃO

Observa-se uma constante e intensa judicialização contra a Administração Pública, em diversas temáticas públicas, tais como, políticas públicas, efetivação de direitos sociais, indenizações, função pública, licitações e contratos, concursos públicos, controle sobre o exercício do poder de polícia, dentre tantas outras. Não se trata, portanto, de um assunto público isolado.

Os casos judicializados originam-se de uma ação ou omissão administrativa ou de um fato administrativo e, portanto, em algum momento tiveram contato com a Administração, de forma mais específica, em relações de sujeição especial, ou em relações de sujeição geral, ainda que para remediar problemas inevitáveis. Quer-se dizer, portanto, que uma ação judicial proposta contra o poder público não representa o primeiro momento de uma relação controvertida. Ao contrário, o ajuizamento da ação requer uma controvérsia, com materialidade, a partir de alguma conexão entre o particular e a Administração e pode ser precedida de pedido ou recurso administrativo. Ainda, requer a reunião de documentos, argumentos, disposição de tempo, de recursos, a busca de um profissional e o ajuizamento solene de uma ação judicial. Não se trata de uma medida automática e impensada, trata-se de uma controvérsia, *a priori*, sem solução. Isto, referindo-se aos que se dispõem a buscar o Poder Judiciário.

Além disso, a solução judicial de conflitos, especialmente aqueles com conteúdo de direito público-administrativo, objeto deste estudo, não tem se mostrado adequada em termos de respeito às pessoas, físicas ou jurídicas, à efetivação de seus direitos e à coletividade, de modo a causar, muitas vezes, prejuízos aos interesses públicos, o que será detalhado posteriormente.

A resolução judicial, pelo próprio rito processual formal, tende a demorar mais que o razoável, as demandas coletivas crescem diante do leque de direitos assegurados, da complexidade e heterogeneidade das necessidades e o Poder Judiciário, a válvula de escape da maioria, tem se demonstrado insustentável. O problema do esgotamento do sistema jurisdicional, guardadas as particularidades, é comum no Brasil e na França. As despesas com a manutenção do sistema aumentam, o número de demandas também e o aumento deste custo não está atrelado ao melhor atendimento da coletividade e ao oferecimento de comodidades, mas ao contrário, a resolução dos conflitos tem se tornado mais demorada e custosa economicamente e atentatória às pessoas que a necessitam. As pessoas, físicas ou jurídicas, precisam de uma Administração Pública que dialogue e resolva os problemas relativos a sua atividade. Percebe-se, assim, não haver sentido a manutenção deste círculo que se retroalimenta e cresce em cada volta, distanciando-se cada vez mais do seu propósito de melhor atender a coletividade.

A resolução de conflitos exclusivamente judicial começou a não fazer mais sentido sob a perspectiva da centralidade do ser humano e da sua dignidade, assim como dos direitos que a asseguram. A solução judicial é uma decisão estabelecida por outrem às partes em conflito, com excesso de formalismos, demora e reduzida oportunidade de participação. As partes, direta e diariamente inseridas no conflito, muitas vezes sequer são ouvidas pelo magistrado que resolverá o conflito e cuja decisão elas terão que aceitar e conviver. Em vista disso, ocorre de a parte, mesmo vencedora de uma ação, não ter a sua pretensão satisfeita. Se este quadro do processo judicial for analisado com distanciamento, é como se as partes fossem incapazes de manifestar aquilo que entendem como sendo o melhor para resolver a sua controvérsia. No entanto, o Estado consagra e reconhece os direitos do ser humano, bem como sua condição inerente de se manifestar, dizer e buscar o que melhor lhe satisfaz.

Sob outro ângulo mais conectado à função administrativa do Estado, sobrevêm as características estruturais deste, uma República, Democrática e de Direito. Diante desta estruturação estatal, assim como dos direitos assegurados às pessoas, tem se constatado a necessidade de modificação da atuação administrativa do Estado. A Administração Pública necessita rever sua atuação, tradicionalmente formal, vinculada à lei em sentido estrito, rígida, no uso de prerrogativas excessivas, oculta e distante por procedimentos burocráticos. Este estilo de atuação se distancia das necessidades da coletividade e não corresponde ao Estado estruturado pela Constituição.

A Administração Pública, por vezes, ainda utiliza procedimentos autorreferentes que não possibilitam um relacionamento dialógico com os cidadãos. É comum a falta de diálogo entre os particulares e a Administração; esclarecimentos deixam de ser prestados, pedidos incompletos deixam de ser ajustados, faltam informações e mútua compreensão. A falta de comunicação e de atendimento das necessidades tende a romper vínculos e a gerar conflitos. Ademais, a Administração não tem propiciado espaços e nem propósito de resolvê-los. Sem solução, muitas vezes, os conflitos tendem a se tornar novas demandas judiciais. Observa-se que o acesso à jurisdição é mais facilitado que o acesso à Administração, com quem o particular se relaciona e poderia esclarecer as controvérsias.

A ausência ou a insuficiência de espaços públicos de diálogo na Administração Pública impede ou dificulta a formulação de pedidos, a constatação da realidade, o atendimento de pleitos e a realização de direitos pela Administração. Por outro lado, depreende-se que a realidade de uma Administração Pública fechada ao diálogo e à resolução de conflitos com a coletividade não corresponde ao Estado Democrático estruturado na Constituição da República e nem à consagração de direitos fundamentais.

A mediação é um procedimento que emprega técnicas para o diálogo, a resolução e a prevenção de conflitos, que, em razão do esclarecimento de pontos controvertidos, tende a melhorar o relacionamento entre os envolvidos. A mediação é um instrumento que pode se mostrar útil à abertura da comunicação e à resolução consensual de conflitos com a Administração. Inúmeras legislações nacionais vêm surgindo para regulamentar e modificar este cenário, inclusive, o Código de Processo Civil, a Lei de mediação para conflitos administrativos e a Lei de Introdução às Normas do Direito Brasileiro.

O procedimento da mediação pode ser desenvolvido no curso do processo judicial, em separado, ou de forma extrajudicial, o reforço a esta contribui à desjudicialização dos conflitos e, ao mesmo tempo, à solução e prevenção dos conflitos pelos próprios envolvidos, contudo, ainda com reduzidas implementações no âmbito administrativo brasileiro.

Não obstante a previsão normativa, remanesce a necessidade de a Administração tratar adequadamente a temática da resolução e da prevenção dos conflitos, até mesmo como modo de estreitar o relacionamento democrático com os particulares e aprimorar a realização dos interesses públicos.

Tendo em vista a dificuldade da Administração Pública brasileira de efetivamente adotar mecanismos democráticos de relacionamento dialógico com a sociedade para a prevenção e a resolução de conflitos, de se efetivar como boa administração e das consequências prejudiciais que esta omissão pode resultar a toda a coletividade, não apenas àqueles diretamente envolvidos, e em variadas dimensões, é que se propõe a presente obra.

Como ponto central, busca-se averiguar no ordenamento jurídico brasileiro o dever de a Administração Pública adotar prioritariamente procedimentos autocompositivos, como a mediação, à solução e à prevenção de conflitos com os particulares.

Considera-se que a atuação administrativa brasileira deve adotar mecanismos autocompositivos, em especial a mediação, priorizar a prevenção e as soluções amigáveis de conflitos com os particulares, com obediência ao regime jurídico-administrativo, salvo vedações legais, como um novo instrumento da função administrativa a efetivar o Estado Democrático de Direito e aprimorar a realização dos interesses públicos.

Em vista disto, propõe-se que a mediação administrativa deve ser implementada pela Administração, de forma gradual, pois configura mais um instrumento relativo à função administrativa do Estado, como mecanismo do dever à boa administração, com aptidão para aprimorar a relação entre os particulares e a Administração e a realização de interesses públicos, sob uma perspectiva democrática.

O tema permitiria vários recortes e sob o enfoque de diferentes áreas do Direito e do conhecimento. No entanto, o foco da obra volta-se ao direito administrativo brasileiro, mais verticalizado à mediação administrativa consensual, extrajudicial, como modo prioritário à solução e prevenção de conflitos entre a Administração Pública Direta e os particulares, estes pessoas físicas ou jurídicas. Neste propósito, como o tema é relativamente recente e, no direito administrativo, em especial o brasileiro, as experiências ainda são poucas, incipientes e isoladas, muitos pontos são propositivos e prospectivos, cujo desenvolvimento deu-se a partir da integração de diferentes autores, referências relevantes nos pontos eleitos como principais para a temática e a construção do raciocínio.

O propósito da obra é propiciar reflexões, revisitar (pré)conceitos, apresentar novas perspectivas e gerar mudanças práticas na atuação da

Administração Pública, dos agentes públicos, dos particulares, pessoas físicas e jurídicas, dos profissionais do direito, no ensino jurídico e na educação em prol da priorização da resolução consensual de conflitos, especialmente no âmbito público, como medida para aprimorar a realização dos interesses públicos.

Além do direito brasileiro e da averiguação de algumas práticas brasileiras, a análise do tema e as proposições também são realizadas por uma perspectiva do direito comparado francês, sob o viés de como o tema é tratado na França e a partir de experiências práticas adotadas naquele país.

A comparação trazida não possui como objetivo transplantar a mediação administrativa francesa para o Brasil, como se fosse um objeto jurídico desconectado de seu contexto. Não se realiza uma comparação estritamente legal, mas, de modo mais amplo, uma comparação culturalista e interdisciplinar,[1] a identificação dos motivos que conduziram e que vêm norteando a implementação do instituto no âmbito francês e como tem sido sua relação com o direito administrativo. Busca-se averiguar se os motivos também são encontrados no Brasil, com qual repercussão no contexto brasileiro e se aqui também poderiam inspirar a solução amigável de conflitos em âmbito administrativo, guardadas as particularidades sócio-econômico-culturais de cada país. Parte-se do pressuposto de culturas legais distintas com o propósito de lançar outras luzes, gerar críticas reflexivas para afastar algumas dificuldades e aprimorar a implementação da mediação administrativa no Brasil. Tem-se que a comparação "favorece o aprofundamento da mente humana e a promoção daquilo que poderia ser denominado de um Direito melhor, (...) suscetível de possuir maior sofisticação"[2] teórica.

Neste sentido, a partir do estudo comparado realizado, identificou-se que na França as soluções amigáveis de conflitos com a Administração servem de instrumento ao propósito de horizontalização e democratização das relações e, assim, esta percepção sobre o contexto francês conduziu e norteou a presente obra, de modo a identificar na mediação mais que um propósito de desjudicialização, mas um instrumento em favor da melhoria relacional entre particulares e a Administração.

---

[1] Adotada por LEGRAND, Pierre; HACHEM, Daniel Wunder (Trad.). *Como ler o direito estrangeiro*. São Paulo: Contracorrente, 2018.

[2] LEGRAND, Pierre; HACHEM, Daniel Wunder (Trad.). *Como ler o direito estrangeiro*. São Paulo: Contracorrente, 2018. p. 22.

Registra-se que o motivo do viés comparatista decorre da referência francesa existente no direito administrativo brasileiro em pontos estruturais, desde sua origem até os dias de hoje. A doutrina e os precedentes do Conselho de Estado francês e do Tribunal de Conflitos servem de rica inspiração ao direito administrativo brasileiro. Identifica-se, inclusive, pela relevância da Revolução Francesa e o impacto que gerou na formação do direito administrativo moderno, a França como o berço deste ramo do direito. Assim, é perfeitamente compatível percorrer alguns caminhos do direito administrativo francês e averiguar como tem se desenvolvido o tema da mediação administrativa naquele contexto.

Passada a presente introdução, a obra é organizada em quatro capítulos, no primeiro realiza-se a análise do contexto mais amplo em que se insere o tema, as transformações pelas quais vem passando o Estado, a Administração Pública e as relações desta com os particulares. Sem se restringir à literalidade da lei, a partir da consagração do Estado Democrático de Direito, da concepção de Direito Administrativo social, do reconhecimento do direito à boa administração, percorre-se o caminho mais amplo da construção de relações jurídicas democráticas, dialógicas, com participação e colaboração dos envolvidos e, portanto, mais horizontais entre particulares e a Administração Pública. Nisto, identifica-se a perspectiva de uma atuação pública menos autoritária e unilateral, em que o excesso de prerrogativas cede espaço ao diálogo, ao consenso e à contratualização de soluções colaborativas.

No capítulo 2, busca-se reavaliar a judicialização como modo prioritário de resolução de conflitos, quais problemas o uso predominante deste modo pode causar à realização dos interesses públicos e como pode afetar as partes envolvidas. Apresenta-se a autocomposição administrativa a partir do ordenamento jurídico brasileiro. Posiciona-se a mediação na temática da autocomposição. São apreciadas as técnicas, características e capacidades da mediação como mecanismo prioritário à solução e prevenção de controvérsias com a Administração e avaliada sua potencialidade de renovação das relações entre esta e os particulares.

No capítulo 3, em uma interseção entre o instituto da mediação e o direito administrativo, são apontados alguns óbices que podem estar a dificultar o desenvolvimento da mediação administrativa e apresentadas perspectivas de compatibilização. Soma-se a reflexão sobre a potencialidade da mediação administrativa aprimorar a realização dos interesses públicos e, em uma perspectiva democrática, de configurar novo instrumento da função administrativa. E, no intuito de implementar o instituto e garantir sua efetividade, são ponderados alguns desafios a sua implementação.

Por derradeiro, no capítulo 4, faz-se uma análise comparativa entre a mediação administrativa na França e no Brasil, investiga-se o contexto francês da mediação, como surgiu, quais os motivos e algumas considerações sobre a experiência com a utilização do instituto na Administração Pública naquele país. E, ponderadas as distinções entre os dois países, indaga-se se os motivos que conduziram a França a adotar e a fomentar a mediação estão presentes no contexto brasileiro, em que medida e com qual intensidade. A partir do estabelecimento da mediação administrativa na França, tradicionalmente o berço e a referência do direito administrativo mundial, pretende-se gerar reflexões sobre o uso e os benefícios de se priorizar no Brasil a mediação administrativa como modo de resolução e prevenção de controvérsias entre a Administração e os particulares. Finalmente, a partir da comparação e do estudo realizado, são apresentadas algumas proposições para a implementação da mediação administrativa brasileira.

CAPÍTULO 1

ESTADO DEMOCRÁTICO DE DIREITO: NOVOS HORIZONTES ÀS RELAÇÕES ENTRE AS PESSOAS E O ESTADO

O Estado de Direito no pós Segunda Guerra,[3] em cada sistema jurídico ao seu modo e em seu momento, passou a enfatizar a relevância do ser humano e a abrir-se à democracia, às formas de participação política, social e dialógica.[4] Com a Declaração Universal dos Direitos do Homem, o governo livre passou a integrar a concepção de cada ser humano, de modo que o homem-súdito foi substituído pelo homem-cidadão.[5] Atualmente, em razão de inúmeros fatores, dentre os quais "a crítica quanto às formas eleitorais de representação", "a constituição

---

[3] Destaca-se que estes direitos foram reforçados depois das guerras mundiais e, principalmente, depois da Queda do Muro de Berlim, de todo modo, eles foram previstos em outros documentos anteriores, como na Declaração dos Direitos do Homem e do Cidadão de 1789. A Constituição francesa de 4 de outubro de 1958 proclamou a vinculação aos direitos do homem (preâmbulo) e também a Carta dos Direitos Fundamentais da União Europeia afirma que "a União se funda sobre os valores indivisíveis e universais da dignidade humana (...)". (preâmbulo) FRANÇA. *Constitution du 4 octobre 1958*. Disponível em: https://www.conseil-constitutionnel.fr/le-bloc-de-constitutionnalite/texte-integral-de-la-constitution-du-4-octobre-1958-en-vigueur. Acesso em: 03 dez. 2022.

[4] BITENCOURT NETO, Eurico. *Concertação administrativa interorgânica*: direito administrativo e organização no século XXI. São Paulo: Almedina, 2017. p. 70-71. Diogo Figueiredo Moreira Neto também enfatiza que após as guerras mundiais houve uma eclosão da sacralidade do homem e a soberania foi deslocada para o povo, compreendido como o conjunto de cidadãos. Na segunda metade do século XX, passou-se a reavaliar o primado do Estado para o primado do cidadão. MOREIRA NETO, Diogo de Figueiredo. *Poder, Direito e Estado*: o direito administrativo em tempos de globalização. Belo Horizonte: Fórum, 2011. p. 27-37-67.

[5] BONAVIDES, Paulo. *Teoria constitucional da democracia participativa*. 2. ed. São Paulo: Malheiros, 2003. p. 148-149.

reencontra seu objeto mais relevante, a sociedade, e com ela os diferentes poderes que a constitui".[6]

Desse modo, houve um reajuste nos papéis do Estado e da coletividade, àquele foi atribuído um enfoque instrumental, no exercício da soberania com ênfase na realização não apenas de um Estado de Direito, somente fundado na legalidade e na representação, mas de um Estado Democrático de Direito, denominado "Estado de Juridicidade".[7]

O enfoque voltado à humanidade impulsionado pelas declarações de direitos promoveu "revoluções transformadoras".[8] Não se trata apenas do surgimento de novas legislações, mas também de interpretações renovadas em termos axiológicos e teleológicos.[9] Os problemas surgidos passaram a não admitir mais as soluções então vigentes, o que propiciou a formulação de novas propostas, passíveis de debates e experimentações. É possível, desse modo, identificar novos paradigmas como o primado do homem e uma repaginação democrática, que se sustentam em raízes sociais, em prol de maior liberdade e da renovação dos modos de convivência humana.[10]

O sistema normativo tornou-se fundamentado na dignidade da pessoa humana e nos direitos fundamentais que dela emanam. De modo que o direito constitucional passou a ter ênfase na *efetividade*, com a preocupação de se obter eficácia jurídica e assegurar a eficácia social das disposições constitucionais.[11]

---

[6] ROUSSEAU, Dominique. L'ouverture du droit constitutionnel aux tiers pouvoirs. In: HERRERA, Carlos Miguel; PINON, Stephane (Dir.). *La démocratie, entre multiplication des droits et contre-pouvoirs sociaux*. Paris: Éditions Kimé, 2012. p. 160.

[7] A juridicidade compreendida como um composto de legalidade e legitimidade no intuito de tornar a organização política mais efetiva. MOREIRA NETO, Diogo de Figueiredo. *Poder, Direito e Estado*: o direito administrativo em tempos da globalização. Belo Horizonte: Fórum, 2011. p. 49-50-75.

[8] Ocorrem revoluções quando não é mais possível se esquivar das anomalias da tradição existente e então começam investigações e novos compromissos. A transição para um novo paradigma é uma revolução científica. Durante as revoluções, "os cientistas veem coisas novas e diferentes quando, empregando instrumentos familiares, olham para os mesmos pontos já examinados anteriormente." KUHN, Thomas. *A estrutura das revoluções científicas*. 5. ed. São Paulo: Editora Perspectiva, 1998. p. 25-122-145.

[9] Como pondera OLIVEIRA, Rafael Carvalho Rezende. Democratização da Administração Pública e o princípio da participação administrativa. *Revista da EMERJ*, v. 9, n. 35, p. 158, 2006.

[10] MOREIRA NETO, Diogo de Figueiredo. *Poder, Direito e Estado*: o direito administrativo em tempos de globalização. Belo Horizonte: Fórum, 2011. p. 43-45-48-67-68.

[11] HACHEM, Daniel Wunder. *Tutela administrativa efetiva dos direitos fundamentais sociais*: por uma implementação espontânea, integral e igualitária. 2014. 614 f. Tese (Doutorado) – Programa de Pós-Graduação em Direito, Universidade Federal do Paraná, Curitiba, 2014. p. 48.

Com a centralidade do ser humano e o reforço à democracia, o espaço público passa a ser marcado pelas "virtualidades do processo democrático mais aberto, intenso e profundo", pela introdução de novos mecanismos, com a redução da representação política, "cuja crise é manifesta e cuja decadência é irremediável".[12]

O Estado de juridicidade requer a renovação de institutos que permitam uma "intensa, complexa e pluralizada colaboração democrática da sociedade com o Estado", com aspectos de consensualidade e flexibilidade para atender às complexidades e ao pluralismo contemporâneo.[13] A abertura democrática propicia o contato e o intercâmbio com outros saberes plurais, que havia sido perdido em um constitucionalismo fechado.[14]

A democracia, desta feita, passa a integrar a forma de organização da vida política, em uma tendência universal. E, aos poucos, os membros da sociedade tornam-se mais atuantes e conscientes e passam a participar da vida pública, em alguns países mais que outros, com a "integração dos indivíduos na vida social através de um tecido associativo cada vez mais rico", assim o pluralismo irradia-se, o que faz caracterizar as sociedades multiculturais.[15]

Com o envolvimento de um grande número de atores políticos, sociais e econômicos, no intuito de obter o aporte das diversas perspectivas, há uma multiplicação, notadamente nos países europeus, das modalidades de negociação explícita da ação pública, o que

---

[12] BONAVIDES, Paulo. *Teoria constitucional da democracia participativa*. 2. ed. São Paulo: Malheiros, 2003. p. 278. No mesmo sentido, Marie-Anne Conhendet afirma que "A democracia representativa parece estar em crise", mas a novidade "parece residir no fato que os cidadãos tenham, mais que jamais, tomado consciência da complexidade e dos limites da democracia representativa". "Na França, como na maior parte dos países, a democracia é essencialmente representativa". COHENDET, Marie-Anne. Une crise de la représentation politique? *Cités*, vol. 18, n. 2, p. 41-42, 2004.

[13] MOREIRA NETO, Diogo de Figueiredo. *Poder, Direito e Estado*: o direito administrativo em tempos de globalização. Belo Horizonte: Fórum, 2011. p. 50-52.

[14] São denominados como os "terceiros poderes", e então possuem contato com outros saberes, sob diversas denominações, "próprias a cada escola, é o pluralismo dos 'lugares', dos 'espaços', dos 'campos', dos 'domínios', das 'cidades', das 'esferas' de poder na sociedade que pesam sobre a liberdade dos indivíduos". ROUSSEAU, Dominique. L'ouverture du droit constitutionnel aux tiers pouvoirs. In: HERRERA, Carlos Miguel; PINON, Stephane (Dir.). *La démocratie, entre multiplication des droits et contre-pouvoirs sociaux*. Paris: Éditions Kimé, 2012. p. 162.

[15] RODRÍGUEZ-ARANA MUÑOZ, Jaime. El Derecho Administrativo ante la crisis (el Derecho Administrativo Social). *Revista Eurolatinoamericana de Derecho Administrativo*, Santa Fe, v. 2, n. 2, p. 20, jul./dic. 2015.

contribui para a ampliação do debate público mediante procedimentos democráticos, com a formulação e a confrontação de argumentos.[16]

A ação pública estatal adquire um novo estilo, pluralista e consensual.[17] Identifica-se uma nova "ação pública", que visa atender essa evolução, marcada por um sistema complexo de "inter-relações e interdependências" em que o Estado deve compor com vários atores e associá-los em sua ação, diante da tendência à perda de eficácia dos instrumentos clássicos de autoridade e coação.[18] Tendo em vista a complexidade dos problemas e o maior número de atores envolvidos, passa-se a adotar mecanismos de atuação mais flexíveis, de coordenação e integração.[19] Esta nova "ação pública" denuncia as rotinas, a burocracia e a falta de escuta dos cidadãos. A mudança nas relações com o poder público e a oferta de debate antes da tomada de decisão promoveram a requalificação da coisa pública.[20]

Adota-se, nesta linha de valorização do ser humano e de renovação da democracia, o que se denomina "governo aberto", concepção "considerada como uma noção recente apesar de suas origens antigas".[21] A definição atribuída pelo Presidente Obama em 2009[22] compreende o reforço da transparência governamental, o desenvolvimento da participação cidadã e o encorajamento da colaboração das diferentes partes participantes do processo de decisão pública, assim como dos agentes públicos.[23] Os propósitos do governo aberto são, ainda, de agregar

---

[16] GAUDIN, Jean Pierre. *Gouverner par contrat*: l'action publique en question. Paris: Presses de Sciences PO, 1999. p. 89-91.

[17] CHEVALLIER, Jacques. Contractualisation(s) et action publique. *RFDA*, n. 2, Paris, 2018.

[18] GAUDIN, Jean Pierre. *Gouverner par contrat*: l'action publique en question. Paris: Presses de Sciences PO, 1999. p. 146.

[19] CHEVALLIER, Jacques. Contractualisation(s) et action publique. *RFDA*, n. 2, Paris, 2018.

[20] GAUDIN, Jean Pierre. *Gouverner par contrat*: l'action publique en question. Paris: Presses de Sciences PO, 1999. p. 146.

[21] "A noção de governo aberto evoca inevitavelmente direitos reconhecidos desde há muito tempo, até mesmo desde a filosofia dos Iluministas que nutriram, no mínimo, as revoluções francesas e americanas ao fim do século XVIII". BOUHADANA, Irène; GILLES, William. De L'Esprit des Gouvernements Ouverts. *International Journal of Open Governments*, Paris, v. 4, p. 4-15, 2017. Disponível em: https://ojs.imodev.org/?journal=RIGO&page=issue&op=view&path%5B%5D=14. Acesso em: 03 dez. 2022.

[22] A proposta é de um governo mais democrático e efetivo a fim de melhorar a qualidade de vida das pessoas. O esforço em prol do governo aberto na Administração funda-se em três pilares estruturais: transparência, participação e colaboração. THE WHITE HOUSE. *The Obama administration's commitment to open government*: Status Report, p. 4-5, 2011. Disponível em: https://obamawhitehouse.archives.gov/sites/default/files/opengov_report.pdf. Acesso em: 03 dez. 2022.

[23] BOUHADANA, Irène; GILLES, William. De L'Esprit des Gouvernements Ouverts. *International Journal of Open Governments*, Paris, v. 4, p. 5, 2017. Disponível em: https://ojs.

outros conhecimentos e fontes exteriores ao governo, de desencorajar as despesas e a utilização abusiva dos recursos públicos e de procurar movimentar os recursos de forma eficaz.[24] O governo aberto é, portanto, um meio, e não um fim, com o propósito de fortalecer a democracia, em muitas maneiras, e promover eficiência e efetividade à atuação pública.

O governo aberto não significa apenas prestar informação ao público, ou mesmo a abertura dos dados e a transparência, mas, sobretudo, um processo de abertura e de criação entre o cidadão e o Estado, e de forma mais ampla as administrações públicas. "Essa interação pode adotar, às vezes, a forma tradicional de democracia participativa mas também a forma renovada de democracia colaborativa".[25]

Da evolução da posição dos cidadãos em relação ao Estado, novos direitos aparecem, como aquele da coconstrução da decisão política com o cidadão, que pode ocorrer de muitas formas. "Essa coconstrução visa ainda a consolidar o vínculo particular já evocado por Montesquieu entre os cidadãos, os governantes e a democracia", segundo ele "somente nas democracias, 'o governo é confiado a cada cidadão'".[26] Esta compreensão demonstra que a noção de governo aberto remodela antigas concepções.

Em um governo aberto, dentre as suas características, o cidadão tem o poder de "se pronunciar regularmente sobre as decisões que lhe concernem" e os Estados são responsáveis em disponibilizar "os mecanismos de democracia participativa e ao menos, em médio prazo, desenvolver os mecanismos de coconstrução das decisões públicas".[27]

Depreende-se, portanto, que um Estado Democrático de Direito, centrado na pessoa humana e nas condições à sua manutenção como

---

imodev.org/?journal=RIGO&page=issue&op=view&path%5B%5D=14. Acesso em: 03 dez. 2022.

[24] THE WHITE HOUSE. *The Obama administration's commitment to open government*: Status Report, p. 5, 2011. Disponível em: https://obamawhitehouse.archives.gov/sites/default/files/opengov_report.pdf. Acesso em: 03 dez. 2022.

[25] BOUHADANA, Irène; GILLES, William. De L'Esprit des Gouvernements Ouverts. *International Journal of Open Governments*, Paris, v. 4, p. 14, 2017. Disponível em: https://ojs.imodev.org/?journal=RIGO&page=issue&op=view&path%5B%5D=14. Acesso em: 03 dez. 2022.

[26] BOUHADANA, Irène; GILLES, William. De L'Esprit des Gouvernements Ouverts. *International Journal of Open Governments*, Paris, v. 4, p. 16, 2017. Disponível em: https://ojs.imodev.org/?journal=RIGO&page=issue&op=view&path%5B%5D=14. Acesso em: 03 dez. 2022.

[27] BOUHADANA, Irène; GILLES, William. De L'Esprit des Gouvernements Ouverts. *International Journal of Open Governments*, Paris, v. 4, p. 19, 2017. Disponível em: https://ojs.imodev.org/?journal=RIGO&page=issue&op=view&path%5B%5D=14. Acesso em: 03 dez. 2022.

tal, tem por objetivo o atendimento das pessoas, das suas necessidades, não como meras sujeitadas, mas a partir de definições conjuntas de seus interesses, como sujeitos de direito, partícipes e colaboradores, em uma constante construção conjunta. Concepção esta que modifica o ângulo dos relacionamentos entre os cidadãos e o poder público, tornando-os mais próximos e mais equilibrados, com maior horizontalização.[28]

Na linha da estruturação estatal de meados do século XX, a Constituição da República Federativa do Brasil de 1988, consoante outras Constituições desta época, consagrou uma estrutura estatal democrática de direito, centrada nos direitos da pessoa humana, com o objetivo de promover o bem-estar social e renovar a participação democrática, portanto, em antítese ao protagonismo no espaço público por poucos. O acréscimo "democrático" ao Estado de Direito proveu o poder estatal de legitimidade, além da legalidade.

No Estado brasileiro, o princípio democrático recebeu local de destaque na opção ética do constitucionalismo,[29] aliado à dignidade da pessoa humana como fundamento do Estado, de modo que a legitimação do Estado pressupõe a realização da democracia.

O Estado Brasileiro ainda adotou a forma republicana de governo, que se associa à democracia participativa e compreende o domínio de "pessoas sobre pessoas", mediante a *deliberação política* de cidadãos livres e iguais", o que pressupõe discussão pública com liberdade.[30]

A Constituição da República reconheceu que todo poder emana do povo, característica esta que repercute sobre as funções estatais, como atividades sujeitas ao Direito, delegadas pelo povo, de modo

---

[28] Aliás, nota-se que a origem da Constituição refere-se à sociedade, "segundo o artigo 16 da Declaração de 1789, o objeto da Constituição não é o Estado mas a sociedade (…) Além disso, quando Montesquieu previu a Constituição ideal, ele partiu de uma análise da sociedade, de uma análise dos 'poderes sociais' – nobreza, burguesia(…) – e pesquisa uma estrutura de poder que exprime a estrutura social; também, quando Rousseau redige seu projeto de Constituição para a Córsega, ele toma explicitamente por base e objetivo do seu trabalho a estruturação social da Córsega". ROUSSEAU, Dominique. L'ouverture du droit constitutionnel aux tiers pouvoirs. *In*: HERRERA, Carlos Miguel; PINON, Stephane (Dir.). *La démocratie, entre multiplication des droits et contre-pouvoirs sociaux*. Paris: Éditions Kimé, 2012. p. 159-160.

[29] GABARDO, Emerson. *Eficiência e legitimidade do Estado*: uma análise das estruturas simbólicas do direito público. São Paulo: Manole, 2003.p. 155.

[30] "Por democracia deliberativa entende-se uma ordem política na qual os cidadãos se comprometem: (1) a resolver collectivamente os problemas colocados pelas suas escolhas collectivas através da discussão pública; (2) a aceitar como legítimas as instituições políticas de base na medida em que estas constituem o quadro de deliberação pública tomada com toda a liberdade". CANOTILHO, José Joaquim Gomes. *Direito constitucional e teoria da Constituição*. 7. ed. Coimbra: Almedina, 2003. p. 224-225.

que sob o viés democrático não se trata apenas de poderes, mas de funções do Estado.[31]

Em vista disto, a legitimação do poder dá-se pelo povo, "governo do povo", mediante os critérios da "electividade, colegialidade, temporariedade e pluralidade" e "subjacentes a estes critérios se encontram os princípios da liberdade, da igualdade e do consenso".[32]

Como visto, o estabelecimento de um Estado Democrático demanda o exercício da democracia, não apenas a representativa,[33] mas igualmente a participativa,[34] em uma relação dialética e integradora dos elementos democráticos representativos e participativos. "O substantivo da democracia é, portanto, participação (...) é máxima presença do povo". A "fórmula pode parecer, e o é, em verdade, pleonástica; mas pleonasmo que rejuvenesce o conceito".[35]

A democracia participativa requer a participação permanente dos cidadãos nos processos de decisão, no controle e na produção de "*inputs* políticos democráticos". O processo democrático apresenta-se dinâmico e de "continuidade transpessoal", que possibilita o desenvolvimento e a liberdade de participação aos cidadãos[36] em legitimação contínua da atuação pública, com a inserção constante de valores, interesses e necessidades, assim como acompanhamento e controle em uma perspectiva de sustentabilidade. Trata-se da democracia substancial, da participação popular no exercício do poder, no tocante ao "como governar", em um constante "diálogo da sociedade com o seu aparelho governante" e, desta interação, as decisões estatais se tornarão, além de legais, legítimas.[37]

---

[31] MOREIRA NETO, Diogo de Figueiredo. *Poder, Direito e Estado*: o direito administrativo em tempos de globalização. Belo Horizonte: Fórum, 2011. p. 129.

[32] CANOTILHO, José Joaquim Gomes. *Direito constitucional e teoria da Constituição*. 7. ed. Coimbra: Almedina, 2003. p. 229.

[33] Entende-se como a escolha popular da autoridade governante, trata-se do acesso democrático das pessoas ao poder público, a democracia formal. MOREIRA NETO, Diogo de Figueiredo. *Poder, Direito e Estado*: o direito administrativo em tempos de globalização. Belo Horizonte: Fórum, 2011. p. 142.

[34] Esclarece-se que a participação democrática pode significar "democratizar a democracia", significa a "optimização da participação directa e activa de homens e mulheres". CANOTILHO, José Joaquim Gomes. *Direito constitucional e teoria da Constituição*. 7. ed. Coimbra: Almedina, 2003. p. 301.

[35] BONAVIDES, Paulo. *Teoria constitucional da democracia participativa*. 2. ed. São Paulo: Malheiros, 2003. p. 283.

[36] CANOTILHO, José Joaquim Gomes. *Direito constitucional e teoria da Constituição*. 7. ed. Coimbra: Almedina, 2003. p. 288-289.

[37] MOREIRA NETO, Diogo de Figueiredo. *Poder, Direito e Estado*: o direito administrativo em tempos de globalização. Belo Horizonte: Fórum, 2011. p. 142.

A democracia material requer que a cidadania seja exercida de forma proativa, as pessoas precisam deixar de ser súditas para serem cidadãs que se relacionam com "Estados presentes e prestantes", voltados à proteção e à promoção de direitos fundamentais.[38] Os cidadãos, muitas vezes, ainda não realizaram que o titular, o proprietário da política e de suas instituições é o povo e, por outro lado, muitos gestores públicos não compreenderam que os poderes que administram são do povo e estão a serviço de todos.[39]

A democracia, portanto, funda-se na liberdade compartilhada para que, por intermédio da manifestação de vontade convergente, atinja-se um projeto na busca de possibilidades de aperfeiçoamento das condições atuais dos indivíduos, da coletividade e das futuras gerações.[40]

O poder estatal é exercido em favor da coletividade, cujo titular é o povo, assim, as providências estatais adquirirão maior legitimidade e atenderão de modo mais satisfatório à medida que representem mais fielmente os interesses da própria coletividade destinatária.[41] Ademais, "não há efetividade possível da Constituição, (…) sem uma cidadania participativa".[42]

Desse modo, o exercício da democracia permite a efetivação da soberania popular,[43] que será mais plena quanto melhores e fidedignos forem os mecanismos aptos à transmissão dos interesses da coletividade ao Estado. Reconhece-se, contudo, que a participação da

---

[38] MOREIRA NETO, Diogo de Figueiredo. *Poder, Direito e Estado*: o direito administrativo em tempos de globalização. Belo Horizonte: Fórum, 2011. p. 69.

[39] RODRÍGUEZ-ARANA MUÑOZ, Jaime. Sobre el derecho fundamental a la buena administración y la posición jurídica del ciudadano. *A&C – Revista de Direito Administrativo & Constitucional*, Belo Horizonte, ano 3, n. 11, p. 15, jan/mar. 2003.

[40] BITENCOURT, Caroline Müller; PASE, Eduarda Simonetti. A necessária relação entre democracia e controle social: discutindo os possíveis reflexos de uma democracia "não amadurecida" na efetivação do controle social da administração pública. *Revista de Investigações Constitucionais*, Curitiba, v. 2, n. 1, p. 304, jan./abr. 2015.

[41] Neste sentido: A soberania popular é "fonte de todo o poder que legitima a autoridade", compreende o "princípio do governo democrático e soberano, cujo sujeito e destinatário na concretude do sistema é o cidadão". Ainda, "O Estado social, em seu mais subido grau de legitimidade, será sempre, a nosso ver, aquele que melhor consagrar os valores de um sistema democrático". BONAVIDES, Paulo. *Teoria constitucional da democracia participativa*. 2. ed. São Paulo: Malheiros, 2003. p. 11-159.

[42] BARROSO, Luís Roberto. *O direito constitucional e a efetividade de suas normas* – limites e possibilidades da Constituição brasileira. 7. ed. Rio de Janeiro: Renovar, 2003. p. 137-132.

[43] CANOTILHO, José Joaquim Gomes. *Direito constitucional e teoria da Constituição*. 7. ed. Coimbra: Almedina, 2003. p. 292.

coletividade "se alarga e dilata na direção de um fim todavia inatingível: a identidade de governantes e governados".[44]

A efetiva soberania popular requer a realização da democracia material[45] a ocorrer quando a coletividade identifica-se nas providências estatais, o que requer "*actuação* (cuidado)" por parte do Estado no atendimento dos interesses da coletividade, "*disposição para responder*", no sentido de percepção para decidir em congruência com tais interesses e, com especial destaque, a existência de um "*processo dialéctico entre representantes e representados* no sentido de uma realização actualizante dos momentos ou interesses universalizáveis do povo e existentes no povo".[46] A democracia participativa, desse modo, compreende o processo de participação da coletividade na formação da atuação governante, que "faz do cidadão-povo a medula da legitimidade de todo o sistema".[47] Assim, a realização da soberania popular implica em uma mudança de ângulo da relação entre o Estado e a coletividade.[48]

Acresce-se que o Estado brasileiro também se afigura social e esta natureza propicia à compreensão do Direito como "ordenamento da vida em sociedade".[49] Trata-se de um modelo em que a sociedade avulta mais que o Estado, que permite a convergência entre as diligências do poder e dos cidadãos para a concretização de direitos que efetivem a liberdade, a igualdade e a fraternidade. Enfim, o Estado Social é a chave para a democracia, ele concilia a sociedade e o Estado e apresenta

---

[44] BONAVIDES, Paulo. *Teoria constitucional da democracia participativa*. 2. ed. São Paulo: Malheiros, 2003. p. 57-58.

[45] Como condição para a própria efetivação da democracia, conforme reconheceu o constituinte português ao estatuir no art. 109º da Constituição da República Portuguesa: "A participação directa e activa de homens e mulheres na vida política constitui condição e instrumento fundamental de consolidação do sistema democrático (...)". PORTUGAL. *Constituição da República Portuguesa*. Disponível em: https://dre.pt/web/guest/legislacao-consolidada/-/lc/337/202009150200/128081/diploma/indice. Acesso em: 08 nov. 2020.

[46] CANOTILHO, José Joaquim Gomes. *Direito constitucional e teoria da Constituição*. 7. ed. Coimbra: Almedina, 2003. p. 294.

[47] BONAVIDES, Paulo. *Teoria constitucional da democracia participativa*. 2. ed. São Paulo: Malheiros, 2003. p. 35, 57.

[48] A sujeição passiva das pessoas ao Estado perde sentido, a soberania é compartilhada com o Estado, pouco a pouco as pessoas deixam de ser súditas para serem cidadãos, titulares de direitos fundamentais atrelados à pessoa humana e oponíveis a todos, inclusive ao Estado, conforme acentua MOREIRA NETO, Diogo de Figueiredo. *Poder, Direito e Estado*: o direito administrativo em tempos de globalização. Belo Horizonte: Fórum, 2011. p. 28.

[49] Moreira Neto acresce que se trata de uma ordem espontaneamente gerada em sociedade, contraposta à ordem artificial soberanamente imposta à sociedade. MOREIRA NETO, Diogo de Figueiredo. *Poder, Direito e Estado*: o direito administrativo em tempos de globalização. Belo Horizonte: Fórum, 2011. p. 74.

uma concepção democrática e humanística do poder.⁵⁰ Em um Estado Social, o principal atributo do Governo e da Administração Pública é o direcionamento à melhoria da qualidade de vida do seu povo.⁵¹

O Estado brasileiro, delineado pela Constituição da República de 1988, alinha-se aos novos paradigmas identificados em meados do século XX, da centralidade do ser humano, dos seus direitos e da democracia substancial, alinha-se, do mesmo modo, ao que se denominou "Estado de juridicidade", sob os influxos da constitucionalização do direito.⁵² Um Estado com tal característica não se restringe à legalidade estatal, ele depende de constante inspiração axiológica proveniente da sociedade, a partir de mecanismos de contato e de diálogo com a sociedade. A atuação estatal necessita ser híbrida, capilarmente difundida na sociedade, para fazer brotar as expressões sociais e, portanto, a legitimidade.⁵³

Destarte, algumas características estatais da modernidade precisam ser relidas a partir da consagração dos direitos do homem e de perspectivas democráticas, como a exclusividade estatal na produção do Direito, a tripartição de poderes e a exclusividade da intermediação partidária na atuação dos Poderes Executivo e Legislativo. Os canais de intermediação partidária tornaram-se insuficientes em uma nova perspectiva democrática e de realização de direitos da pessoa humana em sociedades complexas.⁵⁴ Um dos aspectos pelos quais se diagnostica a crise da democracia representativa, e da "incapacidade das políticas mudarem a nossa vida" deve-se, paradoxalmente, "sobretudo a uma crise de crença na democracia". Multiplicaram-se no âmbito do Estado as garantias da democracia, assim como as instituições representativas dos cidadãos, porém, estes não identificam com precisão quem são

---

⁵⁰ BONAVIDES, Paulo. *Teoria constitucional da democracia participativa*. 2. ed. São Paulo: Malheiros, 2003. p. 151-152, 156-157.

⁵¹ RODRÍGUEZ-ARANA MUÑOZ, Jaime. Sobre el derecho fundamental a la buena administración y la posición jurídica del ciudadano. *A&C – Revista de Direito Administrativo & Constitucional*, Belo Horizonte, ano 3, n. 11, p. 15, jan/mar. 2003.

⁵² A respeito, por exemplo: BINENBOJM, Gustavo. *Uma teoria do direito administrativo*: direitos fundamentais, democracia e constitucionalização. Rio de Janeiro: Renovar, 2006. p. 125-191. BACELLAR FILHO, Romeu Felipe. A noção jurídica de interesse público no direito administrativo brasileiro. *In*: BACELLAR FILHO, Romeu Felipe; HACHEM, Daniel Wunder. *Direito administrativo e interesse público*: estudos em homenagem ao professor Celso Antônio Bandeira de Mello. Belo Horizonte: Fórum, 2010. p. 99.

⁵³ MOREIRA NETO, Diogo de Figueiredo. *Poder, Direito e Estado*: o direito administrativo em tempos de globalização. Belo Horizonte: Fórum, 2011. p. 81.

⁵⁴ MOREIRA NETO, Diogo de Figueiredo. *Poder, Direito e Estado*: o direito administrativo em tempos de globalização. Belo Horizonte: Fórum, 2011. p. 80.

os seus representantes e podem "ter um sentimento de diluição dos poderes e assim das responsabilidades". Soma-se o "fato que os homens políticos frequentemente evocam os limites dos seus poderes para justificar sua incapacidade de modificar a vida dos cidadãos". Desta maneira, "a representação política tornou-se mais complexa (...) e, portanto, mais difícil de compreensão pelos cidadãos".[55]

A fim de suplantar a insuficiência da democracia representativa, busca-se um processo de renovação de antigos instrumentos e de inserção de novos modelos ainda em marcha.[56] Devem ser abertos canais à participação constante da sociedade, como "fonte de complementação, suplementação e fortalecimento da legitimidade democrática" de modo a "sustentar os valores complexos da juridicidade".[57]

Tem-se, portanto, que o Estado Democrático e Social de Direito, característico da segunda metade do século XX, e o seu respectivo regime jurídico, centram-se na dignidade da pessoa humana e na democracia, esta, não apenas representativa, mas mais real e mais próxima do ser humano, participativa e colaborativa. A valorização do indivíduo e, consequentemente, de sua contribuição à atuação estatal tem demandado ajustes nas suas relações com o Estado; o ângulo relacional modificou-se e vem se modificando, o que reflete no estudo e na proposição de meios que possibilitem esse novo relacionamento entre as pessoas, físicas ou jurídicas, e o Estado, menos vertical, mais horizontal e flexível. Pode-se denominar tal Estado, inclusive, como social dinâmico, a partir da compreensão do interesse público composto pelo pensamento aberto, plural, dinâmico e compatível.[58] É este o panorama de fundo sobre o qual se desenvolve a presente obra.

---

[55] COHENDET, Marie-Anne. Une crise de la représentation politique? *Cités*, vol. 18, n. 2, p. 41-61, p. 42-43-46, 2004.
[56] Sobre a busca de uma democracia renovada, Marie-Anne Cohendet considera que "o aprimoramento da democracia participativa também passa pelo desenvolvimento de diversos procedimentos de consulta aos eleitores e aos administrados, principalmente mediante debates, (...) e, mesmo se eles fizerem críticas vigorosas, deve-se lembrar, ao menos, da vantagem que a avaliação dos cidadãos é essencial sobre as grandes questões da sociedade e que a democracia não é a ditadura da maioria e que ela exige verdadeiras discussões contraditórias". COHENDET, Marie-Anne. Une crise de la représentation politique? *Cités*, vol. 18, n. 2, p. 41-61, p. 55-57, 2004.
[57] MOREIRA NETO, Diogo de Figueiredo. *Poder, Direito e Estado*: o direito administrativo em tempos de globalização. Belo Horizonte: Fórum, 2011. p. 81.
[58] RODRÍGUEZ-ARANA MUÑOZ, Jaime. Sobre el derecho fundamental a la buena administración y la posición jurídica del ciudadano. *A&C – Revista de Direito Administrativo & Constitucional*, Belo Horizonte, ano 3, n. 11, p. 23, jan/mar. 2003.

1.1 Função administrativa democrática

O Estado pós Revolução Francesa consagrou a tripartição de poderes, denominados Executivo, Legislativo e Judiciário,[59] adotada com diferentes nuances conforme as peculiaridades de cada Estado.[60] Segundo a perspectiva democrática de Estado, voltada à valorização do ser humano, tratam-se não simplesmente de poderes, mas de funções estatais, no sentido de o Estado estar a serviço do ser humano.[61] Desse modo, o Estado possui a função legislativa, a jurisdicional e a executiva, na qual se insere, preponderantemente, a função administrativa do Estado.[62]

---

[59] Segundo o art. 16 da Declaração universal dos direitos do homem e do cidadão, uma Constituição requer a separação de poderes e a garantia de direitos. Os poderes são "expressões vagas e imprecisas, mas que definitivamente existem na língua do direito público (...). Se existe acordo quanto à terminologia, está longe de existir sobre o fundo das coisas e existem grandes controvérsias sobre a natureza das atividades legislativas, administrativas e jurisdicionais". DUGUIT, Léon. *L'État le droit objectif et la loi positive*. Paris: Dalloz, 2003. p. 412.

[60] Por exemplo, no tocante ao sistema judiciário, existe diferença entre a França e o Brasil. Na França existem duas ordens de jurisdição: a judiciária e a administrativa. Desse modo, um dos traços essenciais do sistema francês é a "existência de uma organização jurisdicional especializada no julgamento dos litígios administrativos, e separada das jurisdições judiciárias". Isso resulta do princípio da separação dos poderes, "interpretado à luz de uma tradição". O Poder Judiciário, se ele fosse julgar o Executivo, poderia conduzir ao risco de interferir na atuação do Executivo. A fim de evitar a tradição de ingerência do "Ancien régime", os revolucionários de 1789 decidiram em favor da tradição e interpretaram o princípio no sentido da interdição ao Poder Judiciário de atuar nos litígios em que a Administração Pública participa. RIVERO, Jean; WALINE, Jean. *Droit administratif*. 21. ed. Paris: Dalloz, 2006. p. 17-18, p. 471-472. Existe uma "concepção francesa da separação dos poderes", que se difere da americana, de freios e contrapesos. A concepção adotada do poder Soberano, único e verdadeiro, não propicia sentido à adoção de um contrapoder, pois "não há como conceber que um povo livre possa ser o seu próprio tirano". PLESSIX, Benoît. *Droit administratif général*. 3. ed. Paris: LexisNexis, 2020. p. 368. No Brasil, ao contrário, mediante inspiração no sistema americano de freios e contrapesos, adota-se o sistema jurisdicional único, todo fixado na estrutura do Poder Judiciário, que é encarregado de exercer o controle sobre os litígios nos quais a Administração Pública participa, conforme dispõe o art. 5º, XXXV, da CRFB. FERRAZ, Luciano. *Controle e consensualidade*: fundamentos para o controle consensual da Administração Pública. Belo Horizonte: Fórum, 2020. p. 114.

[61] Função corresponde à "ideia de indeclinável atrelamento a um fim preestabelecido e que deve ser atendido para o benefício de um terceiro", a coletividade. MELLO, Celso Antônio Bandeira de. *Curso de direito administrativo*. 32. ed. São Paulo: Malheiros, 2015. p. 101. E, no mesmo sentido, no tocante à função administrativa, esta é compreendida "como exercício de um poder atrelado necessariamente a uma finalidade estranha ao agente – impede o entendimento da discricionariedade administrativa como liberdade de conduta". BACELLAR FILHO, Romeu Felipe. *Direito administrativo e o novo código civil*. Belo Horizonte: Fórum, 2007. p. 250.

[62] Uma concepção material da função de Estado é adotada, mesmo que se reconheça que o Executivo predomina organicamente no exercício da função administrativa do Estado de forma típica. No seio do Poder Executivo, a missão é de governar e de administrar, de

No Estado moderno, surgido após o movimento revolucionário, historicamente a atividade legislativa sempre teve grande destaque, como representante da soberania estatal ao estabelecer as normas de conduta para todos, coletividade e Estado, a serem observadas pelas outras atividades, jurisdicional e executiva.[63] Importância que se destacou também por ser a função estatal mais democrática. Os legisladores, eleitos pelo povo, de forma colegiada, o representam na elaboração das leis, atuam em seu nome, sem intermediários.[64]

Tem-se, portanto, que a função legislativa estatal possui uma natureza histórica mais democrática na composição de seus membros, eleitos, e em sua atuação deliberativa, a qual, com os novos paradigmas da ação pública de meados do século XX, também foi mais propícia à implementação de mecanismos de democracia direta.

As funções executiva e jurisdicional, por seu turno, possuem menor tradição democrática, especialmente a atividade jurisdicional, historicamente atrelada às camadas mais ricas e influentes da sociedade.[65]

Na função executiva, embora o chefe do Executivo seja eleito, toda a estrutura administrativa não é composta por representantes diretos, eleitos pelo povo. Durante anos esta estrutura acabou por se orientar por técnicas, procedimentos e formalidades burocráticas, inicialmente salutares para garantir a legalidade, a impessoalidade e

---

modo que os limites são difíceis de se estabelecer. "Governar é exercer as grandes opções políticas, tomar as decisões essenciais que engajam o futuro nacional; administrar é uma atividade mais cotidiana e técnica: é tomar todas as decisões necessárias para realizar e tornar efetivas as decisões políticas do governo (…) No entanto, é muito difícil determinar a fronteira exata entre os dois domínios". A Administração é, então, "a atividade pela qual as autoridades públicas, e eventualmente privadas, podem, caso necessário, utilizar as prerrogativas de poder público à satisfação das necessidades de interesse público". RIVERO, Jean; WALINE, Jean. *Droit administratif*. 21. ed. Paris: Dalloz, 2006. p. 4-5.

[63] Na concepção francesa da separação dos poderes, há uma grande subordinação do Poder Executivo, e da função administrativa, ao poder legislativo e uma estrita separação do Poder Executivo do Poder Judiciário. PLESSIX, Benoît. *Droit administratif général*. 3. ed. Paris: LexisNexis, 2020. p. 369-372.

[64] "O Estado moderno (…) associou ao poder legislativo a representação popular e neste vislumbrou a melhor garantia contra a arbitrariedade". DUGUIT, Léon. *L'État le droit objectif et la loi positive*. Paris: Dalloz, 2003. p. 434.

[65] O Poder Judiciário, como foi exercido no *"Ancien régime"*, deixou uma lembrança deplorável, de uma nobreza privilegiada, patrimonialista e conservadora, que gerou desconfiança aos constituintes revolucionários. Assim, na França houve uma separação rígida entre as atividades do Poder Executivo e aquelas do Poder Judiciário, como dispôs o art. 13 da lei 16-24 de agosto de 1790. PLESSIX, Benoît. *Droit administratif général*. 3. ed. Paris: LexisNexis, 2020. p. 374-375.

impedir o abuso de poder, mas que em alguns pontos se deturparam com o tempo, transformando-se, muitas vezes, em um burocratismo.

O tipo weberiano burocrático,[66] entre os séculos XIX e XX, foi adotado como uma "máquina" na prática de processos decisórios lineares. O Executivo era regido de forma mecânica, por cima (políticos governavam burocratas), agências eram estabelecidas pelos parlamentares, de acordo com a sua interpretação da vontade popular e os processos decisórios provinham de um político de alto escalão para um outro agente político, por intermédio da máquina executiva.[67] O formalismo e os procedimentos numerosos, fechados, rígidos e frios se apresentaram-se como um burocratismo na estrutura administrativa e conduziram ao distanciamento da coletividade desta importante atividade estatal.[68]

Desse modo, paradoxalmente, na atividade executiva estatal vivenciou-se, com efeitos até os dias atuais, a desconexão da atividade estatal da coletividade, titular original da soberania.[69]

A atividade administrativa, embora sujeita às leis estabelecidas pelo Legislativo, é o *locus* da cidadania por excelência, da organização do espaço público, das prestações, das proteções e das relações em concreto com a coletividade. Na atividade administrativa, tem-se a materialização da abstração normativa, que é a atividade de concretização

---

[66] A Administração burocrática proposta por Weber funda-se na separação entre o que é público e privado, representa uma forma de dominação em razão do conhecimento, eis o seu caráter racional e, sob o aspecto social, impessoal. WEBER, Max. *Economia e sociedade*: fundamentos de uma sociologia compreensiva. Tradução de Regis Barbosa e Karen Elsabe Barbosa. Brasília: UnB, 1999. p. 143-147.

[67] CASSESE, Sabino. New paths for administrative law: A manifesto. *I COM*, Oxford, v. 10, p. 607, 2012. Disponível em: https://academic.oup.com/icon/article-abstract/10/3/603/673508 29. Acesso em: 08 dez. 2022.

[68] O que se compreende como burocratização no sentido de degeneração das funções e estruturas burocráticas, "proliferação de organismos sem conexão com as exigências gerais da funcionalidade, acentuação dos aspectos formais e processuais sobre os aspectos substanciais com a consequente morosidade das atividades e redução das tarefas desempenhadas, sobrevivência e elefantíase de organismos que não desempenham mais alguma função efetiva e, finalmente, triunfo da organização – a burocracia – sobre suas finalidades". BENCINI, Fabrizio. Verbete: burocratização. *In*: BOBBIO, Norberto. *Dicionário de política*. 11. ed. Brasília: Editora Universidade de Brasília, 1998. p. 130. O problema, em si, não é o modelo burocrático, mas o seu defeito eis que em razão de exacerbada qualificação, especialização e autonomização pode gerar o distanciamento da coletividade da esfera pública. Neste sentido: NOHARA, Irene. *Reforma administrativa e burocracia*: impacto da eficiência na configuração do direito administrativo brasileiro. São Paulo: Atlas, 2012. p. 33. GABARDO, Emerson. *Princípio constitucional da eficiência administrativa*. São Paulo: Dialética, 2002. p. 35-65.

[69] E nestas considerações o Brasil e a França, guardadas as suas peculiaridades, têm muito em comum.

da lei,[70] de definição do modo de realização de direitos fundamentais e do seu respeito, por exemplo, com as atividades de polícia, serviços públicos, fomento e intervenção.[71] Assim, paradoxalmente, ao mesmo tempo a atividade administrativa é diária e próxima do indivíduo, mas, quiçá, a mais distante deste em termos de abertura à participação e à colaboração.

A atividade jurisdicional do Estado, muito embora exercida por membros não eleitos, mas da coletividade, selecionados a partir de mérito técnico, oriundos de concursos públicos, no final do século XX[72] tornou-se mais próxima da coletividade com a facilitação do acesso ao Judiciário.[73]

A atividade executiva, e assim a administrativa, diferentemente das demais atividades estatais, sofreu menos influências das Revoluções Liberais e se manteve conservadora. A abertura administrativa deu-se a partir do diálogo democrático com a sociedade e da afirmação do constitucionalismo.[74] De modo que ainda é necessária a implementação de mecanismos de interação democrática mais intensa e pluralizada entre a sociedade e o Estado.[75]

Em vista que a estrutura estatal delineada pela Constituição da República Federativa do Brasil funda-se em um Estado Social e Democrático de Direito, assim como a Constituição da República Francesa, tem-se como consequência lógica que a Administração Pública

---

[70] Administrar é "executar as leis". No entanto, não significa executar uma única lei, artigo por artigo, mas no sentido da boa execução das leis em geral. PLESSIX, Benoît. *Droit administratif général*. 3. ed. Paris: LexisNexis, 2020. p. 382-384-385.

[71] O Poder Executivo pode, na prática, ter todo o poder imediato e incondicional. Colocar o Estado em movimento, concretizar as leis, "é medir o clima político, econômico e social para saber quando e como agir; é reunir cotidianamente as informações e os dados técnicos necessários; (...) a função executiva (...) é essencial e pouco condicionada, (...) a força de iniciativa e de realização que ela comporta a coloca no mesmo degrau ou mesmo em um degrau acima ao poder legislativo". PLESSIX, Benoît. *Droit administratif général*. 3. ed. Paris: LexisNexis, 2020. p. 366.

[72] No Brasil, a Lei nº 9.099/1995 previu uma jurisdição especial, gratuita, mais simples, aos casos de valor mais reduzidos, menos de 40 salários mínimos. Aos casos de baixo valor, até 20 salários mínimos, é facultada a assistência por advogado. Seguida pela lei nº 10.259/2001 aos casos de valor reduzido em nível federal.

[73] O que também, por outro lado, aumentou a judicialização, conforme se extrai em BRASIL. CNJ. *Justiça em números 2019*. Brasília: CNJ, 2019. p. 99. Disponível no site: https://www.cnj.jus.br/wp-content/uploads/2020/08/WEB-V3-Justi%C3%A7a-em-N%C3%BAmeros-2020-atualizado-em-25-08-2020.pdf. Acesso em: 04 mar. 2021.

[74] MOREIRA NETO, Diogo de Figueiredo. *Mutações do direito administrativo*. 2. ed. Rio de Janeiro: Renovar, 2001. p. 8-12.

[75] MOREIRA NETO, Diogo de Figueiredo. *Poder, Direito e Estado*: o direito administrativo em tempos de globalização. Belo Horizonte: Fórum, 2011. p. 82.

destes Estados e as relações jurídicas mantidas com a coletividade sejam pautadas por estes pilares.[76] Assim, a Administração Pública necessariamente deve observar e fazer cumprir o Direito, também fundar-se e estruturar-se democraticamente, com valorização ao ser humano e em vista aos direitos sociais.

O princípio da participação política decorre da consciência social e do anseio de influir nas decisões de poder que repercutirão sobre si. A legitimidade do direito contemporâneo foi consagrada pela Constituição de 1988 pela participação democrática.[77] A cidadania e a dignidade da pessoa humana como fundamentos republicanos determinam que a função administrativa tenha seu princípio e fim no interesse dos cidadãos, individual e coletivamente considerados.[78]

O Estado Democrático de Direito não requer apenas a legalidade, mas também o reforço à legitimidade administrativa com a participação na gestão administrativa.[79] A participação administrativa é um modo de democratização do poder público.[80] Apesar deste modelo de Estado estar previsto há muito tempo,[81] considera-se que o grau de cidadania e participação ainda não lhe é correspondente, pois estas características democráticas não se encontram assentadas devidamente no sistema e a escassa participação real na vida pública no contexto brasileiro ainda é marcante.[82] Diagnostica-se, assim, um descompasso entre a Constituição Democrática e Social e o modo de exercício da função pública ainda adotado, com profundas raízes no modelo administrativo do século XIX, uma vez que predomina a atuação administrativa unilateral e sem participação da coletividade. Este direito administrativo oitocentista "já não é mais capaz de dar conta de todas as exigências da

---

[76] RODRÍGUEZ-ARANA MUÑOZ, Jaime. Sobre el derecho fundamental a la buena administración y la posición jurídica del ciudadano. A&C – Revista de Direito Administrativo & Constitucional, Belo Horizonte, ano 3, n. 11, p. 23, jan/mar. 2003.

[77] MOREIRA NETO, Diogo de Figueiredo. *Mutações do direito administrativo*. 2. ed. Rio de Janeiro: Renovar, 2001. p. 21-22.

[78] BACELLAR FILHO, Romeu Felipe. *Direito administrativo e o novo código civil*. Belo Horizonte: Fórum, 2007. p. 46.

[79] OLIVEIRA, Rafael Carvalho Rezende. Democratização da Administração Pública e o princípio da participação administrativa. *Revista da EMERJ*, v. 9, n. 35, p. 159, 2006.

[80] SCHIER, Adriana da Costa Ricardo. *A participação popular na Administração Pública*: o direito de reclamação. Renovar: Rio de Janeiro, 2002. p. 74.

[81] No Brasil, desde 1988, na Espanha, 1978.

[82] Conforme pondera RODRÍGUEZ-ARANA MUÑOZ, Jaime. El Derecho Administrativo ante la crisis (el Derecho Administrativo Social). *Revista Eurolatinoamericana de Derecho Administrativo*, Santa Fe, v. 2, n. 2, p. 18, jul./dic. 2015.

sociedade contemporânea, suscitadas com o advento do Estado Social e Democrático de Direito".[83]

A Administração "é a projeção do Estado ao nível da ação concreta; é o Estado em ação, o Estado em movimento. A Administração é a 'sombra alongada' do Estado".[84] A Administração Pública, portanto, em vista de pertencer a um Estado Democrático e Social de Direito, deve ter sua estrutura, seus procedimentos e sua atividade voltada à dignidade humana, aos direitos do ser humano, especialmente os sociais, e à concretização da democracia material.

Reconhecendo-se o Estado como social, inclusive, a existência "do Direito administrativo social",[85] determina-se uma releitura do modo de atuar administrativo, para que os seus objetivos sejam realizados, "impondo um repensar de velhos dogmas do Direito Administrativo, como, por exemplo, uma concepção radical da unidade e da hierarquia, ou uma visão redutora do exercício do poder administrativo à via unilateral".[86] O modelo administrativo em vigor até então, "de uma administração contabilista e garantidora do interesse geral", servia para preservar a si mesma "sua autonomia social e a cimentar sua unidade orgânica".[87] Estas não são atualmente as finalidades do Estado e, sobretudo, da Administração. A perspectiva democrática e participativa vai orientar a atuação administrativa no sentido de assegurar "aos cidadãos a possibilidade de interferir e auxiliar na tomada das decisões quanto às atividades do poder público, (...) contribuindo, nesta medida, com a realização do Estado Social".[88]

Identifica-se um movimento de redução do espaço da democracia representativa em benefício dos cidadãos, para o contato com estes

---

[83] HACHEM, Daniel Wunder. *Tutela administrativa efetiva dos direitos fundamentais sociais*: por uma implementação espontânea, integral e igualitária. 2014. 614 f. Tese (Doutorado) – Programa de Pós-Graduação em Direito, Universidade Federal do Paraná, Curitiba, 2014. p. 214.

[84] No original: *"est l'ombre portée de l'État"*. PLESSIX, Benoît. *Droit administratif général*. 3. ed. Paris: LexisNexis, 2020. p. 241.

[85] RODRÍGUEZ-ARANA MUÑOZ, Jaime. El Derecho Administrativo ante la crisis (el Derecho Administrativo Social). *Revista Eurolatinoamericana de Derecho Administrativo*, Santa Fe, v. 2, n. 2, p. 9, jul./dic. 2015.

[86] BITENCOURT NETO, Eurico. Transformações do Estado e a Administração Pública no século XXI. *Revista de Investigações Constitucionais*, Curitiba, v. 4, n. 1, p. 209, jan./abr. 2017. DOI: 10.5380/rinc.v4i1.49773.

[87] CHEVALLIER, Jacques. Le droit administratif vu de la science administrative. *AJDA*, n. 7, Paris, 2013.

[88] SCHIER, Adriana da Costa Ricardo. *A participação popular na Administração Pública*: o direito de reclamação. Renovar: Rio de Janeiro, 2002. p. 75.

e a outorga de prerrogativas para que eles expressem diretamente suas vontades, necessidades e as faça valer, o que impacta na atuação administrativa. Com este movimento, reconhece-se o progresso da "democracia administrativa", em diversos aspectos, como o aprimoramento da transparência, dos procedimentos de participação, concertação e debate público, dentre outros.[89]

Desse modo, deve-se pensar na atualização do direito administrativo e em uma nova forma de compreendê-lo, livre de preconceitos e clichês do passado, centrada em um conceito mais humano e racional de interesse público, atrelado à realidade.[90] O direito administrativo é um ramo do Direito que aspira a realização do Estado Social e Democrático de Direito,[91] a sua legitimidade reside na realização dos direitos fundamentais e na democratização do funcionamento dos seus institutos.[92]

Os mecanismos democráticos, a fim de concretizar o Estado Democrático de Direito, devem estar presentes em todo o sistema, sobretudo na função administrativa do Estado, pois "a democratização da Administração Pública é uma garantia da democracia do Estado e no Estado".[93] O espaço público, local que é palco de ações de naturezas heterogêneas e promovidas por pessoas diversas, é primordial "na construção dos sistemas participativos da democracia direta", no qual é possível conviver com formas de representação.[94]

O direito administrativo nesta ordem jurídica orientada à dignidade humana e à democracia, comprometida com a melhoria da qualidade de vida, necessita de um funcionamento mais aberto,

---

[89] AUBY, Jean-Bernard. La bataille de San Romano réflexions sur les évolutions récentes du droit administratif. *AJDA*, Paris, 2001. p 912. Disponível em: https://www-dalloz-fr.bcujas-ezp.univ-paris1.fr/documentation/Document?id=AJDA/CHRON/2001/0912. Acesso em: 12 jul. 2021.

[90] RODRÍGUEZ-ARANA MUÑOZ, Jaime. El Derecho Administrativo ante la crisis (el Derecho Administrativo Social). *Revista Eurolatinoamericana de Derecho Administrativo*, Santa Fe, v. 2, n. 2, p. 9, jul./dic. 2015.

[91] RODRÍGUEZ-ARANA MUÑOZ, Jaime. El Derecho Administrativo ante la crisis (el Derecho Administrativo Social). *Revista Eurolatinoamericana de Derecho Administrativo*, Santa Fe, v. 2, n. 2, p. 9-10, jul./dic. 2015.

[92] OLIVEIRA, Rafael Carvalho Rezende. Democratização da Administração Pública e o princípio da participação administrativa. *Revista da EMERJ*, v. 9, n. 35, p. 166, 2006.

[93] ROCHA, Cármen Lúcia Antunes. Democracia, Constituição e Administração Pública. *A&C – Revista de Direito Administrativo & Constitucional*, Curitiba, ano 2, n. 9, p. 101, 2002. Disponível em: http://www.revistaaec.com/index.php/revistaaec/article/view/737. Acesso em: 10 set. 2017.

[94] BONAVIDES, Paulo. *Teoria constitucional da democracia participativa*. 2. ed. São Paulo: Malheiros, 2003. p. 278.

dinâmico e humano. O cidadão deve assumir o lugar central no direito Administrativo.[95] A atuação administrativa deve servir ao bem-estar dos cidadãos e à dignidade da pessoa humana.[96] Assim, o cidadão não deve ser tratado como inerte e passivo diante da Administração e de suas prerrogativas, em uma relação baseada na submissão e no temor. Faz-se necessário construir uma concepção mais justa e humana de função administrativa.[97]

Na perspectiva do conceito de governo aberto, no qual se compreende a abertura dos governos, "impõem-se às administrações as exigências tendentes a inserir os cidadãos no coração da elaboração das políticas públicas estabelecidas pelos governos".[98] Demanda-se a transformação da Administração Pública e do seu "funcionamento de fato notadamente na renovação das relações administração-usuários e administração-agentes públicos". A atuação administrativa vai adotar procedimentos mais horizontais "para permitir uma melhor integração dos cidadãos, dos agentes públicos, dos usuários, das empresas ou ainda da sociedade civil ao processo de decisões públicas".[99] Um governo aberto é estabelecido, para além da transparência, a partir de um "grande aumento da participação e da colaboração dos atores públicos e privados".[100]

---

[95] RODRÍGUEZ-ARANA MUÑOZ, Jaime. Sobre el derecho fundamental a la buena administración y la posición jurídica del ciudadano. *A&C – Revista de Direito Administrativo & Constitucional*, Belo Horizonte, ano 3, n. 11, p. 14, jan/mar. 2003.

[96] Jaime Rodríguez-Arana Muñoz destaca a natureza instrumental da Administração Pública a partir do artigo 103.1 da Constituição Espanhola que dispõe: "*La Administración sirve com objetividad, los intereses generales (…)*".RODRÍGUEZ-ARANA MUÑOZ, Jaime. Sobre el derecho fundamental a la buena administración y la posición jurídica del ciudadano. *A&C – Revista de Direito Administrativo & Constitucional*, Belo Horizonte, ano 3, n. 11, p. 28, jan/mar. 2003.

[97] RODRÍGUEZ-ARANA MUÑOZ, Jaime. Sobre el derecho fundamental a la buena administración y la posición jurídica del ciudadano. *A&C – Revista de Direito Administrativo & Constitucional*, Belo Horizonte, ano 3, n. 11, p. 14, jan/mar. 2003.

[98] BOUHADANA, Irène; GILLES, William. De L'Esprit des Gouvernements Ouverts. *International Journal of Open Governments*, Paris, v. 4, p. 3, 2017. Disponível em: https://ojs.imodev.org/?journal=RIGO&page=issue&op=view&path%5B%5D=14. Acesso em: 03 dez. 2022.

[99] BOUHADANA, Irène; GILLES, William. De L'Esprit des Gouvernements Ouverts. *International Journal of Open Governments*, Paris, v. 4, p. 4, 2017. Disponível em: https://ojs.imodev.org/?journal=RIGO&page=issue&op=view&path%5B%5D=14. Acesso em: 03 dez. 2022.

[100] BOUHADANA, Irène; GILLES, William. De L'Esprit des Gouvernements Ouverts. *International Journal of Open Governments*, Paris, v. 4, p. 4, 2017. Disponível em: https://ojs.imodev.org/?journal=RIGO&page=issue&op=view&path%5B%5D=14. Acesso em: 03 dez. 2022.

O cenário administrativo, deste modo, tornou-se mais complexo: "Administração, políticos e a sociedade agora formam um triângulo; não há mais uma linha clara divisória entre Administração e sociedade" negociação, comando e controle são exercidos simultaneamente. "Os processos decisórios foram substituídos ou acompanhados de consultas, mediações, procedimentos parlamentares" ou, simplesmente, por novas tentativas.[101]

A Administração Pública, em busca da centralização do ser humano e na sua participação democrática, principalmente a partir da década de 1990, tem passado por grandes modificações e novas ideias têm se desenvolvido. Essas transformações na atuação administrativa possuem como norte a cooperação, a decisão conjunta e o controle;[102] envolvem a adoção de medidas de maior transparência e abertura, com a possibilidade de fala, escuta e motivação das decisões. A Administração, assim, passa a adotar novos procedimentos e a rever os anteriores, uma vez que o modelo binário e unilateral da atuação administrativa tende a ceder espaço aos procedimentos administrativos[103] como forma de ampliar a democratização.

A função administrativa, destarte, para ser democrática em termos materiais, ou seja, para permitir a efetiva participação e colaboração das pessoas – físicas e jurídicas – necessita se estruturar e se organizar com procedimentos mais simplificados, flexíveis, abertos e propícios ao diálogo. O Estado, no caso a Administração Pública, deve promover as condições para que a liberdade e a igualdade das pessoas sejam reais e efetivas, deve remover os impedimentos e fomentar a participação dos cidadãos na vida política, econômica, social e cultural.[104] Realiza-se, assim, a função administrativa democrática e surge às pessoas, físicas e jurídicas, o direito à boa administração.

---

[101] CASSESSE, Sabino. New paths for administrative law: A manifesto. *I COM*, Oxford, v. 10, p. 608, 2012. Disponível em: https://academic.oup.com/icon/article-abstract/10/3/603/673508 29. Acesso em: 08 dez. 2022.

[102] Neste sentido, Adriana Schier ressalta a importância da participação diante de sua dupla dimensão: democrática e de controle, como concretização dos princípios Democráticos e do Estado de Direito. SCHIER, Adriana da Costa Ricardo. *A participação popular na Administração Pública*: o direito de reclamação. Renovar: Rio de Janeiro, 2002. p. 76-184.

[103] CASSESSE, Sabino. New paths for administrative law: A manifesto. *I COM*, Oxford, v. 10, p. 607, 2012. Disponível em: https://academic.oup.com/icon/article-abstract/10/3/603/673508 29. Acesso em: 08 dez. 2022.

[104] RODRÍGUEZ-ARANA MUÑOZ, Jaime. El Derecho Administrativo ante la crisis (el Derecho Administrativo Social). *Revista Eurolatinoamericana de Derecho Administrativo*, Santa Fe, v. 2, n. 2, p. 11, jul./dic. 2015.

1.1.1 O direito à boa administração: participação em um espaço administrativo de diálogo

Conectada à democratização da função administrativa tem-se o desenvolvimento da noção de boa administração, como um direito e um dever.[105] A concepção de boa administração é orientada pela valorização da pessoa humana, pelos valores cívicos e suas qualidades democráticas. O cidadão, titular do direito à boa administração, é ativo e protagonista, é, efetivamente, tratado como pessoa e busca participar da configuração dos interesses públicos, pois estes, em um Estado Social e Democrático de Direito, são definidos a partir de uma concertação integrada entre os poderes públicos e a sociedade.[106]

"O 'direito a uma boa administração' (...) abrange um conjunto de regras procedimentais (direito de ser escutado, direito de acesso aos documentos, obrigação de motivação (...)" previstos há muito tempo em um conjunto de textos,[107] ainda que sem essa nomenclatura.

O direito à boa administração foi reconhecido como direito fundamental pela Recomendação nº R (80) 2, do Comitê de Ministros do Conselho da Europa, de 11 de março de 1980. Por sua vez, a Carta de Direitos Fundamentais da União Europeia, proclamada pelo Conselho de Nice em 10 de dezembro de 2000, em seu art. 41, reconheceu o direito fundamental do cidadão à boa administração.[108] A razão reside

---

[105] Destaca-se que o tema do direito à boa administração pode ser explorado em diversas perspectivas, neste momento o enfoque será direcionado a um dos aspectos, mais diretamente relacionado à participação e ao diálogo.

[106] RODRÍGUEZ-ARANA MUÑOZ, Jaime. Sobre el derecho fundamental a la buena administración y la posición jurídica del ciudadano. *A&C – Revista de Direito Administrativo & Constitucional*, Belo Horizonte, ano 3, n. 11, p. 30, jan/mar. 2003.

[107] CHEVALLIER, Jacques. Le droit administratif vu de la science administrative. *AJDA*, n. 7, Paris, 2013.

[108] O direito fundamental à boa administração possui inúmeros princípios corolários, que devem incidir nas relações entre a Administração e os cidadãos, dentre os quais se destacam: princípio da juridicidade; princípio do serviço objetivo aos cidadãos, o qual se concretiza com o profundo respeito aos direitos e interesses legítimos dos cidadãos. Princípio promocional, realizado a partir da criação de condições para que a liberdade e a igualdade sejam reais, com a remoção de impeditivos e o fomento à participação. Princípio da eficácia, segundo o qual os procedimentos e as medidas devem atender a sua finalidade, com a remoção de obstáculos formais, do silêncio administrativo, das dilações e dos retardos. Princípio da proporcionalidade, o qual, dentre outros aspectos, exige um equilíbrio entre os interesses públicos e os particulares. Princípio da responsabilidade, pelo qual a Administração responderá pelas lesões a bens e a direitos dos cidadãos. Princípio da facilitação, a Administração deve facilitar aos cidadãos a tramitação de seus pedidos, a obter cópia, acesso, a serem ouvidos, a formularem alegações e a conhecerem os recursos disponíveis. Outro princípio que se agrega é o da celeridade, a Administração deve otimizar o tempo, resolver os procedimentos em prazos razoáveis e incentivar o

na consideração que na democracia as instituições políticas são do domínio popular, são dos cidadãos. Assim, a função constitucional da Administração Pública centra-se no serviço objetivo ao interesse geral.[109] No Brasil, o direito à boa administração é uma norma implícita.[110]

A boa administração tem como cânone a posição central do cidadão[111] e está atrelada a "uma sensibilidade política que considera que a democracia contemporânea poderia ser construída sobre um modo procedimental." Ela se materializa com a implantação das práticas de deliberação, mediante "a formulação racional de argumentos (mas também com a sua confrontação explícita), onde o agir comunicativo fundará a relação entre si e o outro".[112] O direito à boa Administração permite "reconectar a organização estatal com o ser humano, reaproximando-a do objetivo para o qual foi criada".[113] Depreende-se, portanto, a conexão entre a boa administração e o exercício da função administrativa mais democrática e centrada nas pessoas. O respeito à dignidade humana em suas várias dimensões requer o aprimoramento de mecanismos democráticos, que permitam a participação na gestão pública.[114]

O direito à boa administração é reconhecido como um direito fundamental da pessoa, que demanda ao poder público que o espaço do público permita realizar seus direitos de pessoa humana, nas suas

---

uso da tecnologia da informação e da comunicação. Ressalta-se, ainda, que o direito fundamental à boa administração constou no artigo II-101 do projeto de Constituição para a Europa. RODRÍGUEZ-ARANA MUÑOZ, Jaime. Sobre el derecho fundamental a la buena administración y la posición jurídica del ciudadano. *A&C – Revista de Direito Administrativo & Constitucional*, Belo Horizonte, ano 3, n. 11, p. 32, 44-46, jan/mar. 2003.

[109] RODRÍGUEZ-ARANA MUÑOZ, Jaime. Sobre el derecho fundamental a la buena administración y la posición jurídica del ciudadano. *A&C – Revista de Direito Administrativo & Constitucional*, Belo Horizonte, ano 3, n. 11, p. 30, jan/mar. 2003.

[110] Atribui-se eficácia imediata no sentido do controle sobre a discricionariedade administrativa, para além ou aquém dos limites. FREITAS, Juarez. *Direito fundamental à boa administração pública*. 3. ed. Malheiros: São Paulo, 2014. p. 13.

[111] RODRÍGUEZ-ARANA MUÑOZ, Jaime. Sobre el derecho fundamental a la buena administración y la posición jurídica del ciudadano. *A&C – Revista de Direito Administrativo & Constitucional*, Belo Horizonte, ano 3, n. 11, p. 43, jan./mar. 2003.

[112] Sobre o agir comunicativo, o autor faz referência à Habermas. GAUDIN, Jean Pierre. *Gouverner par contrat*: l'action publique en question. Paris: Presses de Sciences PO, 1999. p. 92.

[113] HACHEM, Daniel Wunder. *Tutela administrativa efetiva dos direitos fundamentais sociais*: por uma implementação espontânea, integral e igualitária. 2014. 614 f. Tese (Doutorado) – Programa de Pós-Graduação em Direito, Universidade Federal do Paraná, Curitiba, 2014. p. 269.

[114] SCHIER, Adriana da Costa Ricardo. *A participação popular na Administração Pública*: o direito de reclamação. Renovar: Rio de Janeiro, 2002. p. 237.

variadas dimensões. Pressupõe a geração de um ambiente seguro e de confiança. Existem necessidades reais que correspondem aos interesses comuns, dos quais as pessoas necessitam individualmente e em conjunto, em distintos graus. A concepção de boa administração compreende o direito cidadão a que os assuntos comuns e coletivos sejam observados de modo a gerar bem estar geral para todos, em seu conjunto,[115] em um "protagonismo, em rede, da sociedade e o agente público" a realizar o "bem de todos".[116] É um direito, ainda, que determina à Administração demonstrar os pressupostos de suas decisões relativos aos benefícios propiciados sobre os custos envolvidos e em uma projeção de futuro.[117]

Identifica-se que o direito fundamental à boa administração pode ser concretizado a partir do reconhecimento de alguns direitos subjetivos como o direito à tutela administrativa efetiva,[118] o direito à resolução administrativa em prazo razoável, direito à participação nas atuações administrativas em que possuam interesse, direito a apresentar queixas, reclamações e recursos perante a Administração.[119] Destarte, o direito fundamental à boa administração adquire aspecto político proativo no sentido de inserir as pessoas na vida político--administrativa dos respectivos países, redefinindo-se a concepção de cidadania, ampliando-a.[120]

A Administração Pública deve estar a serviço dos interesses públicos, e a definição e a realização destes deve ser aberta aos diversos

---

[115] RODRÍGUEZ-ARANA MUÑOZ, Jaime. Sobre el derecho fundamental a la buena administración y la posición jurídica del ciudadano. *A&C – Revista de Direito Administrativo & Constitucional*, Belo Horizonte, ano 3, n. 11, p. 30, jan./mar. 2003.

[116] FREITAS, Juarez. *Direito fundamental à boa administração pública*. 3. ed. Malheiros: São Paulo, 2014. p. 20.

[117] FREITAS, Juarez. *Direito fundamental à boa administração pública*. 3. ed. Malheiros: São Paulo, 2014. p. 13.

[118] Importante destacar, neste sentido, o direito à tutela administrativa efetiva, espontânea, integral e igualitária dos direitos fundamentais sociais a partir da interpretação sistemática do disposto no art. 5º, §§1º e 2º e no art. 37, *caput* da Constituição, bem como do direito fundamental à tutela administrativa efetiva, estabelecido na Carta Iberoamericana dos Direitos e Deveres do Cidadão em Relação com a Administração Pública, aprovada em 10 de outubro de 2013 pelo Centro Latinoamericano de Administración para el Desarrollo. HACHEM, Daniel Wunder. *Tutela administrativa efetiva dos direitos fundamentais sociais*: por uma implementação espontânea, integral e igualitária. 2014. 614 f. Tese (Doutorado) – Programa de Pós-Graduação em Direito, Universidade Federal do Paraná, Curitiba, 2014. resumo.

[119] RODRÍGUEZ-ARANA MUÑOZ, Jaime. Sobre el derecho fundamental a la buena administración y la posición jurídica del ciudadano. *A&C – Revista de Direito Administrativo & Constitucional*, Belo Horizonte, ano 3, n. 11, p. 47-48, jan./mar. 2003.

[120] MOREIRA NETO, Diogo de Figueiredo. *Poder, Direito e Estado*: o direito administrativo em tempos de globalização. Belo Horizonte: Fórum, 2011. p. 93.

interlocutores sociais, em diálogo contínuo.[121] Os cidadãos, por sua vez, possuem direito à gestão dos interesses públicos de modo a propiciar o desenvolvimento solidário das pessoas.

A partir da participação e diálogo da coletividade com a Administração é possível o fornecimento de subsídios para o poder público efetivamente atender ao interesse público, propiciando-se a realização do direito à boa administração.[122]

Desse modo, o poder na Administração, compatível com a boa administração, deve ser humano, "aberto, plural, moderado, equilibrado, realista, eficaz, eficiente, socialmente sensível, cooperativo, atento à opinião pública, dinâmico e compatível".[123] O direito administrativo, no intuito de assegurar a boa administração, orienta-se à centralidade da pessoa e à assegurar sua integração e participação no espaço público.

A adoção de instrumentos viabilizadores à boa administração possibilita a conexão da atividade administrativa à realidade, pois somente a partir dela é possível aprimorar o presente e construir um futuro melhor.[124] A realidade, por sua vez, será tanto melhor compreendida quanto mais plural, aberto, direto e participativo for o aporte de suas características, o que também depende de canais e mecanismos adequados de interlocução entre o poder público e os cidadãos.[125]

O favorecimento à multiplicação de procedimentos aptos a convidar os cidadãos às discussões argumentadas e a estabelecer grandes fóruns de debates permitirá maior proximidade ao horizonte democrático que se visualiza. O debate público e a argumentação, com a exposição de argumentos e necessidades de cada um, podem propiciar, não um consenso automático, mas o que é mais relevante,

---

[121] RODRÍGUEZ-ARANA MUÑOZ, Jaime. Sobre el derecho fundamental a la buena administración y la posición jurídica del ciudadano. *A&C – Revista de Direito Administrativo & Constitucional*, Belo Horizonte, ano 3, n. 11, p. 21, jan./mar. 2003.

[122] XAVIER, Gabriela Costa. Novos rumos da Administração Pública eficiente – Participação administrativa, procedimentalização, consensualismo e as decisões colegiadas. *Fórum Administrativo – FA*, Belo Horizonte, ano 14, n. 159, p. 39, maio 2014.

[123] RODRÍGUEZ-ARANA MUÑOZ, Jaime. Sobre el derecho fundamental a la buena administración y la posición jurídica del ciudadano. *A&C – Revista de Direito Administrativo & Constitucional*, Belo Horizonte, ano 3, n. 11, p. 16-31, jan./mar. 2003.

[124] RODRÍGUEZ-ARANA MUÑOZ, Jaime. Sobre el derecho fundamental a la buena administración y la posición jurídica del ciudadano. *A&C – Revista de Direito Administrativo & Constitucional*, Belo Horizonte, ano 3, n. 11, p. 31, jan./mar. 2003.

[125] RODRÍGUEZ-ARANA MUÑOZ, Jaime. *Direito fundamental à boa administração pública*. HACHEM, Daniel Wunder (Trad.). Belo Horizonte: Fórum, 2012. p. 29.

"um sentimento reforçado de 'estarmos juntos' no sentido atribuído por Paul Ricœur".[126]

A boa administração não é compatível com uma Administração omissa às soluções, ao atendimento da coletividade e à pronta realização dos direitos; não deve, assim, contribuir aos conflitos, que se arrastam por anos no Judiciário, em excessiva onerosidade à coletividade, com profundos desperdícios de recursos e perda de foco quanto à centralidade da dignidade humana. A boa administração conduz a Administração a agir prontamente, a abrir espaços de valorização das pessoas, para atendê-las, escutá-las e buscar, na medida do possível, efetivar seus direitos do modo mais imediato e integral possível, em isonomia e harmonia com os demais direitos assegurados pelo ordenamento, afastando-se a filosofia antagonizadora, precária e adversarial.[127]

Agir de acordo com a boa administração não significa acolher todo e qualquer pedido ou necessidade do cidadão, mas estabelecer um espaço dialógico, adotar procedimentos a permitir a exposição de suas necessidades, de sua perspectiva, um espaço de escuta pelo poder público. Por sua vez, neste espaço de diálogo, o poder público terá oportunidade de apresentar a sua motivação, também exarará suas considerações, sua perspectiva e, atentando-se à juridicidade, decidirá. Ainda, conforme o caso, de forma colaborativa o cidadão e o poder público poderão ajustar a melhor solução. A boa administração requer a revisão de prioridades focadas apenas no curto prazo, do decisionismo irracional, da indiferença e volta-se à preocupação com os custos sociais futuros.[128]

A Carta Europeia dos Direitos Fundamentais, ao albergar o direito fundamental à boa administração, prevê que além da participação do cidadão na definição do interesse público, tem-se o direito de toda pessoa a que as instituições e os órgãos da União Europeia tratem de

---

[126] GAUDIN, Jean Pierre. *Gouverner par contrat*: l'action publique en question. Paris: Presses de Sciences PO, 1999. p. 92. A fim de ilustrar melhor o pensamento, para Paul Ricœur, "viver bem" não se limita às relações interpessoais, mas se estende à vida nas instituições, que são "'todas as estruturas do viver juntos em uma comunidade histórica, irredutíveis às relações interpessoais e portanto ligadas a elas'". SVANDRA, Philippe. Repenser l'éthique avec Paul Ricœur. Le soin entre responsabilité, sollicitude et justice. *Recherche en soins infirmiers*, Paris, v. 124, n. 1, p. 19-27, 2016. Disponível em: https://www.cairn.info/revue-recherche-en-soins-infirmiers-2016-1-page-19.htm. Acesso em: 13 jul. 2021.
[127] FREITAS, Juarez. *Direito fundamental à boa administração pública*. 3. ed. Malheiros: São Paulo, 2014. p. 20.
[128] FREITAS, Juarez. *Direito fundamental à boa administração pública*. 3. ed. Malheiros: São Paulo, 2014. p. 17-18-26-31.

seus assuntos de forma imparcial, equitativa e em um prazo razoável. Agrega-se à boa administração a noção de tempo. Uma solução imparcial e justa, mas muito demorada, pode não surtir resultado à pessoa. O prazo razoável refere-se ao tempo em que a solução adotada possa ser eficaz de modo a não dilapidar o direito do cidadão.[129]

Defende-se uma nova sistemática administrativa democrática, norteada pelo direito fundamental à boa administração pública, compreendida como uma Administração Pública eficiente e eficaz, voltada às prioridades constitucionais, que cumpre os seus deveres, "com transparência, sustentabilidade, motivação proporcional, imparcialidade e respeito à moralidade, à participação social e à plena responsabilidade por suas condutas omissivas e comissivas".[130]

A Administração Pública, portanto, não deve apenas respeitar os direitos, mas sim fazê-los possíveis e facilitar a sua realização.[131] A boa administração democrática deve ser "comprometida com a busca de soluções aos problemas reais das pessoas a partir do entendimento".[132]

Se a Administração Pública se omitir, não estabelecer canais administrativos de diálogo e de concertação com a coletividade e, por tal omissão, por sua estruturação fechada ao diálogo, forçar o cidadão a pleitear seus direitos no Judiciário, certamente, tal Administração não está a atuar conforme o dever de boa administração. Jaime Rodríguez-Arana Muñoz propõe uma reflexão no sentido que se o poder público é excessivamente demandado em juízo, será que está a exercer a boa administração? No tocante ao dever de indenizar, por exemplo, uma Administração que paga milhões em indenizações não é uma boa

---

[129] RODRÍGUEZ-ARANA MUÑOZ, Jaime. Sobre el derecho fundamental a la buena administración y la posición jurídica del ciudadano. *A&C – Revista de Direito Administrativo & Constitucional*, Belo Horizonte, ano 3, n. 11, p. 34, jan./mar. 2003.

[130] FREITAS, Juarez. *Direito fundamental à boa administração pública*. 3. ed. Malheiros: São Paulo, 2014. p. 21-30.

[131] RODRÍGUEZ-ARANA MUÑOZ, Jaime. Sobre el derecho fundamental a la buena administración y la posición jurídica del ciudadano. *A&C – Revista de Direito Administrativo & Constitucional*, Belo Horizonte, ano 3, n. 11, p. 22, jan./mar. 2003. Ainda, no sentido do direito à boa administração, registra-se o direito fundamental à tutela administrativa efetiva, estabelecido na Carta Iberoamericana dos Direitos e Deveres do Cidadão em Relação com a Administração Pública, aprovada em 10 de outubro de 2013 pelo Centro Latinoamericano de Administración para el Desarrollo, conforme destaca HACHEM, Daniel Wunder. *Tutela administrativa efetiva dos direitos fundamentais sociais*: por uma implementação espontânea, integral e igualitária. 2014. 614 f. Tese (Doutorado) – Programa de Pós-Graduação em Direito, Universidade Federal do Paraná, Curitiba, 2014. resumo.

[132] RODRÍGUEZ-ARANA MUÑOZ, Jaime. *Direito fundamental à boa administração pública*. HACHEM, Daniel Wunder (Trad.). Belo Horizonte: Fórum, 2012. p. 36.

administração pelo fato de indenizar, pois significa que causa danos aos cidadãos frequentemente e, assim, é melhor que indenize menos por causar menos danos.[133]

Tem-se que o direito fundamental à boa administração pode ser visualizado em termos formais/procedimentais e materiais. Reconhece-se um direito à participação e à colaboração do cidadão com o poder público, o que promove uma modificação na relação entre este e o cidadão, maior abertura, proximidade, pluralidade e horizontalidade, portanto, sob um enfoque procedimental. Por outro lado, os frutos dessas participações e colaborações, decisões públicas mais consentâneas às realidades e necessidades trazidas pelos próprios cidadãos e demais atores sociais podem ser percebidas como boa administração em termos concretos.

A efetivação de procedimentos inclusivos, participativos ou colaborativos contribui à realização do direito fundamental à boa administração, seja em termos procedimentais como no aspecto concreto. Desse modo, o caminho trilhado nesta obra tem como norte a realização do direito fundamental à boa administração por intermédio da abertura da Administração Pública ao diálogo com os cidadãos, voltada à autocomposição como modo de resolver e prevenir controvérsias.

1.1.2 Em busca da horizontalização das relações entre as pessoas e a Administração Pública na França

A partir do estudo do direito comparado francês,[134] nota-se a preocupação na França em melhorar os direitos dos cidadãos nas suas relações com as administrações, que pode ser identificada desde os anos 70, quando vários textos legislativos e regulamentadores surgiram com este propósito. Foi um período no qual "iniciou a ruptura com a concepção que prevalecia à época, a saber, aquela do administrado-sujeito; os textos adotados instauraram – em benefício dos usuários nas relações com as administrações – novos direitos" como à informação, à transparência, à simplificação dos procedimentos, à acessibilidade

---

[133] RODRÍGUEZ-ARANA MUÑOZ, Jaime. Sobre el derecho fundamental a la buena administración y la posición jurídica del ciudadano. *A&C – Revista de Direito Administrativo & Constitucional*, Belo Horizonte, ano 3, n. 11, p. 38, jan./mar. 2003. Acresce-se que, sem dúvida, ainda é melhor existir a devida indenização, que existir danos sem indenização.

[134] Realizado para gerar reflexões e inspirações sobre a mediação administrativa no Brasil.

às regras, à qualidade do serviço e à participação.[135] Diversas reformas ocorreram em prol do aprimoramento das relações e "em uma tendência à diminuição do caráter autoritário do ato unilateral".[136]

A lei de 03 de janeiro de 1973 instituiu a função de mediador da República,[137] que é uma autoridade administrativa independente,[138] cujo papel "é defender os direitos dos administrados contra o mau funcionamento, a opacidade, a má vontade vista como a má-fé das administrações", mas ele não possui poder de decidir, ele propõe recomendações. Corresponde a um mecanismo de controle não jurisdicional[139] e, por consequência, sua missão trouxe melhorias às relações com os cidadãos "é, em efeito, o propósito da mediação de envidar esforços para alcançar pela negociação a uma solução amigável e evitar na medida do possível os procedimentos contenciosos".[140]

O estabelecimento do mediador da República foi inspirado pelo *Ombudsman*, a fim de melhorar a Administração "anônima, desumana" e oferecer aos cidadãos "um protetor mais acessível que o juiz, e livre, diferentemente deste, que se restringe ao respeito ao Direito; ele poderia deliberar 'em equidade'".[141] Em 2008, o artigo 41 da lei constitucional nº 224, de 23 de julho de 2008,[142] introduziu o instituto do Defensor de Direitos no seio da Constituição, no artigo 71-1. Em 2011, pela Lei

---

[135] PISSALOUX, Jean-Luc. Relations des citoyens avec les administrations: le changement dans la continuite (1re partie). *Petites affiches*, n. 32, p. 4, 14 fev. 2001. Disponível em: https://www-labase-lextenso-fr.bcujas-ezp.univ-paris1.fr/petites-affiches/PA200103201?em=PISSALOUX. Acesso em: 20 set. 2020.

[136] O autor também faz referência à lei de 11 de julho de 1979, relativa à motivação dos atos administrativos e à melhoria das relações entre a Administração e o público. RIVERO, Jean; WALINE, Jean. *Droit administratif*. 21. ed. Paris: Dalloz, 2006. p. 343-359.

[137] "É sem dúvida a lei de 3 de janeiro de 1973 que – ao instituir o mediador da República – propiciou a ruptura no 'estatuto' das pessoas face às administrações: a instituição do mediador traduziu a preocupação, para além dos procedimentos contenciosos, de dar ao administrado-usuário a possibilidade de uma via de recurso contra as práticas da 'má administração' das quais ele pode ser vítima". PISSALOUX, Jean-Luc. Relations des citoyens avec les administrations: le changement dans la continuite (1re partie). *Petites affiches*, n. 32, p. 4, 14 fev. 2001. Disponível em: https://www-labase-lextenso-fr.bcujas-ezp.univ-paris1.fr/petites-affiches/PA200103201?em=PISSALOUX. Acesso em: 20 set. 2020.

[138] Conforme previu a lei de 13 de janeiro de 1989. RIVERO, Jean; WALINE, Jean. *Droit administratif*. 21. ed. Paris: Dalloz, 2006. p. 467.

[139] RIVERO, Jean; WALINE, Jean. *Droit administratif*. 21. ed. Paris: Dalloz, 2006. p. 29.

[140] PISSALOUX, Jean-Luc. Relations des citoyens avec les administrations: le changement dans la continuite (suite et fin). *Petites affiches*, n. 33, p. 5, 15 fev. 2001. Disponível em: https://www-labase-lextenso-fr.bcujas-ezp.univ-paris1.fr/petites-affiches/PA200103202?em=pissaloux. Acesso em: 20 set. 2020.

[141] RIVERO, Jean; WALINE, Jean. *Droit administratif*. 21. ed. Paris: Dalloz, 2006. p. 467.

[142] Trata-se da lei de modernização das instituições da Quinta República. Disponível em: https://www.legifrance.gouv.fr/jorf/id/JORFTEXT000019237256. Acesso em: 03 dez. 2022.

nº 2011-333 de 29 de março, a função de mediador da República foi substituída pelo defensor dos direitos,[143] a qual também foi regulamentada pela lei nº 2011-334.[144] O Defensor dos Direitos possui conexão com a efetividade dos direitos fundamentais dos cidadãos e "se inscreve em uma demanda que visa a promoção da boa administração".[145]

Em efeito, desde os anos 90 o cidadão tornou-se uma nova "figura integrativa"[146] no contexto da modernização dos serviços públicos e naquele da reforma do Estado. O cidadão, como "figura integrativa", vai bem além "do usuário, de modo a englobar a figura do usuário-ator, aquela do usuário-parceiro e aquela do usuário-cliente, as quais legitimam respectivamente os temas da participação, da transparência e da qualidade". Em realidade, corresponde a elevar ou a reelevar "o cidadão ao coração do serviço público".[147]

O cidadão, nesta perspectiva, é aquele que detém direitos e que funda uma nova dimensão nas relações entre os particulares e a Administração; a dimensão cívica, que não se restringe à esfera política. Trata-se de uma noção de cidadania ampliada, com repercussão na integração social.[148]

No caminho de aproximação e de melhoria das relações dos cidadãos com as administrações foi notável a Lei nº 2000-321, de 12 de

---

[143] Olivier Renaudie destaca que o estabelecimento do defensor de direito não foi completamente linear. A criação "foi originada a partir de inúmeras tensões e interrogações". Todavia, "a constitucionalização deste novo órgão deve lhe dar 'mais peso', deve lhe assegurar um 'reconhecimento mais explícito' e permitir 'um recurso mais simples de cada um a esta instituição'." RENAUDIE, Olivier. La genèse complexe du défenseur des droits, p. 402. *Revue Française d'Administration Publique*, n. 139, 2011/3. Disponível em: https://www.cairn.info/revue-francaise-d-administration-publique-2011-3.htm. Acesso em: 03 dez. 2022.

[144] O Defensor dos direitos foi instituído pela revisão constitucional de 23 de julho de 2008 a fim de reforçar substancialmente as possibilidades de recurso não jurisdicional das quais dispõe o cidadão para assegurar a defesa dos seus direitos e liberdades. Disponível em: https://www.legifrance.gouv.fr/dossierlegislatif/JORFDOLE000021029382/ e em: https://www.legifrance.gouv.fr/loda/id/JORFTEXT000023781252/. Acesso em: 03 dez. 2022.

[145] RENAUDIE, Olivier. La genèse complexe du défenseur des droits, p. 400. *Revue Française d'Administration Publique*, n. 139, 2011/3. Disponível em: https://www.cairn.info/revue-francaise-d-administration-publique-2011-3.htm. Acesso em: 03 dez. 2022.

[146] Expressão de Jacques Chevallier, a qual pode ser encontrada em: CHEVALLIER, Jacques. A reforma do Estado e a concepção francesa do serviço público. *Revista do Serviço Público*, ano 47, v. 120, n. 3, p. 42, set./dez. 1996.

[147] PISSALOUX, Jean-Luc. Relations des citoyens avec les administrations: le changement dans la continuite (1re partie). *Petites affiches*, n. 32, p. 4, 14 fev. 2001. Disponível em: https://www-labase-lextenso-fr.bcujas-ezp.univ-paris1.fr/petites-affiches/PA200103201?em=PISSALOUX. Acesso em: 20 set. 2020.

[148] CHEVALLIER, Jacques. A reforma do Estado e a concepção francesa do serviço público. *Revista do Serviço Público*, ano 47, v. 120, n. 3, p. 42, set./dez. 1996.

abril de 2000, relativa aos direitos dos cidadãos nas suas relações com as administrações, identificada por DCRA. A lei, dentre as suas disposições, tratou de como desenrolar as demandas dos cidadãos perante as administrações e as respectivas decisões, o que se relacionou com o reforço da mediação[149] e teve como objetivo "tornar as administrações mais simples, mais eficazes e mais próximas em vistas à melhoria das relações entre elas e os cidadãos".[150]

A lei DCRA ampliou as competências do mediador da República de maneira que quando o mediador estima ser necessário, e não mais apenas por força de uma reclamação, ele tem o poder de propor "as medidas suscetíveis de remediar as disfunções de um órgão encarregado de prestar serviço público" e também as modificações próprias para remediar as "situações injustas dos dispositivos legais ou regulamentares". Se o mediador não receber nenhuma resposta, ele tornará pública as suas proposições. "É, desse modo, um reforço ao conjunto da mediação que conduziu – em benefício dos cidadãos – a adoção da lei de 12 de abril de 2000".[151]

Na França, não se fala mais em "administrados", mas de "cidadãos", e constata-se um sistema de melhoria das relações entre os cidadãos e a Administração.[152] As relações distantes e autoritárias tendem

---

[149] Modificou diferentes pontos da lei de 1973, os quais simplificaram o acesso ao mediador da República, consagradas legislativamente suas interfaces e foram alargados os seus poderes. PISSALOUX, Jean-Luc. Relations des citoyens avec les administrations: le changement dans la continuite (suite et fin). *Petites affiches*, n. 33, p. 5, 15 fev. 2001. Disponível em: https://www-labase-lextenso-fr.bcujas-ezp.univ-paris1.fr/petites-affiches/PA200103302?em=pissaloux. Acesso em: 20 set. 2020.

[150] PISSALOUX, Jean-Luc. Relations des citoyens avec les administrations: le changement dans la continuite (1re partie). Petites affiches, nº 32, 14/02/2001, p. 4. Disponível em: https://www-labase-lextenso-fr.bcujas-ezp.univ-paris1.fr/petites-affiches/PA200103201?em=PISSALOUX. Acesso em: 20 set. 2020.

[151] A "lei D.C.R.A. se insere, em efeito, no quadro da reforma do Estado, a qual (...) apresenta como vantagem as relações entre os cidadãos e as administrações. Mas se ela marca na temática progressos incontestáveis, se ela concretiza um avanço positivo, apesar disso ela constitui apenas uma etapa". PISSALOUX, Jean-Luc. Relations des citoyens avec les administrations: le changement dans la continuite (suite et fin). *Petites affiches*, n. 33, p. 5, 15 fev. 2001. Disponível em: https://www-labase-lextenso-fr.bcujas-ezp.univ-paris1.fr/petites-affiches/PA200103302?em=pissaloux. Acesso em: 20 set. 2020.

[152] Não é uma novidade, tornou-se sistemática, o decreto de 28 de novembro de 1983 concebia as relações entre a Administração e os usuários (revogado). Na sequência, adveio a lei de 12 de abril de 2000 relativa aos direitos dos cidadãos nas suas relações com as administrações. Todavia, o "termo 'cidadão' é ambíguo, nele compreendem-se as relações entre os particulares e as empresas com a Administração, que se encontra na lei de 17 de maio de 2011 sobre a simplificação e o aprimoramento da qualidade do direito". Surgiu também a lei de 12 de novembro de 2013 que habilitou o Governo a simplificar as relações entre a Administração e os cidadãos, seguida pelo código de relações entre o público e a Administração (o código adotou o termo "público" a fim de compreender as pessoas

a ser renovadas, existem novas demandas como a facilitação do acesso aos serviços públicos e a valorização das expectativas dos interessados e a "possibilidade de influenciarem e participarem dos processos administrativos". Não há mais lugar para o administrado "tratado somente como alguém que se sujeita, submisso ao poder administrativo, ou como um simples usuário, beneficiário das prestações que a administração lhe oferece". A relação administrativa foi tocada por um aspecto cívico, ela não corresponde apenas à "imposição de regras ou ao fornecimento de prestações. Aparece a noção de 'cidadania administrativa'", que possui a tendência de suplantar a concepção do "administrado", mas isto, por consequência, demanda a reformulação dos institutos, "que tocam nas próprias fundações do direito administrativo".[153]

A cidadania administrativa pode ser reconhecida no direito com a lei de 12 de abril de 2000, DCRA, que manifestou "a vontade deliberada de refundar a relação administrativa, fortalecendo a cidadania".[154] O estatuto de cidadão não é equivalente ao de usuário, mesmo diante de prestações de serviço público bem desenvolvidas. O decreto de 28 de novembro de 1983 havia trazido disposições relativas às "relações entre as administrações e os usuários". O usuário era "o beneficiário da ação administrativa", e a ele não eram atribuídos "verdadeiros 'direitos'", ele possuía o poder de demandar respeito aos princípios inerentes à "lei do serviço".[155] No entanto, quando a lei de 12 de abril de 2000 evocou os "direitos dos cidadãos nas suas relações com as administrações", o usuário, o administrado e o cidadão tornaram-se o "público".[156]

O direito Administrativo torna-se um instrumento primordial na proteção dos direitos fundamentais nas próprias relações com a Administração; uma ferramenta de proteção. O propósito do direito administrativo é, sobretudo, dar conteúdo aos direitos dos cidadãos em suas relações com o poder público.[157]

---

físicas e jurídicas). CHRETIÉN, Patrice; CHIFFLOT, Nicolas; TOURBE, Maxime. *Droit Administratif*. 17. ed. Paris: Sirey, 2020. p. 35-36.

[153] CHEVALLIER, Jacques. Le droit administratif vu de la science administrative. *AJDA*, n. 7, Paris, 2013.

[154] CHEVALLIER, Jacques. Le droit administratif vu de la science administrative. *AJDA*, n. 7, Paris, 2013.

[155] CHEVALLIER, Jacques. Le droit administratif vu de la science administrative. *AJDA*, n. 7, Paris, 2013.

[156] GONOD, Pascale. Le Code des relations entre le public et l'administration: retour sur les difficultés de codifier la procédure administrative. *Droit Administratif*, n. 8-9, Août 2016, 2. Paris: LexisNexis, 2016. Disponível em https://www.lexis360.fr. Acesso em: 20 set. 2020.

[157] AUBY, Jean-Bernard. La bataille de San Romano réflexions sur les évolutions récentes du droit administratif. *AJDA*, Paris, 2001. Disponível em: https://www-dalloz-fr.bcujas-ezp.

Com a horizontalização das relações entre os cidadãos e a Administração chega-se à temática da democracia administrativa, da participação efetiva.[158] Favorecendo-se essa participação, o acesso à Administração e o diálogo com ela há uma tendência à simplificação da linguagem e à simplificação das formalidades e dos procedimentos.[159] São constituídos, o que o Conselho de Estado estima ser as "nascentes contemporâneas da cidadania", onde se desenvolve "o engajamento dos cidadãos nas ações de interesse coletivo" o que, para além do campo político, representa "uma virtude no campo social".[160]

Na sequência, surge um "direito de participação" nos processos administrativos, por diferentes formas. Toda pessoa possui direito a obter informações, mas também de participar da elaboração das decisões públicas. O estabelecimento, em março de 2011, do Defensor dos direitos aparece como um modo de reforçar ainda mais a proteção dos direitos do "cidadão administrativo".[161]

Nesta ordem de ideias, destaca-se o Código de Relações entre o Público e a Administração – CRPA, a *ordonnance* nº 2015-1341, de 23 outubro de 2015,[162] considerado o "código do diálogo administra-

---

univ-paris1.fr/documentation/Document?id=AJDA/CHRON/2001/0912. Acesso em: 12 jul. 2021.

[158] CHRETIÉN, Patrice; CHIFFLOT, Nicolas; TOURBE, Maxime. *Droit Administratif*. 17. ed. Paris: Sirey, 2020. p. 42.

[159] CHRETIÉN, Patrice; CHIFFLOT, Nicolas; TOURBE, Maxime. *Droit Administratif*. 17. ed. Paris: Sirey, 2020. p. 37-38. O movimento também pode ser exemplificado com a lei nº 2011-525 de 17 de maio de 2011 de simplificação e melhoria da qualidade do direito. FRANÇA. *Loi nº 2011-525 du 17 mai 2011*. Disponível em: https://www.legifrance.gouv.fr/jorf/id/JORFTEXT000024021430. Acesso em: 03 dez. 2022.

[160] CHRETIÉN, Patrice; CHIFFLOT, Nicolas; TOURBE, Maxime. *Droit Administratif*. 17. ed. Paris: Sirey, 2020. p. 37-38. FRANÇA. Conseil d'État. La citoyenneté – Être (un) citoyen aujourd'hui. *Les rapports du Conseil d'État*. Paris, 27 set. 2018. Disponível em: https://www.conseil-etat.fr/ressources/etudes-publications/rapports-etudes/etudes-annuelles/etude-annuelle-2018-la-citoyennete-etre-un-citoyen-aujourd-hui. Acesso em: 03 dez. 2022.

[161] O autor faz referência à lei de 27 de dezembro de 2012, sobre o meio ambiente, que constitui uma nova etapa na formalização do direito à participação cidadã. CHEVALLIER, Jacques. Le droit administratif vu de la science administrative. *AJDA*, n. 7, Paris, 2013.

[162] Disponível em: https://www.legifrance.gouv.fr/codes/texte_lc/LEGITEXT000031366350/2020-12-27/. Acesso em: 15 nov. 2022. A *ordonnance* nº 2015-1341 de 23 de outubro de 2015, relativa às disposições legislativas do "código do diálogo administrativo, das regras gerais que se aplicam às relações entre o público e a administração". VIALETTES, Maud; SARIGNY, Cécile BARROIS DE. L'architecture du Code des relations entre le public et l'administration. *Droit Administratif*, n. 8-9, août 2016, 3. O Código foi precedido da Lei nº 2000-321 de 12 de abril de 2000 relativa aos direitos dos cidadãos nas suas relações com as administrações, que foi importante para a horizontalização das relações entre os cidadãos e a Administração. No entanto, foi a lei de 3 de janeiro de 1973 que – ao instituir o mediador da República – iniciou este caminho de aproximação. J. L. PISSALOUX, Jean-Luc. Relations des citoyens avec les administrations: le changement dans la continuite

tivo, das regras gerais que se aplicam às relações entre o público e a administração", que possui como propósito a "simplificação dos procedimentos administrativos" no objetivo de aprofundar a "democracia administrativa".[163] Nota-se que ele não é um código da Administração para disciplinar suas relações com o público, ao contrário, ele é um "código relativo às relações entre o público e as administrações", e isso "a fim de demonstrar que a Administração está a favor do serviço público".[164]

O código adotou o termo "público" em sua generalidade com o objetivo de abranger muitos destinatários. O artigo L 100-3, 2º considera o "Público" toda pessoa física e jurídica de direito privado, à exceção daqueles que são encarregados de uma missão de serviço público, quando no exercício desta. A "preocupação com o público dá origem a um princípio de organização e a uma estrutura original ao código".[165] Ele marca "uma mudança cultural própria ao seu aprofundamento futuro" e o que há de mais maduro reside em sua denominação.[166]

De início, nas disposições preliminares, o artigo L100-2 destaca a obrigação administrativa de agir em favor do interesse geral, com neutralidade e em respeito aos princípios da legalidade e da igualdade, de modo a garantir a cada um tratamento imparcial.[167]

(1re partie). *Petites affiches*, n. 32, p. 4, 14 fev. 2001. Disponível em: https://www-labase-lextenso-fr.bcujas-ezp.univ-paris1.fr/petites-affiches/PA200103201?em=PISSALOUX. Acesso em: 20 set. 2020.

[163] O CRPA foi instrumento da política de reforma do Estado com o propósito de "*simplificação dos procedimentos administrativos*". Os Estados europeus elaboraram seus códigos de procedimento administrativo no objetivo de aprofundar a "democracia administrativa". GONOD, Pascale. Le Code des relations entre le public et l'administration: retour sur les difficultés de codifier la procédure administrative. *Droit Administratif*, n. 8-9, août 2016, 2. Paris: LexisNexis, 2016. Disponível em https://www.lexis360.fr. Acesso em: 20 set. 2020.

[164] GONOD, Pascale. Le Code des relations entre le public et l'administration: retour sur les difficultés de codifier la procédure administrative. *Droit Administratif*, n. 8-9, août 2016, 2. Paris: LexisNexis, 2016. Disponível em https://www.lexis360.fr. Acesso em: 20 set. 2020.

[165] VIALETTES, Maud; SARIGNY, Cécile BARROIS DE. L'architecture du Code des relations entre le public et l'administration. *Droit Administratif*, n. 8-9, août 2016, 3.

[166] GONOD, Pascale. Le Code des relations entre le public et l'administration: retour sur les difficultés de codifier la procédure administrative. *Droit Administratif*, n. 8-9, août 2016, 2. Paris: LexisNexis, 2016. Disponível em https://www.lexis360.fr. Acesso em: 20 set. 2020.

[167] Também existem críticas à redação do Código ligadas à falta de definições que poderiam ser pertinentes à facilitação do diálogo, à simplificação e à transparência. "Desse modo, a ausência de definição geral de ato administrativo é uma falha. Ainda, foram excluídos da codificação alguns textos, seguramente de valor constitucional, tal como a lei orgânica de 29 de março de 2011 relativa ao Defensor dos direitos, o qual tem como função intervir nas relações entre o público e a Administração". O estabelecimento de uma "declaração de princípios do procedimento administrativo" seria pertinente para satisfazer o objetivo de troca e de diálogo; e o capítulo V da carta dos direitos fundamentais da União europeia

O Código é estruturado em cinco livros, no seu primeiro livro ele trata das trocas entre os cidadãos e a Administração. Seus artigos demonstram a efetivação não apenas de diversas formas de participação e integração do público na Administração, mas também da abertura recíproca desta. O título III[168] disciplina a abertura da Administração e a participação do público em suas decisões, o que se pode considerar um novo lugar ao desenvolvimento da cidadania. De outra parte, constata-se no artigo L131-1[169] a preocupação de assegurar a observância dos princípios gerais como a legalidade, a igualdade, a transparência e a publicidade do procedimento e, portanto, do devido processo legal.

Ainda, aliado ao tema central desta obra, no espaço para a cidadania administrativa, o livro IV prevê a "resolução das diferenças com a administração" no qual trata, do artigo L421-1 ao artigo L424-1, dos modos não judiciais de resolução de conflitos com a Administração, como a mediação e a conciliação – seja no âmbito não judicial como no judicial – a transação[170] e a provocação do defensor de direitos.[171]

O CRPA, no artigo L421-1, possibilita a utilização do procedimento de conciliação ou de mediação em vista da resolução amigável de um conflito com a Administração, antes que um procedimento jurisdicional seja iniciado ou encerrado. E mesmo no curso de um procedimento judicial é possível adotar a mediação, nos termos dos artigos L422-1 e L422-2.

---

consagrado à cidadania e particularmente seu artigo 41 relativo ao *"direito à uma boa administração"* seria muito útil. GONOD, Pascale. Le Code des relations entre le public et l'administration: retour sur les difficultés de codifier la procédure administrative. *Droit Administratif*, n. 8-9, août 2016, 2. Paris: LexisNexis, 2016. p. 6. Disponível em https://www.lexis360.fr. Acesso em: 20 set. 2020.

[168] "Título III: A associação do público às decisões tomadas pela Administração (Artigos L131-1 à L135-2)", por exemplo: a consulta aberta na internet, as comissões administrativas à caráter consultivo, as enquetes públicas e também o referendum e a consulta local.

[169] "Artigo L131-1: Assim que a administração decidir, para além de um caso regido pelas disposições legislativas ou regulamentares, de associar o público à concepção de uma reforma ou à elaboração de um projeto ou de um ato, ela deve tornar públicas as modalidades deste procedimento, colocar as informações necessárias à disposição das pessoas interessadas, lhes assegurar um prazo razoável para a participação e vigiar para que os resultados ou as consequências almejadas, no momento apropriado, se tornem públicos".

[170] Segundo o artigo L423-1 "Assim como prevê o artigo 2044 do código civil e sob a reserva que ela verse sobre um objeto lícito e contenha concessões recíprocas e equilibradas, é possível recorrer a uma transação para encerrar uma questão controvertida ou para prevenir uma controvérsia futura com a administração. A transação é formalizada por um contrato escrito".

[171] O artigo L424-1 prevê: "O Defensor de direitos pode ser provocado ou atuar de ofício para apurar diferenças entre o público e a administração, nos casos e nas condições previstas pela lei orgânica nº 2011-333, de 29 de março de 2011, relativa ao Defensor de direitos"

Ainda no caminho de aprimoramento das relações entre o público e a Administração e também, neste contexto, com o objetivo de desjudicialização dos conflitos e de aproximar a justiça ao cidadão, foi promulgada a Lei nº 2016-1547 de 18 de novembro de 2016 de modernização da justiça do século XXI. Dentre as suas medidas, essa lei incluiu no Código de Justiça Administrativa os artigos L213-1 à L213-10 versando sobre a mediação. O artigo L. 213-1 do Código de Justiça Administrativa – CJA[172] – prevê e conceitua a mediação,[173] e possibilita que ela seja determinada mesmo pelo Conselho de Estado assim que for demandado.[174]

Os artigos L213-5 e L213-6 encorajam a mediação administrativa à iniciativa das partes em busca do espírito de solução amigável, da horizontalização das relações e do descongestionamento do Judiciário.[175] A mediação pode ser organizada pelas partes, as quais designarão as pessoas encarregadas ou elas podem demandar à autoridade jurisdicional territorialmente competente "para designar a mediação ou as pessoas que serão encarregadas da missão de mediação que eles mesmos organizaram" ou, ainda, mesmo fora do procedimento jurisdicional, as partes podem lhe demandar para organizar uma missão de mediação.[176]

Na linha da melhoria do relacionamento entre os particulares e o poder público, a lei nº 2018-727 de 10 de agosto de 2018 incluiu proposições para um Estado a serviço de uma sociedade de confiança "benevolente e aberta", propondo simplificações aos procedimentos administrativos.[177]

---

[172] Após a modificação da Lei nº 2016-1547 de 18 de novembro de 2016, de Modernização da Justiça do século XXI. FRANÇA. *Loi nº 2016-1547 du 18 novembre 2016*. Disponível em: https://www.legifrance.gouv.fr/codes/texte_lc/LEGITEXT000006070933?tab_selection=all &searchField=ALL&query=code+de+justice+administrative&searchType=ALL&typePagi nation=DEFAULT&pageSize=10&page=1&tab_selection=all#all. Acesso em: 03 dez. 2022.

[173] O artigo L. 213-1 do CJA: "A mediação regida pelo presente capítulo é compreendida como todo processo estruturado, qualquer que seja a sua denominação, pelo qual duas ou mais partes tentam alcançar um acordo em vista à resolução amigável de suas diferenças, com a ajuda de um terceiro, o mediador, escolhido por eles ou designado, com a sua concordância, pela jurisdição". FRANÇA. *Code de justice administrative*. Disponível em: https://www.legifrance.gouv.fr/codes/id/LEGITEXT000006070933/. Acesso em: 15 nov. 2022.

[174] Artigo L114-4 do Código de Justiça Administrativa.

[175] Sem olvidar que também é possível a mediação à iniciativa do juiz, conforme os artigos L213-7 à L213-10 do CJA.

[176] De acordo com o artigo L213-5 do CJA.

[177] CHRETIÉN, Patrice; CHIFFLOT, Nicolas; TOURBE, Maxime. *Droit Administratif*. 17. ed. Paris: Sirey, 2020. p. 37. FRANÇA. *Loi nº 2018-727 du 10 août 2018*. Disponível em: https://

Outro exemplo que denota o incremento da participação dos particulares no espaço público e o aprimoramento das relações com o poder público diz respeito ao Grande Debate Nacional.[178]

Constata-se que na França, a partir de uma comparação culturalista e interdisciplinar,[179] diante da legislação mencionada, assim em consideração às formações acadêmicas e pelos desenvolvimentos administrativos, jurisdicionais e profissionais,[180] a existência de um microssistema de fortalecimento à horizontalização das relações entre o público e a Administração. Busca-se a construção de um espaço público favorável ao diálogo, às participações e às colaborações cidadãs e que, para esta finalidade, favorece a resolução amigável de conflitos e a desjudicialização.

1.2 Construção de uma Administração Pública dialógica

A Administração Pública de um Estado Social e Democrático de Direito deve promover as condições necessárias ao exercício da democracia, à realização de direitos, ao respeito ao ser humano e deve remover os obstáculos que afastam os cidadãos do exercício das suas liberdades.[181]

---

www.legifrance.gouv.fr/loda/id/JORFTEXT000037307624/2021-01-23. Acesso em: 03 dez. 2022.

[178] "Le Grand Débat National", realizado em 2019. Tratou-se de uma grande experiência democrática em tempo real, com ampla abertura à consulta pública, com a proposta de estabelecer consensos pela deliberação. Cerca de dois milhões de cidadãos participaram, alguns foram sorteados para participar, assim como foi aberto aos interessados, o que possibilitou diversidade. Segundo Perrineau, foi expressivo o número de pessoas até então invisíveis, mas que fizeram uso da palavra. PERRINEAU, Pascal. Le grand débat national: la démocratie participative à grande échelle. *Pouvoirs*, n. 175, p. 113-129, 2020/4. Disponível em: https://www.cairn.info/revue-pouvoirs-2020-4-page-113.htm. Acesso em: 03 dez. 2022.

[179] Adotada por LEGRAND, Pierre; HACHEM, Daniel Wunder (Trad.). *Como ler o direito estrangeiro*. São Paulo: Contracorrente, 2018.

[180] No sentido de comparação proposto por Pierre Legrand, na perspectiva de uma pesquisadora e jurista brasileira, após seis meses de pesquisa em Paris vivendo, observando e escutando, foi possível constatar o desenvolvimento de uma "cultura jurídica" no sentido da aproximação entre os cidadãos e a Administração Pública. Ainda, no que se refere a este estudo, foi possível identificar o crescimento de uma cultura jurídica que favorece as diversas ferramentas não jurisdicionais e, principalmente, as amigáveis. Esta cultura jurídica de diálogo e solução amigável aos conflitos também compreende a Administração Pública. LEGRAND, Pierre; HACHEM, Daniel Wunder (Trad.). *Como ler o direito estrangeiro*. São Paulo: Contracorrente, 2018.

[181] RODRÍGUEZ-ARANA MUÑOZ, Jaime. Sobre el derecho fundamental a la buena administración y la posición jurídica del ciudadano. *A&C – Revista de Direito Administrativo & Constitucional*, Belo Horizonte, ano 3, n. 11, p. 15, jan./mar. 2003.

Desse modo, em busca da concretização do Estado Democrático de Direito, defende-se a democratização da Administração Pública com a ampliação de oportunidades à participação e à colaboração dos cidadãos,[182] mediante mecanismos que propiciem o diálogo[183] e o exercício mais democrático da função administrativa estatal.

Assim, também no intuito de implementar o direito à boa administração, constrói-se, aos poucos, uma Administração Pública Dialógica, ou seja, uma Administração com espaços e com a adoção de procedimentos propícios à fala, à manifestação e à escuta das pessoas, ao mesmo tempo, menos autoritários, que propiciem maior proximidade e simplicidade nas relações entre cidadãos e Administração. Em uma proposta que todos possam falar e escutar melhor e, até mesmo, para que os cidadãos compreendam melhor as razões do poder público e, a partir de intercâmbios dialógicos, possam, eventualmente, construir consensos.

A Administração Pública Dialógica atua de modo menos autoritário e unilateral, deixa de se manifestar preponderantemente pelos atos administrativos unilaterais clássicos, dotados de amplas prerrogativas. É uma Administração que ainda adota atos unilaterais, mas, na medida do possível, precedidos de procedimentos dialógicos como as consultas, os debates, as votações, as audiências públicas, ou, *a posteriori*, pelo referendo, dentre outros. Em paralelo, abre-se à democracia colaborativa, com a adoção de soluções construídas em conjunto com os interessados, mediante atos bilaterais ou acordos, soluções denominadas consensuais ou concertadas, o que pode ser considerado como atuação administrativa contratual ou consensual.[184]

---

[182] A participação administrativa pode ser considerada um princípio decorrente do art. 1º da Constituição da República, conforme destaca OLIVEIRA, Rafael Carvalho Rezende. Democratização da Administração Pública e o princípio da participação administrativa. *Revista da EMERJ*, v. 9, n. 35, p. 174, 2006.

[183] Diálogo: "não é somente uma das formas pelas quais se pode exprimir o discurso filosófico, mas a sua forma própria e privilegiada, porque esse discurso não é feito pelo filósofo a si mesmo e não o encerra em si mesmo, mas é um conversar, um discutir, um perguntar e responder entre pessoas associadas pelo interesse comum". ABBAGNANO, N. Dicionário de Filosofia. In: GREGÓRIO, Sérgio Biagi. *Dicionário de Filosofia*. Disponível em: https://sites.google.com/view/sbgdicionariodefilosofia/di%C3%A1logo. Acesso em: 03 dez. 2022.

[184] Com a retomada do protagonismo no espaço público pela coletividade fez surgir diversos princípios, dentre os quais a consensualidade. MOREIRA NETO, Diogo de Figueiredo. *Mutações do direito administrativo*. 2. ed. Rio de Janeiro: Renovar, 2001. p. 40.

A atuação unilateral tende a ser contestada como ação pública, a democracia administrativa suscita alguns "refinamentos procedimentais". As decisões administrativas, assim, começam a ter que se inserir em cadeias de atos e de procedimentos e o ato administrativo unilateral resta deslocado.[185]

Verifica-se, assim, a "transição de um modelo de gestão pública fechado e autoritário para um modelo aberto e democrático",[186] em que as pessoas podem participar e colaborar. Trata-se de um "novo estilo de administração, participativo, consensual e flexível",[187] pautado pelo consenso, com atuação centrada em acordos, mediante "o uso alargado de instrumentos bilaterais ou multilaterais de decisão, seja com a formação de consensos sobre o conteúdo de atos unilaterais",[188] para que o Estado alcance os seus fins, "preferencialmente, de modo compartilhado com os cidadãos".[189]

A Administração dialógica e consensual propicia a compatibilização das tradicionais prerrogativas públicas com a democracia e a realização dos direitos e garantias fundamentais de modo a possibilitar a centralização do ser humano na ordem jurídica. O cidadão deixa de ser "alguém que tão somente "sofre" a função administrativa" e assume sua posição protagonista nas relações jurídico-administrativas e, assim, em conjunto com o Estado, tem participação e colaboração nas decisões que o envolvem, assim como à sociedade.[190]

---

[185] AUBY, Jean-Bernard. La bataille de San Romano réflexions sur les évolutions récentes du droit administratif. *AJDA*, Paris, 2001. p. 912. Disponível em: https://www-dalloz-fr.bcujas-ezp.univ-paris1.fr/documentation/Document?id=AJDA/CHRON/2001/0912. Acesso em: 12 jul. 2021.

[186] OLIVEIRA, Gustavo Justino; SCHWANKA, Cristiane. A administração consensual como a nova face da administração pública no séc. XXI: fundamentos dogmáticos, formas de expressão e instrumentos de ação, *Revista da Faculdade de Direito da Universidade de São Paulo*, v. 104, p. 320, jan./dez. 2009.

[187] BITENCOURT NETO, Eurico. Transformações do Estado e a Administração Pública no século XXI. *Revista de Investigações Constitucionais*, Curitiba, v. 4, n. 1, p. 217-219, jan./abr. 2017. DOI: 10.5380/rinc.v4i1.49773.

[188] BITENCOURT NETO, Eurico. Transformações do Estado e a Administração Pública no século XXI. *Revista de Investigações Constitucionais*, Curitiba, v. 4, n. 1, p. 217-219, jan./abr. 2017. DOI: 10.5380/rinc.v4i1.49773.

[189] OLIVEIRA, Gustavo Justino; SCHWANKA, Cristiane. A administração consensual como a nova face da administração pública no séc. XXI: fundamentos dogmáticos, formas de expressão e instrumentos de ação, *Revista da Faculdade de Direito da Universidade de São Paulo*, v. 104, p. 320, jan./dez. 2009.

[190] MAIA, Taciana Mara Corrêa. A administração pública consensual e a democratização da atividade administrativa. *Revista Jurídica UNIGRAN*, Dourados, MS, v. 16, n. 31, jan./jun. 2014.

Ademais, uma Administração dialógica e consensual condiz com uma sociedade moderna, pluralista e complexa. É um modelo de Administração que tende a ser dotado de procedimentos abertos e participativos para receber manifestações dos mais variados segmentos sociais, com a contribuição mais detalhada dos fatos e a riqueza da diversidade de conhecimentos e experiências. Assim, com mecanismos dialógicos-consensuais podem ser recebidas e filtradas as demandas da coletividade e podem ser encontradas soluções inovadoras e mais satisfatórias a partir da participação e da colaboração.

Nesta proposta de Administração dialógica, a forma de gestão pública torna-se compartilhada com a sociedade,[191] a partir da contribuição da "experiência dos cidadãos".[192] Desse modo, a participação dos cidadãos no espaço público possibilita a abertura a novos horizontes, contribuindo a uma nova forma de compreensão dos poderes públicos, a partir da pluralidade, que permite a expressão da realidade social na atuação administrativa.[193]

O direito e a ação pública passam a ser utilizados de um novo modo, tem-se "um novo 'agir jurídico', que não se realiza mais pela via da autoridade e da ameaça", sob comandos aos quais a coletividade deve obedecer sob pena de sanção.[194] As Administrações contemporâneas são traduzidas pelo "imperativo da refundação da relação administrativa".[195]

A tradicional "bipolaridade existente entre o administrado e a autoridade pública" foi transformada na medida em que o administrado tornou-se o cidadão, titular de direitos, assim como o número de atores sociais também se multiplicou. O cenário administrativo passou a ser composto por "relações multipolares" entre as entidades públicas

---

[191] BITENCOURT, Caroline Müller; BEBER, Augusto Carlos de Menezes. O controle social a partir do modelo da gestão pública compartida: da insuficiência da representação parlamentar à atuação dos conselhos populares como espaços públicos de interação comunicativa. *Revista de Direito Econômico e Socioambiental*, Curitiba, v. 6, n. 2, p. 238, jul./dez. 2015.

[192] BOUHADANA, Irène; GILLES, William. De L'Esprit des Gouvernements Ouverts. *International Journal of Open Governments*, Paris, v. 4, p. 17, 2017. Disponível em: https://ojs.imodev.org/?journal=RIGO&page=issue&op=view&path%5B%5D=14. Acesso em: 03 dez. 2022.

[193] RODRÍGUEZ-ARANA MUÑOZ, Jaime. Sobre el derecho fundamental a la buena administración y la posición jurídica del ciudadano. *A&C – Revista de Direito Administrativo & Constitucional*, Belo Horizonte, ano 3, n. 11, p. 22, jan./mar. 2003.

[194] CHEVALLIER, Jacques. Contractualisation(s) et action publique. *RFDA*, n. 2, Paris, 2018.

[195] CHEVALLIER, Jacques. Le droit administratif vu de la science administrative. *AJDA*, n. 7, Paris, 2013.

e interesses privados conflitantes. Interesses econômicos e sociais conflitantes acabam também refletindo na atuação administrativa,[196] o que exige a adoção de mecanismos aptos ao diálogo entre os diversos interessados e à busca de soluções colaborativas conjuntas.

Em um contexto democrático, o Estado, onde se inclui a Administração, deve buscar a construção do consenso com a coletividade.[197] Se o direito administrativo representa a concretização do direito constitucional, diante de uma Constituição Democrática e Social de Direito, faz-se necessária a adoção de instrumentos de diálogo e consenso para que os valores e os direitos constitucionais, com destaque aos fundamentais, sejam reais na vida cotidiana.[198]

A abertura administrativa ao diálogo e ao consenso valoriza as pessoas e seu desenvolvimento como sujeito titular de direitos e partícipe da coletividade,[199] possibilita a otimização do agir administrativo na concretização de direitos, especialmente os fundamentais.[200]

A Administração Pública, portanto, passa por transformações na busca em ampliar as formas de participação administrativa, inclusive nas decisões, de modo a legitimá-las.[201] Atinge-se a legitimidade democrática quando a atuação estatal provém a partir do diálogo com os integrantes da sociedade, pois serão diretamente afetados pelo exercício do poder público, e pressupõe as deliberações, as discussões e decisões dos seus membros,[202] de modo que as decisões provenientes serão,

---

[196] CASSESSE, Sabino. New paths for administrative law: A manifesto. *I COM*, Oxford, v. 10, p. 603-613, 2012. Disponível em: https://academic.oup.com/icon/article-abstract/10/3/603/673508 29. Acesso em: 08 dez. 2022.

[197] ALMEIDA, Fernando Dias Menezes de. Mecanismos de consenso no direito administrativo. *In*: ARAGÃO, Alexandre Santos de; MARQUES NETO, Floriano de Azevedo (Coord.). *Direito administrativo e seus novos paradigmas*. Belo Horizonte: Fórum, 2008. p. 337.

[198] RODRÍGUEZ-ARANA MUÑOZ, Jaime. El Derecho Administrativo ante la crisis (el Derecho Administrativo Social). *Revista Eurolatinoamericana de Derecho Administrativo*, Santa Fe, v. 2, n. 2, p. 30, jul./dic. 2015.

[199] O fim do Estado Social e Democrático é o desenvolvimento livre e solidário das pessoas, este desenvolvimento representa o respeito à dignidade do ser humano. RODRÍGUEZ-ARANA MUÑOZ, Jaime. El Derecho Administrativo ante la crisis (el Derecho Administrativo Social). *Revista Eurolatinoamericana de Derecho Administrativo*, Santa Fe, v. 2, n. 2, p. 29, jul./dic. 2015.

[200] PIVETTA, Saulo Lindorfer. Políticas públicas e a construção do conteúdo material do direito à saúde: desafio à Administração Pública brasileira. *A&C – Revista de Direito Administrativo & Constitucional*, Belo Horizonte, ano 10, n. 41, p. 233, jul./set. 2010.

[201] MOREIRA NETO, Diogo de Figueiredo. *Mutações do direito administrativo*. 2. ed. Rio de Janeiro: Renovar, 2001. p. 22.

[202] BITENCOURT, Caroline Müller. *Controle jurisdicional de políticas públicas*. Porto Alegre: Núria Fabris Editora, 2013. p. 85.

inclusive, mais facilmente aceitas e cumpridas.²⁰³ Ademais, a adoção de mecanismos dialógicos e consensuais permite ampliar o controle da coletividade sobre a atuação administrativa do início ao fim, resultando em maior confiabilidade.²⁰⁴

Na construção da Administração Dialógica, esta necessita de instrumentos de abertura à diversidade democrática, de participação, para a coleta e a filtragem dos diversos e complexos interesses da coletividade, assim como para o estabelecimento das soluções.²⁰⁵ A imperatividade e a coerção no agir administrativo necessitam ceder espaço à consensualidade e à participação social a partir de canais de comunicação e de mecanismos consensuais.²⁰⁶

A substituição de medidas unilaterais impostas e autoritárias²⁰⁷ por procedimentos participativos-dialógicos não representa o abandono do modelo burocrático weberiano. Os procedimentos podem ser considerados burocráticos, mas de modo mais equilibrado, em um modelo de atuação administrativa com coparticipação, negociação e concertação, respeitando-se o regime jurídico público.²⁰⁸ Atribui-se, assim, riqueza, experiência e vida aos procedimentos burocráticos, muitas vezes frios, rígidos e "egocêntricos". A democratização do Estado requer a democratização da Administração Pública e, portanto, a abertura democrática dos procedimentos administrativos, com a substituição de mecanismos vazios por outros que sejam efetivos à participação e à realização dos múltiplos interesses da sociedade.²⁰⁹

---

[203] MOREIRA NETO, Diogo de Figueiredo. *Mutações do direito administrativo*. 2. ed. Rio de Janeiro: Renovar, 2001. p. 22.

[204] SCHWANKA, Christiane. A processualidade administrativa como instrumento de densificação da administração pública democrática: a conformação da administração pública consensual. *Revista do Tribunal de Contas do Estado de Minas Gerais*, v. 80, n. 3, ano XXIX, p. 72, jul./ago./set. 2011.

[205] FUNGHI, Luís Henrique Baeta. Da dogmática autoritária à administração pública democrática. *RDA – Revista de Direito Administrativo*, Belo Horizonte, ano 2011, n. 257, p. 8, maio/ago. 2011.

[206] FUNGHI, Luís Henrique Baeta. Da dogmática autoritária à administração pública democrática. *RDA – Revista de Direito Administrativo*, Belo Horizonte, ano 2011, n. 257, p. 2, maio/ago. 2011. No mesmo sentido: OLIVEIRA, Rafael Carvalho Rezende. A arbitragem nos contratos da Administração Pública e a Lei nº 13.129/2015: novos desafios. *Revista Brasileira de Direito Público – RBDP*, Belo Horizonte, ano 13, n. 51, p. 66, out./dez. 2015.

[207] ALMEIDA, Fernando Dias Menezes de. Mecanismos de consenso no direito administrativo. *In*: ARAGÃO, Alexandre Santos de; MARQUES NETO, Floriano de Azevedo (Coord.). *Direito administrativo e seus novos paradigmas*. Belo Horizonte: Fórum, 2008. p. 349.

[208] BATISTA JÚNIOR, Onofre Alves; CAMPOS, Sarah. A administração pública consensual na modernidade líquida. *Fórum Administrativo – FA*, Belo Horizonte, ano 14, n. 155, p. 35, jan. 2014.

[209] OLIVEIRA, Rafael Carvalho Rezende. Democratização da Administração Pública e o princípio da participação administrativa. *Revista da EMERJ*, v. 9, n. 35, p. 176, 2006.

A Administração, destarte, busca procedimentos democráticos que possibilitem a participação na Administração Pública e, assim, "vem saindo de seu 'enclausuramento'", especialmente a partir da constitucionalização da atividade administrativa.[210] Com a abertura administrativa à participação e à colaboração, o direito administrativo vem modificando sua característica unitária para tornar-se "fragmentado e multipolar", o que lhe permite uma nova concepção, não mais como um "conjunto estático de regras e mecanismos", mas como um "sistema dinâmico e capaz de interagir com o seu ambiente".[211]

A atuação administrativa, tradicionalmente burocrática em demasia, monolítica e imperativa, ajusta-se a procedimentos orientados pela consensualidade, que possibilitam a criatividade, a flexibilidade, a visibilidade e o controle dos resultados. Assim, os diálogos políticos e administrativos podem se tornar mais democráticos e processualizados, de modo a modificar uma decisão imposta em composta e o governo, próprio das sociedades fechadas, também, aos poucos, torna-se governança das sociedades abertas, com soluções negociadas e dialogadas.[212]

Podem ser identificadas inúmeras vantagens na adoção de um modelo administrativo dialógico e consensual, sendo as principais a democratização do espaço público, a valorização das pessoas, a otimização de informações preciosas, o incremento de legitimidade na atuação administrativa, a ampliação do potencial à concretização de direitos fundamentais e o aumento do controle social sobre o agir administrativo, com ganhos de eficiência e governança. As virtudes democráticas da atuação administrativa dialógica e consensual podem resgatar valores cívicos que contribuirão para a Administração e ao Estado.[213] Na perspectiva da construção de uma Administração Pública

---

[210] FUNGHI, Luís Henrique Baeta. Da dogmática autoritária à administração pública democrática. *RDA – Revista de Direito Administrativo*, Belo Horizonte, ano 2011, n. 257, p. 2, maio/ago. 2011.

[211] CASSESE, Sabino. New paths for administrative law: A manifesto. *I COM*, Oxford, v. 10, p. 608-609, 2012. Disponível em: https://academic.oup.com/icon/article-abstract/10/3/603/673508 29. Acesso em: 08 dez. 2022.

[212] MOREIRA NETO, Diogo de Figueiredo. *Poder, Direito e Estado*: o direito administrativo em tempos de globalização. Belo Horizonte: Fórum, 2011. p. 30.

[213] ALMEIDA, Fernando Dias Menezes de. Mecanismos de consenso no direito administrativo. In: ARAGÃO, Alexandre Santos de; MARQUES NETO, Floriano de Azevedo (Coord.). *Direito administrativo e seus novos paradigmas*. Belo Horizonte: Fórum, 2008. p. 335-349. A partir da doutrina de Gaudin, contudo, o autor pondera sobre os eventuais riscos, como a possibilidade da eficiência deturpar a justiça e a "*res publica* ser progressivamente substituída pelas formas difusas de uma cidadania privada", mas ainda considera os ganhos cívicos são maiores. GAUDIN, Jean Pierre. *Gouverner par contrat*: l'action publique en question. Paris: Presses de Sciences PO, 1999. p. 216-217.

Dialógica e com potencial de consenso em suas deliberações é que se desenvolve a presente obra voltada à autocomposição de conflitos administrativos entre Administração e particulares como um dos mecanismos democráticos, participativos e colaborativos, disponíveis à Administração.

1.2.1 Perspectivas dialógico-democráticas aos interesses públicos

A construção de uma Administração Pública dialógica, portanto, aberta às diversas manifestações e participações dos cidadãos, faz refletir que ela se tornará espaço de uma grande diversidade, a qual deverá ser filtrada e ponderada em vista às soluções consensuais e colaborativas; o que requer um olhar renovado sobre o interesse público. Há que se partir, igualmente, de perspectivas dialógico-democráticas no tocante à identificação e à realização dos interesses públicos.

A respeito da essência do interesse público, relembra-se que as pessoas reunidas em sociedade, independentemente da época, tendem a buscar o bem comum, o bem de todos. Ele se refere à base comum, ao fim e àquilo que unifica todos.[214] No entanto, o conteúdo do que é bem comum à sociedade varia no tempo e no espaço, de acordo com questões sociais, políticas, econômicas e jurídicas. Com os contratualistas, no final do século XVII e início do século XVIII, tal noção direcionava-se pela liberdade e igualdade dos indivíduos, a fim de beneficiar a vontade individual.[215]

Rememora-se que o direito administrativo teve seu surgimento no período liberal, final do século XVIII e início do século XIX, pós Revolução Francesa, portanto, marcado por concepções liberais e individualistas, em contraponto ao período até então vivenciado, de absolutismo monárquico, de grande intervenção estatal e restrição

---

[214] DI PIETRO, Maria Sylvia Zanella. O princípio da supremacia do interesse público – sobrevivência diante dos ideais do neoliberalismo. *In*: BACELLAR FILHO, Romeu Felipe; HACHEM, Daniel Wunder. *Direito administrativo e interesse público*: estudos em homenagem ao professor Celso Antônio Bandeira de Mello. Belo Horizonte: Fórum, 2010. p. 205.

[215] Inclusive, nessa época, considera-se que o bem comum foi substituído pelo interesse geral, em uma perspectiva mais utilitarista. DI PIETRO, Maria Sylvia Zanella. O princípio da supremacia do interesse público – sobrevivência diante dos ideais do neoliberalismo. *In*: BACELLAR FILHO, Romeu Felipe; HACHEM, Daniel Wunder. *Direito administrativo e interesse público*: estudos em homenagem ao professor Celso Antônio Bandeira de Mello. Belo Horizonte: Fórum, 2010. p. 206.

de liberdade por interesses monárquicos. À época da instituição do direito administrativo, e como modo de distingui-lo do direito comum e delimitar a competência do contencioso administrativo, foi utilizado o critério da *puissance publique*, que pode ter contribuído à compreensão do direito Administrativo como concebido em favor do poder público. No entanto, o poder deveria estar a serviço do dever de proteção à liberdade. Neste sentido, o direito administrativo surgiu como contraposição, para regular a atividade estatal e proteger os cidadãos contra os abusos do poder.[216]

Com Rousseau, estabeleceu-se a distinção entre interesse geral e a soma dos interesses individuais e aquele se tornou fundamento à ação estatal e passou a legitimar medidas gerais estatais, como a lei. A lei, desse modo, foi considerada neutra, expressão da vontade geral, editada à proteção das liberdades individuais. Neste contexto, a previsão em lei era suficiente à legitimidade da atuação estatal que com ela fosse conforme.[217]

No direito administrativo pós Revolução Francesa, a legalidade administrativa procedente do Estado liberal de direito era o guia e o norte da atuação administrativa. Os direitos fundamentais das pessoas eram os de liberdade, os tradicionais civis e políticos, que demandavam um Estado abstencionista. No entanto, o Estado acabava por atuar de modo autoritário e unilateral, com base nas prerrogativas e nos privilégios que lhe foram conferidos para assegurar as liberdades – o então interesse geral – e os administrados se submetiam.[218] Assim, somada ao período positivista e dogmático, a definição do interesse público provinha da legalidade, a qual legitimava a atuação unilateral do Estado, o seu conteúdo era liberal e individualista, e, portanto, a execução do interesse público era mais simples.

---

[216] MELLO, Celso Antônio Bandeira de. *Curso de direito administrativo*. 32. ed. São Paulo: Malheiros, 2015. p. 43-44-47.

[217] PLESSIX, Benoît. *Droit administratif général*. 3. ed. Paris: LexisNexis, 2020., p. 617. DUGUIT, Léon. *L'État le droit objectif et la loi positive*. Paris: Dalloz, 2003. p. 469, destaca-se que o autor contesta, ele nega a soberania do Estado e, portanto, a lei como soberania estatal. DI PIETRO, Maria Sylvia Zanella. O princípio da supremacia do interesse público – sobrevivência diante dos ideais do neoliberalismo. *In*: BACELLAR FILHO, Romeu Felipe; HACHEM, Daniel Wunder. *Direito administrativo e interesse público*: estudos em homenagem ao professor Celso Antônio Bandeira de Mello. Belo Horizonte: Fórum, 2010. p. 207.

[218] RODRÍGUEZ-ARANA MUÑOZ, Jaime. El Derecho Administrativo ante la crisis (el Derecho Administrativo Social). *Revista Eurolatinoamericana de Derecho Administrativo*, Santa Fe, v. 2, n. 2, p. 10, jul./dic. 2015.

Com a definição e a proteção do interesse geral pelo Estado, no intuito de blindá-lo contra interesses particulares e contra interesses econômicos privados, o Estado concentrava o interesse geral. A Administração francesa, "mesmo republicana, vivia mais próxima do soberano que do usuário". Considerava-se que o Estado representava uma vontade superior àquela dos indivíduos particulares, o que deu origem à teoria do ato administrativo como forma de expressão da *puissance publique*.[219]

Constatou-se, contudo, que o excesso de liberalismo estatal gerou individualismo, aprofundou as desigualdades e privou alguns segmentos da coletividade das condições materiais e sociais mínimas ao exercício de suas liberdades. Adveio, no início do século XX, o Estado Social de Direito, com a necessidade de o Estado assegurar condições materiais sociais à coletividade, não asseguradas no liberalismo. Assim, em prol do bem comum, a coletividade demandou ao Estado medidas mais interventivas. Neste novo cenário, a realização do bem comum[220] demandava ao Estado o papel de assegurar prestações materiais e reduzir as desigualdades.

Com a passagem do Estado liberal ao Estado intervencionista houve o aumento do campo de atuação estatal e a concepção de interesse público modificou-se, assim como a partir das revoluções tecnológicas e científicas. Como nem sempre, por questões de concorrência ou de rentabilidade, a iniciativa privada pôde atender as novas necessidades, o âmbito de atuação estatal ampliou-se[221] para propiciar o acesso às comodidades. Assim, a abrangência de necessidades humanas a serem satisfeitas demandou o surgimento de um Estado Social, garantidor não

---

[219] GAUDIN, Jean Pierre. *Gouverner par contrat*: l'action publique en question. Paris: Presses de Sciences PO, 1999. p. 59-60.
[220] Ainda no século XIX, em prol de fins sociais aos Estados, a Igreja contribuiu à retomada da concepção de bem comum. De acordo com a Encíclica *Pacem in Terra*, o bem comum é um "conjunto das condições sociais que permitem tanto aos grupos como a cada um de seus membros, atingir a sua perfeição de maneira mais total e mais fácil". DI PIETRO, Maria Sylvia Zanella. O princípio da supremacia do interesse público – sobrevivência diante dos ideais do neoliberalismo. *In*: BACELLAR FILHO, Romeu Felipe; HACHEM, Daniel Wunder. *Direito administrativo e interesse público*: estudos em homenagem ao professor Celso Antônio Bandeira de Mello. Belo Horizonte: Fórum, 2010. p. 208.
[221] "Essa evolução repercute no domínio psicológico: o homem reclama ao Estado uma maior proteção, um nível de vida decente e a salvaguarda da sua seguridade. (...) O Estado moderno é conduzido a estender consideravelmente sua ação e a diversificá-la". RIVERO, Jean; WALINE, Jean. *Droit administratif*. 21. ed. Paris: Dalloz, 2006. p. 13-14.

apenas de direitos de liberdade, mas também de direitos sociais[222] e, com isso, a noção de interesse público também passou a ser mais abrangente. A referência ao interesse público, até então ligada à soberania e às prerrogativas regalianas, passou a se relacionar com o Estado Social e o seu conteúdo modificou-se referindo-se ao respeito aos direitos ao invés do respeito do Direito.[223] As necessidades humanas da coletividade, de cada um dos seus membros e do todo, ampliaram-se, consequentemente, também o interesse público.

Desde as suas origens o direito administrativo relaciona-se com o interesse geral, de assuntos supraindividuais que dizem respeito a todos por serem comuns à condição humana e que demandam gestão e administração equitativas, que satisfaçam as necessidades coletivas em um marco de racionalidade e de justiça.[224] O interesse público "se encontra umbilicalmente ligado ao Direito Administrativo".[225] A Administração Pública, assim, ocupa-se da realização do interesse público,[226] seu conteúdo varia segundo "as épocas, as formas sociais, os dados psicológicos, as técnicas", mas o objetivo de satisfazê-lo é o mesmo.[227]

No século XX, as definições do interesse público eram centradas nas autoridades, mediante representação e na estrutura técnica administrativa. O conteúdo do interesse geral relacionava-se com o conhecimento e a administração técnica. A burocracia e a técnica serviam de pressupostos à neutralidade. As administrações eram burocráticas e igualitárias em procedimentos, sem negociações. A atividade pública

---

[222] Após a Segunda Guerra Mundial constata-se o surgimento dos direitos sociais, de ordem econômica e política. A lógica dos direitos se desenvolve intensamente nos "Trinta Gloriosos", com intervenção pública na economia e investimento massivo nas empresas públicas "dirigismo industrial". GAUDIN, Jean Pierre. *Gouverner par contrat*: l'action publique en question. Paris: Presses de Sciences PO, 1999. p. 61.

[223] "Esta passagem do singular ao plural traduz uma renovação em profundidade dos significados do interesse geral". GAUDIN, Jean Pierre. *Gouverner par contrat*: l'action publique en question. Paris: Presses de Sciences PO, 1999. p. 60-61.

[224] RODRÍGUEZ-ARANA MUÑOZ, Jaime. El Derecho Administrativo ante la crisis (el Derecho Administrativo Social). *Revista Eurolatinoamericana de Derecho Administrativo*, Santa Fe, v. 2, n. 2, p. 10, jul./dic. 2015.

[225] HACHEM, Daniel Wunder. A dupla noção jurídica de interesse público em Direito Administrativo. *A&C – Revista de Direito Administrativo & Constitucional*, Belo Horizonte, ano 11, n. 44, p. 60, abr./jun. 2011.

[226] Rivero e Waline consideram que a ação administrativa é desinteressada na medida em que o seu motor "é a perseguição do interesse geral, ou ainda da utilidade pública, ou em uma perspectiva mais filosófica, do bem comum". RIVERO, Jean; WALINE, Jean. *Droit administratif*. 21. ed. Paris: Dalloz, 2006. p. 2.

[227] RIVERO, Jean; WALINE, Jean. *Droit administratif*. 21. ed. Paris: Dalloz, 2006. p. 2.

estava situada acima dos interesses privados.[228] A coletividade destinatária das atividades estatais era desprovida de uma participação mais direta nas definições públicas. O interesse geral associava-se ao cálculo, às razões técnicas como operações da verdade e meios de autoridade, todavia, Gaudin comenta que a neutralidade podia ser aparente, pois os pressupostos poderiam ser mascarados, mas os resultados apresentados com neutralidade,[229] o que faz refletir sobre a complexidade na eleição de critérios para a definição do interesse público.

O interesse público não pode ser compreendido como se este fosse distinto e superior ao interesse da comunidade, como daquele dos seus membros. O interesse público compreende as necessidades da comunidade como um todo e de cada um de seus membros, em "um conjunto de necessidades humanas", necessidades estas que, seja por sua amplitude, seus custos ou outros fatores, não podem ser atendidas de forma satisfatória por particulares.[230]

Em meados do século XX, após as guerras e especialmente após a Queda do Muro de Berlim, a coletividade e os Estados voltaram-se à dignidade da pessoa humana e à concretização da democracia de forma mais plena. O viés democrático se entrelaçou com os direitos sociais e com a dignidade da pessoa humana. Assim, pode-se considerar que se iniciou um novo sentido, os interesses públicos também passaram a abranger a participação e a colaboração nas decisões públicas. Mecanismos democráticos tornaram-se meios de efetivação de direitos sociais e de respeito à dignidade humana, de modo que passaram a integrar a noção de interesse público no fim do século XX e início do século XXI.

No contexto do Estado Social, o interesse público tornou-se mais humanizado, pois o foco estatal voltou-se para além da liberdade, ele passou a incluir o bem-estar dos indivíduos, assim, direcionou-se à liberdade e à dignidade.[231]

---

[228] GAUDIN, Jean Pierre. *Gouverner par contrat*: l'action publique en question. Paris: Presses de Sciences PO, 1999. p. 60-63.

[229] GAUDIN, Jean Pierre. *Gouverner par contrat*: l'action publique en question. Paris: Presses de Sciences PO, 1999. p. 63-64.

[230] RIVERO, Jean; WALINE, Jean. *Droit administratif*. 21. ed. Paris: Dalloz, 2006. p. 2.

[231] DI PIETRO, Maria Sylvia Zanella. O princípio da supremacia do interesse público – sobrevivência diante dos ideais do neoliberalismo. *In*: BACELLAR FILHO, Romeu Felipe; HACHEM, Daniel Wunder. *Direito administrativo e interesse público*: estudos em homenagem ao professor Celso Antônio Bandeira de Mello. Belo Horizonte: Fórum, 2010. p. 211.

No ordenamento jurídico do Estado Social e Democrático de Direito, a dignidade do ser humano é o ponto fulcral e recebe uma dimensão social.[232] As necessidades humanas avançaram no sentido da solidariedade, da valorização do ser humano em todas as suas dimensões, até mesmo no resgate da liberdade, mas esta também em um aspecto social, como participação e deliberação nos assuntos de interesse público que afetam a coletividade e a cada um de seus membros.[233] Reconhece-se à noção de interesse público uma função ideológica no sentido de promover a ideologia democrática.[234]

Assim, no Estado Social e Democrático de Direito, a concepção de interesse público amplia-se e passa a compreender, por exemplo, o pluralismo, o resgate de outras formas de democracia – participativa e deliberativa –, a solidariedade, a proteção ao meio ambiente e a paz. Em razão das modificações das necessidades dos membros da coletividade a noção e a abrangência do interesse público também se modificaram, assim como a atuação do Estado e as relações deste com a coletividade. Houve alteração do foco do direito administrativo, que no Estado Liberal de Direito era centrado na Administração Pública, e, sob a perspectiva do Estado Social e Democrático de Direito, ampliou o seu escopo para além do controle ao excesso e ao desvio de poder.[235]

A própria natureza da atividade administrativa modificou-se, ela deixou de se restringir apenas ao presente, "a ela incumbe preparar o futuro. Esta atitude prospectiva exige novos instrumentos (…) e lança questionamentos sobre as soluções utilizadas".[236] A Administração Pública na atualidade detém papel relevante na concretização dos direitos fundamentais. Diante disso, as relações dos particulares com a Administração vêm se modificando. A relação de sujeição é aos poucos substituída por relações concebidas sob a perspectiva do usuário

---

[232] RODRÍGUEZ-ARANA MUÑOZ, Jaime. El Derecho Administrativo ante la crisis (el Derecho Administrativo Social). *Revista Eurolatinoamericana de Derecho Administrativo*, Santa Fe, v. 2, n. 2, p. 15, jul./dic. 2015.

[233] A liberdade de expressão, por exemplo, não significa apenas ausência de censura, mas também acesso aos meios para comunicar-se com os outros. NINO, Carlos Santiago. *La constitución de la democracia deliberativa*. Barcelona: Gedisa Editorial, 1997. p. 193.

[234] HACHEM, Daniel Wunder. A dupla noção jurídica de interesse público em Direito Administrativo. *A&C – Revista de Direito Administrativo & Constitucional*, Belo Horizonte, ano 11, n. 44, p. 61-62, abr./jun. 2011.

[235] RODRÍGUEZ-ARANA MUÑOZ, Jaime. El Derecho Administrativo ante la crisis (el Derecho Administrativo Social). *Revista Eurolatinoamericana de Derecho Administrativo*, Santa Fe, v. 2, n. 2, p. 15, jul./dic. 2015.

[236] RIVERO, Jean; WALINE, Jean. *Droit administratif*. 21. ed. Paris: Dalloz, 2006. p. 14.

de um serviço, com poder de exigir, ou por relações de colaboração. "O administrado se torna simplesmente um cidadão".[237]

A Constituição da República, e assim o direito administrativo, são estruturados a partir da centralidade da pessoa humana, da democracia, da soberania popular e do pluralismo, de modo que o interesse público necessita ser definido a partir da articulação entre a coletividade e os poderes públicos, de forma plural, em uma concepção aberta e complementar.[238]

A compreensão sobre o termo interesse público vem passando, portanto, por grandes modificações no seu conteúdo e nos procedimentos da sua definição. O conteúdo, ao longo do tempo, foi alargado com uma multiplicidade de direitos atrelados à liberdade, à igualdade, à solidariedade,[239] pertencentes a distintos titulares – individuais, coletivos e difusos – em setores variados da sociedade – social, econômico, religioso, dentre outros. Assim, o poder público passa a gerir um grande número de interesses da coletividade, diversos, complexos, heterogêneos, que devem ser respeitados, harmonizados e realizados.

Desse modo, no Estado Social e Democrático de Direito, o interesse público adquire contornos sociais e democráticos, diversos àqueles do período liberal.[240] A definição unilateral do interesse público não é compatível com este Estado; a cláusula democrática exige a funcionalidade da participação social.[241] Com as modificações na sociedade, no reconhecimento dos direitos e no papel estatal, tem-se que o interesse público deixou de ter caráter fechado e estático e, portanto, não equivale apenas àquele previsto em lei, torna-se difícil a sua identificação "diante

---

[237] RIVERO, Jean; WALINE, Jean. *Droit administratif*. 21. ed. Paris: Dalloz, 2006. p. 16.
[238] RODRÍGUEZ-ARANA MUÑOZ, Jaime. Sobre el derecho fundamental a la buena administración y la posición jurídica del ciudadano. *A&C – Revista de Direito Administrativo & Constitucional*, Belo Horizonte, ano 3, n. 11, p. 15, jan./mar. 2003.
[239] No Estado Social de Direito, a solidariedade também é papel do Estado. A participação social apresenta-se como condição inescusável à característica democrática do Estado. RODRÍGUEZ-ARANA MUÑOZ, Jaime. El Derecho Administrativo ante la crisis (el Derecho Administrativo Social). *Revista Eurolatinoamericana de Derecho Administrativo*, Santa Fe, v. 2, n. 2, p. 10, jul./dic. 2015.
[240] DI PIETRO, Maria Sylvia Zanella. O princípio da supremacia do interesse público – sobrevivência diante dos ideais do neoliberalismo. In: BACELLAR FILHO, Romeu Felipe; HACHEM, Daniel Wunder. *Direito administrativo e interesse público*: estudos em homenagem ao professor Celso Antônio Bandeira de Mello. Belo Horizonte: Fórum, 2010. p. 211.
[241] RODRÍGUEZ-ARANA MUÑOZ, Jaime. Dimensiones del Estado Social y derechos fundamentales sociales. *Revista de Investigações Constitucionais*, Curitiba, v. 2, n. 2, p. 52, maio/ago. 2015. Disponível em: https://revistas.ufpr.br/rinc/article/view/44510. Acesso em: 10 set. 2017.

da pluralidade de pretensões contraditórias que passa a ser protegida pelo ordenamento jurídico".[242]

Tem-se que a referência ao interesse público é rica de sentidos e ainda é relevante, contudo, o debate que surge é sobre as condições contemporâneas da ação pública, como o limite de orçamento, a desatualização das normas, a eventual diferença entre a atuação pública e a vontade dos cidadãos.[243]

Os membros da coletividade, titulares dos mais variados direitos, muitas vezes não vislumbram nas leis, nos atos administrativos e na atuação estatal concreta a realização dos seus direitos, a proteção dos seus interesses. Pode ocorrer, contudo, que o Estado efetivamente tenha almejado atendê-los, mas sem êxito. Situações como estas, em que os cidadãos não se identificam nas medidas estatais – leis e atos –, se repetidas, tendem a gerar descrédito e desconfiança na atuação do poder público e contribuem à denominada "crise de representatividade".

Destarte, em razão da diversidade de direitos e de interesses na sociedade apenas a representação política não é suficiente para refletir os anseios da coletividade. Diante da complexidade da sociedade pós-moderna, com uma pluralidade de sujeitos e vontades distintas, o modelo jurídico e político que se utiliza apenas da representatividade não é o mais adequado à gestão do interesse público, não é viável atribuir a poucos o papel de eleger, identificar e executar as necessidades da coletividade.[244] Não há um único interesse público, eles são variados, múltiplos e muitas vezes, aprioristicamente, contraditórios. São necessários novos canais, novas formas aptas a identificar e a conectar os interesses da coletividade, que são interesses públicos, ao formato jurídico de interesses públicos, tais como as leis, os atos e os contratos.

Ademais, com a consagração da democracia ao patamar constitucional, aliada à soberania do povo, reconhece-se o dever de o Estado propiciar mecanismos de participação e colaboração direta da coletividade na definição e nos modos de realização dos interesses

---

[242] HACHEM, Daniel Wunder. *Princípio constitucional da supremacia do interesse público*. Belo Horizonte: Fórum, 2011. p. 101.

[243] GAUDIN, Jean Pierre. *Gouverner par contrat*: l'action publique en question. Paris: Presses de Sciences PO, 1999. p. 65.

[244] BITENCOURT, Caroline Müller; BEBER, Augusto Carlos de Menezes. O controle social a partir do modelo da gestão pública compartilhada: da insuficiência da representação parlamentar à atuação dos conselhos populares como espaços públicos de interação comunicativa. *Revista de Direito Econômico e Socioambiental*, Curitiba, v. 6, n. 2, p. 250, jul./dez. 2015.

públicos. Assim, em um Estado Democrático de Direito, o interesse público não deve ser definido apenas de modo unilateral, ele necessita ser composto entre o poder público e o seu titular, a coletividade.[245] Ele deve, portanto, ser resultado a partir de procedimentos participativos e colaborativos, o que não significa o abandono do estabelecimento unilateral a partir da representação. O Estado necessita de instrumentos capazes de captar e harmonizar os diversos interesses dos variados setores da coletividade, esses são papéis, e desafios, das atividades legislativa e executiva. A ponderação passa a ser um método mais adequado à definição e à concretização dos interesses públicos.[246]

A respeito da pluralidade e da necessidade de harmonizá-la, pode-se considerar o que Michael Walzer[247] denominou por "esferas da Justiça", no sentido em que a sociedade comporta um conjunto de "esferas", tais como a do trabalho, da educação, da família, do mercado, do pertencimento político e "cada esfera funciona sobre a base de um princípio que lhe é próprio e que o identifica em relação aos outros". Contudo, "a qualidade democrática de uma sociedade é medida pelo agenciamento destas esferas". Se uma esfera dominar, o seu respectivo princípio dominará sobre os outros e será uma sociedade injusta, pois desrespeitará a pluralidade de seus integrantes. Desse modo, para o autor, a proposta de democracia deve considerar a existência das múltiplas esferas de poder "que implica que cada esfera e o princípio que a constitui sejam garantidos contra as pretensões de interferência e de dominação pelas outras esferas".[248]

Na busca de um equilíbrio e da harmonização dos diferentes segmentos e respectivos direitos, em um Estado Social e Democrático de Direito, não se pode mais adotar apenas a definição do interesse

---

[245] VALLE, Vivian Lima López. *Contratos administrativos e um novo regime jurídico de prerrogativas contratuais na Administração Pública contemporânea.* Belo Horizonte: Fórum, 2018. p. 83.

[246] Defende-se uma relação de ponderação em razão de existirem vários interesses públicos, seja pelo fato de existirem múltiplas classes, "pluriclasse", seja pelo fato de a Constituição da República consagrar inúmeros direitos fundamentais. MOREIRA NETO, Diogo de Figueiredo. Novos institutos consensuais da ação administrativa. *Revista de Direito Administrativo,* 231, Rio de Janeiro, jan./mar. 2003. p. 40.

[247] WALZER, Michael. Les sphères de la Justice *apud* ROUSSEAU, Dominique. L'ouverture du droit constitutionnel aux tiers pouvoirs, p. 159-164. In: HERRERA, Carlos Miguel; PINON, Stephane (Dir.) *La démocratie, entre multiplication des droits et contre-pouvoirs sociaux.* Paris: Éditions Kimé, 2012. p. 162.

[248] ROUSSEAU, Dominique. L'ouverture du droit constitutionnel aux tiers pouvoirs. In: HERRERA, Carlos Miguel; PINON, Stephane (Dir.). *La démocratie, entre multiplication des droits et contre-pouvoirs sociaux.* Paris: Éditions Kimé, 2012. p. 162-163.

público de modo fechado e unilateral, devem ser propiciadas novas formas mais abertas e que possibilitem a participação dos cidadãos, "é necessário convocar e receber a vitalidade real que emerge da vida social".[249] O interesse público, assim, é "um conjunto de crenças cuja eficácia depende das relações que se estabelecem entre a legitimação da ação pública e a reestruturação periódica dos interesses".[250]

A concepção iluminista e revolucionária de interesse público adotada no século XIX não se compatibiliza com um sistema democrático em que a Administração Pública deve estar disponível aos cidadãos. No Brasil, na segunda metade do século XX, a partir de interpretações abstratas do princípio da supremacia do interesse público sobre o privado, adotou-se uma pré-compreensão de desigualdade jurídica e de verticalidade nas relações entre a Administração e os particulares. No entanto, a partir da Constituição de 1988, o constitucionalismo democrático passou a demandar diferentes interpretações do referido princípio.[251] O funcionamento da Administração Pública, por conseguinte, deve tornar-se mais democrático e, portanto, devem ser redefinidos alguns privilégios próprios à Administração unilateral[252] e estabelecidos procedimentos que possibilitem a participação democrática.

A lógica social passou a ser de coordenação em redes, as quais conectam e harmonizam polos de decisão múltiplos e fragmentados, cuja sistematização vem sob a forma do princípio geral de governança[253] ou de regulação. A governança valoriza as interações governo-sociedade e, assim, as condições contemporâneas da atuação pública tornam-se

---

[249] RODRÍGUEZ-ARANA MUÑOZ, Jaime. El Derecho Administrativo ante la crisis (el Derecho Administrativo Social). *Revista Eurolatinoamericana de Derecho Administrativo*, Santa Fe, v. 2, n. 2, p. 7-30, jul./dic. 2015. p. 11.

[250] GAUDIN, Jean Pierre. *Gouverner par contrat*: l'action publique en question. Paris: Presses de Sciences PO, 1999.p. 55.

[251] VALLE, Vivian Lima López. *Contratos administrativos e um novo regime jurídico de prerrogativas contratuais na Administração Pública contemporânea*. Belo Horizonte: Fórum, 2018. p. 53.

[252] RODRÍGUEZ-ARANA MUÑOZ, Jaime. Sobre el derecho fundamental a la buena administración y la posición jurídica del ciudadano. *A&C – Revista de Direito Administrativo & Constitucional*, Belo Horizonte, ano 3, n. 11, p. 20-21, jan./mar. 2003.

[253] Aqui, em uma perspectiva nacional e urbana que visa descrever os processos de coordenação multiníveis ou multipolares. Governança se diferencia da ideia clássica de governo. Ela é usada em sentido estrito como "sócio-político" (interações sociedade-governo), não sob a perspectiva neoliberal, mas socializante. Trata-se de governabilidade funcional e operacional, com a coordenação de todos os atores envolvidos. A coordenação é uma modalidade de organização que gere os ajustes e os compromissos de distintas finalidades. Ela rompe com a ordem piramidal, feita de estruturas organizadas a partir de um ponto central, e funda-se em retroações horizontais. GAUDIN, Jean Pierre. *Gouverner par contrat*: l'action publique en question. Paris: Presses de Sciences PO, 1999. p. 126-128.

diferentes, a própria concepção do poder político na sociedade está em mutação, o papel de controle e comando, centrado sobre as construções institucionais, é colocado em causa em benefício de uma abordagem plural e interativa do poder.[254]

As decisões centralizadas e hierárquicas passam a ser multicentradas, organizadas em redes, mediante cooperações horizontais sob a forma de governança, que se diferem, portanto, do modelo piramidal unificado. "Esta é uma das principais consequências da racionalidade que valoriza as ondas retroativas, os 'retornos', as trocas e as relações cruzadas".[255] É raro um caso concreto com a presença de apenas um interesse público. É comum existirem inúmeros interesses envolvidos, todos protegidos pelo ordenamento jurídico, assim, a atuação estatal deve ser capaz de compô-los, o que é incompatível com uma definição abstrata e unilateral de interesse público.[256]

Não se contesta a dificuldade de implementação desta proposta democrática e participativa na definição e concretização do interesse público. Jean Pierre Gaudin, por exemplo, destaca que na França há uma antiga associação à centralização, à referência ao interesse geral e à autoridade estatal. A compreensão do Estado que tutela e garante o interesse coletivo, em transcendência à soma dos interesses particulares, foi construída e mantida por muitos anos. Desde a realeza foi sedimentado o centralismo político, seguido de uma construção cultural vigorosa da nação no século XIX e enfim o surgimento da burocracia estatal, apresentada como árbitro competente por excelência. O centralismo estatal é muito forte e recorrente, considera o autor.[257]

No Brasil, a ideia de "poder" ainda é muito sedutora e influencia na compreensão dos institutos de direito administrativo, o que enfatiza

---

[254] GAUDIN, Jean Pierre. *Gouverner par contrat*: l'action publique en question. Paris: Presses de Sciences PO, 1999. p. 120-121. Vivian Valle pondera que a "autoridade como elemento de sustentação na relação Estado-sociedade precisa ser revista. É possível uma ideia de circularidade, constitutiva de uma nova racionalidade de justificação dessa relação" a qual "passa pelo conceito de relação jurídica". VALLE, Vivian Lima López. *Contratos administrativos e um novo regime jurídico de prerrogativas contratuais na Administração Pública contemporânea*. Belo Horizonte: Fórum, 2018. p. 97.

[255] GAUDIN, Jean Pierre. *Gouverner par contrat*: l'action publique en question. Paris: Presses de Sciences PO, 1999. p. 103, 113.

[256] FARIA, Luzardo. *O princípio da indisponibilidade do interesse público e a consensualidade no direito administrativo*. 2019. 338 p. Dissertação (Mestrado em Direito do Estado) – Programa de Pós-Graduação em Direito, Universidade Federal do Paraná, Curitiba, 2019, p. 177. Disponível em: https://acervodigital.ufpr.br/handle/1884/62542. Acesso em: 03 dez. 2022.

[257] Destaca-se, contudo, que a obra do autor é de 1999. GAUDIN, Jean Pierre. *Gouverner par contrat*: l'action publique en question. Paris: Presses de Sciences PO, 1999. p. 122-123.

um suposto caráter autoritário e encobre os deveres da Administração, mais importantes à compreensão do direito administrativo. [258]

Não obstante, Gaudin destaca que as referências clássicas das atuações administrativas e políticas vêm se modificando, como o interesse geral e seus modos de autoridade, assim como a gestão da regra de maneira uniforme para a realidade negociada.[259] Na França, em 1999, já se encontrava situações de interdependência na negociação da atuação pública. As arenas de decisão se tornaram multipolares, somadas à descentralização, aos procedimentos contratuais, à globalização das políticas públicas, à diminuição de fronteiras entre o público e o privado e à produção interativa de normas jurídicas.[260]

Ao tratar-se da definição dialógica dos interesses públicos, podem ser analisados instrumentos democráticos participativos no âmbito do Executivo e do Legislativo no sentido da elaboração das leis e dos atos administrativos e, dessa maneira, na identificação e realização dos interesses públicos. Esclarece-se que compete ao Constituinte e ao legislador ordinário "a fixação primária da essência do interesse público" e compete à Administração, nos limites da discricionariedade, atuar em termos normativos-regulamentares e, diante da realidade concreta, definir os atos necessários para atender o disposto no sistema normativo.[261] Contudo, apesar de não serem diretamente as pessoas que definem quais providências correspondem aos interesses públicos,[262] em um Estado Democrático de Direito todas estas etapas podem ser abertas ao diálogo, à participação e à colaboração democrática, por diferentes mecanismos.

Reconhece-se a possibilidade de inserção destes mecanismos democráticos em variadas etapas da atuação legislativa e executiva do Estado, contudo, a obra se dirige à inserção destes no âmbito da Administração Pública, no exercício da função administrativa democrática

---

[258] MELLO, Celso Antônio Bandeira de. *Curso de direito administrativo*. 32. ed. São Paulo: Malheiros, 2015. p. 46.

[259] GAUDIN, Jean Pierre. *Gouverner par contrat*: l'action publique en question. Paris: Presses de Sciences PO, 1999. p. 102.

[260] GAUDIN, Jean Pierre. *Gouverner par contrat*: l'action publique en question. Paris: Presses de Sciences PO, 1999. p. 110.

[261] HACHEM, Daniel Wunder. A dupla noção jurídica de interesse público em Direito Administrativo. *A&C – Revista de Direito Administrativo & Constitucional*, Belo Horizonte, ano 11, n. 44, p. 75, abr./jun. 2011. E MELLO, Celso Antônio Bandeira de. *Curso de direito administrativo*. 32. ed. São Paulo: Malheiros, 2015. p. 68.

[262] Como alerta MELLO, Celso Antônio Bandeira de. *Curso de direito administrativo*. 32. ed. São Paulo: Malheiros, 2015. p. 68-69.

em concreto.²⁶³ Assim, em primeiro plano, é importante ponderar que não é a Administração que define o ponto de partida do interesse público, ela atua em sua densificação, identificação e realização no caso concreto.²⁶⁴ A Administração exerce suas funções de acordo com a legalidade, ainda que esta seja ampla, no sentido da juridicidade. Ao abrir-se à participação e à colaboração, ainda há limites em sua atuação conformados pelo ordenamento jurídico, no qual os interesses públicos tiveram a sua "essência primária" estabelecida. Caberá, portanto, à Administração, identificá-los no ordenamento e cotejá-los com o caso, complementá-los com a realidade e a técnica e executá-los, de modo a atender efetivamente os interesses públicos envolvidos.

As normas jurídicas comumente não preveem de forma clara o interesse público a ser realizado e, desse modo, conferem espaço de preenchimento à Administração, diante do caso concreto. Esse espaço de definição decorre da atribuição pela norma de competência discricionária à Administração ou por utilizar termos abertos, como o próprio interesse público. Nestas hipóteses, "será a Administração competente para definir os fins de interesse público no domínio que não é reservado ao legislador".²⁶⁵

Faz-se necessário, assim, um enfoque mais concreto no tocante à identificação e à realização dos interesses públicos, uma desmistificação da retórica, uma compreensão menos metafísica da formação do interesse público, pragmaticamente associada aos compromissos majoritários entre interesses específicos.²⁶⁶ Defende-se, desse modo, a adoção de mecanismos que permitam o aporte da realidade, com a participação dos múltiplos atores na formação, identificação e realização dos interesses públicos.

O ser humano tem a necessidade de se comunicar, de falar e ser ouvido, portanto, de participar das decisões que podem afetar o

---

²⁶³ Cujo enfoque será verticalizado no sentido da autocomposição administrativa de conflitos entre a Administração e os particulares.
²⁶⁴ A identificação do interesse público diante dos fatos é atribuição da Administração Pública, que a faz por meio de atos administrativos concretos. HACHEM, Daniel Wunder. A dupla noção jurídica de interesse público em Direito Administrativo. A&C – Revista de Direito Administrativo & Constitucional, Belo Horizonte, ano 11, n. 44, p. 75, abr./jun. 2011. E MELLO, Celso Antônio Bandeira de. Curso de direito administrativo. 32. ed. São Paulo: Malheiros, 2015. p. 79-80.
²⁶⁵ HACHEM, Daniel Wunder. A dupla noção jurídica de interesse público em Direito Administrativo. A&C – Revista de Direito Administrativo & Constitucional, Belo Horizonte, ano 11, n. 44, p. 76, abr./jun. 2011.
²⁶⁶ GAUDIN, Jean Pierre. Gouverner par contrat: l'action publique en question. Paris: Presses de Sciences PO, 1999. p. 92.

seu modo de viver. Trata-se do direito à autodeterminação. O direito à participação integra a qualidade de ser humano, que deve ter sua dignidade respeitada como tal. O ser humano deve ser o fim, e não o meio, assim, a participação é compatível com o futuro que se almeja em ampliação de liberdade e de humanidade, mas que apenas será possível se cada um for protagonista de suas ações e de seu desenvolvimento e com a possibilidade que todos também sejam.[267]

A Administração Pública é composta pelo público, pelo cidadão e para ele. Assim, se ele for restringido a mero espectador, a atividade administrativa tenderá a ser de poucos para o interesse de alguns[268] e repercutirá sobre todos, em certo modo "coisificados", pois alijados da fala, inerente ao ser humano. E, exatamente, o interesse público é o interesse do todo, do conjunto social, que não corresponde à soma dos interesses individuais, mas não se desvincula destes, ao contrário, é composto a partir dos interesses de cada indivíduo de forma qualificada por sua dimensão pública.[269] Nesse sentido, o interesse público é "função qualificada dos interesses das partes". Há uma "relação íntima, indissolúvel, entre o chamado interesse público e os interesses ditos individuais".[270] O interesse público é uma parte do interesse dos indivíduos, que corresponde à sua participação enquanto membros da coletividade.[271] De modo que se faz necessário obter, conhecer, debater sobre o interesse de cada um, em sua dimensão pública, para que haja a concepção do interesse público, naquele momento, naquele contexto, pois ele é mutável.

A coletividade e cada um dos indivíduos que a compõem são titulares de interesses públicos e legitimados a participar de sua definição e das respectivas decisões administrativas. Neste intuito,

---

[267] RODRÍGUEZ-ARANA MUÑOZ, Jaime. El Derecho Administrativo ante la crisis (el Derecho Administrativo Social). *Revista Eurolatinoamericana de Derecho Administrativo*, Santa Fe, v. 2, n. 2, p. 7-30, jul./dic. 2015. p. 23.

[268] ROCHA, Cármen Lúcia Antunes. Democracia, Constituição e Administração Pública. *A&C – Revista de Direito Administrativo & Constitucional*, Curitiba, ano 2, n. 9, p. 96, 2002. Disponível em: http://www.revistaaec.com/index.php/revistaaec/article/view/737. Acesso em: 10 set. 2017.

[269] MELLO, Celso Antônio Bandeira de. *Curso de direito administrativo*. 32. ed. São Paulo: Malheiros, 2015. p. 60.

[270] MELLO, Celso Antônio Bandeira de. *Curso de direito administrativo*. 32. ed. São Paulo: Malheiros, 2015. p. 60.

[271] MELLO, Celso Antônio Bandeira de. *Curso de direito administrativo*. 32. ed. São Paulo: Malheiros, 2015. p. 61.

os mecanismos consensuais de autocomposição representam mais instrumentos disponíveis à Administração na tomada de decisões em prol da concretização de interesses públicos.

A partir dos fundamentos republicanos, cidadania e dignidade da pessoa humana, o exercício da função administrativa deve ter como ponto de partida e de destino o "interesse dos próprios cidadãos, tanto numa perspectiva individual quanto coletiva".[272]

O interesse público, nesta perspectiva participativa e social, necessita ser compreendido como uma noção dinâmica. Trata-se de adotar o que se denomina "pensamento dinâmico" a fim de "compreender que a realidade, mais que nenhuma a social, a humana, é dinâmica, mutável, aberta, e não apenas evolutiva, como marcada pela liberdade".[273]

A abertura à realidade e à participação representa, sem dúvida, um influxo de diversos interesses e necessidades e assim, é importante adotar o que Jaime Rodríguez-Arana Muñoz denominou como metodologia do pensamento compatível, este, superando um pensamento racional matemático, focado nos opostos, permite fazer um esforço de compreensão e identificar um conjunto. Permite descobrir que "o público não é oposto e contraditório com o privado, mas compatível e mutuamente complementar".[274] Os interesses devem ser compatibilizados, pois o desenvolvimento individual não é possível se não abranger os demais. O todo reflete no indivíduo e este no todo.[275] O pensamento compatível também requer uma análise dos resultados possíveis em

---

[272] BACELLAR FILHO, Romeu Felipe. *Direito administrativo e o novo código civil*. Belo Horizonte: Fórum, 2007. p. 46.
[273] RODRÍGUEZ-ARANA MUÑOZ, Jaime. El Derecho Administrativo ante la crisis (el Derecho Administrativo Social). *Revista Eurolatinoamericana de Derecho Administrativo*, Santa Fe, v. 2, n. 2, p. 23, jul./dic. 2015.
[274] RODRÍGUEZ-ARANA MUÑOZ, Jaime. El Derecho Administrativo ante la crisis (el Derecho Administrativo Social). *Revista Eurolatinoamericana de Derecho Administrativo*, Santa Fe, v. 2, n. 2, p. 22, jul./dic. 2015.
[275] Faz-se uma analogia com a área da biologia no tocante à relação entre a colmeia e a abelha. Nesse sentido, Kathrin Graf ilustra com uma analogia da biologia relativa aos fungos. "As circunstâncias do seu desenvolvimento induzem a uma estratégia de crescimento eficaz e estável, que não se realiza à custa, mas sim em cooperação com os outros: o mutualismo. (...) No exemplo do cogumelo, trata-se de uma floresta, que é a parceira ideal para permitir esse crescimento mútuo". Pelos múltiplos fios do fungo, a floresta recebe água e nutrientes e esta fornece ao fungo carboidratos. "Assim, os dois se beneficiam separadamente, mas também juntos, sua aliança tornando-os muito menos vulneráveis a inimigos e influências negativas externas". GRAF, Kathrin. *La médiation*: une approche constructive à la hauteur des conflits de notre temps. Un pont possible entre la justice et la paix dans un monde pluraliste. Paris, 2017. Thèse (Doctorat en science politique). Panthéon-Assas Paris II. p. 303-304.

curto e longo prazo, e, se a perspectiva de longo prazo não propiciar uma melhora social, a proposta não será autêntica.[276]

Desse modo, o interesse público não deve ser definido exclusivamente de forma unilateral e monopolizada, é necessário que a sociedade participe com a sua vitalidade na definição.[277] A esfera pública deve abrir-se para a identificação das necessidades da sociedade e para o estabelecimento das soluções.[278] A participação social torna-se um parâmetro de legitimação da atuação administrativa. A imperatividade e a coerção cedem espaço à consensualidade e à participação social a partir de canais de comunicação e de mecanismos consensuais.[279] Ter uma vida satisfatória envolve conviver com outras pessoas, não se pode fazer sempre o que quiser, nem impor as vontades, é necessário resolver as diferenças, preferencialmente pelo consenso.[280]

Faz-se necessária a adoção de procedimentos administrativos não contenciosos para a tomada de decisão, que, especialmente na concepção democrática da função administrativa e da horizontalidade das relações, deve abrir espaços para a manifestação dos cidadãos.[281] A relação jurídica administrativa-particular mais horizontal, próxima e aberta, com espaço ao diálogo, por si só, independentemente de se alcançar o consenso, constitui interesse público. A participação administrativa na definição e realização dos interesses públicos, para

---

[276] RODRÍGUEZ-ARANA MUÑOZ, Jaime. El Derecho Administrativo ante la crisis (el Derecho Administrativo Social). *Revista Eurolatinoamericana de Derecho Administrativo*, Santa Fe, v. 2, n. 2, p. 22, jul./dic. 2015.

[277] RODRÍGUEZ-ARANA MUÑOZ, Jaime. El Derecho Administrativo ante la crisis (el Derecho Administrativo Social). *Revista Eurolatinoamericana de Derecho Administrativo*, Santa Fe, v. 2, n. 2, p. 12, jul./dic. 2015.

[278] FUNGHI, Luís Henrique Baeta. Da dogmática autoritária à administração pública democrática. *RDA – Revista de Direito Administrativo*, Belo Horizonte, ano 2011, n. 257, p. 8, maio/ago. 2011.

[279] FUNGHI, Luís Henrique Baeta. Da dogmática autoritária à administração pública democrática. *RDA – Revista de Direito Administrativo*, Belo Horizonte, ano 2011, n. 257, maio/ago. 2011. p. 10. Neste sentido também se posiciona OLIVEIRA, Rafael Carvalho Rezende. A arbitragem nos contratos da Administração Pública e a Lei nº 13.129/2015: novos desafios. *Revista Brasileira de Direito Público – RBDP*, Belo Horizonte, ano 13, n. 51, p. 66, out./dez. 2015.

[280] DAHL, Robert. *Sobre a democracia*. Tradução de Beatriz Sidou. Brasília: Editora UNB, 2001. p. 66.

[281] RIVERO, Jean; WALINE, Jean. *Droit administratif*. 21. ed. Paris: Dalloz, 2006. p. 355-356. A esse respeito, os autores destacam a existência de um Código de Processo Administrativo "*Code de Procédure Administrative*", mas reforçam sobre a necessidade de serem feitas consultas aos cidadãos a partir das codificações parciais, por exemplo, o decreto de 28 de novembro de 1983, relativo às relações entre a Administração e os usuários, a lei de 12 de abril de 2000, relativa aos direitos dos cidadãos nas suas relações com as administrações e o art. 2 da lei de 2 de julho de 2003, que estabeleceu ao Governo a simplificação do direito.

além da legalidade própria ao Estado de Direito, tem o potencial de democratizar e assegurar legitimidade à atuação administrativa, "em verdadeiro processo evolutivo de democratização da Administração Pública". Destarte, a participação administrativa possui aptidão para contribuir à renovação da legitimidade do direito administrativo e à concretização do Estado Democrático de Direito.[282]

Nesta ampla perspectiva de função administrativa democrática, do direito à boa administração e do diálogo na definição e realização dos interesses públicos reside a proposta da presente obra no sentido de apresentar a autocomposição administrativa como mecanismo prioritário à solução e prevenção de conflitos entre a Administração e os particulares.

1.2.2 A contratualização como instrumento da Administração Pública dialógica-democrática

Em busca da construção de uma Administração Pública dialógica-democrática, é necessário revisitar alguns dos tradicionais instrumentos da função administrativa estatal e introduzir novos, compatíveis com a participação e a colaboração da coletividade na ação pública.

Destaca-se a redução da unilateralidade impositiva para a ampliação da atuação conjunta, participativa e colaborativa, entre o poder público e os diversos segmentos da coletividade, pessoas físicas e jurídicas.[283] Para proteger o interesse público, a Administração recebeu "*prerrogativas de poder público*" como a executoriedade das decisões, mas a utilização destas deve ser reduzida ao mínimo.[284] "Toda a dialética do direito administrativo consiste em conciliar, da melhor maneira possível, o exercício das prerrogativas do poder público" anteriormente destacavam-se os direitos da Administração, no entanto, a partir de algumas décadas destacaram-se os direitos das pessoas em relação com a Administração.[285]

---

[282] OLIVEIRA, Rafael Carvalho Rezende. Democratização da Administração Pública e o princípio da participação administrativa. *Revista da EMERJ*, v. 9, n. 35, p. 176, 2006.
[283] "Os interlocutores se multiplicaram e o Estado deve descer do seu pedestal". GAUDIN, Jean Pierre. *Gouverner par contrat*: l'action publique en question. Paris: Presses de Sciences PO, 1999. p. 11.
[284] No original: "*prérogatives de puissance publique*". RIVERO, Jean; WALINE, Jean. *Droit administratif.* 21. ed. Paris: Dalloz, 2006. p. 3.
[285] RIVERO, Jean; WALINE, Jean. *Droit administratif.* 21. ed. Paris: Dalloz, 2006. p. 24. No direito administrativo brasileiro, verifica-se que o regime-jurídico administrativo "está

Desse modo, as prerrogativas administrativas subsistem, mas deixam de ser protagonistas. O seu exercício é engrandecido com as contribuições da realidade, daqueles que são os titulares do poder e que serão destinatários das medidas administrativas. Em primeiro plano, a Administração reserva as suas prerrogativas, desarma-se e abre-se para acolher a coletividade, em uma relação jurídica renovada, mais horizontal e mais igual. Ter poder, neste viés dialógico e democrático, é desarmar-se, paradoxalmente, desempoderar-se a fim de ouvir os outros e, ser ouvida e, em alguns casos, em conjunto decidir. As prerrogativas tornam-se subsidiárias, pois o seu uso preliminar e a racionalidade autoritária da Administração acaba por distanciá-la dos particulares e a dificultar a participação e o diálogo.[286] Assim, se necessário, em um segundo momento, a Administração terá, à disposição da realização dos interesses públicos, na medida da necessidade de assegurá-los, a utilização das prerrogativas.

Defende-se, portanto, que as relações entre a Administração e os particulares sejam mais horizontais e abertas ao diálogo e ao consenso, contudo, a Administração não restará desprovida das prerrogativas inerentes à salvaguarda dos interesses públicos e, quando utilizadas, naturalmente, tendem a verticalizar a relação jurídica.

Neste contexto, de relações jurídicas fundadas em maior igualdade jurídica e dialógicas, ganha importância o fenômeno da contratualização,[287] também denominado concertação administrativa,[288]

---

vivenciando uma virada paradigmática, com propostas de alteração do modelo de autoridade pelo modelo de consenso negocial. (...) de modo a permitir a satisfação do interesse público para além das fronteiras estatais, num ambiente negocial paritário e consensual, sem fragilização dos mecanismos administrativos de garantia do interesse público". A tese defendida por Vivian Valle é no sentido do reposicionamento e aplicação subsidiária das prerrogativas públicas. VALLE, Vivian Lima López. *Contratos administrativos e um novo regime jurídico de prerrogativas contratuais na Administração Pública contemporânea*. Belo Horizonte: Fórum, 2018. p. 24-29.

[286] Refere-se ao uso preliminar e muitas vezes exacerbado das prerrogativas, que acaba por induzir ao autoritarismo e a uma racionalidade de oposição entre Administração e particulares, com prejuízo aos interesses públicos, quando, em verdade, em prol da melhoria da qualidade de vida das pessoas, devem ser complementares. É o que se extrai também das reflexões de Vivian Valle em: VALLE, Vivian Lima López. *Contratos administrativos e um novo regime jurídico de prerrogativas contratuais na Administração Pública contemporânea*. Belo Horizonte: Fórum, 2018. p. 64-65.

[287] Decorrente da diminuição da lógica de autoridade, da prática do ato unilateral, típico da sujeição, em prol da construção de relações jurídicas administrativas, conforme ressalta VALLE, Vivian Lima López. *Contratos administrativos e um novo regime jurídico de prerrogativas contratuais na Administração Pública contemporânea*. Belo Horizonte: Fórum, 2018. p. 98-101.

[288] Inserido no contexto do que se denomina "Estado pedagogo [*l'État pédagogue*], é ele que figura como um superanimador do social". Essa mudança, o policentrismo decisório e

"*gouverner par contrat*"[289] ou administrar por contrato. Quando a Administração, na busca do interesse geral "encontrar os interesses dos particulares, ela pode utilizar a técnica do contrato, o que ocorre de modo cada vez mais frequente".[290] O contrato é um instrumento jurídico que tem a sua essência fundada na negociação, no diálogo e no consenso[291] e, por essa razão, o instituto adquiriu relevo nesta renovação democrática da atuação administrativa, marcada por múltiplos atores e diversos direitos.

A contratualização referida representa a ideia de pacto, de acordo, daquilo que é ponderado e estabelecido entre os envolvidos.[292] Assim, ao se vislumbrar a contratualização, ter-se-á a preferência pelo contrato como instrumento mais propício a sua efetivação, mais apto ao exercício da função administrativa marcado por relações mais horizontais com a coletividade.

De todo modo, o ato administrativo continua a ser um instrumento relevante, contudo, busca-se a redução da prática de atos unilaterais impositivos e autoritários com a ampliação em favor dos atos administrativos unilaterais precedidos de manifestação e deliberação.[293]

---

as negociações multinível não reduziram o Estado a nada, ele continua a ser um ator essencial. GAUDIN, Jean Pierre. *Gouverner par contrat*: l'action publique en question. Paris: Presses de Sciences PO, 1999. p. 68.

[289] Como o título da obra referência nesta temática: GAUDIN, Jean Pierre. *Gouverner par contrat*: l'action publique en question. Paris: Presses de Sciences PO, 1999. Assim como, no direito brasileiro: BITENCOURT NETO, Eurico. *Concertação administrativa interorgânica*: direito administrativo e organização no século XXI. São Paulo: Almedina, 2017.

[290] RIVERO, Jean; WALINE, Jean. *Droit administratif*. 21. ed. Paris: Dalloz, 2006. p. 3.

[291] Sem dúvida, há modelos em que estas características são mais preponderantes ou mais tênues.

[292] O Estado contratualizado exige uma "nova racionalidade jurídica para a teoria contratual administrativa, capaz de manter hígidas as garantias ao interesse público e ao mesmo tempo ressubstancializar a relação jurídica administrativa para viabilizar através de um ambiente menos imperativo e mais paritário a satisfação dos direitos sociais" e, portanto, demanda a mudança de paradigma, da autoridade em prol da paridade e da abertura às diversas realidades. VALLE, Vivian Lima López. *Contratos administrativos e um novo regime jurídico de prerrogativas contratuais na Administração Pública contemporânea*. Belo Horizonte: Fórum, 2018. p. 76.

[293] Quanto à formação do ato, distinguem-se em unilaterais e bilaterais, estes são denominados contratos, o que não impede que os unilaterais sejam precedidos de manifestação dos interessados. MELLO, Celso Antônio Bandeira de. *Curso de direito administrativo*. 32. ed. São Paulo: Malheiros, 2015. p. 436. A distinção entre atos unilaterais e bilaterais deixa algumas indeterminações, como no caso em que o ato unilateral registra um acordo precedido de uma negociação. A denominada "administração contratual" faz surgir atos que registram acordos e que não apresentam as características jurídicas dos contratos. Os tradicionais atos unilaterais, a partir da atenuação das sujeições à Administração, diminuíram seu caráter autoritário. RIVERO, Jean; WALINE, Jean. *Droit administratif*. 21. ed. Paris: Dalloz, 2006. p. 342-343.

São mais adequados os procedimentos administrativos não contenciosos, como a realização de consulta e a participação coletiva nas fases preparatórias à produção dos atos, no tocante à análise e à ponderação dos fatos, das providências a serem adotadas e da finalidade pública a ser atendida no caso concreto.[294] Assim como os atos administrativos podem ser decorrentes de um instrumento contratual antecedente.[295]

Não se olvida que a Administração Pública, diferentemente de um particular, sujeita-se a um regime jurídico distinto da iniciativa privada, marcado pela legalidade e pela impessoalidade. Não obstante, a legalidade, e, sobretudo, a juridicidade, abstratamente, conferem à Administração inúmeras possibilidades abstratas de atuação.[296] Entre a abstração normativa e a vida real podem existir amplos espaços e infinitas possibilidades que, conforme os dados da realidade, podem ser reduzidas e até mesmo restritas a uma única opção.[297] No entanto, no intuito de efetivar uma Administração Pública dialógica-democrática, essa análise da realidade, a filtragem e o sopesamento dos dados e dos interesses envolvidos não deve se restringir apenas e tão somente a um representante e a uma estrutura tecnocrática administrativa.

A realidade é melhor conhecida por quem a vive e certamente a melhor solução adotada será aquela que melhor atender as necessidades

---

[294] Pode-se considerar, a este propósito "Administração consultiva". A consulta "tem como vantagem permitir associar as pessoas externas à Administração à tomada de decisões". RIVERO, Jean; WALINE, Jean. *Droit administratif*. 21. ed. Paris: Dalloz, 2006. p. 355-357.

[295] Sem olvidar de continuar a existir hipóteses em que poderá ser adotado apenas o ato administrativo unilateral, sem participação ou colaboração dos particulares. A abertura e o diálogo não significam que toda atuação administrativa deva contemplar tal perspectiva. Faz-se necessário avaliar as situações mais compatíveis com a abertura e aquelas em que tal não se faz possível. A atuação unilateral tende a se restringir às emergências e ao esgotamento do diálogo e das tentativas de consenso ou quanto ao que lhes sobejar.

[296] "Discricionariedade é a margem de 'liberdade' que remanesça ao administrador para eleger, segundo critérios consistentes de razoabilidade, um, dentre pelo menos dois comportamentos, cabíveis perante cada caso concreto, a fim de cumprir o dever de adotar a solução mais adequada à satisfação da finalidade legal, quando, por força da fluidez das expressões da lei ou da liberdade conferida no mandamento, dela não se possa extrair objetivamente uma solução unívoca para a situação vertente". MELLO, Celso Antônio Bandeira de. *Curso de direito administrativo*. 32. ed. São Paulo: Malheiros, 2015. p. 1000-1001.

[297] A amplitude da discricionariedade em termos normativos não é a mesma que diante do caso concreto, este delimitará o campo normativo, com o afastamento de algumas possibilidades abstratas e, até mesmo, com a identificação de uma única solução possível. MELLO, Celso Antônio Bandeira de. *Curso de direito administrativo*. 32. ed. São Paulo: Malheiros, 2015. p. 991. A participação e o diálogo devem ocorrer no campo do caso concreto, preferencialmente, entre aqueles diretamente afetados pelas medidas e pela ausência destas, a fim de ajustar a previsão normativa à realidade.

reais. Ao analisar os tradicionais requisitos dos atos administrativos,[298] observam-se inúmeros espaços de avaliação, especialmente no tocante à análise dos fatos – pressupostos de fato, motivo – e no tocante ao conteúdo ou o objeto do ato, ou seja, a providência a ser realizada no mundo dos fatos, assim como a finalidade pública, pois muitas providências podem igualmente atender uma mesma finalidade pública ou finalidades diversas, mas todas públicas.

A legislação raramente estabelece de modo preciso todos os elementos ou pressupostos do ato administrativo. Destaca-se a existência da competência discricionária da Administração, mesmo nos casos em que há maior vinculação à lei há um mínimo de discricionariedade. A Administração não pode ser transformada em uma "distribuidora automática de decisões. Administrar é fazer escolhas",[299] ou seja, a margem de apreciação é inerente à atividade administrativa. O espaço de atuação administrativa existe "ao longo do percurso de imprecisão do conceito utilizado" para atender a finalidade legal diante da contingência da lei em utilizar "conceitos pertinentes ao mundo do valor e da sensibilidade, os quais são chamados vagos, fluidos ou imprecisos".[300] Entre a lei e o ato administrativo concreto há inúmeras variáveis a serem preenchidas.

É na conformação entre a norma e o caso concreto que deve ser oportunizado o diálogo com os envolvidos, deve ser realizada a ponderação dos interesses públicos pertinentes, a fim de identificar quais ou qual a solução adequada ao caso concreto. Os cidadãos, legítimos titulares dos interesses públicos, possuem direito de participar e dialogar com a Administração na formação do mérito do ato administrativo,[301] em espécie de controle social prévio e concomitante

---

[298] Por exemplo, divididos em elementos e pressupostos: MELLO, Celso Antônio Bandeira de. *Curso de direito administrativo*. 32. ed. São Paulo: Malheiros, 2015. p. 401 e ss. No mesmo sentido: BLANCHET, Luiz Alberto. *Direito administrativo*. 6. ed. Curitiba: Juruá, 2012. p. 93-94.

[299] RIVERO, Jean; WALINE, Jean. *Droit administratif*. 21. ed. Paris: Dalloz, 2006. p. 354.

[300] A liberdade administrativa pode ser decorrente da hipótese normativa, do mandamento ou da sua finalidade. MELLO, Celso Antônio Bandeira de. *Curso de direito administrativo*. 32. ed. São Paulo: Malheiros, 2015. p. 996-1000.

[301] Pode-se compreender mérito do ato administrativo como "campo de liberdade suposto na lei e que efetivamente venha a remanescer no caso concreto, para que o administrador, segundo critérios de conveniência e oportunidade, decida-se entre duas ou mais soluções admissíveis perante a situação vertente, tendo em vista o exato atendimento da finalidade legal, ante a impossibilidade de ser objetivamente identificada qual delas seria a única adequada". MELLO, Celso Antônio Bandeira de. *Curso de direito administrativo*. 32. ed. São Paulo: Malheiros, 2015. p. 993.

à prática do ato e não se restringir apenas às decisões unilaterais dos agentes públicos.

A previsão constitucional ou legal de um direito é indispensável, mas não é suficiente para satisfazer a coletividade. Os direitos podem ser realizados por diversos modos, com a implementação das mais variadas medidas. Em especial, os direitos fundamentais são dotados de uma peculiaridade, que é a estrutura normativa bidimensional ou a multifuncionalidade,[302] uma vez que conferem posições subjetivas aos seus titulares para exigirem condutas positivas ou negativas do Estado[303] e preveem deveres objetivos ao poder público para que este estabeleça condições ao usufruto, proteção e implementação destes direitos de modo geral.[304] Ademais, de um mesmo texto normativo podem ser extraídas diversas normas de direitos fundamentais, que podem investir os indivíduos e a coletividade em distintas posições jurídicas.[305]

De todo modo, a possibilidade de a Administração abrir-se à coleta de informações e de interesses das diversas realidades representa

---

[302] HACHEM, Daniel Wunder. A dupla titularidade (individual e transindividual) dos direitos fundamentais econômicos, sociais, culturais e ambientais. *Revista Direitos Fundamentais & Democracia (UniBrasil)*, Curitiba, UniBrasil, v. 14, n. 14.1, p. 624-627-628, ago./dez. 2013.

[303] Importante frisar que os direitos fundamentais na acepção subjetiva não se confundem com direito subjetivo pois o titular do direito fundamental não é apenas o indivíduo, mas também um grupo específico ou a coletividade indeterminável é, portanto, transindividual. Conforme HACHEM, Daniel Wunder. A dupla titularidade (individual e transindividual) dos direitos fundamentais econômicos, sociais, culturais e ambientais. *Revista Direitos Fundamentais & Democracia (UniBrasil)*, Curitiba, UniBrasil, v. 14, n. 14.1, p. 632-633, ago./dez. 2013.

[304] A dimensão objetiva dos direitos fundamentais é desenvolvida nos Estados Sociais e Democráticos de Direito no período pós-guerra, como "um sistema ou ordem objetiva de valores que legitimam a ordem jurídico-constitucional do Estado, que condiciona constitutivamente a actuação dos poderes constituídos e que irradia uma força expansiva a todos os ramos do Direito." NOVAIS, Jorge Reis. *As restrições aos direitos fundamentais não expressamente autorizadas pela Constituição*. Coimbra: Coimbra Editora, 2003. p. 57-58.

[305] A dupla titularidade (individual e transindividual) dos direitos fundamentais econômicos, sociais, culturais e ambientais. *Revista Direitos Fundamentais & Democracia (UniBrasil)*, Curitiba, UniBrasil, v. 14, n. 14.1, p. 626, ago./dez. 2013. Romeu Felipe Bacellar Filho ilustra essa possibilidade de diversidade de posições a partir do disposto no art. 5º, III, da Constituição da República do Brasil, o qual dispõe: "ninguém será submetido a tortura nem a tratamento desumano ou degradante", este dispositivo remete de modo imediato a um direito negativo, de abstenção e proteção. No entanto, se se pensar na hipótese de um enfermo, com fortes dores, sem atendimento, não há dúvidas acerca da violação da dignidade da pessoa humana, e a configuração de tortura, tratamento desumano ou degradante, o que demanda prestações positivas. BACELLAR FILHO, Romeu Felipe. Dignidade da pessoa humana, direitos fundamentais e Direito Administrativo. *Revista Eurolatinoamericana de Derecho Administrativo*, Santa Fe, vol. 1, n. 2, p. 253, jul./dic. 2014.

a abertura administrativa à democratização. Por conseguinte, a fim de efetivar o diálogo não é suficiente apenas a coleta de manifestações, mas deve existir interação, troca de informações, reciprocidade, fala e escuta. Por fim, todos os elementos obtidos a partir do diálogo devem ser analisados, sopesados e deve existir ampla motivação quanto àqueles que preponderarem à decisão concreta e aqueles que não, sob uma perspectiva consequencialista, em um juízo sobre as possíveis consequências do que foi preponderante e do que foi afastado. A juridicidade, compreendida como a integração entre legalidade e legitimidade, possibilita a agregação da razoabilidade e da proporcionalidade,[306] fundamentais na consideração e no sopesamento de vários interesses envolvidos.

No modelo administrativo tradicional, as autoridades detêm legitimidade para realizar as escolhas em nome do público. Em uma perspectiva constitucional de valorização do ser humano, dos seus direitos e do seu direito à participação, deve-se possibilitar ao máximo que as aberturas legislativas sejam colmatadas com dados da realidade e tenham em vista solucionar necessidades reais. Deve-se projetar a dignidade da pessoa humana sobre o sistema e, portanto, sobre os institutos de direito público, o que requer a adoção do "pensamento aberto, plural, dinâmico e complementar".[307]

Não se ignora que não é simples. Ao contrário, a eleição unilateral das prioridades e a escolha das medidas pela autoridade central retratam o exercício da função administrativa de forma mais simplificada, porém, fechada, enclausurada e muitas vezes refratária à manifestação e às necessidades da coletividade. Simultaneamente, coexistem inúmeras realidades, autoexcludentes, autoagravantes, assim como as necessidades e as respectivas medidas. O policentrismo crescente é interpretado em termos de complexidade. Esse processo de modificação de como as regras são criadas, transformam-se e são suprimidas, deixa por inteiro o problema das suas próprias determinações, de seus desafios e da maneira como se combinam concretamente as múltiplas posições dos atores.[308]

---

[306] MOREIRA NETO, Diogo de Figueiredo. *Poder, Direito e Estado*: o direito administrativo em tempos de globalização. Belo Horizonte: Fórum, 2011. p. 76.
[307] RODRÍGUEZ-ARANA MUÑOZ, Jaime. El Derecho Administrativo ante la crisis (el Derecho Administrativo Social). *Revista Eurolatinoamericana de Derecho Administrativo*, Santa Fe, v. 2, n. 2, p. 7-30, jul./dic. 2015. p. 18.
[308] GAUDIN, Jean Pierre. *Gouverner par contrat*: l'action publique en question. Paris: Presses de Sciences PO, 1999. p. 131.

Deve ser adotado um olhar renovado sobre os instrumentos e os procedimentos administrativos, considerando-os não apenas como reguladores de procedimentos internos ou entre órgãos e entidades governamentais, mas como instrumentos dos cidadãos vis-à-vis autoridades administrativas, com o estabelecimento de deveres a estas em prol das partes privadas. Faz-se necessário estudar e aprimorar as arenas nas quais os interesses conflitantes aparecem, dialogam, se opõem e se compatibilizam, assim como identificar quais agências ou órgãos serão responsáveis por conduzir estes procedimentos.[309]

A atuação administrativa necessita de modernização para promover círculos de qualidade e de especialização das políticas em função de um melhor atendimento[310] aos destinatários, seja mediante a extensão dos procedimentos de concertação e consulta, seja quanto à racionalização da prestação de serviços em vista das restrições financeiras, seja na necessidade de pesquisas para a condução de grandes projetos e de formas que imbriquem iniciativa pública e capital privado. A nova estruturação administrativa é marcada pela cooperação entre diversos atores, estatais ou não, públicos e privados; por relações decorrentes de contínuas interações e redes multipolares e pela elaboração de regras negociadas, fora das hierarquias institucionais clássicas.[311]

O respeito à participação e à colaboração, em termos procedimentais, tende a realizar a dignidade da pessoa humana, as liberdades e a efetivar a democracia material. Além disso, o conteúdo das decisões administrativas, a partir da contribuição dos envolvidos, tenderá a ser mais democrático e efetivo no tocante à concretização dos direitos, com ênfase aos fundamentais.

A justificativa formal no sentido que a atuação administrativa não pode se abrir à coletividade por força da legalidade e para não ceder aos interesses privados, uma vez que tem como propósito a realização do interesse público, não procede. Não obstante, abrir-se à coletividade para a prática de atos administrativos mais atrelados à vida real não significa abandonar a legalidade e o dever de perseguir o interesse público, ao contrário, é observá-los, mas sob o viés democrático e dialógico. A autoridade administrativa não é titular dos interesses

---

[309] CASSESSE, Sabino. New paths for administrative law: A manifesto. *I COM*, Oxford, v. 10, p. 610, 2012. Disponível em: https://academic.oup.com/icon/article-abstract/10/3/603/673508 29. Acesso em: 08 dez. 2022.

[310] GAUDIN, Jean Pierre. *Gouverner par contrat*: l'action publique en question. Paris: Presses de Sciences PO, 1999. p. 122.

[311] GAUDIN, Jean Pierre. *Gouverner par contrat*: l'action publique en question. Paris: Presses de Sciences PO, 1999. p. 122.

públicos, é apenas representante, e sobre eles não detém exclusividade. A legislação estabelece a "essência primária" dos interesses públicos, a qual, em uma perspectiva democrática, necessita ser conformada por todos, Administração e coletividade, mediante procedimentos dialógicos, participativos e colaborativos. Os interesses públicos são identificados de forma compartilhada com a população, com a redução da discricionariedade e da unilateralidade, a partir da adoção de práticas contratuais baseadas no consenso, negociação e conciliação de interesses.[312]

Ocorre, assim, o que se denomina Contratualização,[313] no sentido da formação de pactos, de acordos, que podem ensejar na produção de atos administrativos ou de contratos administrativos, mas ambos sob o influxo negocial e concertado em contraposição à mera sujeição, fruto de relações mais próximas e horizontais entre a Administração e a coletividade, em uma postura de proteção dos direitos dos cidadãos nas relações com a *"puissance publique"*.[314] Os contratos encontraram múltiplas e novas aplicações, "a Administração os utilizam para estabilizar a ação dos particulares em um sentido conforme o interesse geral".[315] Depois dos anos 90 o "co" está na ordem do dia, seja na corregulação, copilotagem, coprodução ou no cogerenciamento.[316]

---

[312] MEDAUAR. Odete. *O direito administrativo em evolução*. 2. ed. São Paulo: Revista dos Tribunais, 2003. p. 230.

[313] No contexto europeu a formação da União Europeia foi significativa à adoção dos diferentes modos de contratualização e atuação conjunta. "As ações da União europeia são frequentemente produzidas por contratos de objetivos e de meios." Os contratos abrem as portas para diferentes interlocutores. "Contratos, cartas, convenções, as nomenclaturas são múltiplas e frequentemente incertas. Mas através desta diversidade existe uma mesma linha: o imaginário do contrato. Suas conotações, sua forte carga ideológica se conecta aos cidadãos, que se sentem novamente convidados ao debate público e isso gera aos atores políticos e aos profissionais a impressão de trabalharem de maneira mais aberta". GAUDIN, Jean Pierre. *Gouverner par contrat*: l'action publique en question. Paris: Presses de Sciences PO, 1999. p. 11-12, 52.

[314] A respeito do novo assento do direito administrativo no tocante aos direitos fundamentais, Chevalier, ao referir-se à Jean-Bernard Auby, destaca que o direito administrativo "não deverá mais ser concebido como um sábio equilíbrio entre o interesse geral e os interesses particulares, mas como um meio de proteção dos 'direitos dos cidadãos nas suas relações com o poder público'". CHEVALLIER, Jacques. Le droit administratif vu de la science administrative. *AJDA*, n. 7, Paris, 2013. AUBY, Jean-Bernard. La bataille de San Romano réflexions sur les évolutions récentes du droit administratif. *AJDA*, Paris, 2001, p. 912. Disponível em: https://www-dalloz-fr.bcujas-ezp.univ-paris1.fr/documentation/Document?id=AJDA/CHRON/2001/0912. Acesso em: 12 jul. 2021.

[315] RIVERO, Jean; WALINE, Jean. *Droit administratif*. 21. ed. Paris: Dalloz, 2006. p. 378.

[316] Os anos 80 foram os anos da integração europeia; um estágio de negociação se estabeleceu, sem que inicialmente se prestasse muita atenção. GAUDIN, Jean Pierre. *Gouverner par contrat*: l'action publique en question. Paris: Presses de Sciences PO, 1999. p. 11, 126.

A contratualização é um instrumento de governança, ela é a representação jurídica da ação pública pluralista e consensual, ela implica em "relações jurídicas não mais fundadas sobre a unilateralidade e a ameaça, mas sobre um acordo de vontades". Reconhece-se a "existência de atores autônomos com os quais necessita obter cooperação" e a necessidade de um "processo de negociação" para o estabelecimento dos traços "de uma ação comum".[317]

A utilização dos contratos nesse sentido da cooperação pode apresentar poucas distinções relativas a alguns contratos celebrados entre o poder público e a iniciativa privada, como os contratos de concessão[318] ou de constituição de uma sociedade de economia mista, o que representa em si um fenômeno novo é a sua generalização, ou seja, a sua preponderância na atuação administrativa e o seu uso político.

Por outro ângulo pode-se visualizar a "desnaturação da concepção clássica do contrato", pois são atenuadas as diferenças entre contrato e ato unilateral, assim como aquelas existentes entre os contratos e os procedimentos mais flexíveis e informais de regulação. O contrato como instrumento da governança, como possibilidade de associar um conjunto de atores, públicos e privados, no sentido de uma ação pública plural e consensual, conduz ao desenvolvimento de "fórmulas híbridas que diluem a fórmula original do contrato em soluções negociadas ou em práticas transacionais".[319]

Os contratos, neste contexto, referem-se à governabilidade e à capacidade de prestação de contas, à modificação de um sistema quase exclusivamente representativo para a adoção de mecanismos de democracia direta.[320] O modo do exercício da função administrativa, da definição e da realização dos interesses públicos, em função da

---

[317] CHEVALLIER, Jacques. Contractualisation(s) et action publique. *RFDA*, n. 2, Paris, 2018.

[318] No tocante ao direito administrativo brasileiro, tem-se que os contratos clássicos, mesmo os de concessão da Lei nº 8.987/1995, ainda apresentam muitas caraterísticas da *puissance publique*, em certo modo atenuadas na Lei nº 11.079/2004 nas parcerias público-privadas, assim como na Lei nº 14.133/2021, mas esta poderia ter propiciado melhor equilíbrio. Acredita-se, contudo, que a nova contratualização deve utilizar contratos, mas com maior equilíbrio entre as partes, eis o que defende: VALLE, Vivian Lima López. *Contratos administrativos e um novo regime jurídico de prerrogativas contratuais na Administração Pública contemporânea*. Belo Horizonte: Fórum, 2018. Neste sentido, os contratos celebrados entre as empresas estatais e os particulares, na esteira da Lei nº 13.303/2016, encontram-se mais próximos dessa nova realidade contratual, pois o poder público não detém tantas prerrogativas.

[319] CHEVALLIER, Jacques. Contractualisation(s) et action publique. *RFDA*, n. 2, Paris, 2018.

[320] GAUDIN, Jean Pierre. *Gouverner par contrat*: l'action publique en question. Paris: Presses de Sciences PO, 1999. p. 12.

abertura dialógica e democrática, torna-se contratualizado.[321] Segundo o Conselho de Estado Francês, "a contratualização corresponde a um novo estilo e a uma nova forma de registrar a ação política e a administrativa fundada mais sobre a negociação e o consenso que sobre a autoridade".[322] O Estado, ao invés de impor medidas unilaterais sob pena de sanção, vai acordar com os diversos interlocutores interessados os termos e as formas de suas contribuições e, por outro lado, vão ajustar as condições. Há negociação dos objetivos, engajamento recíproco dos consignatários e cooperação dos meios.[323] Todos se beneficiarão com vantagens jurídicas, materiais ou financeiras.[324] A personalização das negociações é, inclusive, um modo contemporâneo de valorização do indivíduo.[325]

O contrato é o meio de instrumentalizar o acordo, os engajamentos das partes, de modo a eliminar a passividade, a recusa e a propiciar a realização daquilo com o qual os envolvidos se comprometeram.[326]

---

[321] Neste sentido, Marçal Justen Filho ressalta que a contratualização no exercício da função administrativa está relacionada à efetivação do Estado Democrático de Direito. JUSTEN FILHO, Marçal. *Teoria geral das concessões de serviços públicos*. São Paulo: Dialética, 2003. p. 155. Vivian Valle destaca que o contrato mostra-se como instrumento eficiente ao "estabelecimento de uma disciplina coerente em ambientes complexos, possibilitando que a Administração Pública atue de forma racional, com maior adesão das normas à realidade concreta, otimização da atividade administrativa e economia de esforço dos particulares para se adequarem às normas em vigor", ainda, com a vantagem da diminuição da litigiosidade. VALLE, Vivian Lima López. *Contratos administrativos e um novo regime jurídico de prerrogativas contratuais na Administração Pública contemporânea*. Belo Horizonte: Fórum, 2018. p. 250-251.

[322] CHEVALLIER, Jacques. Contractualisation(s) et action publique. *RFDA*, n. 2, Paris, 2018. O autor refere-se ao Rapport public 2008, *Le contrat, mode d'action publique et de production de normes*, EDCE, nº 79, 2008, p. 15. O extrato pode ser conferido em: Conseil d'État. Dossier de presse. Rapport public 2008, Paris, 2008. Disponível em: https://www.conseil-etat.fr/ressources/etudes-publications/rapports-etudes/rapports-publics/le-contrat-mode-d-action-publique-et-de-production-de-normes-rapport-public-2007. Acesso em: 03 dez. 2022.

[323] GAUDIN, Jean Pierre. *Gouverner par contrat*: l'action publique en question. Paris: Presses de Sciences PO, 1999. p. 67.

[324] CHEVALLIER, Jacques. Contractualisation(s) et action publique. *RFDA*, n. 2, Paris, 2018.

[325] GAUDIN, Jean Pierre. *Gouverner par contrat*: l'action publique en question. Paris: Presses de Sciences PO, 1999. p. 114.

[326] CHEVALLIER, Jacques. Contractualisation(s) et action publique. *RFDA*, n. 2, Paris, 2018. Celso Antônio Bandeira de Mello, a partir da obra de Olwaldo Aranha Bandeira de Mello, pondera que a atuação estatal, em regra, é unilateral. As partes podem celebrar um acordo, mas os direitos e deveres decorrentes são estabelecidos por atos unilaterais, mediante "processos técnicos de imposição autoritária da sua vontade, nos quais se estabelecem as normas adequadas e se conferem os poderes próprios para atingir o fim estatal que é a realização do bem comum"; "jamais por disposições criadas pelas partes". MELLO, Oswaldo Aranha Bandeira de. Conceito de direito administrativo. *Revista da Universidade Católica de São Paulo*, v. XXVII, p. 36, 1964 apud MELLO, Celso Antônio Bandeira de. *Curso*

Constata-se, portanto, o fenômeno associativo da negociação na ação pública e da multiplicação dos contratos.[327] Por conseguinte, surge um direito administrativo policêntrico, com múltiplas fontes, com normas mais flexíveis e acordos mais próximos da consensualidade[328] que da coercitividade.[329]

Não se ignora, contudo, que podem existir formas de dominação subjacentes ao consenso entre os participantes. Gaudin pondera tal hipótese como "uma espécie de teatralidade opaca, em que se inserem, cada um ao seu momento, acordos formais e arranjos paralelos".[330] Muitas relações jurídicas, desde sua origem, não são igualitárias, os diferentes atores são dotados de diferentes capacidades e recursos, o que pode facilitar formas de dominação e manifestações equivocadas de supostas vontades.

A contratualização não tem como finalidade encobrir, sob o pretexto de um real acordo de vontades, violações à participação e à colaboração democráticas; assegurá-las é uma tarefa difícil, que dependerá de procedimentos transparentes, que compensem a assimetria de informações e permitam decisões objetivas e racionais, com respeito à juridicidade. De todo modo, o receio quanto ao uso mascarado do contrato não é um impedimento à sua adoção. Os desvios e os abusos são muito mais facilitados e prováveis em atuações administrativas

---

de direito administrativo. 32. ed. São Paulo: Malheiros, 2015. p. 71-72.

[327] GAUDIN, Jean Pierre. Gouverner par contrat: l'action publique en question. Paris: Presses de Sciences PO, 1999. p. 10. CHRETIÉN, Patrice; CHIFFLOT, Nicolas; TOURBE, Maxime. Droit Administratif. 17. ed. Paris: Sirey, 2020. p. 41.

[328] Utiliza-se o consenso no sentido de, após o diálogo, o debate, obter-se acordo quanto aos aspectos e às possíveis soluções no tocante às divergências. Não se pressupõe a eliminação das diferenças, dos pensamentos diversos, mas sim o acordo quanto às soluções possíveis às partes no tocante às suas divergências. "Consenso. Do latim consensus, acordo, juízo unânime. Acordo estabelecido, entre indivíduos ou grupos, sobre seus sentimentos, opiniões, vontades etc., como condição para que haja uma concórdia social. Há consenso geral quando todos aderem a um princípio, a uma asserção, a uma crença ou a uma tomada de decisão como critério do melhor e do mais verdadeiro, a unanimidade sendo considerada como atitude mais razoável para a realização de determinado objetivo". JAPIASSÚ, Hilton; MARCONDES, Danilo. Dicionário Básico de Filosofia. 5. ed. Rio de Janeiro: Zahar, 2008. Disponível em: https://sites.google.com/view/sbgdicionariodefilosofia/consenso. Acesso em: 04 dez. 2022.

[329] MOREIRA NETO, Diogo de Figueiredo. Poder, Direito e Estado: o direito administrativo em tempos de globalização. Belo Horizonte: Fórum, 2011. p. 115.

[330] "Não é essa a ambiguidade de uma negociação que pretende ser virtuosa e explícita, mas que na realidade fica à margem do visível e do oculto? No original: "N'est-ce pas là toute l'ambiguité d'une négociation qui se veut dorénavant vertueuse et explicite, mais qui reste en réalité à la lisière du visible et du caché?" GAUDIN, Jean Pierre. Gouverner par contrat: l'action publique en question. Paris: Presses de Sciences PO, 1999. p. 10-38.

unilaterais ou em contratos dotados de amplas prerrogativas, fechados à manifestação da coletividade, cujo controle, em regra à posteriori, tende a ser formal e os reais propósitos restam facilmente escondidos. Mesmo com os riscos existentes à manipulação de vontade nos atos precedidos de negociação ou nos contratos firmados em uma perspectiva dialógica e consensual, considera-se que a participação e a colaboração efetivam instrumentos mais democráticos na atuação administrativa, que asseguram a dignidade da pessoa humana e a implementação de direitos, em especial, os fundamentais, de distintas naturezas.[331]

A leitura que se faz é no sentido que, se se trata de um Estado Republicano e Democrático de Direito, em que o poder emana do povo, devem ser privilegiadas as formas participadas, dialogadas e consensuais com os membros da coletividade no atendimento aos interesses públicos, o que pode ser efetivado mediante contratualizações. A atuação unilateral, ainda assim, poderá ser adotada após um procedimento participativo de consulta, em que a contribuição, o debate e a composição dos interesses envolvidos integrará o ato administrativo. O ato será unilateral, mas fundamentado em um procedimento dialógico-consensual. Ainda, o ato unilateral continua a ser legítimo na medida em que a lei assim determinar e se não for possível adotar as soluções dialogadas e consensuais como modo de salvaguardar os interesses públicos.[332]

A Administração Pública deve perseguir a satisfação dos interesses públicos, mas não se extrai do ordenamento jurídico brasileiro que a função administrativa deva ser preferencialmente unilateral e, muito menos, autoritária.[333] Ao contrário, a partir da interpretação sistemática e teleológica da Constituição da República Federativa do Brasil, tem-se que a preferência norteia-se pela participação, pelo diálogo e pelo consenso, a fim de compor a plêiade de interesses e direitos lá

---

[331] Considera-se que "a consensualidade é decisiva para aprimorar o controle, inclusive no sentido de que ela amplia significativamente a transparência, pela abertura pública da negociação." Não obstante, é urgente a renovação e a atualização do controle sobre a atuação consensual administrativa. VALLE, Vivian Lima López. *Contratos administrativos e um novo regime jurídico de prerrogativas contratuais na Administração Pública contemporânea*. Belo Horizonte: Fórum, 2018. p. 181.

[332] Por exemplo, em casos urgentes e extremos de perigo ao interesse público ou nas situações em que a lei prever o comando a ser adotado pela Administração, de forma vinculada.

[333] Vivian Valle destaca que "não há na Constituição um critério de eleição vinculado à autoridade nas relações jurídico-administrativas em geral". VALLE, Vivian Lima López. *Contratos administrativos e um novo regime jurídico de prerrogativas contratuais na Administração Pública contemporânea*. Belo Horizonte: Fórum, 2018. p. 258.

albergados, de modo que a contratualização mostra-se uma tendência, na qual se insere, com as devidas peculiaridades, a proposta da adoção da mediação como forma de autocomposição administrativa.

CAPÍTULO 2

A AUTOCOMPOSIÇÃO ADMINISTRATIVA COMO MODO PRIORITÁRIO E PREVENTIVO PARA A SOLUÇÃO DE CONTROVÉRSIAS ENTRE A ADMINISTRAÇÃO PÚBLICA E OS PARTICULARES

A Administração Pública gere e executa os interesses públicos e em inúmeras situações detém competência para defini-los no caso concreto. Não obstante, diante de realidades complexas, da heterogeneidade de interesses e direitos envolvidos, bem como da falta de instrumentos democráticos aptos a captar os anseios da coletividade, é inevitável o surgimento de controvérsias no desempenho da função administrativa. É natural.

A problemática que se apresenta não é o surgimento de controvérsias, estas ocorrem,[334] mas a falta de mecanismos dialógicos consensuais prévios e concomitantes à atuação administrativa. Não costumam ser disponibilizados instrumentos aptos à comunicação entre o poder público e os particulares a fim de (re)estabelecer o diálogo, capazes de legitimar as decisões administrativas, mesmo se contrárias aos interesses dos envolvidos, e de elucidar ou solucionar controvérsias no próprio exercício da função administrativa.

Não é adequado ao Estado Democrático de Direito, centrado na valorização da dignidade humana, cuja existência e respectivos poderes devem servir de instrumento à efetivação de direitos da coletividade,

---

[334] São inerentes à "contingência da condição humana (...) fruto de percepções e posições divergentes quanto a fatos e condutas que envolvem expectativas, valores ou interesses comuns". VASCONCELOS, Carlos Eduardo. *Mediação de conflitos e práticas restaurativas*. São Paulo: Método, 2008. p. 19.

o exercício da função administrativa velada, fechada e autorreferente aos seus próprios instrumentos administrativo-burocráticos, refratários à participação e à colaboração da coletividade. Ainda, igualmente não convém ao referido Estado e ao respectivo ordenamento jurídico o exercício da função administrativa irresponsável e sem diálogo com os legítimos titulares do poder, a coletividade.[335]

O exercício da função administrativa no Estado Democrático de Direito, compatível com a concepção de boa administração e consagrador do direito à tutela administrativa direta e imediata, requer a adoção de instrumentos administrativos aptos ao diálogo e à deliberação consensual com a coletividade de modo a viabilizar uma atuação administrativa participativa e colaborativa, que espelhe os interesses e direitos da coletividade. O esclarecimento e a resolução de uma controvérsia entre o poder público e os particulares não deve ter como único ou principal local de solução o Poder Judiciário, ao contrário, as controvérsias devem ser esclarecidas e devem ser empregados meios de resolução de forma direta e imediata pela própria Administração Pública, esta não depende de uma decisão judicial.

A função administrativa necessita ser exercida com maiores contribuições democráticas, com diálogo e participação da coletividade e com responsabilidade, no sentido de dirimir de modo direto e imediato as controvérsias decorrentes de sua atuação. A falta de esclarecimentos e de possibilidades de resolução de conflitos na esfera administrativa propicia o deslocamento de sua resolução ao Judiciário.[336] Os envolvidos – particulares e a Administração – perdem a oportunidade de evitar ou resolver os conflitos com soluções estabelecidas em conjunto e possivelmente mais satisfatórias aos interesses reais. A função administrativa deixa de ser exercida de modo pleno e responsável e, com isso, propicia-se o excesso de judicialização.

Propõe-se, o exercício pleno, democrático e responsável da função administrativa. As "portas da Administração Pública" necessitam estar abertas aos legítimos titulares do poder, com previsão de

---

[335] Pode-se imaginar, a título ilustrativo, um advogado, que se diz representar os interesses de seus clientes, mas que não os coleta, não os realiza e quando os clientes o procuram para questionar, este advogado não os recebe, não os escuta e os força a ajuizar uma ação judicial para discutir a controvérsia. É teratológico.

[336] A omissão administrativa pode ser atribuída à percepção que a "Administração acaba por simpatizar com o controle jurisdicional: sem necessitar se auto desautorizar, ele regula as manifestações equivocadas da atuação administrativa". PLESSIX, Benoît. *Droit administratif général*. 3. ed. Paris: LexisNexis, 2020. p. 1358.

instrumentos e procedimentos adequados à escuta da coletividade, ao diálogo e à deliberação autocompositiva. E, nesta perspectiva, sempre que possível, devem ser priorizados os instrumentos de diálogo e consenso a fim da autocomposição administrativa,[337] o que também contribui ao movimento de desjudicialização.[338]

O ser humano detém, internacionalmente reconhecida, a garantia fundamental à inafastabilidade do controle jurisdicional nos casos de ameaça ou violação aos seus direitos, inclusive quando tais ocorrerem por força do próprio Estado. Não obstante, o seu reconhecimento e a possibilidade de utilização não afastam o dever da Administração Pública de atuar de forma mais próxima e fidedigna aos reais interesses da coletividade, de forma democrática, dialogada e responsável, assim como de solucionar as controvérsias que eventualmente surgirem.[339] Ademais, o acesso à justiça, ao devido processo legal e à efetivação de direitos também constituem garantias fundamentais que não devem ser garantidas apenas e tão somente no exercício da jurisdição.[340] O controle

---

[337] A falta de diálogo e da busca por soluções consensuais não é exclusiva ao âmbito administrativo, verifica-se uma prática litigante no Brasil e a necessidade de políticas públicas acompanhadas de medidas que efetivem a autocomposição. "Em média, a cada grupo de 100.000 habitantes, 12.211 ingressaram com uma ação judicial no ano de 2019", neste número foram considerados os processos de conhecimento e de execução de títulos extrajudiciais, excluindo-se o cumprimento de decisões judiciais. BRASIL. CNJ. *Justiça em números 2020*. Brasília: CNJ, 2020. Disponível em: https://www.cnj.jus.br/wp-content/uploads/2020/08/WEB-V3-Justi%C3%A7a-em-N%C3%BAmeros-2020-atualizado-em-25-08-2020.pdf. Acesso em: 15 nov. 2022. Em 2021, houve uma singela redução, atribuída ao período da pandemia, a cada grupo de cem mil habitantes, 11.339 ingressaram com uma ação judicial. CNJ. BRASIL. CNJ. *Justiça em números 2022*. Brasília: CNJ, 2022, p. 112. Disponível em: https://www.cnj.jus.br/wp-content/uploads/2022/09/justica-em-numeros-2022.pdf. Acesso em: 15 nov. 2022.

[338] A desjudicialização é a retirada do ofício do juiz, é a ação contrária, que visa retirar do juiz uma atividade que até então lhe era confiada. A proposta é de "recentralizar o ofício do juiz no coração de sua missão". FAUTRE-ROBIN, Aurélia. Rôle en intérêt de la déjudiciarisation. *In*: CIMAMONTI, Sylvie; PERRIER, Jean-Baptiste (Dir.). *Les enjeux de la déjudiciarisation*. LGDJ: Issy-les-Moulineaux, 2019.p. 40-41-46. A desjudicialização é definida como a "supressão do juiz de modo que não se torna mais necessário, propriamente mencionar, seu poder jurisdicional". GUINCHARD, S.; DEBARD, Th. (dir.) Lexique des termes juridiques. 18a ed, 2011, v. Déjudiciarisation *apud* FRICERO, Natalie. Notion et définition de la déjudiciarisation. *In*: CIMAMONTI, Sylvie; PERRIER, Jean-Baptiste (Dir.) *Les enjeux de la déjudiciarisation*. LGDJ: Issy-les-Moulineaux, 2019. p. 34.

[339] O direito ao processo judicial é assegurado, por exemplo, pelo artigo 6, §1 da Convenção Europeia dos Direitos do Homem, pelo artigo 47 da Carta dos direitos fundamentais da União Europeia. Na França, este direito é decorrente do artigo 16 da Declaração dos direitos de 1789. No Brasil, o direito é assegurado no artigo 5º, XXXV, da Constituição da República Federativa do Brasil.

[340] A "diversificação dos modos de acesso à justiça confirma a tendência contemporânea (...) de conceber a justiça como um sistema, global mas plural, com significado às vezes espacial e temporal". "A justiça se movimenta, apresenta uma nova geografia, tanto

jurisdicional complementa a atuação administrativa[341] e a controla, mas, em regra, deverá ser acionado subsidiariamente.[342]

Se o agir administrativo gerar insatisfações e controvérsias, no mínimo, deve estar aberto e fornecer mecanismos apropriados à manifestação e à escuta dos representados, a fim de que estes se comuniquem, dialoguem e, quem sabe, em colaboração, encontrem as soluções mais adequadas, criativas e ponderadas à atuação administrativa em vistas à composição dos interesses e direitos envolvidos.

É conhecida a falta de mecanismos, de procedimentos e de espaço ao diálogo entre a Administração e a coletividade para a solução legal, impessoal, moral e eficiente dos interesses públicos, o que tende a gerar uma "surdez generalizada" no âmbito da Administração Pública, cujo papel precípuo é realizar os interesses da coletividade, contra a qual se esconde e se "faz de surda". Ocorre que, mesmo os mecanismos antigos do direito, como o direito geral de petição aos poderes públicos, são subutilizados, tanto por particulares, como pelo poder público que, não raro, se esquiva de tais medidas sob a alegação da intempestividade recursal ou da irrecorribilidade. Assim, frequentemente, a falta de comunicação e diálogo intensifica mal-entendidos e controvérsias e desconhecem-se as razões do poder público, que o levam a determinado agir administrativo, do mesmo modo que o poder público acaba por

---

humana como física, da justiça que se implanta, englobando, no mesmo sistema, o conjunto dos modos de acesso à justiça e dos modos de resolução de litígios". A "justiça fora do juiz não deixa de ser justiça. Ela participa do sistema de justiça; ela contribui até mesmo a definir seu novo modelo". Existe um sistema de justiça que representa "uma mudança de paradigma consistente em pensar a justiça como um verdadeiro ecossistema, com seus atores e suas interlocuções a serviço de um projeto comum, cooperativo, para responder à demanda social de justiça". CADIET, Loïc. L'accès à la justice – réflexions sur la justice à l'épreuve des mutations contemporaines de l'accès à la justice. *Recueil Dalloz*, Paris, n. 10/7723e, 09 mars 2017. Disponível em: https://www-dalloz-fr.bcujas-ezp.univ-paris1.fr/documentation/Document?id=RECUEIL/CHRON/2017/0263 Acesso em: 05 dez. 2019.

[341] A atividade administrativa é sujeita à justiça. A ideia de uma "'justiça administrativa', qualquer que seja a sua forma, é tão antiga quanto à própria Administração. Atualmente, os ideais da sociedade democrática e do Estado de Direito tornam ainda mais necessária a existência de instrumentos aptos a prevenir e a resolver os litígios que surgem do exercício da atividade administrativa". PLESSIX, Benoît. *Droit administratif général*. 3. ed. Paris: LexisNexis, 2020. p. 1355.

[342] "Em matéria administrativa, por trás de toda ação judicial, sempre existe o controle da atividade pública". PLESSIX, Benoît. *Droit administratif général*. 3. ed. Paris: LexisNexis, 2020. p. 1357. Como advertem CIMAMONTI e PERRIER, a desjudicialização não é um fenômeno que substituirá o movimento anterior de judicialização do século XX. Os dois coexistem atualmente e se interferem. Os dois movimentos são paralelos e às vezes se situam no seio de uma mesma lei. CIMAMONTI, Sylvie; PERRIER, Jean-Baptiste (Dir.). *Les enjeux de la déjudiciarisation*. LGDJ: Issy-les-Moulineaux, 2019. p. 6.

desconhecer as reais necessidades dos titulares do poder que executa. Inúmeras oportunidades de diálogo e consenso são perdidas e assim são ignoradas as soluções administrativas criativas que poderiam até mesmo ampliar, otimizar e aprimorar a realização dos interesses públicos.

Diante da falta de instrumentos dialógico-consensuais, das falhas de comunicação e de representação que decorrem e, assim, das controvérsias que surgem, aliada à ausência de possibilidades administrativas de solução, muitos[343] buscam o Judiciário como forma de controle à atuação administrativa, em busca da efetivação de direitos. Ocorre que a omissão administrativa no tocante à adoção de espaços e mecanismos de diálogo não é passível de supressão pela função jurisdicional.[344] O Judiciário, como regra, não restabelecerá a oportunidade perdida.

O meio de acesso ao Poder Judiciário é a ação judicial, formal e pré-definida, de modo que a pretensão do autor deve se amoldar em alguma das formas legais pré-estabelecidas. Assim, nem sempre a real pretensão do autor é adequada à possibilidade daquilo que pode ser pleiteado em juízo. Ademais, há uma grande assimetria de informações, o autor e o magistrado não dispõem de informações relativas ao contexto administrativo. A pretensão do autor deve se adequar a algum dispositivo legal de modo claro e direto eis que não é função jurisdicional definir o interesse público, mas apenas verificar se ele foi respeitado na atuação administrativa objeto de controle.

A atividade jurisdicional possui limites de legalidade, ainda que ampla, no controle dos atos administrativos, sem a prerrogativa de substituir o administrador público e retroagir ao momento da decisão administrativa mediante abertura democrática dialógica àqueles não ouvidos e que o almejavam ser. Se houver regras procedimentais deliberativas previstas em lei e atos normativos desobedecidas, de todo modo, ao magistrado caberá a declaração de nulidade do processo

---

[343] Pondera-se que muitos sequer perseguem estes direitos no Judiciário.

[344] Observa-se que segundo pesquisa da Associação dos Magistrados Brasileiros – AMB sobre a percepção do Judiciário pela coletividade, esta identifica como causalidades da sobrecarga do Judiciário, em maior percentual, os seguintes fatores: i) ausência de atuação das agências reguladoras e outras instâncias administrativas de resolução das demandas da sociedade (48%); ii) ineficiência dos serviços públicos (47%) e iii) a omissão do poder Legislativo (35%). Dados estes que permitem refletir sobre a contribuição decisiva do próprio Poder Público na sobrecarga do Poder Judiciário e como isso afeta a coletividade dupla ou triplamente. (Percentuais obtidos em: AMB – FGV – IPESPE. *Estudo da imagem do Judiciário brasileiro*, dezembro de 2019, p. 29. Disponível em: https://www.amb.com.br/wp-content/uploads/2020/04/ESTUDO_DA_IMAGEM_.pdf. Acesso em: 30 maio de 2021.)

deliberativo, mas não o estabelecimento do diálogo colaborativo, este deve ocorrer no exercício da função administrativa.

O que se pretende ressaltar é que o controle judicial sobre a atuação administrativa é indispensável, mas não substitui a falta de legitimidade, a escassez de diálogo e de colaboração no âmbito das decisões administrativas. Trata-se de dimensões diferentes de controle. Na atuação administrativa, possibilita-se não apenas um controle atual e pelos próprios titulares dos interesses, mas o diálogo e a colaboração, com orientação direta e imediata ao agir administrativo. Tem-se a cocriação da atuação administrativa de modo a melhor realizar os interesses envolvidos, notadamente o interesse público.

A providência judicial, ainda que no sentido da procedência do pedido formulado pelo autor, muitas vezes será a anulação do ato ou a concessão de uma indenização, que provavelmente não atenderá aquele interesse original que deveria ter sido escutado, debatido e quiçá contemplado na decisão administrativa.

Ademais, a submissão ao Judiciário de todas as controvérsias, que poderiam ser dirimidas ou reduzidas administrativamente, viola direitos e interesses, os mais variados e de diversos titulares. Inevitavelmente tem-se um Judiciário abarrotado de processos, que tardam anos a serem decididos, quando o são, muitas vezes desprovidos da técnica adequada, deslocados dos reais interesses, mesmo os públicos e, sobretudo, a um custo econômico, social e humano de grandes proporções, incalculáveis e irreparáveis.[345]

---

[345] "A demora na prestação jurisdicional e a ineficiência do Judiciário são problemas amplamente conhecidos que não colaboram para a solução de conflitos sociais". A morosidade do Judiciário afeta a confiança que a população possui neste Poder e ainda o custo para acessar o Judiciário é considerado muito alto, sendo que muitos não utilizam a justiça. "Para receber uma sentença no Poder Judiciário, um processo em fase de conhecimento (a fase inicial) leva em média 1 ano e 4 meses. Terminada essa fase, o processo segue para a fase de execução e a demora aumenta ainda mais: 4 anos e 6 meses em média (CNJ, 2017, p. 133). Isso significa uma espera de quase 6 anos para ver um processo resolvido em primeira instância. Caso haja recurso, a espera é ainda maior". Ademais, e até mesmo por conta da excessiva morosidade, o custo de manutenção do Poder Judiciário no Brasil representa em média 1,3% do Produto Interno Bruto (PIB), em 2017 equivalia a 1,4% do PIB, enquanto nos EUA, que possui dimensões geográficas e populacionais comparáveis ao Brasil, o custo foi de 0,14%. BRASIL. UNIVERSIDADE DE SÃO PAULO. *Mediação e conciliação avaliadas empiricamente*: jurimetria para proposição de ações eficientes. Brasília: CNJ, 2019. p. 15-16. Disponível em: https://bibliotecadigital.cnj.jus.br/jspui/handle/123456789/321. Acesso em: 29 nov. 2022. Em comparação com países europeus, que gastam em média 0,3% do PIB com o Judiciário, o custo do Brasil é superior. Portugal (0,3% do PIB), Espanha (0,3% do PIB), Itália (0,3% do PIB) e França (0,2% do PIB), conforme dados do relatório da União Europeia, de 21 de fevereiro de 2021 (referentes a 2019). EUROSTAT. *Government expenditure on public order and safety*. Disponível em: https://ec.europa.eu/eurostat/

O que se ilustra é que o controle judicial é de extrema relevância, mas é complementar, ele não colmata a lacuna originada pela falta de diálogo e deliberação na atuação administrativa. Mesmo nas hipóteses em que a atuação administrativa é desprovida da colaboração e do atendimento das necessidades da coletividade, o contrabalanço por uma hipertrofia judicial, até mesmo por um ativismo judicial,[346] não supre o déficit de diálogo e a realização de direitos que oportunamente deveriam ter sido observados na atuação administrativa. Diante de uma omissão ou falha administrativa, o controle judicial não alcança tal ponto a tornar o juiz um administrador público, pois trata-se de funções estatais distintas, insubstituíveis. A falha ou a omissão administrativa, apesar de uma decisão judicial que a reconheça, tende a permanecer perante o detentor do direito violado.

A solução judicial é relevante na ausência de outros mecanismos,[347] mas é adjudicatória e limitada, não supera a falha de diálogo e, por conseguinte, a falha democrática que a atuação autocompositiva administrativa pode suprir. Perde-se a oportunidade de se obter uma providência que atenderia melhor, de modo mais fidedigno, às necessidades e interesses dos envolvidos, no que inclui o interesse público.[348]

---

statistics-explained/index.php?title=Government_expenditure_on_public_order_and_safety#Expenditure_on_public_order_and_safety_by_type_of_transaction e https://ec.europa.eu/eurostat/statistics-explained/images/2/2e/Total_general_government_expenditure_on_public_order_and_safety%2C_2016_%28%25_of_GDP_%25_of_total_expenditure%29.png. Acesso em: 30 maio 2021.

[346] Pode-se conceituar o ativismo judicial como "uma atitude, a escolha de um modo específico e proativo de interpretar a Constituição, expandindo o seu sentido e alcance", representa, assim, "uma participação mais ampla e intensa do Judiciário na concretização dos valores e fins constitucionais, com maior interferência no espaço de atuação dos outros dois Poderes". BARROSO, Luis Roberto. Judicialização, ativismo judicial e legitimidade democrática. [Syn]Thesis, Rio de Janeiro, v. 5, n. 1, p. 25-26, 2012. Disponível em: https://www.e-publicacoes.uerj.br/index.php/synthesis/article/view/7433/5388. Acesso em: 03 dez. 2022.

[347] Destaca-se que o Poder Judiciário é o maior legitimado a decidir nos casos controvertidos. BARROSO, Luís Roberto. O direito constitucional e a efetividade de suas normas – limites e possibilidades da Constituição brasileira. 7. ed. Rio de Janeiro: Renovar, 2003. p. 127. O que se defende é que preliminarmente a Administração Pública possui o dever de efetivar os direitos e, para tanto, dialogar e procurar resolver extrajudicialmente os conflitos. Ressalta Barroso que o ativismo judicial "é um antibiótico poderoso, cujo uso deve ser eventual e controlado." BARROSO, Luis Roberto. Judicialização, ativismo judicial e legitimidade democrática. [Syn]Thesis, Rio de Janeiro, v. 5, n. 1, p. 23-32, 2012. Disponível em: https://www.e-publicacoes.uerj.br/index.php/synthesis/article/view/7433/5388. Acesso em: 03 dez. 2022.

[348] Na sequência serão apresentados alguns aspectos sobre os possíveis prejuízos ao interesse público pela falta de soluções administrativas autocompositivas e o excesso de judicialização.

Ademais, é função administrativa a concretização de direitos relativos à atuação administrativa.

A Administração Pública, na perspectiva de um Estado Democrático de Direito, cujo ordenamento jurídico tem o ser humano e a satisfação dos seus direitos como elemento central, deve dialogar com a coletividade, abrir-se à colaboração e às soluções conjuntas e criativas, que contemplem de modo otimizado os interesses e direitos envolvidos.[349] Tal abertura deve dar-se inclusive sob a consagrada perspectiva do controle da atuação administrativa, a ser exercido pela coletividade na esfera administrativa concomitantemente à produção das decisões. Estas são algumas das razões pelas quais a autocomposição administrativa deve ser adotada de forma prioritária no exercício da função administrativa para a prevenção e solução de controvérsias entre particulares e a Administração, o que ainda será aprofundado nas páginas sequentes.

2.1 A falta de composição administrativa, a excessiva judicialização contra a Administração Pública e os possíveis prejuízos ao interesse público

Durante muitos anos na modernidade o Direito se distanciou da coletividade e foi representado pelo Estado, fruto da positivação das deliberações de assembleias e da vontade de governantes.[350] A perda de legitimidade do poder estatal, a correspondência reduzida entre a atuação estatal e as necessidades da sociedade, assim como a falta de mecanismos de captação destas, tornou-se comum. A falta de conexão entre os anseios da coletividade e as providências do Estado, ou uma reiterada omissão, tende a gerar insatisfação e questionamentos, divergências que muitas vezes poderiam ser esclarecidas e solucionadas com mecanismos administrativos de diálogo e solução de controvérsias. Agrava-se o quadro com a presença de interesses heterogêneos e demandas complexas. Em razão desta desconexão e do número reduzido de canais apropriados, de mecanismos de diálogo e da possibilidade

---

[349] Na perspectiva em que acessar a justiça não é apenas ter acesso ao Judiciário, mas ao Direito. SPENGLER NETO, Theobaldo; BECK, Augusto Reali. A busca de outras estratégias na resolução de conflitos. *In:* SPENGLER, Fabiana Marion (Org.). *Acesso à justiça e mediação.* Curitiba: Multideia, 2013. p. 13.

[350] A respeito, MOREIRA NETO, Diogo de Figueiredo. *Poder, Direito e Estado:* o direito administrativo em tempos de globalização. Belo Horizonte: Fórum, 2011. p. 74-76.

de autocomposição com o poder público, dentre outros fatores,[351] dá-se origem a uma excessiva judicialização.[352] Não raras vezes ajuizar uma ação é a porta principal de acesso ao poder público, relevante, indispensável e inafastável, mas não supre a falta dialógica de cidadania participativa, inexistente ou incipiente nas outras esferas. No Brasil, esta é uma realidade. Costuma-se ampliar o problema ao invés de solucioná-lo.[353] Tem-se um círculo estatal vicioso que se retroalimenta, cresce e onera a coletividade, e muitas vezes ignora a pessoa humana.

A ausência ou insuficiência de espaços públicos de diálogo na Administração Pública impedem ou dificultam a formulação de pedidos, a constatação da realidade, o atendimento de pleitos e a realização de direitos pela Administração. Os obstáculos ao atendimento de direitos, especialmente pela falta de canais e mecanismos de diálogo e soluções de controvérsias, propiciam que o combate aos atos e omissões administrativas ocorra, em grande parte, em âmbito judicial[354] e, assim,

---

[351] Por exemplo, algumas pessoas, em uma tendência imatura e paternalista, "têm a expectativa que um terceiro apresente a solução (...), transferindo-se ao juiz a responsabilidade de gerenciar o conflito". GIMENEZ, Charlise P. Colet; VETORETTI, Marina. A abordagem ao conflito na sociedade contemporânea: uma análise do Poder Judiciário *versus* a mediação. In: SPENGLER, Fabiana Marion (Org.). *Acesso à justiça e mediação*. Curitiba: Multideia, 2013. p. 46. O Judiciário também se torna uma via mais cômoda para a busca de direitos, "dispensando interações sociais e sem a exigência de um engajamento de ordem mais política". EIDT, Elisa Berton. *Solução de conflitos no âmbito da administração pública e o marco regulatório da mediação*: da jurisdição a novas formas de composição. Santa Cruz do Sul: Essere nel Mondo, 2017. p. 57.

[352] Dentre as possíveis causas tem-se: a falta de portas administrativas para a solução de demandas; a constitucionalização de diversos direitos e a judicialização envolvendo políticas públicas para a respectiva efetivação; "a crença na indisponibilidade de direitos e bens públicos", que contribuiu à judicialização relativa à Administração Pública e, por exemplo, "a falta de vontade política em resolver conflitos, postergação de pagamento de condenação da administração bem como a falta de orçamento e, por fim, a cultura do litígio tanto da advocacia pública como da advocacia privada". BONIZZI, Marcelo José Magalhães; ALVES, Marcus Vinicius. Breve análise dos meios alternativos de solução de conflitos envolvendo a Administração Pública no Brasil e em Portugal. In: MOREIRA, António Júdice *et al.* (Coord.). *Mediação e arbitragem na Administração Pública*: Brasil e Portugal. São Paulo: Almedina, 2020. p. 241.

[353] MOREIRA, Egon Bockmann. Contratação de árbitros e mediadores: inexigibilidade. In: CUÉLLAR, Leila *et al*. *Direito administrativo e alternative dispute resolution*: arbitragem, *dispute board*, mediação e negociação. Belo Horizonte: Fórum, 2020. p. 131.

[354] "Vale notar que a maioria das ações movidas contra os entes federados não foi objeto de pleito administrativo, isso porque, a despeito de estarmos num Estado em processo de democratização, ainda temos um longo caminho entre o cidadão e os centros de poder de decisão, o que gera ações judiciais com pleitos incontroversos". DAVI, Kaline Ferreira. Composição de litígios pela Administração Pública sem intervenção do Judiciário. *Revista da Advocacia-Geral da União*, Brasília, ano 7, n. 16, p. 183-196, 2008. p. 185.

fazem a Administração Pública brasileira figurar dentre os maiores demandados no Poder Judiciário.[355]

Ocorre que, em uma sociedade de massas, os processos multiplicam-se progressivamente. É comum nos tribunais inúmeros processos relacionados aos mesmos fatos e com iguais pedidos contra o poder público, decorrentes de um fenômeno social de massa, cujo resultado é previamente conhecido, porém, tais processos seguem até as instâncias superiores.[356] Com a agravante que as sociedades e as demandas tornaram-se rapidamente mais complexas e plurais, de modo que os processos decisórios administrativos precisam ser reformulados para incluir a participação dos cidadãos.[357]

As necessidades da coletividade são variadas e muitas vezes complexas e em Estados de Bem-Estar Social há o comprometimento

---

[355] Em análise feita pelo CNJ sobre os processos iniciados entre 1º de janeiro a 31 de outubro de 2011, 22,76% se referiam ao Poder Público. Foram identificados os cem maiores litigantes. O setor público federal representou 12,14%, na primeira posição, o setor público municipal em 3º lugar com 6,88% e o setor público estadual em 4o lugar, com 3,74%. Em 2010, o estudo sobre os 100 maiores litigantes foi realizado sobre o saldo de processos no Judiciário e o poder público, nas suas três esferas, figurou entre as cinco primeiras posições na perspectiva dos cem maiores litigantes. Até o momento não surgiram novas edições quanto aos 100 maiores litigantes. BRASIL. CNJ. *100 Maiores litigantes*. Brasília: CNJ, 2012. p. 8. Disponível em: https://www.cnj.jus.br/wp-content/uploads/2011/02/100_maiores_litigantes.pdf. Acesso em: 21 nov. 2022. O que também pode ser confirmado em dados mais atualizados no painel dos grandes litigantes do CNJ. BRASIL. CNJ. *Grandes litigantes*. Disponível em: https://grandes-litigantes.stg.cloud.cnj.jus.br/. Acesso em: 21 nov. 2022.

[356] A partir de uma pesquisa estatística realizada no TRF1, no período de 15.07.2005 a 15.07.2010, foi constatado número elevado de demandas idênticas (cerca de 25.000 ações e 10.000 recursos) contra o poder público sobre um mesmo tema – índice de reajuste de remuneração dos servidores públicos (28,86%) – apesar de existir Súmula do STF a respeito, nº 672, publicada no DJ de 09.10.2003. Assim, apesar da súmula editada em 2003, no período entre 2005 e 2010 houve inúmeras demandas judiciais sobre o tema, de modo a vislumbrar o dispêndio desnecessário de recursos públicos, a morosidade na satisfação de direitos e, portanto, a ineficiência administrativa na solução de conflitos. MORAES, Vânila Cardoso André de. *Demandas repetitivas decorrentes de ações ou omissões da administração pública*: hipóteses de soluções e a necessidade de um direito processual público fundamentado na Constituição. Brasília: CJF, 2012. p. 17-18, 25-27. BOURGES, Fernanda Schuhli. Transformações do Direito Administrativo: Mediação como possibilidade à ampliação da eficiência administrativa. *In*: HACHEM, Daniel Wunder et al. (Org.). Transformações do Direito Administrativo: *O Estado Administrativo 30 anos depois da Constituição de 1988*. Rio de Janeiro: Escola de Direito do Rio de Janeiro da Fundação Getúlio Vargas, 2018. p. 284. Disponível em: https://bibliotecadigital.fgv.br/dspace/handle/10438/26039. Acesso em: 03 dez. 2022.

[357] A sociedade torna-se cada vez mais complexa e é visível a incapacidade de os governos democráticos dominarem os conflitos que surgem. É necessário aprimoramento dos órgãos estatais decisionais e, nesta empreitada, ganham destaque princípios como a participação decisória dos cidadãos. BATISTA JÚNIOR, Onofre Alves. *Princípio constitucional da eficiência administrativa*. 2. ed. Belo Horizonte: Fórum, 2012. p. 58-59.

estatal em assegurá-las em grande parte. No entanto, seja em razão de questões operacionais[358] ou orçamentárias, inúmeros direitos fundamentais, necessários para assegurar a dignidade da pessoa humana, deixam ou tardam a ser realizados e a coletividade busca o Judiciário a fim de efetivá-los.[359]

Tem-se, ainda, uma Administração Pública centrada em si mesma, com rituais e procedimentos orientados a sua organização, imatura e irresponsável, dependente de decisões judiciais, em uma posição de usuária direta dos serviços jurisdicionais estatais, olvidando-se que o destinatário das atividades públicas é o cidadão.[360] A Administração Pública brasileira figura dentre os maiores "usuários" da atividade jurisdicional,[361] este fato é um indicativo no sentido que demandas atreladas ao exercício da função administrativa não estão sendo resolvidas neste âmbito e acabam sendo transferidas ao Judiciário, que se soma à problemática da insistente recorribilidade pelo poder público,[362] do não reconhecimento de direitos e protelação ao seu cumprimento, mesmo após sentença judicial transitada em julgado.

No entanto, olvida-se que não satisfaz o interesse público o envolvimento do poder público em demandas judiciais infindáveis, que absorvem tempo e recursos, sendo que sua "existência somente se justifica para a realização dos interesses de seus cidadãos".[363]

---

[358] No estudo proposto, uma das dificuldades operacionais administrativas é a insuficiência de diálogo e de métodos de autocomposição a fim de deliberar em conjunto a eleição de necessidades e definir as medidas necessárias em procedimentos mais participativos.

[359] BARBOZA, Estefânia Maria de Queiroz. *Jurisdição Constitucional*: entre o constitucionalismo e a democracia. Belo Horizonte: Fórum, 2007. p. 149.

[360] RODRÍGUEZ-ARANA MUÑOZ, Jaime. Sobre el derecho fundamental a la buena administración y la posición jurídica del ciudadano. *A&C – Revista de Direito Administrativo & Constitucional*, Belo Horizonte, ano 3, n. 11, jan./mar. 2003. p. 17.

[361] MOREIRA, Egon Bockmann; CUÉLLAR, Leila. Câmaras de autocomposição da administração pública brasileira: reflexões sobre seu âmbito de atuação. *In*: CUÉLLAR, Leila *et al*. *Direito administrativo e alternative dispute resolution*: arbitragem, *dispute board*, mediação e negociação. Belo Horizonte: Fórum, 2020. p. 78.

[362] É o que apontam estudos realizados pela AMB – Associação dos Magistrados Brasileiros. BRASIL. AMB – Associação dos Magistrados Brasileiros. *O uso da justiça e o litígio no Brasil*. Disponível em: https://www.amb.com.br/wp-content/uploads/2018/05/Pesquisa-AMB-10.pdf. Acesso em: 01 dez. 2022. Sobre a tendência de não celebrar acordos e evitar a todo custo a condenação do Estado, SOUZA, Luciane Moessa. O papel da advocacia pública no Estado Democrático de Direito: da necessidade de sua contribuição para o acesso à justiça e o desenvolvimento institucional. *A&C – Revista de Direito Administrativo & Constitucional*, n. 34, Belo Horizonte, Fórum, p. 143, out./dez. 2008.

[363] SOUZA, Luciane Moessa. O papel da advocacia pública no Estado Democrático de Direito: da necessidade de sua contribuição para o acesso à justiça e o desenvolvimento institucional. *A&C – Revista de Direito Administrativo & Constitucional*, n. 34, Belo Horizonte, Fórum, p. 143, out./dez. 2008.

2.1.1 Possíveis consequências da subutilização de mecanismos autocompositivos

Diversos aspectos podem ser levantados no tocante ao prejuízo aos interesses públicos que, ao que indica, pode ser ocasionado pela ausência e subutilização de mecanismos administrativos autocompositivos e pela excessiva judicialização envolvendo o poder público,[364] tais como: a) *Deturpação das funções estatais, omissão na atuação administrativa e administração por via judicial;* b) *Demandas complexas, soluções apenas jurídicas, sem a participação dos envolvidos, falta de conhecimento e de condições de se estabelecer medidas prospectivas, avaliações, ajustes e planejamentos;* c) *Demora dos processos judiciais, perecimento de direitos ou realização tardia;* d) *Dispêndio de recursos financeiros e humanos ao Estado, seja pelo Judiciário como pelo Executivo;* e) *Resolução do caso concreto, individualização e possível violação à isonomia;* e, f) *Contribuição a relações adversariais e polarizadas entre particulares e o poder público, divisão e diminuição da realização dos interesses públicos em que perdem todos*, aspectos estes que serão tratados individualmente em maiores detalhes a seguir.

a) Deturpação das funções estatais, omissão na atuação administrativa e administração por via judicial. A atividade administrativa do Estado, dentre as funções estatais, pela sua natureza, tende a ser a mais próxima da coletividade, como a prestação de serviços públicos e o exercício do poder de polícia. No entanto, paradoxalmente, a estrutura e a organização administrativa ainda se encontram fechadas à participação e ao diálogo com a coletividade. Há poucas e pouco conhecidas formas de acesso à Administração Pública, muito menos para exposição de necessidades, diálogos e soluções conjuntas. Aliás, quando o particular faz seus pleitos à Administração, os quais costumam versar sobre interesses públicos, de titularidade individual ou coletiva, em regra por procedimentos formais, os tem indeferidos. A atuação administrativa frente aos pleitos e à resolução de conflitos apresentados pela coletividade, quando formulados perante a Administração ainda

---

[364] Daniel Hachem ressalta que os "dados revelam que a Administração Pública no Brasil continua negando reiteradamente direitos titularizados pelos cidadãos, de sorte que na realidade prática a tutela do interesse público, em cujo núcleo central se alojam os direitos fundamentais, frequentemente não é perseguida. A rejeição, por parte do poder público, de requerimentos administrativos e postulações judiciais dos particulares nessa matéria constitui forma de proteger interesses secundários (muitas vezes fazendários) da pessoa jurídica estatal, colidentes com os interesses primários, da coletividade, estampados no Direito Constitucional positivo". HACHEM, Daniel Wunder. *Crise do poder judiciário e a venda do sofá. O que a administração e a advocacia pública têm a ver com isso?* Crise Econômica e Soluções Jurídicas, 301/2016. São Paulo: RT, 2016.

é, preponderantemente, indeferir e conduzir o particular a desistir ou a procurar a via judicial. O indeferimento deliberado dos pleitos administrativos e a falta de mecanismos e procedimentos adequados à solicitação e à deliberação sobre a realização de direitos tende a produzir a judicialização de demandas, as quais, em grande parte, poderiam ser formuladas e realizadas administrativamente. Desse modo, o acesso ao Judiciário torna-se mais facilitado que o acesso à Administração Pública, até mesmo pelos advogados,[365] sobretudo com os processos judiciais eletrônicos, operando-se uma "substituição da administração pública pelo sistema judicial".[366]

A omissão administrativa, a falta de estruturação à resolução de demandas em âmbito administrativo propiciam uma excessiva judicialização de questões que deveriam ser deliberadas administrativamente e gera um evidente congestionamento de processos. A quase exclusividade da opção judicial para a resolução de demandas atinentes à função administrativa acaba por gerar um "quadro de ineficácia, demora e baixa qualidade da resposta dada ao administrado na solução de seus conflitos".[367]

Ainda, a judicialização contra o poder público costuma envolver políticas públicas e direitos fundamentais,[368] e, assim, demanda a

---

[365] O que se apresenta inclusive a partir da maior confiança na instituição. Em pesquisa realizada sobre a atuação dos Poderes da República a "opinião dos advogados é semelhante à da sociedade – 22% de avaliação ótima+boa sobre o Judiciário, 16% sobre o Executivo e 7% sobre o Legislativo". BRASIL. AMB. FGV – IPESPE. *Estudo da imagem do Judiciário brasileiro*, dezembro de 2019. p. 15. Disponível em: https://www.amb.com.br/wp-content/uploads/2020/04/ESTUDO_DA_IMAGEM_.pdf. Acesso em: 29 nov. 2022.

[366] Conforme enfatiza Elisa Berton Eidt, a partir das considerações de Boaventura de Souza Santos. SANTOS, Boaventura de Sousa. Para uma revolução democrática da justiça. Coimbra: Almedina, 2014. p. 23 *apud* EIDT, Elisa Berton. *Solução de conflitos no âmbito da administração pública e o marco regulatório da mediação*: da jurisdição a novas formas de composição. Santa Cruz do Sul: Essere nel Mondo, 2017. p. 41.

[367] BONIZZI, Marcelo José Magalhães; ALVES, Marcus Vinicius. Breve análise dos meios alternativos de solução de conflitos envolvendo a Administração Pública no Brasil e em Portugal. *In*: MOREIRA, António Júdice *et al.* (Coord.). *Mediação e arbitragem na Administração Pública*: Brasil e Portugal. São Paulo: Almedina, 2020. p. 242.

[368] Segundo Thais Sampaio da Silva, "o Judiciário é inerte. Não fosse pela demanda não satisfeita pelo Legislativo e pelo Executivo, não haveria essa 'nova' demanda, esse 'novo' problema. Os casos que lhe são trazidos, então, devem ser julgados (CF, art. 5º, XXXV), sendo-lhe vedado o *non liquet* – eis o conteúdo do princípio da inafastabilidade da jurisdição. Aos juízes, nega-se o capricho da indecidibilidade". A judicialização de demandas político-sociais e a possibilidade do controle judicial do "mérito" do ato administrativo. Legitimação a partir da teoria dos diálogos. SILVA, Thais Sampaio da. *Revista de Doutrina da 4a Região*, Porto Alegre, n. 67, ago. 2015. Disponível em: https://www.revistadoutrina.trf4.jus.br/index.htm?https://www.revistadoutrina.trf4.jus.br/artigos/edicao067/Thais_daSilva.html. Acesso em: 29 nov. 2022.

interpretação e a integração de lacunas, com limites sutis, os quais, se ultrapassados, tornam as decisões judiciais ativistas ou políticas, com a ultrapassagem do tradicional limite de atuação do Judiciário, com invasão de competências legislativas e executivas. Existe, portanto, grande risco de o Judiciário, a fim de decidir a demanda e de assegurar direitos, ingressar na seara administrativa, adotar decisões judiciais que desbordam da competência jurisdicional, em um ativismo judicial.[369] E, a partir de omissões administrativas, muitas vezes adotadas como opção cômoda e irresponsável de gestão, somadas ao fenômeno de massa, inúmeras ações passam a ser ajuizadas e aos poucos o poder público torna-se o principal usuário do sistema jurisdicional. Em um círculo estatal vicioso, contraprodutivo e oneroso a todos, da omissão e ineficiência administrativa ao Judiciário e, deste à atividade administrativa, que se restringe a atender a ordem judicial e se mantém fechada e inerte aos novos casos.

O Judiciário e o sistema processual não são adequados ao grande volume de demandas complexas, muitas provenientes de omissões administrativas. O Judiciário costumava julgar fatos ocorridos, pretéritos e individuais ou restritos, e a tendência tem sido o ajuizamento de demandas prospectivas, relativas ao presente e ao futuro[370] e, em grande parte, com repercussões difusas ou coletivas.[371] Busca-se uma decisão judicial "*transformadora* de um cenário de inércia ou insuficiência da ação pública" e, tal decisão, "que determina condutas ao administrador",

---

[369] Não se está a defender a ausência de controle judicial, mas o dever de a Administração não se omitir e de implantar mecanismos de solução de controvérsias com a coletividade a fim de filtrar a judicialização desnecessária. A omissão administrativa acaba por provocar a judicialização e a propiciar o ativismo, em certos casos, como modo de efetivar direitos.

[370] Ressalta a autora: "Este tipo de atuação, porque prospectivo, atrai para a jurisdição um olhar para o futuro, que normalmente não lhe é próprio; e com essa prospectiva (de como se deva empreender à reestruturação da ação administrativa), invita igualmente o desafio de empreender-se à supervisão dessas novas medidas, numa lógica de execução de sentença que em muito se diferencia da disciplina processual tradicional". VALLE, Vanice Regina Lírio do. *Políticas públicas, direitos fundamentais e controle judicial*. 2. ed. Belo Horizonte: Fórum, 2016. p. 112.

[371] O Judiciário assumiu um papel de destaque com a ampla constitucionalização de direitos e com o controle de constitucionalidade de leis e atos normativos dos outros poderes. O acesso ao Poder Judiciário torna-se o modo de demandar ao Estado o atendimento aos direitos, em especial os sociais. Ocorre que "a atividade dos juízes não mais se conforma à mera aplicação da lei, sobretudo porque os direitos sociais vêm normatizados de forma muito mais programática e principiológica, tornando inevitável a atuação do Judiciário como mediador das atividades do Executivo e do Legislativo". EIDT, Elisa Berton. *Solução de conflitos no âmbito da administração pública e o marco regulatório da mediação*: da jurisdição a novas formas de composição. Santa Cruz do Sul: Essere nel Mondo, 2017. p. 41-44.

para ser legítima, deve ser acompanhada dos resultados que se pretende alcançar.[372]

O *locus* próprio ao diálogo com a coletividade, para a definição dos interesses públicos e do modo a realizá-los, além do Legislativo, é o Executivo. Ocorre que a Administração Pública democrática ainda está em construção e, mesmo quando o poder público não é omisso, age sem a participação e ocorre de a coletividade não se identificar nas medidas por não terem contemplado suas necessidades, seus interesses, sendo que muitos destes também são públicos.

O que se identifica é que a falta de mecanismos e procedimentos democráticos de participação e colaboração da coletividade no exercício da função administrativa tende a gerar um distanciamento e um descontentamento em razão do desrespeito às suas necessidades e à falta de proteção ou de realização de seus direitos, o que contribui ao ajuizamento de ações e propicia que o Judiciário adentre no exercício da função administrativa.[373] Há muitos que sequer ajuízam ações na busca dos seus direitos e restam desamparados. O Judiciário detém relevante papel de controle sobre a ação e a omissão administrativa, mas há limites, não deve se tornar o administrador público. As decisões, as definições e concretizações dos interesses públicos, para além do âmbito legislativo, devem ocorrer no exercício da função administrativa, de forma democrática.[374]

---

[372] VALLE, Vanice Regina Lírio do. *Políticas públicas, direitos fundamentais e controle judicial*. 2. ed. Belo Horizonte: Fórum, 2016. p. 152-153.

[373] O Judiciário, muitas vezes, "representa para os indivíduos a maneira mais direta e confiável de ter seus direitos preservados, inclusive acalentando os anseios daqueles que encontram identificação com os demais poderes políticos". EIDT, Elisa Berton. *Solução de conflitos no âmbito da administração pública e o marco regulatório da mediação: da jurisdição a novas formas de composição*. Santa Cruz do Sul: Essere nel Mondo, 2017. p. 45. Neste sentido, de acordo com pesquisa realizada com 2.000 entrevistados, o Judiciário, entre os três Poderes – no nível Federal – é a instituição em que os brasileiros mais confiam (STJ, 44%; e STF 41%), em segundo vem a Presidência da República (34% confiam) e por último o Congresso Nacional (19% confiam). Na França, a Pesquisa Ifop 2019 indicou 53% de confiança no Judiciário francês. "Todos os três Poderes são, de algum modo, atingidos pela crise de representatividade mencionada anteriormente. As avaliações expressamente positivas (ótima + boa) são inferiores às negativas (ruim + péssima). Comparativamente, o Judiciário tem avaliação mais favorável que os demais: 21% veem sua atuação como ótima ou boa, 41% como regular e 35% como ruim ou péssima. (...) Quanto ao Executivo, 16% avaliam sua atuação como ótima ou boa, 36% como regular (somatório de 52%) e 46% como ruim ou péssima. O Legislativo tem a avaliação mais negativa: 10% veem sua atuação como ótima ou boa, 37% como regular (somatório de 47%) e mais da metade (51%) como ruim ou péssima". BRASIL. AMB. FGV – IPESPE. *Estudo da imagem do Judiciário brasileiro*, dezembro de 2019. p. 13-15. Disponível em: https://www.amb.com.br/wp-content/uploads/2020/04/ESTUDO_DA_IMAGEM_.pdf. Acesso em: 29 nov. 2022.

[374] Identifica-se uma "transferência de legitimidade do Executivo e do Legislativo para o Judiciário (...) para suprir a inércia ou a incapacidade dos poderes políticos". EIDT, Elisa

b) Demandas complexas, soluções apenas jurídicas, sem a participação dos envolvidos, falta de conhecimento e de condições de se estabelecer medidas prospectivas, avaliações, ajustes e planejamentos. Não constitui função jurisdicional atuar em inúmeras ações que lhe são submetidas como a principal via de acesso da coletividade ao poder público por falta da adoção de diálogos, esclarecimentos e não resolução de controvérsias. A natureza do processo e da decisão judicial não permite o estabelecimento de variáveis, de condicionantes, de avaliações e ajustes.[375] A decisão judicial tende a ser pontual e binária, ou seja, defere ou indefere, concede ou não, de modo parcial ou total, diferentemente das políticas públicas, dos atos administrativos, que, a partir de novas realidades e experiências, permitem avaliações, ajustes e correções. Em uma ação judicial, o Judiciário é compelido a decidir, a Administração cumpre a decisão, sob pena de multa, mas não se pode avaliar a efetividade e o real atendimento da necessidade daquele que ajuizou a ação. Não se trata de uma relação, mas apenas do estrito cumprimento de uma ordem judicial.

As demandas, em quantidade significativa, são complexas, envolvem fatos ricos, de difícil compreensão na seara exclusivamente jurídica, exigem conhecimentos técnicos multidisciplinares e em geral se chocam com outros direitos e outras demandas da coletividade. Não são isoladas, repercutem e desequilibram outros interesses. A ação judicial costuma ser individual ou coletiva e, assim, a decisão judicial se volta a um caso específico que lhe é submetido, ou seja, trata-se de uma análise parcial, micro, de um caso concreto. Ademais, a depender do nível hierárquico, as Cortes Superiores não apreciam matérias fáticas, não costumam averiguar as políticas públicas existentes.[376] Enquanto a deliberação na atividade administrativa deve considerar a ponderação

---

Berton. *Solução de conflitos no âmbito da administração pública e o marco regulatório da mediação*: da jurisdição a novas formas de composição. Santa Cruz do Sul: Essere nel Mondo, 2017. p. 48.

[375] Por exemplo, uma decisão judicial que determine o fornecimento de um determinado medicamento, não coberto pelo sistema público de saúde, em certa dosagem e miligramagem, a um cidadão para o tratamento de doença. O paciente inicia o tratamento e a equipe médica observa que não houve boa reação, que será necessária dosagem diversa, maior ou menor, ou outro medicamento. A decisão judicial, em regra, não possibilita alterações em seu conteúdo. Muito provavelmente será necessário ajuizar outra ação. Os mecanismos processuais judiciais não se voltam a esta espécie de conflito, assim como não está adequado o modo de efetivação do direito.

[376] VALLE, Vanice Regina Lírio do. *Políticas públicas, direitos fundamentais e controle judicial*. 2. ed. Belo Horizonte: Fórum, 2016. p. 138.

de inúmeros casos, em uma análise macro com a possibilidade de soluções isonômicas e universais.

A ação judicial possui um formato próprio, formal e moldado por um viés jurídico. O procurador necessita encaixar o direito da parte em um formato jurídico pré-existente, aquele que melhor lhe servir, mas nem sempre é o formato mais adequado ao atendimento do direito almejado. No âmbito judicial, com a necessidade de se obedecer a procedimentos previamente estabelecidos, formatos e formalidades necessárias, há pouco espaço às soluções multidisciplinares, flexíveis e criativas. Aliás, muitas vezes não há nem espaço ao depoimento da parte e de outros envolvidos. Não há oportunidade aos envolvidos, sejam os particulares e até mesmo a Administração, sua equipe técnica-administrativa, de participarem e contribuírem com as necessidades, possibilidades e possíveis soluções. Não há espaço para que outros conhecimentos pertinentes contribuam à solução, tem-se, portanto, no processo judicial, um micro fragmento da realidade.[377]

Em âmbito judicial as soluções adotadas tendem a ser apenas jurídicas, binárias, compatíveis com modelos formais, sem a participação dos envolvidos. Assim, é possível que o autor de uma ação obtenha a procedência do seu pedido judicial, ou seja, êxito jurídico, mas que o seu direito não seja efetivamente realizado ou que tal realização não ocorra do modo mais eficiente, apenas do modo que era possível dentre as formalidades disponíveis, o que se agrava com a possibilidade de se obter decisão judicial favorável, mas inexequível.

O não atendimento pleno e eficiente de um direito não representa, igualmente, o melhor modo de atender o interesse público, seja este em sua dimensão ampla ou restrita. O ambiente administrativo, em uma perspectiva democrática e dialógica, com o aporte de técnicas de facilitação do diálogo, pode possibilitar a análise da controvérsia sob outros vieses, de forma multidisciplinar, mais ampla e admitir soluções mais flexíveis e criativas. No âmbito judicial, faltam os dados e as opções da realidade administrativa.[378]

---

[377] Depreende-se que ao se deparar com a lide "o juiz não conhece inicialmente a situação que originou os fatos. Toma consciência do conflito, de acordo com o apresentado pelos advogados de ambas as partes, os quais também não conhecem a situação geradora da controvérsia. Dessa forma, o juiz toma conhecimento de uma situação derivada, que já passou por várias etapas anteriores de interpretação", o que, sem dúvida, aos poucos se deturpa da realidade. BRASIL. UNIVERSIDADE DE SÃO PAULO. *Mediação e conciliação avaliadas empiricamente*: jurimetria para proposição de ações eficientes. Brasília: CNJ, 2019. p. 24.

[378] VALLE, Vanice Regina Lírio do. *Políticas públicas, direitos fundamentais e controle judicial*. 2. ed. Belo Horizonte: Fórum, 2016. p. 140.

c) Demora dos processos judiciais, perecimento de direitos ou realização tardia. Outro aspecto problemático do ajuizamento de ações, quando poderiam ser adotadas medidas administrativas, é o tempo necessário à solução judicial.[379] Em geral, demanda-se muito tempo para a obtenção de uma decisão judicial definitiva, ainda mais contra a Administração Pública.[380] Os ritos processuais possuem formalidades que tendem a resultar em lentidão e burocratização e o método processual jurisdicional muitas vezes não é o mais adequado ao atendimento dos direitos e interesses no século XXI,[381] cuja sociedade, inclusive a partir de mudanças tecnológicas, necessita incluir outras perspectivas, não apenas as jurídicas e, em razão da velocidade trazida pela tecnologia, adquiriu outra perspectiva temporal. Tal fato se agrava em razão do excessivo e desnecessário ajuizamento de ações, que propicia um "acervo de não direitos, em causas sem qualquer solução",[382] mostram-se

---

[379] Há pesquisas que estimam o tempo médio de duração dos processos judiciais no Brasil, mas são bastante relativas, pois há muitas variáveis envolvidas. De acordo com a pesquisa do CNJ, no âmbito do Poder Judiciário do Paraná, por exemplo, o tempo médio entre a interposição de uma petição inicial e a sentença é de quatro anos e quatro meses e o prazo médio recursal é de sete meses. BRASIL. CNJ. *Justiça em números 2020*. Brasília: CNJ, 2020. Figura 135, fl. 185. Disponível em: https://www.cnj.jus.br/wp-content/uploads/2020/08/WEB-V3-Justi%C3%A7a-em-N%C3%BAmeros-2020-atualizado-em-25-08-2020.pdf. Acesso em: 15 nov. 2022. Segundo pesquisa quanto à imagem e percepção do Judiciário pela coletividade, apesar de as pessoas considerarem que vale a pena recorrer ao Judiciário, dentre as razões que as desestimulam quanto à busca por serviços judiciários, em 64% das respostas atribui-se ao aspecto que "a Justiça é muito lenta e burocrática". Consideração que é reforçada nos aspectos apontados como negativos do Judiciário: "a justiça é lenta" (93%), que também constatado em 95% na França, no INFOSTAT Justice 2014, do Ministério da Justiça Francês. BRASIL. AMB. FGV – IPESPE. *Estudo da imagem do Judiciário brasileiro*, dezembro de 2019. p. 27-28. Disponível em: https://www.amb.com.br/wp-content/uploads/2020/04/ESTUDO_DA_IMAGEM_.pdf. Acesso em: 29 nov. 2022.

[380] No tocante às demandas que envolvem o poder público, o tempo necessário à resolução dos processos é maior eis que no sistema jurídico processual brasileiro a Administração Pública possui prazos ampliados para a prática dos atos processuais. Por exemplo, em uma análise realizada em 2009 quanto às ações judiciais ajuizadas contra o CADE – Conselho Administrativo de Defesa Econômica, constatou-se que mesmo após 11 anos do CADE se tornar autarquia, que ocorreu com a Lei nº 8.884/1994, nenhuma das ações judiciais havia chegado ao fim. BADIN, Arthur Sanchez. Conselho Administrativo de Defesa Econômica (Cade). A transação judicial como instrumento de concretização do interesse público. *Revista de Direito Administrativo*, Rio de Janeiro, vol. 252, p. 202-203, set./dez. 2009.

[381] EIDT, Elisa Berton. *Solução de conflitos no âmbito da administração pública e o marco regulatório da mediação*: da jurisdição a novas formas de composição. Santa Cruz do Sul: Essere nel Mondo, 2017. p. 58.

[382] De acordo com o IBGE, ingressam em média 28 milhões de processos por ano no Judiciário brasileiro, que foi o número também apurado para o ano de 2021, o que equivale a um processo a cada 9 habitantes. Em 2019, houve um ápice de 30,2 milhões de casos novos, com redução em 2020 para 25,9 milhões, atribuída à pandemia da COVID 19. Em vista deste cenário, a taxa de congestionamento atingiu o patamar de 72,3% em 2022. BRASIL.

eficazes apenas os conflitos e a insatisfação dos envolvidos, em descaso ao interesse público.[383]

Além disso, se a Administração for condenada a efetuar algum pagamento ao credor, no direito brasileiro será expedido um título, denominado precatório, conforme prevê o art. 100 da Constituição da República, cujo pagamento deverá ocorrer no exercício financeiro do ano seguinte ao da requisição. Assim, o precatório aguardará uma sequência de pagamento que costuma ser demorada,[384] aliás, em termos práticos, costuma levar anos, conforme o ente federativo condenado.[385]

O atendimento e a realização de direitos não apenas deve ocorrer, mas de modo mais imediato possível. A demora pode frustrar a própria essência do direito eis que o seu titular terá aguardado tanto tempo para usufrui-lo, que muitas vezes chega a maculá-lo ou sequer poderá usufrui-lo. Não sem razão que a razoável duração dos processos representa um direito fundamental consagrado no art. 5º da Constituição da República, assim como no art. 6, §1 da Convenção Europeia dos Direitos do Homem e é inerente à efetivação da boa administração, art. 42 da Carta dos Direitos Fundamentais da União Europeia.

Os processos, as decisões, judiciais ou administrativas, respeitadas as técnicas necessárias, devem ser céleres a fim de garantir o quanto antes o proveito de um direito. Se este foi violado ou deixou de ser realizado, por si só, há um dano ao seu titular que foi privado. O longo transcurso do tempo para a definição da controvérsia, gerador de insegurança jurídica, agrava o dano relativo à privação do direito. As decisões, os direitos, mesmo no tocante às empresas, são para as pessoas, para o ser humano, cuja vida é finita, assim, processos que duram, por exemplo, 10 ou 15 anos representam muito tempo tendo

---

IBGE. *Brasil em números*. Rio de Janeiro: IBGE, 2022, p. 436-437. Disponível em: https://biblioteca.ibge.gov.br/visualizacao/periodicos/2/bn_2022_v30.pdf. Acesso em: 30 nov. 2022.

[383] MOREIRA, Egon Bockmann; CUÉLLAR, Leila. Administração pública e mediação: notas fundamentais. In: CUÉLLAR, Leila *et al*. *Direito administrativo e alternative dispute resolution*: arbitragem, *dispute board*, mediação e negociação. Belo Horizonte: Fórum, 2020. p. 31.

[384] Por exemplo, de acordo com a lista de precatórios do TJPR, ainda aguardam pagamento as ordens expedidas contra o Estado do Paraná em 2003 e sucessivamente. BRASIL. TJPR. Consulta. *Precatórios*: Estado do Paraná. Disponível em: https://www.tjpr.jus.br/precatorios-em-ordem-cronologica-de-pagamento. Acesso em: 30 nov. 2022.

[385] BONIZZI, Marcelo José Magalhães; ALVES, Marcus Vinicius. Breve análise dos meios alternativos de solução de conflitos envolvendo a Administração Pública no Brasil e em Portugal. In: MOREIRA, António Júdice *et al*. (Coord.). *Mediação e arbitragem na Administração Pública*: Brasil e Portugal. São Paulo: Almedina, 2020. p. 248.

em vista a finitude da vida do ser humano.[386] Submeter uma pessoa a tanto tempo de espera e de incerteza para a definição acerca de um direito, para o seu usufruto, certamente, não é um modo adequado de resolver uma controvérsia, de respeitar a dignidade da pessoa humana e também não é adequado à satisfação de direitos em um Estado que se propõe ser de Direito, Democrático e de Bem-Estar Social. A ritualística formal do processo judicial, com as prerrogativas processuais da Administração Pública,[387] por si só já contribui ao prolongamento no tempo. No entanto, quanto maior a judicialização, maior a dificuldade de o Judiciário dirimir tantos conflitos e maior o tempo necessário à resolução de cada um deles. Neste sentido, a demora não apenas repercute para as partes de um processo, mas para todos os atuais e futuros usuários do sistema jurisdicional, assim como para toda a coletividade. O "déficit na qualidade da jurisdição reverbera não somente nos pilares da democracia", ao postergar ou impedir a realização de direitos fundamentais. Um Judiciário ineficiente abala a estrutura do Estado e a segurança jurídica no tocante ao respeito ao ordenamento jurídico.[388]

d) Dispêndio desnecessário de recursos financeiros e humanos pelo Estado, seja pelo Judiciário como pelo Executivo. A falta de mecanismos e procedimentos aptos ao diálogo e à deliberação para a tomada de decisões colaborativas, assim como à autocomposição de controvérsias, de modo a dirimir e a evitar conflitos, acaba por incentivar a judicialização, que se torna o único ou o principal modo de resolver controvérsias.

Ocorre que em uma perspectiva econômica não é razoável, é excessivamente dispendioso o Estado perder a oportunidade de compor interesses com os envolvidos, imediata e administrativamente, de forma mais aberta e célere e, com sua inércia, contribuir ao ajuizamento de ações desnecessárias. Há uma sobrecarga do Judiciário, com elevação de custos, demanda por mais recursos humanos, inchaço e ineficiência do sistema jurisdicional.[389] Ao mesmo tempo, essa sobrecarga de processos,

---

[386] De acordo com pesquisas do IBGE, a expectativa de vida ao nascer, relativa a 2021, era de 76,97 anos. BRASIL. IBGE. *Brasil em números*. Rio de Janeiro: IBGE, 2022. p. 79-85. Disponível em: https://biblioteca.ibge.gov.br/visualizacao/periodicos/2/bn_2022_v30.pdf. Acesso em: 30 nov. 2022.

[387] No direito brasileiro, a Administração Pública possui prazos processuais em dobro, relativamente aos prazos dos particulares, conforme dispõe o art. 183 do CPC2015.

[388] EIDT, Elisa Berton. *Solução de conflitos no âmbito da administração pública e o marco regulatório da mediação*: da jurisdição a novas formas de composição. Santa Cruz do Sul: Essere nel Mondo, 2017. p. 60-61.

[389] Acresce-se o "custo oculto" de um Judiciário ineficiente, que não se consegue mensurar, decorrente dos empregos não gerados e dos investimentos que deixam de ser realizados,

elevação de custos e de recursos humanos também ocorre no âmbito da administração estatal que tratará da defesa do Estado em tais processos. O Estado é onerado duplamente, no exercício das funções jurisdicionais e jurídico-administrativas, em tempo, energia, recursos humanos e financeiros[390] apenas para gerir anualmente o litígio.

Há que se considerar ainda que o particular poderá ganhar a ação e o poder público será condenado, inclusive ao pagamento de custas processuais, de eventuais perícias e dos honorários advocatícios, terá custos em muito superiores àqueles que dispenderia na composição dialógica-administrativa da demanda.[391] Ademais, os cofres públicos tendem a ser onerados com juros e demais encargos relativos à demora no pagamento de valores devidos. Em termos econômicos, é uma conta que em vários casos não compensa, que gera dispêndio excessivo e desnecessário de recursos públicos, de modo que uma solução composta amigável e administrativamente pode ser mais econômica e eficiente.

O sistema de precatório acaba por favorecer o interesse do aparato administrativo e dos governantes do momento, no sentido de postergar a dívida e não onerar imediatamente os cofres públicos, mas a coletividade é onerada com um passivo maior para o futuro.

O particular que necessita ajuizar a demanda judicial também é onerado em termos econômicos, em tempo, energia e em recursos financeiros. Sem mencionar o potencial dano econômico para além, no tocante à sua moral e dignidade, eis que sofre pela privação ou supressão do reconhecimento e exercício de um direito. Ainda, a cultura da judicialização onera economicamente as partes do processo e todos aqueles que utilizam o sistema jurisdicional, mesmo em demandas

---

sem falar nos direitos que deixam ou tardam a ser exercidos. EIDT, Elisa Berton. *Solução de conflitos no âmbito da administração pública e o marco regulatório da mediação*: da jurisdição a novas formas de composição. Santa Cruz do Sul: Essere nel Mondo, 2017. p. 62.

[390] Ao analisar alguns relatórios do CNJ, observa-se que em média o poder público figura em cerca de 25% dos processos judiciais. Segundo o Relatório Justiça em números de 2020, o gasto efetivo para o funcionamento do Poder Judiciário foi de R$81,6 bilhões (1,2% do PIB), ou seja, de modo simples, aproximadamente, são gastos cerca de R$20 bilhões com os processos do poder público no âmbito do Poder Judiciário. Ainda, há os gastos da estrutura administrativa estatal para defender o poder público. BRASIL. CNJ. *Justiça em números 2020*. Brasília: CNJ, 2020. p. 74. Disponível em: https://www.cnj.jus.br/wp-content/uploads/2020/08/WEB-V3-Justi%C3%A7a-em-N%C3%BAmeros-2020-atualizado-em-25-08-2020.pdf. Acesso em: 15 nov. 2022.

[391] SOUZA, Luciane Moessa. O papel da advocacia pública no Estado Democrático de Direito: da necessidade de sua contribuição para o acesso à justiça e o desenvolvimento institucional. *A&C – Revista de Direito Administrativo & Constitucional*, n. 34, Belo Horizonte, Fórum, p. 143, out./dez. 2008.

de particulares, que dependem de um Judiciário sobrecarregado, a ocasionar morosidade e ineficiência à função jurisdicional.[392]

A judicialização produz diversos dispêndios, financeiros, temporais e humanos, a todos os envolvidos, direta ou indiretamente. Assim, se excessiva, prejudica o Estado e o interesse público. Um Judiciário moroso e ineficiente, que representa o único ou o principal meio de resolver controvérsias também prejudica a economia[393] e o desenvolvimento do país. Ao tempo em que o foco estatal concentra-se em resolver disputas judiciais que poderiam ter sido resolvidas administrativamente, deixa de se voltar a outras necessidades da coletividade e muitos direitos perecem em meio ao volume de processos e à demora de solução. Parte-se do dispêndio de recursos públicos e privados para tentar resolver controvérsias que poderiam ser evitadas ou resolvidas administrativamente de modo mais econômico. Além de a postergação do pagamento de condenações onerar os cofres públicos em uma postura imoral, antiética[394] e incompatível com a boa administração, que prejudica a confiança e o relacionamento entre os particulares e o poder público. Desse modo, dispendem-se muitos recursos materiais e imateriais, por longo período de tempo, em questões que poderiam ter sido evitadas administrativamente, o que não é razoável e nem sustentável.

e) Resolução do caso concreto, individualização, possível violação à isonomia. Um dos problemas da judicialização contra o poder público refere-se à predominância de demandas individuais e concretas, portanto, em benefício de um ou de alguns, mas muitas vezes o direito almejado possui titulares difusos, aos quais os efeitos de uma decisão judicial concreta repercutirão. No tocante aos direitos fundamentais, em especial os sociais, eles possuem múltiplas dimensões, que podem

---

[392] MOREIRA, Egon Bockmann; CUÉLLAR, Leila. Câmaras de autocomposição da administração pública brasileira: reflexões sobre seu âmbito de atuação. In: CUÉLLAR, Leila et al. *Direito administrativo e alternative dispute resolution*: arbitragem, *dispute board*, mediação e negociação. Belo Horizonte: Fórum, 2020. p. 78.

[393] EIDT, Elisa Berton. *Solução de conflitos no âmbito da administração pública e o marco regulatório da mediação*: da jurisdição a novas formas de composição. Santa Cruz do Sul: Essere nel Mondo, 2017. p. 60-61.

[394] Com possibilidade, inclusive, de gerar responsabilidade por improbidade administrativa, conforme o caso, em especial, quando se insiste em teses amplamente rejeitadas pelo Judiciário. BONIZZI, Marcelo José Magalhães; ALVES, Marcus Vinicius. Breve análise dos meios alternativos de solução de conflitos envolvendo a Administração Pública no Brasil e em Portugal. In: MOREIRA, António Júdice et al. (Coord.). *Mediação e arbitragem na Administração Pública*: Brasil e Portugal. São Paulo: Almedina, 2020. p. 248.

contemplar pretensões diversas e contraditórias, com providências e consequências distintas, de modo que soluções precipitadas e parciais podem falhar na real concretização dos direitos do próprio demandante e, ainda, gerar repercussões negativas à coletividade.[395]

A judicialização contra o poder público costuma versar sobre direitos fundamentais e políticas públicas, de sorte que eventual decisão que reconheça tais direitos ao demandante acaba por ultrapassar os efeitos interpartes, com impactos coletivos e difusos.[396]

De um modo geral, no âmbito judicial não são analisadas as políticas públicas eventualmente existentes e relacionadas ao direito pleiteado em juízo.[397] A decisão, ao reconhecer o direito, raramente considera a necessidade de planejamento e financiamento das políticas públicas, assim como a distinção das dimensões subjetivas e objetivas dos direitos fundamentais. Decisões restritas e individualizadas podem prejudicar as políticas públicas e gerar a preferência de um jurisdicionado específico, ou de uma área específica, em detrimento dos demais, portanto, com repercussão negativa aos interesses públicos.

A decisão judicial restringe-se à parte, que geralmente pleiteia de forma individual, assim, restringe-se ao caso dos autos a um determinado momento ou lapso temporal reduzido e não é apta a gerar continuidade, mesmo em casos que não se referem às políticas públicas. A decisão judicial não integra uma política pública, ao contrário, nela interfere.[398] Algumas decisões judiciais determinam a realocação de vultosos recursos públicos ao atendimento de um único caso, em

---

[395] A fim de ilustrar a hipótese, Jorge Reis Novais ressalta que o Judiciário é invadido por ações individuais "reclamando a concessão de prestações fácticas concretas e pontuais, particularmente contundentes no domínio do direito à protecção da saúde, o que em termos financeiros (...) representa já um peso considerável no conjunto das verbas disponíveis para todo o setor". De tal modo que as imposições judiciais concretas podem gerar retrocesso nas políticas de saúde. NOVAIS, Jorge Reis. *As restrições aos direitos fundamentais não expressamente autorizadas pela Constituição*. Coimbra: Coimbra Editora, 2003. p. 27.

[396] BOURGES, Fernanda Schuhli. Administração Pública dialógica: em busca da concretização isonômica de direitos fundamentais sociais. *Revista Eurolatinoamericana de Derecho Administrativo*, Santa Fe, v. 5, n. 1, p. 37, ene./jun. 2018.

[397] Vanice do Valle, após analisar uma série de decisões judiciais brasileiras em demandas complexas acerca das políticas públicas e direitos fundamentais, relata inúmeras dificuldades e problemas que podem surgir a partir de tais decisões. VALLE, Vanice Regina Lírio do. *Políticas públicas, direitos fundamentais e controle judicial*. 2. ed. Belo Horizonte: Fórum, 2016. p. 112-135.

[398] BOURGES, Fernanda Schuhli. Administração Pública dialógica: em busca da concretização isonômica de direitos fundamentais sociais. *Revista Eurolatinoamericana de Derecho Administrativo*, Santa Fe, v. 5, n. 1, p. 38, ene./jun. 2018.

evidente desproporcionalidade e afronta ao princípio da isonomia,[399] uma vez que pode não haver recursos para pessoas em idêntica situação ou em situações mais graves. Assim, pessoas que não ajuizaram uma ação podem ser preteridas pela impossibilidade de extensão da decisão judicial, com prejuízos à dimensão objetiva dos direitos fundamentais.[400]

A judicialização com vistas à concretização de direitos, em especial os fundamentais sociais, pode ser benéfica ao autor da ação, assim como pode não ser o melhor modo de atender as suas necessidades, mas o único que foi possível. Ainda, a judicialização apenas concretiza a dimensão subjetiva e individual – uma vez que a maior parte das demandas é individual – em eventual prejuízo aos demais titulares individuais, coletivos e difusos do mesmo direito, com violação à igualdade, de modo a prejudicar a concretização dos direitos fundamentais sociais em sua dimensão objetiva. A judicialização, por propiciar soluções micro e individualizadas, com realocação de recursos públicos ao cumprimento de ordens judiciais afastadas de análises macro, discrepantes de políticas públicas, tende a desrespeitar a isonomia, pois somente o autor da ação será beneficiado, ao fomentar a desigualdade social e a desrespeitar o interesse público.[401] Em especial, se considerar-se que a redução das desigualdades é um dos objetivos fundamentais da República brasileira cuja realidade é acentuadamente desigual.[402]

---

[399] É possível visualizar a desigualdade na efetivação de direitos sociais com a excessiva judicialização a partir do seguinte exemplo apresentado por Daniel Hachem "No Estado de Minas Gerais em 2010. Dos R$360.029.986,11 despendidos com fornecimento de medicamentos básicos e de alto custo pelo Estado, o valor de R$55.052.215,84 foi destinado ao cumprimento de decisões judiciais dessa natureza, beneficiando um total de 4.762 pacientes em um Estado com 19.595.309 habitantes. Significa que somente 0,024% dos cidadãos do Estado, que manejaram ações judiciais para garantir o acesso a esses bens, abocanharam aproximadamente 15,3% do total orçamentário gasto com distribuição de medicamentos". HACHEM, Daniel Wunder. *Tutela administrativa efetiva dos direitos fundamentais sociais*: por uma implementação espontânea, integral e igualitária. 2014. 614 f. Tese (Doutorado) – Programa de Pós-Graduação em Direito, Universidade Federal do Paraná, Curitiba, 2014. p. 51.

[400] HACHEM, Daniel Wunder. *Tutela administrativa efetiva dos direitos fundamentais sociais*: por uma implementação espontânea, integral e igualitária. 2014. 614 f. Tese (Doutorado) – Programa de Pós-Graduação em Direito, Universidade Federal do Paraná, Curitiba, 2014. p. 137-138, 142-143, 144-145 e 150-151.

[401] BOURGES, Fernanda Schuhli. Administração Pública dialógica: em busca da concretização isonômica de direitos fundamentais sociais. *Revista Eurolatinoamericana de Derecho Administrativo*, Santa Fe, v. 5, n. 1, p. 29-53, ene./jun. 2018. p. 38-39.

[402] "E é esse o maior risco de um ativismo judicial desenfreado: a acentuação das desigualdades". É uma conclusão apontada por Daniel Hachem a partir de dados, segundo os quais, o acesso ao Judiciário provém predominantemente da classe média e média alta.

f) Contribuição a relações adversariais e polarizadas entre particulares e o poder público, divisão e diminuição da realização dos interesses públicos em que perdem todos. A racionalidade do processo judicial é adversarial, os modelos formais de ação judicial e as partes são organizados de forma binária em posições adversariais. O êxito de uma das partes costuma residir na desconstituição do direito da outra, oposta. Ganha-se mais de um lado, em geral, quando o lado oposto perde mais. Há uma percepção, muitas vezes errônea, que não há como satisfazer ambas ou todas as partes.[403] Assim, na esfera judicial, a tendência é a formação de um "círculo vicioso de ação e reação", no que se denomina "espiral do conflito",[404] em que a reação é maior que a ação e a origem do conflito torna-se menos importante que as reações,[405] cada vez mais intensas.

Por sua vez, a análise jurisdicional centra-se no conteúdo que adveio ao processo, naquilo que os procuradores das partes lograram êxito de apresentar e inserir nos formatos judiciais pré-definidos. Ao magistrado compete analisar qual pedido é procedente ou improcedente, o processo judicial não possui como finalidade encontrar outra solução não solicitada pelas partes nos autos do processo. E também não é possível às partes pleitear o que não se enquadrar nos formatos judiciais pré-estabelecidos, costumeiramente estabelecidos de forma binária. Não há, em regra, diálogo e ajuste compositivo entre os pleitos judiciais das partes. Assim, a solução judicial contemplará qual parte e em qual medida seus pedidos são procedentes e em que medida a parte contrária será perdedora. Tem-se aqui uma lógica de ganhar e perder, em que o juiz e as partes operam em sentidos distintos, uma parte contra

---

HACHEM, Daniel Wunder. *Tutela administrativa efetiva dos direitos fundamentais sociais*: por uma implementação espontânea, integral e igualitária. 2014. 614 f. Tese (Doutorado) – Programa de Pós-Graduação em Direito, Universidade Federal do Paraná, Curitiba, 2014, resumo, p. 52. Ainda, mesmo sem se referir à classe econômica, fato é que apenas aqueles que ajuizaram a ação é que serão beneficiados pelos efeitos *inter partes* das decisões. Salvo a hipótese de ações coletivas.

[403] AZEVEDO, André Gomma de. Autocomposição e processos construtivos: Uma breve análise de projetos-piloto de mediação forense e alguns de seus resultados. *In*: AZEVEDO, André Gomma de (Org.). *Estudos em Arbitragem, Mediação e Negociação*, v. 3. Brasília: Grupos de Pesquisa, 2004. Disponível em: https://arcos.org.br/estudos-emarbitragem-mediacaoe-negociacao-vol3/. Acesso em: 01 dez. 2022.

[404] Bösch, Richard. Conflict Escalation. *Oxford Research Encyclopedia of International Studies*. 20 nov. 2017. Disponível em: https://oxfordre.com/internationalstudies/view/10.1093/acrefore/9780190846626.001.0001/acrefore 9780190846626-e-82. Acesso em: 01 dez. 2022.

[405] DEUTSCH, Morton. The resolution of conflict: constructive and destructive processes. *In*: AZEVEDO, André Gomma de (Org.). *Estudos de Arbitragem, Mediação e Negociação*, v. 3. Brasília: Ed. Grupos de Pesquisa, 2004. Disponível em: https://arcos.org.br/estudos-emarbitragem-mediacaoe-negociacao-vol3/. Acesso em: 01 dez. 2022.

a outra e o juiz equidistante, o qual com o que lhe foi apresentado e de acordo com o que interpretar a partir disto e do ordenamento jurídico, deve decidir pelo ganhador e determinar as providências cabíveis, o que reforça a lógica adversarial competitiva e polarizada,[406] em que para um ganhar, o outro precisa perder.

A solução judicial estabelecida unilateralmente pelos magistrados pode não corresponder à perspectiva das partes. Os envolvidos na disputa acabam por não conhecer os interesses uns dos outros pois o contato apenas judicial não propicia diálogo e reflexões dialéticas entre as partes que, evidentemente, se encontram opostas. Há poucas ou nenhuma oportunidade de manifestação pelas próprias partes, o diálogo então, alcança o inexistente. As manifestações são predominantemente escritas e realizadas pelos advogados[407] e as decisões acabam por se limitar àquelas manifestações produzidas pelos advogados, previamente estabelecidas, com reduzido espaço às soluções compostas, criativas e inovadoras.[408] Em âmbito judicial a racionalidade costuma ser binária para resolver os conflitos – procedente ou improcedente.[409] É a lógica do tudo ou nada em que uma parte ganha e a outra perde.

O resultado, vislumbrado por fora, é de desgaste e tende a diminuir o objeto, o real interesse em litígio, se é que ele pôde ser apresentado em juízo. O processo "rende menos do que poderia"[410] por apresentar alguns "defeitos procedimentais", seja por ser lento

---

[406] EIDT, Elisa Berton. *Solução de conflitos no âmbito da administração pública e o marco regulatório da mediação*: da jurisdição a novas formas de composição. Santa Cruz do Sul: Essere nel Mondo, 2017. p. 96.

[407] EIDT, Elisa Berton. *Solução de conflitos no âmbito da administração pública e o marco regulatório da mediação*: da jurisdição a novas formas de composição. Santa Cruz do Sul: Essere nel Mondo, 2017. p. 97.

[408] Monsieur Valette, à época, em 1999, presidente do Tribunal Administrativo de Paris, destacava que a jurisdição administrativa "estabelece soluções jurídicas, rígidas, mas em alguns casos inapropriadas às situações conflituosas complexas e urgentes, em razão de sua lentidão". VALETTE, Bernard. Quelles Perspectives pour la Médiation Administrative? *Petites affiches*, n. 138, p. 12, 1999. Disponível em: https://www-labase-lextenso-fr.bcujas-ezp.univ-paris1.fr/petites-affiches/PA199913804?em=Valette. Acesso em: 20 set. 2020.

[409] VIAUT, Laura. Les avocats et notaires face aux MARC: un retour de la proximité judiciaire? *Petites affiches*, n. 188, 18 set. 2020. p. 11. Disponível em: https://www-labase-lextenso-fr.bcujas-ezp.univ-paris1.fr/petites-affiches/LPA152c0. Acesso em: 20 set. 2020.

[410] ZAMORA Y CASTILLO, Niceto Alcalá. *Processo, Autocomposição e Autodefensa*. Cidade do México: Ed. Universidad Autónoma Nacional de México, 1991. p. 238 apud AZEVEDO, André Gomma de. Autocomposição e processos construtivos: Uma breve análise de projetos-piloto de mediação forense e alguns de seus resultados. In: AZEVEDO, André Gomma de (Org.). *Estudos em Arbitragem, Mediação e Negociação*, v. 3. Brasília: Grupos de Pesquisa, 2004. Disponível em: https://arcos.org.br/estudos-emarbitragem-mediacaoe-negociacao-vol3/. Acesso em: 01 dez. 2022.

e custoso, por propiciar ações e reações conflituosas, desfocadas dos reais interesses, seja por tratar apenas dos interesses tutelados e excluir outros aspectos tão ou mais importantes aos envolvidos.[411]

Ocorre que em demandas complexas, em que inúmeros interesses e direitos se encontram envolvidos e, especialmente, de natureza pública, sejam individuais, difusos ou coletivos, se um dos lados perde, há perdas mútuas e o interesse público em alguma destas dimensões também resta prejudicado. A parte vencedora pode vencer em termos processuais, afinal, alguém venceria, mas pode não ter o seu verdadeiro interesse e direito realizados,[412] o que amplia o prejuízo ao interesse público e pode até mesmo propiciar um resultado em que, apesar do título, todos perdem e não se realiza o interesse público. É comum haver insatisfação com as decisões judiciais, impostas, em que inúmeros recursos tendem a ser interpostos e o resultado pode se tornar prejudicial a todos, seja às partes, como à comunidade, que custeia, de modo direto e indireto, a conflituosidade judicial extremada.[413]

É possível a parte ganhar uma ação e não se satisfazer, não ter seus reais interesses satisfeitos e respeitados.[414] A decisão judicial provavelmente será cumprida, mas pela força da execução e não pela vontade.[415] O que ainda é mais grave é a distância, o unilateralismo,

---

[411] AZEVEDO, André Gomma de. Autocomposição e processos construtivos: Uma breve análise de projetos-piloto de mediação forense e alguns de seus resultados. *In:* AZEVEDO, André Gomma de (Org.). *Estudos em Arbitragem, Mediação e Negociação*, v. 3. Brasília: Grupos de Pesquisa, 2004. Disponível em: https://arcos.org.br/estudos-emarbitragem-mediacaoe-negociacao-vol3/. Acesso em: 01 dez. 2022.

[412] Ou, por exemplo, obter uma indenização muitos anos após, quando as pessoas físicas envolvidas já faleceram, a pessoa jurídica já encerrou suas atividades ou faliu. Tem-se uma decisão judicial favorável, mas ineficiente e pouco eficaz, porém, com custos elevados, econômicos, sociais, pessoais, difusos e coletivos.

[413] A sentença resolve a disputa na dimensão jurídica, mas pode "deixar as feridas abertas" para satisfazer a expectativa de uma das partes, "quando não desagradou a ambas". CADIET, Loïc ; CLAY, Thomas. *Les modes alternatifs de règlement des conflits*. 3. ed. Paris: Dalloz, 2019. p. 23.

[414] "Metaforicamente, seria como se alguém solicitasse a outra pessoa a compra de um terno em uma loja: pode ocorrer que o modelo adquirido não lhe agrade, que não lhe sirva adequadamente. Em efeito, uma outra pessoa terá escolhido o terno em seu lugar e o solicitante terá que utilizá-lo, ainda que não seja a melhor opção". BOURGES, Fernanda Schuhli. *Médiation avec l'administration publique* – une voie possible pour la mise en oeuvre du gouvernement ouvert. Academic days on open government and digital issues – IMODEV, Paris, 03 nov. 2020. Palestra.

[415] Além da polarização, aquele que obteve sucesso em sua demanda judicial possui poucas garantias da eficácia reparatória da sua lesão. Mesmo com uma decisão judicial favorável, a satisfação dos direitos costuma demandar grande esforço e paciência. EIDT, Elisa Berton. *Solução de conflitos no âmbito da administração pública e o marco regulatório da mediação*: da jurisdição a novas formas de composição. Santa Cruz do Sul: Essere nel Mondo, 2017.

reforçados pela falta de diálogo, fazendo com que os cidadãos e o poder público restem desconectados. Se o cenário for analisado mais profundamente, do ponto de vista do interesse público, todos perdem por não terem tentado obter uma solução conjunta, dialógica, consensual e colaborativa. Acaba por ser um resultado perdedor-perdedor.

Se o particular obtiver êxito na ação e o poder público perder, sob outra perspectiva, perdem todos, seja a Administração envolvida, a própria parte e o Judiciário. Despende-se tempo por todos os envolvidos, há desgastes com a oposição e dispêndio de recursos públicos relativos ao processo judicial, à defesa e à condenação, todos evitáveis. O Estado Democrático de Direito deixa de ser prontamente realizado de modo mais efetivo, pois o interesse do indivíduo poderia ter sido observado antecipadamente.[416]

O resultado inverso também pode ser igualmente perdedor-perdedor. Se a decisão judicial for favorável ao poder público, mesmo assim tempo e dinheiro foram despendidos e muitos desgastes foram gerados. Pela análise judicial, não foram reconhecidos direitos de um particular, pode ser que não houvesse direito naquela perspectiva judicial, contudo, a falta de mecanismos administrativos de diálogo eliminou a hipótese de ele manifestar seus interesses e necessidades ao poder público. Há vezes que a posição defendida não poderá ser atendida, mas os interesses poderiam ser contemplados e compostos de forma criativa e inovadora com os interesses públicos, eventualmente pelo estabelecimento de outra medida. No Judiciário, contudo, o escopo de análise e solução é mais reduzido. Com a decisão judicial desfavorável pode ocorrer que o cidadão não compreenda as razões do poder público, que o diálogo poderia permitir. Deste modo, haverá uma situação adversarial, decidida por um terceiro, o juiz, sem participação e, muitas vezes, sem compreensão. Este modo de resolução de conflitos tende a propiciar distanciamentos, perda de confiança e deterioração da relação cidadão-poder público, que são inerentes ao

---

p. 96. Observa-se que o cumprimento das decisões judiciais chega a demorar o dobro do tempo da ação de conhecimento (formação do título judicial). BRASIL. CNJ. *Justiça em números 2020*. Brasília: CNJ, 2020. p. 180. Disponível em: https://www.cnj.jus.br/wp-content/uploads/2020/08/WEB-V3-Justi%C3%A7a-em-N%C3%BAmeros-2020-atualizado-em-25-08-2020.pdf. Acesso em: 15 nov. 2022.

[416] BOURGES, Fernanda Schuhli. *Médiation avec l'administration publique* – une voie possible pour la mise en oeuvre du gouvernement ouvert. Academic days on open government and digital issues – IMODEV, Paris, 03 nov. 2020 [Palestra].

ambiente democrático.⁴¹⁷ A oposição conflituosa dos jogos de soma zero é custosa. O leque de danos sistemáticos causados pelas relações adversariais é vasto.⁴¹⁸

Desse modo, vistos estes vários aspectos que podem representar prejuízos aos interesses públicos, apesar de o acesso ao Poder Judiciário ser uma garantia fundamental, cuja imprescindibilidade não se questiona, não pode ser a única ou a principal via de acesso ao poder público na busca de satisfação ou de defesa de direitos, pelas diversas distorções e prejuízos que a singularidade ou a prevalência da judicialização podem gerar ao interesse público, em dimensão ampla ou restrita. A natureza da relação judicial é de oposição e a centralização da resolução de conflitos em "porta única", a jurisdicional, torna-se um obstáculo ao acesso à justiça,⁴¹⁹ que polariza a relação jurídica entre cidadão e Estado. O antagonismo nas relações entre o poder público e os particulares não apenas afeta os envolvidos, mas toda a coletividade,⁴²⁰ com prejuízo aos interesses públicos.⁴²¹

"No imaginário coletivo", acredita-se que a via jurisdicional é "o meio privilegiado de defesa do indivíduo contra a arbitrariedade

---

[417] NURET, Bertrand. Administration/Citoyens – La médiation en droit public: d'une chimère à une obligation? *La Semaine Juridique Administrations et Collectivités territoriales*, n. 9, 2019. Disponível em: https://www.lexis360.fr. Acesso em: 20 set. 2020.

[418] FREITAS, Juarez. Direito administrativo não adversarial: a prioritária solução consensual de conflitos. *RDA – Revista de Direito Administrativo*, v. 276, p. 25, set./dez. 2017.

[419] Ressalta-se que, dentre as dificuldades elencadas sobre o bom funcionamento do Judiciário, segundo a pesquisa da AMB, predominam: acesso caro à Justiça (87%); excesso de formalidades/muita burocracia (86%); distanciamento em relação à população (86%) e legislação ultrapassada (84%), o que faz refletir sobre a necessidade de outros meios de resolução de controvérsias que poderão diminuir estas dificuldades no tocante ao acesso à justiça. Dados da pesquisa: BRASIL. AMB. FGV – IPESPE. *Estudo da imagem do Judiciário brasileiro*, dezembro de 2019. p. 19. Disponível em: https://www.amb.com.br/wp-content/uploads/2020/04/ESTUDO_DA_IMAGEM_.pdf. Acesso em: 29 nov. 2022.

[420] Sob a perspectiva da "teia da vida", nenhum ser humano está isolado, todos são interdependentes e estão interconectados, com os demais seres vivos, todos são concebidos como um fio da teia da vida. CAPRA, Fritjof. *A teia da vida*: uma nova compreensão científica dos fenômenos vivos. EICHEMBERG, Newton Roberval (Trad.). São Paulo: Cultrix, 1996. p. 25.

[421] Paradoxalmente, apesar de a coletividade confiar mais no Judiciário que em outros poderes, predomina o descontentamento quanto à atuação do Judiciário. Segundo pesquisa realizada, 54% da população considera que a justiça funciona mal ou muito mal, contra 37% que avalia bem ou muito bem. Assim como entre os advogados 59% considera que funciona mal ou muito mal, o que demonstra o desamparo da coletividade e dos advogados. A sociedade também apresenta sentimentos negativos em relação ao Judiciário brasileiro: tristeza (13%), indignação (12%), vergonha (11%) e medo (6%). Os dados se referem à pesquisa realizada pela: BRASIL. AMB. FGV – IPESPE. *Estudo da imagem do Judiciário brasileiro*, dezembro de 2019. p. 19. Disponível em: https://www.amb.com.br/wp-content/uploads/2020/04/ESTUDO_DA_IMAGEM_.pdf. Acesso em: 29 nov. 2022.

administrativa", mas os limites jurídicos da Administração não necessitam ser controlados apenas pela jurisdição.[422]

O intuito, contudo, não é apenas a desjudicialização,[423] mas é a Administração Pública adotar métodos autocompositivos para "oferecer às partes meios efetivos e adequados à solução de seus conflitos de interesse, assegurando o acesso à justiça de forma mais ampla"[424] e, com isso, aumentar a participação da coletividade na definição e realização de interesses públicos e propiciar a melhoria da relação jurídica entre a coletividade e o poder público. São necessários outros modelos de solução de controvérsias que permitam às partes participar da resolução de seus conflitos de forma construtiva, com o fortalecimento das relações sociais, "promover relacionamentos cooperativos, explorar estratégias que venham a prevenir ou resolver futuras controvérsias, e educar as partes para uma melhor compreensão recíproca".[425] O bom relacionamento entre os particulares e o poder público é substancial ao Estado Democrático de Direito e a falta de mecanismos que permitam o desenvolvimento sadio desse relacionamento e o excesso de judicialização o coloca em ameaça.

Ressalta-se a necessidade da "atuação programada de uma Administração Pública inclusiva",[426] compatível com o Estado Democrático de Direito, voltada ao atendimento da coletividade e aberta ao diálogo e à identificação conjunta dos interesses públicos de modo mais direto e imediato, a partir de relações mais próximas e colaborativas entre particulares e o poder público. Com a mudança de relacionamento, a redução do número de processos judiciais tende a ser uma consequência.

---

[422] PLESSIX, Benoît. *Droit administratif général*. 3. ed. Paris: LexisNexis, 2020. p. 1355.

[423] A desjudicialização caracteriza-se pelo pluralismo de métodos, ela não repousa sobre uma técnica particular que permita evitar o Judiciário, mas sim sobre uma pluralidade de opções que visam propiciar a resolução amigável de um litígio ou evitar um julgamento. FRICERO, Natalie; MAZEAUD, Vincent. Domaine et méthodes de la déjudiciarisation. *In*: CIMAMONTI, Sylvie; PERRIER, Jean-Baptiste (Dir.). *Les enjeux de la déjudiciarisation*. LGDJ: Issy-les-Moulineaux, 2019. p. 95.

[424] MUNIZ, Tânia Lobo; SILVA, Marcos Claro da. O modelo de tribunal multiportas americano e o sistema brasileiro de solução de conflitos. *Revista da Faculdade de Direito da UFRGS*, Porto Alegre, v. esp., n. 39, p. 295, 2018.

[425] AZEVEDO, André Gomma de (Org.). 2012. *Manual de Mediação Judicial*. Brasília/DF: Ministério da Justiça e Programa das Nações Unidas para o Desenvolvimento – PNUD. p. 34-35.

[426] HACHEM, Daniel Wunder. *Tutela administrativa efetiva dos direitos fundamentais sociais*: por uma implementação espontânea, integral e igualitária. 2014. 614 f. Tese (Doutorado) – Programa de Pós-Graduação em Direito, Universidade Federal do Paraná, Curitiba, 2014. p. 127.

Tem-se, portanto, que a ausência de estruturas e procedimentos administrativos adequados ao diálogo e à deliberação com a coletividade contribui para a excessiva judicialização de conflitos que poderiam ser desfeitos e resolvidos em grande parte em ambiente administrativo, com maior horizontalidade relacional. O relacionamento vertical, hierarquizado, distante, sem participação e desprovido de diálogo entre o poder público e a coletividade fomenta relações antagônicas e adversariais, com grande contribuição à judicialização.

A "porta de acesso" ao Poder Judiciário é mais próxima e acessível que a da Administração, o que favorece a judicialização e a falta de diálogo na resolução de conflitos. O acesso ao Judiciário necessita ser facilitado, mas, sobretudo e primeiramente, devem prevalecer o diálogo e a resolução amigável de conflitos com a Administração.

2.2 O ordenamento jurídico brasileiro e a priorização à solução consensual de conflitos administrativos

A partir da problemática relativa à falta de procedimentos e soluções administrativas à prevenção e à solução de controvérsias, ao excesso de judicialização e a possibilidade de as decisões judiciais não contemplarem a efetiva realização de interesses públicos, indaga-se se o ordenamento jurídico brasileiro apresenta outras possibilidades a este cenário.

Vem se constatando que a decisão judicial não representa a solução mais apropriada para todos os conflitos, possui limitações e sua atuação não é adequada à recomposição de certas situações. Em acréscimo, os métodos autocompositivos também são formas de efetivar o acesso à justiça e ao devido processo legal,[427] de modo a complementar com outros mecanismos de solução e até mesmo de prevenção de controvérsias, a constituir um "Sistema Multiportas".[428]

---

[427] OTEIZA, Eduardo. ADR methods and the diversity of cultures: the latin american case. p. 161-177. In: CADIET, Loïc (Dir.). *Médiation & arbitrage alternative dispute resolution*: alternative à la justice ou justice alternative?: perspectives comparatives. Paris: Litec, Lexis Nexis, 2005. p. 177.

[428] A partir da teoria de Franck Sander, mas não apenas em uma perspectiva de "Tribunal Multiportas", ou seja, de uma organização judiciária multifacetada, mas realmente de um sistema, o qual "envolve uma ideia maior, de harmonia e estruturação geral". Na cultura jurídica brasileira, observa-se um movimento de "desapego ao litígio e, como resultado, a valorização dos meios alternativos de solução de conflitos no Brasil, deixando de ser o processo a única via possível. Pode-se afirmar (...) que estamos caminhando à construção de um sistema multiportas de solução de conflitos". MUNIZ, Tânia Lobo; SILVA, Marcos Claro da. O modelo de tribunal multiportas americano e o sistema brasileiro de solução de

A fim de analisar sobre a possibilidade de utilização de modos autocompositivos à solução e prevenção de conflitos administrativos, seus procedimentos, momentos e assuntos pertinentes, bem como se há como reconhecer prioridade em seu emprego sobre o meio judicial, percorrer-se-á, de modo objetivo e pontual, sobre o ordenamento jurídico brasileiro a fim de identificar os dispositivos normativos mais próximos ao tema.

2.2.1 A consensualidade na Constituição da República

Como ponto de partida, há que se considerar, como norte teleológico e sistemático interpretativo, que o poder constituinte estabeleceu no preâmbulo da Constituição da República do Brasil de 1988, a harmonia social como fundamento do ordenamento e a primazia pela solução pacífica das controvérsias. Além disso, alçou como valores supremos do Estado Democrático os direitos sociais e individuais, a liberdade, a segurança, o bem-estar, o desenvolvimento, a igualdade e a justiça.[429]

A Constituição reconheceu, em seu art. 1º, a soberania popular, a cidadania, a dignidade da pessoa humana e o pluralismo político como fundamentos do Estado. Em seu art. 3º estabeleceu como objetivos fundamentais a construção de uma sociedade livre, justa e solidária, a garantia do desenvolvimento nacional, a erradicação da pobreza, da marginalização e a redução das desigualdades sociais e regionais e a promoção do bem de todos. Se a análise do tema se restringisse ao preâmbulo e aos arts. 1º ao 3º da Constituição, a resposta seria positiva no sentido de serem priorizadas as soluções pacíficas, não adversariais, promotoras de maior harmonia, com respeito à pluralidade, mais imediatas à realização de direitos e, sobretudo, asseguradoras da dignidade humana.

Não obstante, prossegue-se com a análise. O art. 98, I, da Constituição, previu a instituição de juizados especiais cíveis e penais com competência para conciliações e transações em casos de menor

---

conflitos. *Revista da Faculdade de Direito da UFRGS*, Porto Alegre, v. esp., n. 39, p. 288-311, 2018. p. 297-302-303.

[429] "Nós, representantes do povo brasileiro, reunidos em Assembleia Nacional Constituinte para instituir um Estado Democrático, destinado a assegurar o exercício dos direitos sociais e individuais, a liberdade, a segurança, o bem-estar, o desenvolvimento, a igualdade e a justiça como valores supremos de uma sociedade fraterna, pluralista e sem preconceitos, fundada na harmonia social e comprometida, na ordem interna e internacional, com a solução pacífica das controvérsias, promulgamos, sob a proteção de Deus, a seguinte CONSTITUIÇÃO DA REPÚBLICA FEDERATIVA DO BRASIL". Preâmbulo.

complexidade.[430] A partir da Emenda Constitucional nº 19/1998, foi inserido na Constituição, de forma expressa no art. 37, o princípio da eficiência, ao lado dos princípios da legalidade, moralidade, impessoalidade e publicidade, dentre o rol de princípios pelos quais a Administração Pública é regida.

Em uma tendência à melhoria das relações jurídicas com a Administração, a Emenda Constitucional nº 19/1998 previu a participação dos usuários na Administração.[431] Outra Emenda, a nº 45/2004, previu como garantia fundamental, no art. 5º, LXXVIII, a razoável duração do processo e os meios que garantam a celeridade de sua tramitação, assim como instituiu o Conselho Nacional de Justiça, órgão responsável por aprimorar a gestão no âmbito jurisdicional.[432] Sem olvidar que o constituinte originário estabeleceu um rol aberto de direitos e garantias fundamentais, a abranger direitos decorrentes do regime e dos princípios previstos na Constituição, ou dos tratados internacionais em que a República Federativa do Brasil seja parte, de acordo com o art. 5º, §2º.[433]

2.2.2 A consensualidade administrativa na legislação

Com o objetivo de apresentar e analisar o ordenamento jurídico brasileiro[434] no que se refere às formas de diálogo, colaboração e

---

[430] A lei dos juizados especiais, Lei nº 9.099/1995, com abrangência de conflitos de menor complexidade, dentre eles, aqueles com valor de até 40 salários mínimos, estabeleceu um rito processual pautado pela oralidade, informalidade, celeridade e com destaque relevante à conciliação.

[431] Art. 37, §3º, da Constituição da República, posteriormente regulamentado pela Lei nº 13.460/2017, lei de participação, proteção e defesa dos direitos do usuário dos serviços públicos da Administração Pública.

[432] Conforme previsto no art. 92, I-A, constitui-se em órgão do Poder Judiciário, cuja composição é formada por 15 membros, em maior número provenientes da magistratura e os demais dois membros do Ministério Público, dois advogados e dois cidadãos, nos termos do art. 103-B da Constituição da República.

[433] Ressalta-se que a razoável duração dos processos já constituía uma garantia em razão de o Brasil ter aderido em 07 de setembro de 1992, à Convenção Americana de Direitos Humanos (Pacto de São José da Costa Rica, de 22 de novembro de 1969), cujo art. 8º, I dispõe que "Toda pessoa terá direito de ser ouvida, com as devidas garantias e dentro de um prazo razoável (...)".OEA. Organização dos Estados Americanos. *Pacto de São José da Costa Rica*. Disponível em: http://www.oas.org/pt/cidh/mandato/Basicos/convencion. asp. Acesso em: 01 dez. 2022. Ainda, na Declaração Americana dos Direitos e Deveres do Homem foi consagrado no art. XXIV, o direito de petição, por motivo de interesse geral ou particular e o direto de obter uma solução rápida. Disponível em: http://www.oas.org/pt/cidh/mandato/Basicos/declaracion.asp. Acesso em: 01 dez. 2022.

[434] Trata-se de abordagem ilustrativa e exemplificativa a fim de apresentar algumas das normas do ordenamento jurídico brasileiro que permitem identificar formas de diálogo, consenso, negociação, conciliação e mediação no âmbito do Poder Público.

celebração de acordos administrativos, tem-se que as legislações infraconstitucionais neste sentido começaram a surgir no Brasil na década de 1990 e, principalmente de 2000, com o propósito de aproximar as relações entre particulares e a Administração e gerar colaboração no atendimento de interesses. Em 1990, passou a ser admitida a celebração de termo de ajustamento de conduta – TAC – na Lei da Ação Civil Pública.[435] No mesmo ano, também houve previsão no art. 211 do Estatuto da Criança e do Adolescente, Lei nº 8.069/1990, de permissão à celebração de compromisso de ajustamento de conduta.

Dentre as modalidades de participação administrativa ganharam destaque as audiências públicas, com previsão no art. 32, da Lei nº 9.784/1999, Lei de Processo Administrativo Federal, bem como em outras leis específicas, elas permitiram que qualquer pessoa passasse a ser ouvida e expusesse suas necessidades e sugestões quando determinada decisão afetasse seus interesses individuais, difusos ou coletivos, de modo que a Administração poderia realizar melhor os direitos envolvidos e tomar decisões com maior aceitação consensual.[436] A consulta pública, prevista no art. 31, da Lei nº 9.784/1999, também foi estabelecida como um instrumento de questionamento à opinião pública, que possibilitou a participação de interessados, aperfeiçoamento e legitimação da atuação administrativa, com viés, portanto, mais participativo e dialógico.

Na seara do direito administrativo da concorrência, o art. 14 da Lei nº 8.884/1994 previu a possibilidade de celebração de compromisso de cessação no âmbito da atuação do Conselho Administrativo de Defesa Econômica. Em momento posterior, foi inserido o art. 35-B na Lei nº 8.884/1994, pelo art. 2º, da Lei nº 10.149/2000, com a colaboração denominada acordo de leniência. Em 2011, o Sistema Brasileiro de Defesa da Concorrência estabeleceu nos arts. 85 e 86 da nº Lei 12.529/2011 a possibilidade de adoção do compromisso de cessação e do acordo de leniência para casos de infração à ordem econômica, de competência do então criado "Tribunal Administrativo de Defesa Econômica". Ainda, o art. 50 da referida lei previu a possibilidade de intervenção de terceiros que possam ser afetados.

---

[435] Art. 5º, §6º, da Lei nº 7.347/1985, com alterações a partir da Lei nº 8.078/1990.
[436] FUNGHI, Luís Henrique Baeta. Da dogmática autoritária à administração pública democrática. *RDA – Revista de Direito Administrativo*, Belo Horizonte, ano 2011, n. 257, p. 12, maio/ago. 2011.

Em relação aos valores mobiliários, a Lei nº 6.385/1976, em seu art. 11, §5º, com atualizações em 1997, 2001 e, mais recente, com a redação da Lei nº 13.506/2017, possibilitou à Comissão de Valores Mobiliários, após análise de conveniência e oportunidade, com vistas a atender ao interesse público, deixar de instaurar ou suspender, em qualquer fase que preceda a tomada da decisão de primeira instância, o procedimento administrativo destinado à apuração de infração mediante termo de compromisso.[437] Depreende-se nesta esfera administrativa-econômica um enfoque normativo menos adversarial e mais consensual.

A Lei nº 12.846/2013 também previu o acordo de leniência a ser firmado com pessoas jurídicas infratoras como um dos grandes instrumentos colaborativos ao combate à corrupção. No acordo de leniência, há a suavização do poder sancionador àquele que colabora com o poder público.[438] A possibilidade de celebrar o acordo representou um novo paradigma, pois nesta seara era habitual a vinculação à legalidade, com pouco espaço ao consenso.[439]

O direito brasileiro, desse modo, tem aumentado as possibilidades de participação democrática e consensual da coletividade nas atividades públicas, tais como no âmbito da seguridade social, do ensino público, em consultas públicas e com medidas consensuais no âmbito especializado regulatório.[440] Nesta seara regulatória, destaca-se a ANEEL – Agência Nacional de Energia Elétrica,[441] com competência

---

[437] Este ramo mostrou-se desenvolvido para a época, quando, por exemplo, a partir da Deliberação CVM nº 390 de 2001, foi estabelecido procedimento para negociação. A Deliberação CVM nº 486 de 2005 estabeleceu um Comitê de Termo de Compromisso com competência para encaminhar as negociações e emitir parecer a respeito sendo a Procuradoria da CVM competente para a análise da legalidade. SOUZA, Luciane Moessa de. *Meios consensuais de solução de conflitos envolvendo entes públicos*: negociação, mediação e conciliação na esfera administrativa e judicial. Belo Horizonte: Fórum, 2012. p. 195.

[438] MARRARA, Thiago. *Sistema brasileiro de defesa da concorrência, organização, processos e acordos administrativos*: de acordo com o Código de Processo Civil de 2015. São Paulo: Atlas, 2015.

[439] PINTO, José Guilherme Bernan Correa. Direito administrativo consensual, acordo de leniência e ação de improbidade. *Fórum Administrativo – FA*, Belo Horizonte, ano 16, n. 190, dez. 2016. Disponível em: http://www.bidforum.com.br/PDI0006.aspx?pdiCntd=246236. Acesso em: 2 jun. 2018.

[440] Arts. 194, VII, 198, III, 206, VI, 37, §3º, da Constituição da República. Pode-se verificar a atividade administrativa judicativa nas agências reguladoras: na ANEEL, art. 3°, V. da Lei nº 9.427/1996; na ANATEL, art. 19, XVII, da Lei nº 9.472/1997; na ANP, art. 20, da Lei nº 9.478/1997; na ANS, art. 4º, XXXIX, da Lei nº 9.961/2000; na ANTT e na ANTAQ, arts. 20, II, b, e 29, II, b, da Lei nº 10.233/2001.

[441] Instituída pela Lei nº 9.427/1996, cujo art. 3º, V, destinou-lhe competência para dirimir, no âmbito administrativo, as divergências entre os diversos agentes do setor, inclusive entre estes e seus consumidores. O tema foi regulamentado pelo Decreto nº 2.335/1997.

para dirimir controvérsias administrativas no setor elétrico, inclusive com os usuários dos serviços, que desde 1997 estabeleceu uma Superintendência de Mediação Administrativa Setorial,[442] voltada às reclamações de consumidores e da sociedade, sem se restringir, portanto, aos ajustes entre agência e concessionários.[443] Outro avanço deu-se com a previsão de utilização de mediação e conciliação no ambiente da PREVIC – Superintendência Nacional de Previdência Complementar, que instituiu o primeiro programa de mediação no âmbito do Executivo para a resolução de conflitos entre usuários e prestadoras.[444]

A ANS – Agência Nacional de Saúde, desde 2010, instituiu um procedimento de intermediação de conflitos entre operadoras de planos de saúde e usuários, NIP – Notificação de Intermediação Preliminar, que foi aprimorado pela Resolução nº 388/2015-ANS[445] com o uso da tecnologia da comunicação. A Agência, de modo semelhante à mediação, atua como intermediadora do conflito, o qual, se não solucionado, enseja em análise fiscalizatória e, eventualmente, em processo administrativo sancionador.

Ainda, no âmbito regulatório, a Lei nº 13.848/2019 dispõe sobre a gestão, a organização, o processo decisório e o controle social das

---

[442] Nos termos do art. 23 da Portaria MME nº 349 de 1997.

[443] A mediação no setor elétrico "ainda carece de divulgação e entendimento, tanto interno como externo, mas os resultados obtidos servem de incentivo para a continuidade desses esforços em prol do equilíbrio entre os agentes, consumidores de energia elétrica e em benefício da sociedade". BRASIL. Agência Nacional de Energia Elétrica (Brasil). *Solução de divergências*: mediação. Brasília: ANEEL, 2008. p. 24. Disponível em: https://edisciplinas.usp.br/pluginfile.php/5384008/mod_resource/content/1/Cadernos TematicosANEEL%20media%C3%A7%C3%A3o%20-%20pdf.pdf. Acesso: 01 dez. 2022.

[444] O regulamento foi previsto na Instrução PREVIC nº 7, de 9 de novembro de 2010. SOUZA, Luciane Moessa de. *Meios consensuais de solução de conflitos envolvendo entes públicos*: negociação, mediação e conciliação na esfera administrativa e judicial. Belo Horizonte: Fórum, 2012. p. 210-211.

[445] A intermediação de conflitos na Agência surgiu com a Resolução nº 226/2010, com alterações pela Resolução nº 343/2013 e, por fim, aprimoramento pela Resolução nº 388/2015, que foi considerada de grande relevância à melhoria do processo fiscalizatório da Agência, a qual, em 2014, possuía mais de 50 mil processos acumulados e em 2018 foi possível zerar o estoque de processos, com alta resolutividade de reclamações. Apenas com a NIP, cerca de 90% dos conflitos que ingressam na Agência são resolvidos com a intermediação sem a necessidade de abertura de processos administrativos. BRASIL. ANS. *Norma de fiscalização da ANS recebe menção honrosa no Prêmio FGV Direito Rio*. 18 dez. 2018. Disponível em: https://www.gov.br/ans/pt-br/assuntos/noticias/sobre-ans/norma-de-fiscalizacao-da-ans-recebe-mencao-honrosa-no-premio-fgv-direito-rio. Acesso em: 01 dez. 2022. BRASIL. ANS. *ANS celebra 10 anos da NIP, ferramenta para resolução de conflitos entre beneficiários e planos de saúde*. 05 ago. 2020. Disponível em: https://www.gov.br/ans/pt-br/assuntos/noticias/beneficiario/ans-celebra-10-anos-da-nip-ferramenta-para-resolucao-de-conflitos-entre-beneficiarios-e-planos-de-saude. Acesso em: 01 dez. 2022.

agências reguladoras, com o intuito de aumentar a participação e a colaboração da coletividade na atuação das agências mediante consulta, audiência pública e instituição de ouvidorias, a fim de compor os vários interesses envolvidos.

No que se refere aos usuários dos serviços públicos, a Lei nº 13.460/2017 previu a participação e formas de manifestações dos usuários de serviços públicos da Administração Pública, em evidente intuito de aprimorar as relações jurídicas e a integração do usuário na prestação dos serviços, inclusive mediante a instituição de ouvidorias, com incentivo às plataformas digitais, conforme Lei nº 14.129/2021, ao estabelecer os instrumentos do Governo Digital.

Na esfera processual, na busca por ampliar o diálogo e a participação na solução de controvérsias e reduzir o número de demandas judiciais, houve avanços significativos. Em 2010, o Conselho Nacional de Justiça expediu a Resolução nº 125, de 29 de novembro de 2010,[446] sobre a política pública de tratamento adequado de conflitos que, em seu art. 1º reconheceu o direito à solução destes por meios adequados. Com a Resolução, a mediação e a conciliação adquiriram relevante status à solução de controvérsias,[447] com inspiração na concepção de fórum de múltiplas portas apresentada por Franck Sander em 1976 nos Estados Unidos.[448] Em 2015, houve a edição do Novo Código de Processo Civil, Lei nº 13.105/2015, que primou pela solução consensual dos conflitos,[449] inclusive no que se refere à Administração Pública. O Código, em seu artigo 3º, §2º, positivou nova racionalidade processual, que prioriza a solução consensual aos conflitos[450] e, neste intuito, estabeleceu ao

---

[446] BRASIL. CNJ. *Resolução nº 125 de 29/11/2010*. Disponível em: https://atos.cnj.jus.br/atos/detalhar/156. Acesso em: 02 dez. 2022.

[447] Com a Emenda nº 02/2016 e, posteriormente, com a redação atribuída pela Resolução nº 326/2020, a Resolução nº 125, no art. 1º, §1º, priorizou os meios consensuais, como a mediação e a conciliação, à solução adjudicada mediante sentença, que devem ser priorizados pelos próprios magistrados. Destaca-se, portanto, o relevante papel da conciliação e da mediação à pacificação social.

[448] O trabalho apresentado foi *"Varieties of Dispute Processing"*, no qual tratou de um modelo multifacetado de solução de conflitos então nomeado como *"comprehensive justice center"*. A ideia é perceber as diferentes formas de resolver conflitos, mediação, arbitragem, negociação e med-arb (uma sucessão entre mediação e arbitragem). SANDER, Frank; CRESPO, Mariana Hernandez. A Dialogue between Professors Frank Sander and Mariana Hernandez Crespo: exploring the evolution of the Multi-Door Courthouse. *University of St. Thomas Law Journal*, v. 5, p. 667-670, 2008. Disponível em: https://papers.ssrn.com/sol3/papers.cfm?abstract_id=1265221. Acesso em: 02 dez. 2022.

[449] O art. 165 do Código de Processo Civil 2015 previu a criação de centros judiciários para as soluções consensuais dos conflitos.

[450] Destaca-se que o Código de Processo Civil anterior, com a redação da Lei nº 8.952/1994, no art. 125, IV, previa o dever de o juiz tentar conciliar as partes em qualquer momento,

Estado o dever de promover, sempre que possível, a solução consensual dos conflitos, determinou aos juízes, advogados e aos demais atores processuais o dever de estimularem as soluções consensuais, mesmo no curso de processos judiciais.[451]

A partir da nova legislação processual, reconhece-se que a lógica segundo a qual um conflito de interesses deve ser resolvido por ação judicial foi invertida para privilegiar outros modos de resolução.[452] Com este propósito, no tocante aos conflitos com o poder público, o art. 174 do Código previu a criação de câmaras de mediação e conciliação na Administração Pública[453] para a gestão adequada desta espécie de controvérsias.

Na esfera pública, a diminuição da litigiosidade e a celebração de acordos teve destaque com a Lei Complementar nº 73/1993 e a Lei nº 9.469/1997, ao tratar da edição de súmulas administrativas, da

---

estabelecia a conciliação como etapa inicial do rito processual, conforme arts. 277 e 331. A Lei nº 9.099/1995, dos juizados especiais, também estabeleceu rito processual propício à conciliação. Assim, o cenário de mudança de paradigma, trazido pelo novo Código de Processo em 2015, com a primazia da lógica do consenso foi trilhado por mudanças na concepção de consenso e autocomposição iniciadas há vinte anos atrás.

[451] "Art. 3º: Não se excluirá da apreciação jurisdicional ameaça ou lesão a direito (...) §2º O Estado promoverá, sempre que possível, a solução consensual dos conflitos. §3º A conciliação, a mediação e outros métodos de solução consensual de conflitos deverão ser estimulados por juízes, advogados, defensores públicos e membros do Ministério Público, inclusive no curso do processo judicial." O Código de Processo Civil, que entrou em vigor em março de 2016, como visto, tornou obrigatória a realização de audiência prévia de conciliação e mediação e, em quatro anos, "o número de sentenças homologatórias de acordo cresceu 30,1%, passando de 2.987.623 sentenças homologatórias de acordo no ano de 2015 para 3.887.226 em 2019". Em 2021, contudo, o número de sentenças homologatórias de acordo foi de 3.114.462, o que ainda representa apenas 0,9% do total de processos julgados. CNJ. BRASIL. CNJ. *Justiça em números 2020*. Brasília: CNJ, 2020. p. 258 Disponível em: https://www.cnj.jus.br/wp-content/uploads/2020/08/WEB-V3-Justi%C3%A7a-em-N%C3%BAmeros-2020-atualizado-em-25-08-2020.pdf. Acesso em: 15 nov. 2022. BRASIL. CNJ. *Justiça em números 2022*. Brasília: CNJ, 2022, p. 112. Disponível em: https://www.cnj.jus.br/wp-content/uploads/2022/09/justica-em-numeros-2022.pdf. Acesso em: 15 nov. 2022.

[452] MOREIRA, Egon Bockmann; CUÉLLAR, Leila. Câmaras de autocomposição da administração pública brasileira: reflexões sobre seu âmbito de atuação. In: CUÉLLAR, Leila *et al. Direito administrativo e alternative dispute resolution*: arbitragem, *dispute board*, mediação e negociação. Belo Horizonte: Fórum, 2020. p. 79.

[453] Art. 174: A União, os Estados, o Distrito Federal e os Municípios criarão câmaras de mediação e conciliação, com atribuições relacionadas à solução consensual de conflitos no âmbito administrativo, tais como: I – dirimir conflitos envolvendo órgãos e entidades da administração pública; II – avaliar a admissibilidade dos pedidos de resolução de conflitos, por meio de conciliação, no âmbito da administração pública; III – promover, quando couber, a celebração de termo de ajustamento de conduta. Art. 175. As disposições desta Seção não excluem outras formas de conciliação e mediação extrajudiciais vinculadas a órgãos institucionais ou realizadas por intermédio de profissionais independentes, que poderão ser regulamentadas por lei específica.

celebração de acordos em juízo e dispôs sobre a criação de câmaras especializadas para a proposição de acordos pela Advocacia Geral da União – AGU.[454] Dentre outras, é importante destacar a Portaria AGU nº 11/2020, que, em seu art. 3º, enfatizou a prioridade na resolução de conflitos à forma consensual e pela via da negociação, de modo preventivo ou na esfera judicial.[455]

A legislação dos juizados especiais para os litígios com a Fazenda Pública[456]adotou procedimentos que oportunizaram soluções consensuais. A lei dos juizados especiais federais, nº 10.259/2001, tornou expressa a competência dos representantes judiciais para firmarem acordos em juízo.[457]

Legislações setoriais como a Lei nº 8.213/1991 e a Lei nº 10.522/2002 previram a possibilidade de acordos em matéria tributária e previdenciária. No tocante à fiscalização do trabalho quanto ao atendimento da proteção à saúde e segurança, em 2001, pelo art. 627-A, foi prevista a possibilidade de celebração de Termo de Compromisso, de acordo com a regulamentação. Em temas ambientais, a Lei nº 9.605/1998, com modificações introduzidas em 2001, previu a possibilidade de celebração de termo de compromisso com particulares em casos de atividades de efetiva ou potencial poluição, com valor de título

---

[454] Legislação que vem sendo amplamente regulamentada no âmbito da AGU no sentido do aumento de possibilidades, simplificações e ampliação de legitimados. Inicialmente foi expedida a Ordem de Serviço nº 26, de 22 de julho de 2008, a qual subdelegava para Procuradores-Chefe a atribuição de celebrar acordos relativos a créditos da União inferiores a 40 mil reais. A ordem de serviço da AGU nº 13, de 09 de outubro de 2009 (revogada), permitiu aos advogados a celebração de acordos nas causas de até 60 salários mínimos e majorou para 500 mil reais para Procuradores-Chefe, que passou por alguns ajustes pela Ordem de Serviço nº 18, de 07 de dezembro de 2011. Com a Portaria nº 02/2012, foram criadas as centrais de negociação, que possuem como objetivo, dentre outros, "fomentar o paradigma da alternativa eficiente e diferenciada de solução e de prevenção de conflitos no âmbito da Procuradoria-Geral da União e respectivos órgãos de execução". Deve-se destacar a Portaria da AGU nº 11, de 08 de junho de 2020, que regulamentou o procedimento para a celebração de acordos, mediante negociação, destinados a encerrar ações judiciais ou a prevenir a propositura destas, relativamente a débitos da União e majorou os limites de alçada.

[455] A Portaria previu a edição de planos de negociação com a padronização em temas recorrentes. Atualmente, a AGU possui 17 planos, o que não exclui a apreciação de outros temas. BRASIL. *Portaria AGU nº 11, de 08 de junho de 2020*. Diário Oficial, Brasília, 2020. Disponível em: https://www.in.gov.br/en/web/dou/-/portaria-n-11-de-8-de-junho-de-2020-261278373. Acesso em: 02 dez. 2022. BRASIL. AGU. *Ementário dos Planos Nacionais de Negociação*. Disponível em: https://www.gov.br/agu/pt-br/acesso-a-informacao/acoeseprogramas/planos-nacionais-de-negociacao/sobre. Acesso em: 02 dez. 2022.

[456] Leis nº 10.259/2001 no âmbito federal e nº 12.153/2009 nos âmbitos estadual e municipal.

[457] Cujas competências foram disciplinadas pelo Decreto nº 4.250/2002 e pela Portaria AGU nº 109/2007, que elencou critérios à celebração de acordos.

executivo. Ainda, nas esferas ambiental e urbanística, também foram viabilizados ajustes e compensações para licenciamentos ambientais e empreendimentos, conforme dispõe o art. 36, parágrafo 3º da Lei nº 9.985/2000, regulamentado pelo Decreto nº 4.340/2002 e os arts. 2º, II, 32, parágrafo 2º e 35 da Lei nº 10.257/2001 – Estatuto da Cidade. A Lei nº 13.465/2017 incentiva as soluções consensuais para a regularização fundiária urbana, inclusive mediante instauração de ofício de mediações coletivas. Ainda, no tocante a sanções administrativas ambientais, o Decreto nº 9.760, de 11 de abril se 2019, que alterou o Decreto nº 6.514/2008, instituiu o Núcleo de Conciliação Ambiental e previu regras e procedimento a fim de fomentar a conciliação em matéria ambiental e a possibilidade de substituição de multas por serviços.

No intuito de otimizar a solução de controvérsias e reduzir a judicialização nos contratos administrativos, o art. 23-A da Lei nº 8.987/1995, Lei Geral de Concessões, admitiu a previsão em contratos de concessão de mecanismos privados de resolução de disputas e a previsão no mesmo sentido adveio no art. 11 da Lei nº 11.079/2004, Lei das Parcerias Público-Privadas e o art. 44-A, inserido em 2015 na Lei nº 12.462/2011, Regime Diferenciado de Contratação. E em 2021, a Lei nº 14.133/2021 estabeleceu o novo regime de licitações e contratos administrativos, cujo art. 151 trouxe a possibilidade de estabelecimento em todo e qualquer contrato administrativo, inclusive mediante aditamento aos já vigentes, de meios de prevenção e resolução de controvérsias como conciliação, a mediação, o comitê de resolução de disputas e a arbitragem, para direitos patrimoniais disponíveis, inclusive no tocante à extinção consensual dos contratos, art. 138, II. Nota-se um evidente avanço no tocante ao diálogo e à possibilidade de melhoria das relações entre particulares contratados e a Administração contratante, assim como a satisfação de interesses públicos e privados, com benefício a toda a coletividade.

Neste cenário de inovações legislativas com as mais diversas possibilidades de participação, colaboração, celebração de acordos e diminuição das controvérsias judiciais com a Administração Pública, de grande relevância ao tema foi a edição da Lei nº 13.129/2015, que alterou a Lei de arbitragem, Lei nº 9.307/1996, com a inclusão do §1º no art. 1º desta lei e enfatizou a utilização da arbitragem na Administração Pública para dirimir conflitos relativos a direitos patrimoniais disponíveis.[458]

---

[458] Nesta linha, o Decreto nº 10.025/2019 regulamentou o tema sobre a arbitragem, no âmbito do setor portuário e de transportes rodoviário, ferroviário, aquaviário e aeroportuário,

Relevância ímpar à autocomposição administrativa adveio com a Lei nº 13.140/2015, Lei de Mediação, que disciplinou a mediação judicial e extrajudicial com o poder público.[459] No art. 3º, a legislação destacou que o objeto da mediação administrativa pode envolver direitos disponíveis ou indisponíveis que admitam transação, de modo a resolver grande parte das incertezas quanto ao cabimento da mediação em conflitos que envolvam interesses públicos. O art. 32 previu a criação de câmaras de prevenção e resolução administrativa de conflitos no âmbito da advocacia pública, a fim de tratar de modo mais adequado os conflitos assim como preveni-los. A lei também reconheceu, no parágrafo único do art. 33, a mediação coletiva de conflitos relativos aos serviços públicos. Ainda, de grande importância, o art. 40 propiciou maior segurança jurídica aos agentes públicos que atuarem em autocomposições extrajudiciais dos conflitos, os quais somente poderão ser responsabilizados civil, criminal ou administrativamente em casos que por dolo ou fraude receberem vantagem patrimonial indevida, permitirem ou facilitarem tal percepção por terceiro ou concorrerem para tal ato. Desse modo, a Lei inovou na temática das soluções consensuais, notadamente na mediação, de modo a ampliar sua utilização pelo poder público e gerar maior segurança jurídica aos envolvidos,[460] cujo tema será tratado em maior profundidade na sequência.

Ademais, destaca-se que o Código de Ética dos advogados estabelece que é dever do advogado estimular a conciliação e a mediação e prevenir a instauração de litígios, assim como o advogado público tem o dever de reduzir a judicialização.[461] Desse modo, a advocacia

---

para dirimir litígios em âmbito federal. No âmbito da AGU, por intermédio da Portaria nº 320/2019, foi instituído o Núcleo Especializado em Arbitragem para consultoria e assessoria em arbitragens da União.

[459] No direito francês, também no âmbito da Administração Pública, foi estabelecido cenário legislativo semelhante de desjudicialização e de adoção de mecanismos administrativos autocompositivos, como a mediação convencional, que será detalhada e objeto de reflexão na sequência.

[460] A Lei de mediação "pode ser considerada um importante marco na busca pela maior adequação dos procedimentos resolutórios no Brasil, apta a influenciar uma gradativa relativização da nebulosa e paternalista concepção que tem marcado o debate a respeito da inegociabilidade e da exclusividade da solução adjudicatória referentemente aos conflitos de direitos indisponíveis no país". VENTURI, Elton. Transação de direitos indisponíveis? *Revista de Processo*, v. 251, p. 391-426, jan./2016.

[461] Conforme se extrai dos arts. 2º, VI e 8º, §1º do Código de Ética do Advogado, aprovado pela Resolução nº 02/2015 – CFOAB. BRASIL. CFOAB. *Código de Ética e Disciplina da OAB*. Disponível em: https://www.oab.org.br/publicacoes/AbrirPDF?LivroId=0000004085. Acesso em: 03 dez. 2022.

pública e privada deve exercer a sua atividade profissional de forma preferencialmente preventiva, por intermédio da conciliação e da mediação.

No ordenamento jurídico brasileiro, no tocante às transformações legislativas pelas quais vem passando, que permitem identificar uma mudança de regime administrativo voltado ao diálogo e à autocomposição, destaca-se a Lei nº 13.655/2018. Ela estabeleceu alterações à Lei de Introdução às Normas do Direito Brasileiro[462] e previu, de modo geral, incentivos à atuação consensual pelo poder público, de modo a "tornar mais robusta a posição jurídica ocupada pelo cidadão nas diversas relações havidas entre si e a Administração Pública".[463]

Dentre os modos de reforço e horizontalização das relações, destaca-se o art. 26 da LINDB, que possibilitou a celebração de acordos com os interessados a fim de eliminar irregularidades, incertezas jurídicas ou situações contenciosas na aplicação do direito público.[464] O referido artigo reconhece que pode haver conflitos entre o poder público e os particulares na aplicação do direito com possibilidade de soluções consensuais,[465] ou seja, admite existir hipóteses em que a perspectiva defendida inicialmente pelo poder público não se aplica de modo imediato e unilateral, que as soluções consensuais podem se apresentar mais vantajosas. Nestes casos, deverá adotar soluções proporcionais, equânimes, eficientes e compatíveis com os interesses gerais. De modo que o art. 26 foi além do debate acerca da indisponibilidade do interesse público e estabeleceu à Administração o dever de avaliar a possibilidade de estabelecer compromissos com os interessados,[466]

---

[462] Trata-se do Decreto-lei nº 4.657/1942, que disciplina a interpretação e a aplicação das leis de todo o ordenamento jurídico brasileiro.

[463] COSTALDELLO, Angela Cassia et al. Reflexos da nova lei de introdução às normas do direito brasileiro (Lei no 13.655/2018) na gestão urbanística das cidades. In: VALIATI, Thiago Priess et al. (Coord.). A lei de introdução e o direito administrativo brasileiro. Rio de Janeiro: Lumen Juris, 2019. p. 543.

[464] "Art. 26: Para eliminar irregularidade, incerteza jurídica ou situação contenciosa na aplicação do direito público, inclusive no caso de expedição de licença, a autoridade administrativa poderá, após oitiva do órgão jurídico e, quando for o caso, após realização de consulta pública, e presentes razões de relevante interesse geral, celebrar compromisso com os interessados, observada a legislação aplicável, o qual só produzirá efeitos a partir de sua publicação oficial".

[465] SCHWIND, Rafael Wallbach. Acordos na Lei de Introdução às Normas do Direito Brasileiro – LINDB: normas de sobredireito sobre a celebração de compromissos pela Administração Pública. In: OLIVEIRA, Gustavo Justino (Coord.); BARROS FILHO, Wilson Accioli de (Org.). Acordos administrativos no Brasil: teoria e prática. São Paulo: Almedina, 2020. p. 162.

[466] SCHWIND, Rafael Wallbach. Acordos na Lei de Introdução às Normas do Direito Brasileiro – LINDB: normas de sobredireito sobre a celebração de compromissos pela

quer dizer, avaliar quanto ao cabimento da atuação administrativa consensual para melhor atender aos interesses públicos,[467] de modo a configurar um "permissivo genérico de realização de acordos".[468] Em uma tentativa de compor preventivamente os interesses, a LINDB, no art. 29, reforçou a importância de o poder público realizar consultas públicas.

Nesta linha de entendimento e de consolidação da função administrativa dialógica e consensual, foi instituída pela Lei nº 13.867/2019 a mediação no tocante às indenizações em desapropriações.[469] Em 2020, também houve grande avanço na temática com a Lei nº 13.988/2020 sobre transação em âmbito federal relativa a créditos tributários ou não tributários, quando, em juízo de oportunidade e conveniência, a medida atender ao interesse público. Destaca-se o disposto nos art. 3º e 10 que possibilitam a iniciativa do devedor à transação. Outro aspecto relevante foi o disposto no art. 29, o qual trouxe segurança jurídica aos agentes públicos que atuarem na celebração das transações ao prever responsabilização apenas em casos de dolo ou fraude.

Além da profusão legislativa referente às hipóteses de autocomposição administrativas, a única proibição expressa à celebração de transações, acordo e conciliação que existia no ordenamento jurídico, o art. 17, §1º, da Lei nº 8.429/1992, de improbidade administrativa, foi revogada com a Lei nº 13.964/2019, que admitiu a celebração de acordo de não persecução cível em casos de improbidade. O tema do acordo de não persecução cível ainda foi ampliado a partir das alterações promovidas pela Lei nº 14.230/2021.

Administração Pública. *In:* OLIVEIRA, Gustavo Justino (Coord.); BARROS FILHO, Wilson Accioli de (Org.). *Acordos administrativos no Brasil*: teoria e prática. São Paulo: Almedina, 2020. p. 162, 164.

[467] A respeito, Rafael Schwind pondera que houve uma "evolução do pensamento jurídico a respeito da indisponibilidade do interesse público", não há mais como alegar que a Administração não pode celebrar acordos. SCHWIND, Rafael Wallbach. Acordos na Lei de Introdução às Normas do Direito Brasileiro – LINDB: normas de sobredireito sobre a celebração de compromissos pela Administração Pública. *In:* OLIVEIRA, Gustavo Justino (Coord.); BARROS FILHO, Wilson Accioli de (Org.). *Acordos administrativos no Brasil*: teoria e prática. São Paulo: Almedina, 2020. p. 175.

[468] FARIA, Luzardo. O art. 26 da LINDB e a legalidade dos acordos firmados pela Administração Pública: uma análise a partir do princípio da indisponibilidade do interesse público. *In:* VALIATI, Thiago Priess *et al.* (Coord.). *A lei de introdução e o direito administrativo brasileiro*. Rio de Janeiro: Lumen Juris, 2019. p. 158.

[469] Conforme o art. 10-B do Decreto-Lei nº 3.365/1941, incluído pela Lei nº 13.867/2019, o particular poderá optar pela mediação ou pela arbitragem por um dos órgãos ou instituições previamente cadastradas.

Do que foi brevemente exposto, depreende-se que o ordenamento jurídico brasileiro vem convergindo no sentido de se priorizar o diálogo e a consensualidade em várias perspectivas e também no tocante à prevenção e solução de controvérsias. Nisso se inclui a Administração Pública, com indiscutível inserção a partir da Lei nº 13.140/2015, Lei de Mediação, do Código de Processo Civil de 2015 e da LINDB. Reconhece-se "um verdadeiro microssistema de incentivo ao uso da mediação no âmbito da Administração Pública".[470]

A legislação vem efetivar a proposta do preâmbulo constitucional ao ressalvar que o ordenamento se funda na harmonia social e prima pela solução pacífica das controvérsias, assim como efetiva os demais dispositivos constitucionais como o princípio da eficiência e a garantia fundamental à razoável duração do processo e sua celeridade, estes acrescidos pelo constituinte reformador. A Constituição da República, desse modo, possui como orientação a busca por "soluções consensuais e pacíficas", assim como "a paz e o afastamento de controvérsias".[471]

2.2.3 A priorização da consensualidade administrativa no ordenamento jurídico brasileiro

Identifica-se no ordenamento jurídico brasileiro, a partir dos dispositivos constitucionais e legais mencionados, somados a inúmeros outros existentes, a existência de normas jurídicas claras no tocante à priorização à solução consensual aos conflitos. Extrai-se um vetor interpretativo sistemático[472] e teleológico a orientar a atuação administrativa na implementação de mecanismos de diálogo para possibilitar esclarecimentos e soluções consensuais.

O ordenamento jurídico brasileiro acompanha uma tendência também presente em outros países no sentido da desjudicialização e da preferência à autocomposição dos conflitos. Outros métodos de solução de controvérsias ganharam destaque muito em razão de uma suposta

---

[470] BRAGA NETO, Adolfo. Mediação com a Administração Pública. *In*: MOREIRA, António Júdice *et al.* (Coord.). *Mediação e arbitragem na Administração Pública*: Brasil e Portugal. São Paulo: Almedina, 2020. p. 31.

[471] BATISTA JÚNIOR, Onofre Alves. *Transações administrativas*: um contributo ao estudo do contrato administrativo como mecanismo de prevenção e terminação de litígios e como alternativa à atuação administrativa autoritária, no contexto de uma administração pública mais democrática. São Paulo: Quartier Latin, 2007. p. 462.

[472] Neste sentido, recorda-se que "toda a fonte se integra numa ordem", desse modo, "a interpretação duma fonte não se faz isoladamente", mas em um contexto. ASCENSÃO, José de Oliveira. *Introdução à ciência do direito*. 3. ed. Rio de Janeiro: Renovar, 2005. p. 390.

"crise na justiça civil" que favoreceu o desenvolvimento dos modos alternativos de solução de conflitos à justiça estatal, ADR – *Alternative Dispute Resolution* – nos países da *common law* e MARC – *Modes alternatifs de règlement des conflits* – na França,[473] com o recurso ao contrato como procedimento de solução amigável de conflitos. O movimento em prol da autocomposição está acelerado em todos os domínios e "não poupou o direito público e nem precisamente a justiça administrativa que pareciam, por diferentes razões, negligenciá-lo".[474]

Ainda, para além do aspecto relativo à jurisdição, no contexto europeu houve mudanças nas estruturas sociais e no sistema jurídico regulatório no sentido da passagem de uma ordem jurídica imposta a uma ordem jurídica negociada, da regulação autoritária para a convencional, é o que se denomina sociedade contratual.[475] Assim, o relacionamento entre a coletividade e o poder público modificou-se, de modo que a concepção de uma decisão judicial ou administrativa imposta, sem ou com a mínima participação e a atomização dos sujeitos, não se adequa mais como modelo principal na realidade. É o que se extrai também no direito brasileiro ao se observar o seu respectivo sistema jurídico que vem sendo reestruturado na perspectiva de participação e colaboração dos particulares com o poder público, de modo que o ajuste de interesses, "a negociação tornou-se um instrumento imprescindível da função administrativa".[476]

Não há no ordenamento jurídico brasileiro determinação no sentido que a atuação administrativa se efetive de modo imperativo e unilateral e que as controvérsias eventualmente existentes entre a Administração e os particulares devam ser resolvidas na esfera judicial. O sistema normativo não alberga a omissão administrativa no sentido de não dialogar com a coletividade e de não resolver consensualmente

---

[473] Os modos alternativos de resolução de conflito existem há tempos, mas hoje há um grande movimento legislativo pela desjudicialização e simplificação procedimental, sem previsão de fim. "Primeiramente, essa lógica de desjudicialização pode parecer bem curiosa: uma vez que a justiça estatal parece ser a via natural à resolução de litígios, encoraja-se – eventualmente se impõe – a utilização das vias derrogatórias, desjudicializadas, de resolução de diferenças". CIMAMONTI, Sylvie; PERRIER, Jean-Baptiste (Dir.) *Les enjeux de la déjudiciarisation*. LGDJ: Issy-les-Moulineaux, 2019. p. 5-6.

[474] CIMAMONTI, Sylvie; PERRIER, Jean-Baptiste (Dir.) *Les enjeux de la déjudiciarisation*. LGDJ: Issy-les-Moulineaux, 2019. p. 8.

[475] STORME, Marcel. Préface. CADIET, Loïc (Dir.). *Médiation & arbitrage alternative dispute resolution*: alternative à la justice ou justice alternative?: perspectives comparatives. Paris: Litec, Lexis Nexis, 2005. p. 7.

[476] BITENCOURT NETO, Eurico. *Concertação administrativa interorgânica*: direito administrativo e organização no século XXI. São Paulo: Almedina, 2017. p. 248.

os conflitos. Extrai-se, em verdade, incentivo à participação e à resolução consensual de controvérsias. Se a Administração Pública puder atender ao interesse público sem atuar de forma imperativa e menos interventiva, por força do princípio da eficiência e da proporcionalidade, deve privilegiar a atuação participativa e consensual.[477] Ainda, a partir da perspectiva tridimensional do direito, em uma concepção que a norma jurídica é "síntese integrante de fatos ordenados segundo distintos valores", e que a aplicação do Direito envolve um processo dialético complementar entre fatos e valores,[478] tem-se que este processo será muito melhor desenvolvido a partir dos aportes de fatos e valores reais e não por aqueles estimados ou escolhidos pelas autoridades.

O ordenamento jurídico brasileiro, como ilustrado, "prima pela solução não adversarial e não judicial de controvérsias".[479] O Estado deve otimizar sua resposta às demandas da coletividade e é razoável questionar sobre a opção mais eficiente, os métodos autocompositivos como a mediação devem ser utilizados não apenas como desjudicialização[480] e para evitar dispêndio de recursos públicos escassos, mas, principalmente por razões substanciais como a sua grande eficiência na resolução de conflitos,[481] na efetivação de direitos e no aprimoramento das relações jurídicas. Devem ser priorizadas as soluções consensuais para direitos que admitam transações no âmbito administrativo.

Há um "dever normativo" à Administração de se estruturar, se organizar e buscar a adoção de técnicas autocompositivas.[482] As prerrogativas administrativas, tais como a unilateralidade e a imperatividade,

---

[477] BATISTA JÚNIOR, Onofre Alves. *Transações administrativas*: um contributo ao estudo do contrato administrativo como mecanismo de prevenção e terminação de litígios e como alternativa à atuação administrativa autoritária, no contexto de uma administração pública mais democrática. São Paulo: Quartier Latin, 2007. p. 361.

[478] REALE, Miguel. *Lições preliminares de direito*. 27. ed. São Paulo: Saraiva, 2009. p. 67.

[479] MOREIRA, Egon Bockmann; CUÉLLAR, Leila. Administração pública e mediação: notas fundamentais. In: CUÉLLAR, Leila et al. *Direito administrativo e alth ernative dispute resolution*: arbitragem, *dispute board*, mediação e negociação. Belo Horizonte: Fórum, 2020. p. 52.

[480] Desjudicialização pode ser provisoriamente compreendida como o movimento tendente à retirada ou ao recuo do juiz, é atualmente a grande missão da justiça do século XXI. CIMAMONTI, Sylvie; PERRIER, Jean-Baptiste (Dir.) *Les enjeux de la déjudiciarisation*. LGDJ: Issy-les-Moulineaux, 2019.p. 5.

[481] OTEIZA, Eduardo. ADR methods and the diversity of cultures: the latin american case. p. 161-177. In: CADIET, Loïc (Dir.). *Médiation & arbitrage alternative dispute resolution*: alternative à la justice ou justice alternative?: perspectives comparatives. Paris: Litec, Lexis Nexis, 2005. p. 169.

[482] MOREIRA, Egon Bockmann; CUÉLLAR, Leila. Administração pública e mediação: notas fundamentais. In: CUÉLLAR, Leila et al. *Direito administrativo e alternative dispute resolution*: arbitragem, *dispute board*, mediação e negociação. Belo Horizonte: Fórum, 2020. p. 52.

não necessitam ser utilizadas *a priori*, o diálogo, o consenso e o ajuste, são modos de atuar administrativos mais consentâneos com o atual Estado Democrático de Direito, centrado na dignidade da pessoa humana e no respeito aos direitos fundamentais, que devem ser priorizados sobre as medidas unilaterais, impositivas e adversariais. Identifica-se uma plêiade de opções legislativas aptas à "abertura de múltiplas portas" à solução e prevenção de conflitos na Administração Pública, mas que necessitam da providência material, executiva e concreta, própria à função administrativa, para serem abertas e adequadamente utilizadas.[483] Ademais, *a priori*, não há como imaginar que uma decisão judicial seja melhor que um acordo no qual os envolvidos atuam e deliberam sobre seus próprios direitos.[484]

Como corolário à boa administração, e a fim de efetivar a tutela direta e imediata, a Administração tem o dever de adotar as medidas mais eficientes ao diálogo e à solução de controvérsias, há situações em que a adoção dos meios autocompositivos administrativos torna-se uma obrigação ao administrador público[485] e não apenas uma opção.

De todo modo, a partir da simples ilustração das normas expressas do ordenamento jurídico brasileiro, pode-se vislumbrar que a adoção de mecanismos autocompositivos entre particulares e a Administração Pública não é vedada em lei, ao contrário, é almejada pelo ordenamento jurídico, sobretudo pela Constituição da República e pela legislação pátria dos últimos 30 anos. Assim, as soluções administrativas

---

[483] Neste sentido, alerta-se que "não basta que seja disponibilizado no Brasil as *ADRs* sem que cada um desses mecanismos seja direcionado de maneira adequada e se inter-relacionem, também ao lado do processo judicial comum, para formar um sistema de solução de controvérsias que vá além de, formalmente, garantir o acesso à justiça". MUNIZ, Tânia Lobo; SILVA, Marcos Claro da. O modelo de tribunal multiportas americano e o sistema brasileiro de solução de conflitos. *Revista da Faculdade de Direito da UFRGS*, Porto Alegre, v. esp., n. 39, p. 288-311, 2018. p. 295.

[484] NORMAND, Jacques. Clôture sur médiation. CADIET, Loïc (Dir.). *Médiation & arbitrage alternative dispute resolution*: alternative à la justice ou justice alternative?: perspectives comparatives. Paris: Litec, Lexis Nexis, 2005. p. 200. Watanabe destaca que a pacificação social é o mais importante na atuação dos profissionais do direito e, nesta linha, ressalta que é "mais relevante para o juiz um acordo amigável, (…) do que uma sentença brilhante proferida e que venha a ser confirmada pelos tribunais superiores". WATANABE, Kazuo. Modalidades de mediação. *In*: DELGADO, José *et al.* Mediação: um projeto inovador. *Cadernos do CEJ*, Brasília, 22, CEJ, CJF, p. 50, 2003. Disponível em: Disponível em: https://www.cjf.jus.br/cjf/corregedoria-da-justica-federal/centro-de-estudos-judiciarios-1/publicacoes-1/cadernos-cej/mediacao-um-projeto-inovador. Acesso em: 03 dez. 2022.

[485] BONIZZI, Marcelo José Magalhães; ALVES, Marcus Vinicius. Breve análise dos meios alternativos de solução de conflitos envolvendo a Administração Pública no Brasil e em Portugal. *In*: MOREIRA, António Júdice *et al.* (Coord.). *Mediação e arbitragem na Administração Pública*: Brasil e Portugal. São Paulo: Almedina, 2020. p. 248.

autocompositivas encontram respaldo no art. 37 da Constituição da República, notadamente nos princípios da legalidade, da eficiência[486] e da moralidade.

A partir de uma análise sistemática e teleológica do ordenamento jurídico brasileiro no tocante às soluções consensuais autocompositivas entre o poder público e os particulares, extrai-se, por força normativa, que estas devem ser adotadas prioritariamente pela Administração.[487] Não se identifica autorização à omissão administrativa no sentido de não dialogar e não buscar compor conflitos, remetendo-os ao Judiciário. Ao contrário, reconhece-se, inclusive, o direito à tutela administrativa efetiva que determina o reconhecimento e a implementação de direitos pela Administração.[488] Desta feita, a função administrativa no Estado Democrático de Direito brasileiro, por previsão normativa expressa, a partir do norte sistemático e teleológico constitucional, requer a adoção prioritária de mecanismos de solução e prevenção de controvérsias, aptos ao diálogo e ao consenso entre particulares e a Administração Pública.

2.3 A mediação como mecanismo de autocomposição administrativa na solução e prevenção de controvérsias entre a Administração Pública e os particulares

De acordo com a análise do ordenamento jurídico brasileiro, que encontra consonância com outros países, em especial, com a França,

---

[486] Como também destacam BRAGANÇA, Fernanda; BRAGANÇA, Laurinda. Meios adequados de solução de conflitos em contratos de obras e serviços de engenharia. *In*: BRAGANÇA, Fernanda *et al.* (Org.). *Solução de conflitos e sociedade*. Rio de Janeiro: Pembroke Collins, 2021. p. 408.

[487] Extrai-se que o ordenamento, em grande parte, se orienta à pacificação social. AZEVEDO, André Gomma de (Org.). 2012. *Manual de Mediação Judicial*. Brasília/DF: Ministério da Justiça e Programa das Nações Unidas para o Desenvolvimento – PNUD. p. 35.

[488] O direito à tutela administrativa implica no reconhecimento e proteção dos direitos fundamentais no exercício da competência administrativa "sem carecer de coerção, em sede administrativa ou jurisdicional. Com isso, evita-se a necessidade de propositura de demandas judiciais para reivindicar a sua realização, ou de dar prosseguimento àquelas que já foram ajuizadas, aumentando o índice de satisfação dos direitos fundamentais e desobstruindo o Poder Judiciário de processos despiciendos, que têm como origem a recusa estatal de adimplir voluntariamente os seus deveres constitucionais e legais para com os cidadãos". HACHEM, Daniel Wunder. *Crise do poder judiciário e a venda do sofá. O que a administração e a advocacia pública têm a ver com isso?* Crise Econômica e Soluções Jurídicas, 301/2016. São Paulo: RT, 2016.

pode-se identificar uma tendência normativa e de implementação de mecanismos dialógico-consensuais entre a coletividade e o poder público, no desempenho de suas funções estatais, o que inclui a tendência à democratização da função administrativa estatal.

No que se refere à atuação administrativa, a participação dialogada e consensual com a coletividade pode ocorrer em diversas etapas e por distintos instrumentos, no exercício do poder normativo, no estabelecimento das decisões,[489] na sua execução ou na função judicante administrativa. O consenso na função judicante refere-se à prevenção e à resolução de conflitos[490] e pode se realizar por intermédio das comissões de conflito, dos acordos substitutivos,[491] bem como por negociação, conciliação e mediação.[492]

No espectro dos mecanismos de diálogo e consenso entre a coletividade e o poder público residem as formas autocompositivas de prevenção e resolução de conflitos, assim denominadas, pois os próprios envolvidos, por intermédio do diálogo, vão buscar soluções consensuais, construídas a partir das respectivas participações e colaborações, no que difere, em síntese, das soluções adjudicatórias,

---

[489] Os conselhos municipais representam um mecanismo relevante de participação da coletividade e diálogo com o poder público, traduzindo-se na "mais alta correspondência ao modelo de gestão pública compartida, bem como ao princípio democrático". BITENCOURT, Caroline Müller; BEBER, Augusto Carlos de Menezes. O controle social a partir do modelo de gestão pública compartida: da insuficiência da representação parlamentar à atuação dos conselhos populares como espaços públicos de interação comunicativa. *Revista de Direito Econômico e Socioambiental*, Curitiba, v. 6, n. 2, p. 249, jul./dez. 2015.

[490] MAIA, Taciana Mara Corrêa. A administração pública consensual e a democratização da atividade administrativa. *Revista Jurídica UNIGRAN*, Dourados, MS, v. 16, n. 31, jan./jun. 2014. A respeito, também dispõe: MOREIRA NETO, Diogo de Figueiredo. Novos institutos consensuais da ação administrativa. *Revista de Direito Administrativo*, 231, Rio de Janeiro, p. 129-156, p. 152-155, jan./mar. 2003.

[491] De acordo com Diogo de Figueiredo Moreira Neto, as comissões de conflito são permanentes para atuarem sempre que houver a possibilidade e iminência de instaurar-se um conflito de interesses no âmbito de sua competência. Os acordos substitutivos são instrumentos administrativos ocasionais sempre que se verificar que uma decisão unilateral de um processo poderá ser vantajosamente substituída por um acordo em que o interesse público possa ser melhor atendido e, nesta hipótese, o autor exemplifica com o disposto no art. art. 5°, §6°, da Lei nº 7.347/1985. Novos institutos consensuais da ação administrativa. MOREIRA NETO, Diogo de Figueiredo. Novos institutos consensuais da ação administrativa. *Revista de Direito Administrativo*, 231, Rio de Janeiro, p. 129-156, jan./mar. 2003.

[492] A arbitragem pode ser vislumbrada pela perspectiva consensual no que se refere à convenção das partes à submissão de eventual conflito à arbitragem e ao consenso quanto à definição da câmara arbitral e dos árbitros. A decisão arbitral, contudo, é heterocompositiva, é determinada pelo árbitro, não é resultado do consenso entre as partes.

heterocompositivas, nas quais um terceiro decide como o conflito deve ser resolvido. E, a fim de delimitar o objeto da presente obra, dentro do panorama geral tratado, verticaliza-se o enfoque que se volta à mediação administrativa como forma autocompositiva de prevenção e resolução de conflitos.

2.3.1 A autocomposição administrativa

O conflito surge quando as partes possuem objetivos diferentes, percepções distintas sobre estes e acreditam que são incompatíveis.[493] Ele é "parte da complexidade inerente aos fenômenos humanos, a negação da legitimidade do conflito é a negação do humano".[494] Há situações, contudo, em que os comandos proibido e obrigatório das normas encontram-se claros e evidentes no caso concreto, onde o conflito tende a não existir ou a se resolver com maior facilidade. Dificuldade maior existe quando várias condutas são permitidas e, ao menos a *priori*, incompatíveis.

A incidência mais severa da legalidade no âmbito público não é suficiente para afastar eventuais conflitos, uma vez que é comum a existência de espaços normativos que admitem, ao menos inicialmente, variadas interpretações e medidas. "Administrar é agir; mas agir é satisfazer alguns e descontentar muitos outros".[495] Impasses são inevitáveis nas atuações administrativas em que inúmeros interesses estão envolvidos, assim como legislações, exigências e possibilidades, mas, em regra, com recursos escassos.[496] No entanto, apenas o sistema jurídico não é suficiente para a solução do conflito.[497]

---

[493] O conflito pode ser definido como um processo ou estado em que duas ou mais pessoas divergem em razão de metas, interesses ou objetivos individuais percebidos como mutuamente incompatíveis. YARN, Douglas H. Dictionary of Conflict Resolution. São Francisco: Ed. Jossey Bass, 1999. p. 113 *apud* AZEVEDO, André Gomma de (Org.). 2012. *Manual de Mediação Judicial*. Brasília/DF: Ministério da Justiça e Programa das Nações Unidas para o Desenvolvimento – PNUD. p. 27.

[494] GUILLAUME-HOFNUNG, Michèle. *La médiation*. Paris: PUF, 2020. p. 94.

[495] PLESSIX, Benoît. *Droit administratif général*. 3. ed. Paris: LexisNexis, 2020. p. 1356.

[496] COSTALDELLO, Angela Cassia *et al*. Reflexos da nova lei de introdução às normas do direito brasileiro (Lei no 13.655/2018) na gestão urbanística das cidades. *In*: VALIATI, Thiago Priess *et al*. (Coord.). *A lei de introdução e o direito administrativo brasileiro*. Rio de Janeiro: Lumen Juris, 2019. p. 521.

[497] SOUZA, Luciane Moessa de. *Meios consensuais de solução de conflitos envolvendo entes públicos*: negociação, mediação e conciliação na esfera administrativa e judicial. Belo Horizonte: Fórum, 2012. p. 57-58.

O procedimento empregado à solução do conflito pode potencializá-lo ao invés de dirimi-lo ou pode resolvê-lo formalmente, para o momento, quando outros métodos podem contribuir para soluções mais amplas, com efeitos positivos diretos e indiretos.

O poder público tem se dedicado à busca de medidas de resolução de conflitos que não representem a imposição do poder do mais forte, nem mesmo do Estado, ou que desconsiderem a participação direta do cidadão na solução.[498] Almejam-se soluções não apenas consideradas adequadas em termos de conteúdo, mas construídas mediante colaboração da coletividade, razão pela qual são estimulados métodos autocompositivos para atender as necessidades desta com o fortalecimento das relações e do tecido social.[499]

Na metade dos anos 70, especialmente nos Estados Unidos e na Europa, vivenciou-se a multiplicação e a diversificação dos modos alternativos, mesmo nos campos intensamente judicializados, até mesmo no direito penal e no direito administrativo.[500] Com a ampliação do reconhecimento dos direitos humanos e da dignidade humana, bem como com o maior anseio à participação democrática, os métodos participativos de decisão, como a mediação, desenvolveram-se em uma perspectiva contemporânea.[501]

Nos procedimentos de autocomposição os envolvidos necessitam dialogar, compreender as diversidades, os interesses e buscar em conjunto soluções a fim de prevenir ou solucionar conflitos. Nesta metodologia, as partes são as protagonistas, não apenas participam, mas contribuem à solução, elas constroem em conjunto a decisão, adequada à realidade dos fatos e nos limites da legalidade. E, uma vez que se trata da autocomposição administrativa, uma das partes envolvidas é a Administração Pública. Desse modo, na autocomposição administrativa

---

[498] CARDOZO, José Eduardo. Prefácio. *In:* Azevedo, André Gomma (Org.). *Manual de Mediação Judicial*. Brasília/DF: Ministério da Justiça e Programa das Nações Unidas para o Desenvolvimento – PNUD, 2012. p. 9.

[499] CARDOZO, José Eduardo. Prefácio. *In:* Azevedo, André Gomma (Org.). *Manual de Mediação Judicial*. Brasília/DF: Ministério da Justiça e Programa das Nações Unidas para o Desenvolvimento – PNUD, 2012. p. 9.

[500] Várias experiências da utilização da mediação em disputas públicas nos Estados Unidos da América são mencionadas por MOORE, Christopher W; LOPES, Magda França (Trad.). *O processo de mediação*: estratégias práticas para a resolução de conflitos. 2. ed. Porto Alegre: Artmed, 1998. p. 39-40.

[501] Ressalta-se que a prática da mediação remonta vários períodos históricos e em diferentes contextos, a respeito, MOORE, Christopher W; LOPES, Magda França (Trad.). *O processo de mediação*: estratégias práticas para a resolução de conflitos. 2. ed. Porto Alegre: Artmed, 1998. p. 32-34.

compreendem-se mecanismos de diálogo e consenso, como a mediação, em que a Administração Pública e outro(s) envolvidos[502] vão prevenir e solucionar controvérsias administrativamente, ou seja, sem depender da atividade jurisdicional.

Defende-se, a partir do que foi exposto no capítulo anterior, sob a perspectiva democrática e dialógica, que a atividade compositiva deve ser desenvolvida no exercício da função administrativa. Não se exclui a possibilidade, e a relevância, de a autocomposição com a Administração ocorrer no âmbito do Judiciário em qualquer etapa do processo judicial, mas se defende a necessidade da função administrativa contemplar a autocomposição em sua atuação e privilegiá-la. O acesso à Justiça não se restringe ao acesso ao Judiciário[503] e deve ser oportunizado de modo direto e imediato pela própria Administração Pública, mediante a autocomposição como prevenção e solução de conflitos, destinando-se ao Judiciário aqueles que assim não puderem ser prevenidos ou dirimidos.[504] Por sua vez, a mediação é um método de solução de conflitos, pautado no diálogo, que promove o acesso à Justiça e pode ser utilizado pela Administração.[505] O encaminhamento administrativo da contestação e dos descontentamentos "é uma garantia de credibilidade e perenidade" para a Administração, "deixar as frustrações e os rancores sem solução gera uma acumulação que instiga maiores perigos à autoridade da Administração".[506]

Apesar de previsões legislativas, ainda existe pouca utilização prática das soluções autocompositivas, sem utilizá-las "sempre que possível". A fim de difundir a prevenção e a resolução administrativa, questiona-se, inclusive, se não seria a hipótese de tornar sua

---

[502] Que poderão ser outros entes públicos ou entidades administrativas, mas o enfoque nesta obra é o particular, pessoa física ou jurídica.

[503] O acesso à Justiça é de "'importância capital' entre os novos direitos individuais e sociais, uma vez que a titularidade de direitos é destituída de sentido, na ausência de mecanismos para sua efetiva reivindicação. O acesso à justiça pode, portanto, ser encarado como o requisito fundamental – o mais básico dos direitos humanos – de um sistema jurídico moderno e igualitário que pretenda garantir, e não apenas proclamar os direitos de todos". CAPPELLETTI, Mauro; GARTH, Bryant. NORTHFLEET, Ellen Gracie. (Trad.). *Acesso à justiça*. Porto Alegre: Sergio Antonio Fabris Editor, 2002. p. 5.

[504] "O acesso à Justiça traz implicitamente o princípio da adequação" de modo se traduz em "obter uma solução adequada aos conflitos (...) tempestiva". WATANABE, Kazuo. Modalidades de mediação. *In*: DELGADO, José *et al*. Mediação: um projeto inovador. *Cadernos do CEJ*, Brasília, 22, CEJ, CJF, p. 45, 2003. Disponível em: Disponível em: https://www.cjf.jus.br/cjf/corregedoria-da-justica-federal/centro-de-estudos-judiciarios-1/publicacoes-1/cadernos-cej/mediacao-um-projeto-inovador. Acesso em: 03 dez. 2022.

[505] BRAGA NETO, Adolfo. *A mediação e a Administração Pública*. São Paulo: CLA, 2021. p. 320.

[506] PLESSIX, Benoît. *Droit administratif général*. 3. ed. Paris: LexisNexis, 2020. p. 1357.

utilização obrigatória.⁵⁰⁷ Ainda é evidente a desatualização do direito administrativo,⁵⁰⁸ que não se utiliza dos mais variados instrumentos que possibilitem dirimir conflitos e alcançar a eficiência administrativa, independentemente de interpelação judicial provocada por algum indivíduo.⁵⁰⁹ Por exemplo, em temas constantemente demandados mediante ações judiciais por particulares contra o Poder Público, como indenizações, concursos públicos, licitações, políticas públicas e benefícios previdenciários e assistenciais, ainda é reduzida a utilização de medidas autocompositivas, notadamente na esfera administrativa.⁵¹⁰

Alerta-se que a legislação, em especial, a Lei de Mediação, não veio apenas para "inovar textos jurídicos", mas para "renovar a mentalidade que se tem sobre o Direito" com a solução consensual de conflitos e a Administração deverá participar desta renovação.⁵¹¹ A opção legislativa foi no sentido de estabelecer normas para disciplinar a autocomposição administrativa, de modo que abrange e prevê a adoção de variadas formas compositivas dos conflitos, no que se inclui a mediação. Assim, a Lei de Mediação propõe à Administração um sistema múltiplo de resolução adequada de conflitos.

---

[507] SOUZA, Luciane Moessa de. *Meios consensuais de solução de conflitos envolvendo entes públicos*: negociação, mediação e conciliação na esfera administrativa e judicial. Belo Horizonte: Fórum, 2012. p. 218. Ressalta-se que na França há experiências de obrigatoriedade, mas há polêmica sobre a compatibilidade de tal obrigação uma vez que a essência da mediação é a voluntariedade.

[508] Neste sentido, pontua Rodríguez-Arana Muñoz "*Si la dignidad del ser humano y el libre y solidario desarrollo de su personalidad son el canon fundamental para medir la temperatura y la intensidad del Estado social y democrático de Derecho, entonces es llegado el tiempo en el que de una vez por todas las técnicas del Derecho Administrativo se diseñen de otra forma. De una forma que permita que los valores y parámetros constitucionales sean una realidad en la cotidianeidad. Si el Derecho Administrativo es el Derecho Constitucional concretado, no hay otro camino*". RODRÍGUEZ-ARANA MUÑOZ, Jaime. El Derecho Administrativo ante la crisis (el Derecho Administrativo Social). *Revista Eurolatinoamericana de Derecho Administrativo*, Santa Fe, v. 2, n. 2, p. 30, jul./dic. 2015.

[509] Conforme registra HACHEM, Daniel Wunder. *Tutela administrativa efetiva dos direitos fundamentais sociais*: por uma implementação espontânea, integral e igualitária. 2014. 614 f. Tese (Doutorado) – Programa de Pós-Graduação em Direito, Universidade Federal do Paraná, Curitiba, 2014. p. 257-258.

[510] SOUZA, Luciane Moessa de. *Meios consensuais de solução de conflitos envolvendo entes públicos*: negociação, mediação e conciliação na esfera administrativa e judicial. Belo Horizonte: Fórum, 2012. p. 227-228.

[511] MEGNA, Bruno Lopes. A Administração Pública e os meios consensuais de solução de conflitos ou "enfrentando o Leviatã nos novos mares da consensualidade". *Revista da Procuradoria Geral do Estado de São Paulo*, São Paulo, n. 82, p. 24, jul./dez. 2015. Disponível em: https://revistas.pge.sp.gov.br/index.php/revistapegesp/article/view/538. Acesso em: 03 dez. 2022.

A garantia fundamental do direito de petição, antiga no ordenamento jurídico brasileiro, é subutilizada e mal interpretada na Administração Pública, de um modo geral, as ações judiciais ajuizadas contra o poder público, raramente são precedidas de pedidos administrativos.[512] Faltam canais e procedimentos adequados aos pedidos, às manifestações da coletividade. O excesso de ações judiciais decorre, em grande parte, pela "completa ausência de proximidade entre a Administração e os cidadãos, além da falta de meios para concretização da pacificação dos conflitos em âmbito interno".[513]

Os modos autocompositivos de resolução de conflitos localizam-se, de forma intermediária, entre os recursos judiciais e o controle, entre recorrer ao Judiciário e se dirigir diretamente à Administração no intuito que esta, no exercício da autotutela, reveja as suas decisões.[514]

Para a realização da autocomposição, algumas prerrogativas administrativas impositivas e unilaterais deverão ser afastadas em prol do diálogo e da coconstrução de soluções, compatibilizando-se com os princípios que orientam a mediação e a Administração Pública. O afastamento da atuação administrativa impositiva em prol de soluções dialógicas não significa a vulneração dos princípios que disciplinam o regime da Administração Pública. As soluções dialógicas tendem a melhor realizar os referidos princípios em vista que sua consagração se dá em um Estado Democrático de Direito, com ampla valorização ao ser humano.

A autocomposição, especialmente se desenvolvida no âmbito administrativo, requer e promove novo formato de relação jurídica entre Administração e particulares, mais próxima e horizontal, imbuída à cooperação,[515] mais apropriada à Administração Pública democrática.[516]

---

[512] DAVI, Kaline Ferreira. Composição de litígios pela Administração Pública sem intervenção do Judiciário. *Revista da Advocacia-Geral da União*, Brasília, ano 7, n. 16, p. 195, 2008.

[513] A autora, advogada pública, defende a regulamentação do direito de petição para que, na medida do possível, a Administração resolva internamente os conflitos decorrentes de sua função, sem a intervenção do Judiciário. DAVI, Kaline Ferreira. Composição de litígios pela Administração Pública sem intervenção do Judiciário. *Revista da Advocacia-Geral da União*, Brasília, ano 7, n. 16, p. 195, 2008.

[514] PLESSIX, Benoît. *Droit administratif général*. 3. ed. Paris: LexisNexis, 2020. p. 1360, note 1029.

[515] MOREIRA, Egon Bockmann; CUÉLLAR, Leila. Administração pública e mediação: notas fundamentais. In: CUÉLLAR, Leila et al. *Direito administrativo e alternative dispute resolution*: arbitragem, *dispute board*, mediação e negociação. Belo Horizonte: Fórum, 2020. p. 63.

[516] Registra-se crescente insatisfação com "processos autoritários de tomada de decisão" que não correspondem à vontade das pessoas. MOORE, Christopher W; LOPES, Magda França (Trad.). *O processo de mediação*: estratégias práticas para a resolução de conflitos. 2. ed. Porto Alegre: Artmed, 1998. p. 34.

Dentre as formas de autocomposição destaca-se a *negociação*, a *conciliação* e a *mediação*.[517] Todos os três são modos de solução de conflitos protagonizados pelas partes, que formulam em conjunto a resolução, com ou sem a facilitação de um terceiro. Diferente é o modo de solução caracterizado como heterocomposição, protagonizado por um terceiro que decidirá o conflito para as partes, como o juiz nos processos judiciais e o árbitro nos processos arbitrais.

As formas autocompositivas – negociação, conciliação e mediação – fundam-se em negociações entre as partes, que se desenvolvem por procedimentos distintos. A primeira instância de resolução de conflito é a *negociação*,[518] na qual têm-se as pessoas,[519] duas ou mais, auxiliadas por advogados, por negociadores, cada qual em defesa dos seus interesses, mas na tentativa de compô-los com os demais,[520] sem se caracterizar pela presença e pela intermediação de um terceiro neutro e imparcial facilitador do processo deliberativo. Na *conciliação*, tem-se a presença de um terceiro imparcial, o conciliador, que facilitará a comunicação entre as partes e poderá interferir com a proposição de soluções relacionadas aos interesses dos envolvidos, não impositivas e nem vinculantes.[521] Na *mediação* também há a presença de um terceiro imparcial, porém, o seu papel é mais intenso no sentido de empregar técnicas para assegurar o diálogo entre as partes, para que seus interesses se descortinem e elas encontrem as melhores soluções.[522] O mediador tem papel de destaque no tocante à comunicação, mas não deve interferir com a proposição

---

[517] Não se excluem outras possibilidades.

[518] BRAGA NETO, Adolfo. *A mediação e a Administração Pública*. São Paulo: CLA, 2021. p. 54.

[519] SOUZA, Luciane Moessa de. *Meios consensuais de solução de conflitos envolvendo entes públicos*: negociação, mediação e conciliação na esfera administrativa e judicial. Belo Horizonte: Fórum, 2012. p. 58.

[520] "A etimologia da negociação a remete ao universo do comércio. Existe discussão em vista de tal aproximação. (…) Além disso, a negociação pode conduzir a uma relação impiedosa, ao contrário, o processo de mediação garante uma comunicação ética que preserva a igual dignidade entre os '*médieurs*'". GUILLAUME-HOFNUNG, Michèle. *La médiation*. Paris: PUF, 2020. p. 78.

[521] BRAGA NETO, Adolfo. *A mediação e a Administração Pública*. São Paulo: CLA, 2021. p. 67-68.

[522] A mediação é considerada mais efetiva à autocomposição de interesses, mediante o estímulo do mediador para que sejam atendidos da melhor forma. O mediador "serve de elo entre as partes interessadas a fim de encorajá-las para que encontrem a solução de sua controvérsia – transformando o desacordo conflituoso num acordo consensual". MOREIRA, Egon Bockmann; CUÉLLAR, Leila. Administração pública e mediação: notas fundamentais. *In*: CUÉLLAR, Leila *et al*. *Direito administrativo e alternative dispute resolution*: arbitragem, *dispute board*, mediação e negociação. Belo Horizonte: Fórum, 2020. p. 53.

de soluções.[523] A conciliação é mais focada na facilitação ao acordo e o conciliador possui postura mais ativa na condução a este,[524] enquanto a mediação, a partir do aprimoramento do diálogo entre os envolvidos, facilitado pelo mediador, adota uma análise mais ampliada do contexto a fim de despertar nas partes a percepção para o acordo.

A mediação apresenta uma estrutura ternária, o que a distingue da negociação. "Não há mediações diretas" sem um terceiro intermediário. Para além de sua estrutura, ela também é ternária em seus resultados, "o que a distingue radicalmente do judiciário", que "é binário no seu resultado", a missão da atividade jurisdicional é de julgar o litígio.[525] Existe "conciliação" na hipótese do terceiro "não preencher todas as condições que devem ser preenchidas pelo terceiro em uma mediação".[526]

Tem-se eficácia na mediação em razão de possuir solenidade moderada, demandar comprometimento, respeito e incentivo à construção da solução pelas próprias partes, sem que um terceiro decida pelos envolvidos.[527] O mediador auxilia no estabelecimento de "um diálogo diferente daquele decorrente da interação existente por força do conflito".[528] O ambiente da mediação, assim, é estabelecido para a participação e a colaboração, não polarizado. O por vir é valorizado, a mediação propicia "o repensar sobre a perspectiva de futuro dos participantes".[529] Neste intuito de deliberação e coconstrução, a relação jurídica estabelecida na autocomposição deve ser de igualdade jurídica. No procedimento, deve-se propiciar que as partes tenham as mesmas oportunidades, o mesmo espaço de fala, de escuta, de participação e de colaboração. Não deve haver imposições.

---

[523] Especialmente na mediação facilitadora, conforme se extrai, por exemplo, de SOUZA, Luciane Moessa de. *Meios consensuais de solução de conflitos envolvendo entes públicos*: negociação, mediação e conciliação na esfera administrativa e judicial. Belo Horizonte: Fórum, 2012. p. 55-62.

[524] SOUZA, Luciane Moessa de. *Meios consensuais de solução de conflitos envolvendo entes públicos*: negociação, mediação e conciliação na esfera administrativa e judicial. Belo Horizonte: Fórum, 2012. p. 72.

[525] GUILLAUME-HOFNUNG, Michèle. *La médiation*. Paris: PUF, 2020. p. 69.

[526] GUILLAUME-HOFNUNG, Michèle. *La médiation*. Paris: PUF, 2020. p. 76.

[527] MOREIRA, Egon Bockmann; CUÉLLAR, Leila. Administração pública e mediação: notas fundamentais. In: CUÉLLAR, Leila et al. *Direito administrativo e alternative dispute resolution*: arbitragem, *dispute board*, mediação e negociação. Belo Horizonte: Fórum, 2020. p. 54.

[528] BRAGA NETO, Adolfo. *A mediação e a Administração Pública*. São Paulo: CLA, 2021. p. 75.

[529] BRAGA NETO, Adolfo. *A mediação e a Administração Pública*. São Paulo: CLA, 2021. p. 76.

2.3.2 A mediação como instrumento de diálogo e consenso

Para além da solução de conflitos, a mediação é, sobretudo, "um processo de comunicação ética", caracterizado pela responsabilidade e pela autonomia das partes, pelo qual um terceiro, apenas com a autoridade que as partes lhe atribuem, de forma neutra e imparcial "propicia a partir de entrevistas confidenciais o estabelecimento, o restabelecimento do vínculo social, a prevenção ou a resolução da situação em causa".[530] A mediação é uma ferramenta de "reestabelecimento ou de estabelecimento da comunicação" que "aporta o hormônio da confiança a permitir a relação e a resiliência social" e possibilita a resolução dos conflitos. Os conflitos não fazem parte da definição de mediação, mas isto não impede a sua resolução eficaz.[531] Não obstante, não se deve restringir a mediação "a uma simples técnica de resolução não judicial de conflitos", esta seria uma redução atentatória à sua autonomia e "a mais redutora da sua natureza".[532]

Um dos traços mais marcantes da mediação é o diálogo,[533] como processo de comunicação, permite aprimorar as manifestações e a compreensão entre os envolvidos, viabiliza que outros aspectos, não apenas os jurídicos, também sejam dialogados pelas partes, permite revelar os valores e as perspectivas pelas quais os envolvidos interpretam o conflito.[534]

A partir da aptidão da mediação de (re)estabelecer a comunicação e os vínculos sociais, as partes, que inicialmente ocupam posições antagônicas, por meio do diálogo, podem vir a solucionar o conflito.[535] De acordo com Habermas, os atos da fala servem para "a produção

---

[530] GUILLAUME-HOFNUNG, Michèle. *La médiation*. Paris: PUF, 2020. p. 68.
[531] GUILLAUME-HOFNUNG, Michèle. *La médiation*. Paris: PUF, 2020. p. 68.
[532] GUILLAUME-HOFNUNG, Michèle. *La médiation*. Paris: PUF, 2020. p. 78.
[533] LEMES, Selma Ferreira. Prefácio. *In*: BRAGA NETO, Adolfo. *A mediação e a Administração Pública*. São Paulo: CLA, 2021.
[534] Como visto, o conflito envolve outras questões subjacentes, ele "é fruto de percepções e posições divergentes quanto a fatos e condutas que envolvem expectativas, valores ou interesses comuns." A integração se dá por "uma relação dialética entre autoafirmação e reconhecimento". VASCONCELOS, Carlos Eduardo. *Mediação de conflitos e práticas restaurativas*. São Paulo: Método, 2008. p. 19-38.
[535] SPENGLER, Fabiana Marion; MARCANTÔNIO, Roberta. Considerações sobre a teoria da ação comunicativa de Habermas e a mediação como forma de promover a comunicação para o tratamento de conflitos. *Revista de Arbitragem e Mediação*, v. 41, p. 313-329, abr./jun. 2014.

(ou renovação) das relações interpessoais".[536] A ação comunicativa apresenta-se como um modo de integração e de estabilidade.[537] Considera-se, desse modo, que a mediação é um "processo pacífico e não adversarial de ajuste de conflitos", que tem como objetivo ajustar as pessoas ao direito, construindo uma estrutura própria a partir de normas relevantes para os envolvidos.[538] O diferencial da mediação é o objetivo de buscar as razões subjacentes ao conflito aparente, o real interesse e a necessidade das partes. A transição do aparente ao real é justamente o que possibilita identificar aspectos comuns, aproximações entre os envolvidos e vislumbrar potenciais soluções que os satisfaçam[539] para além do conflito inicialmente suposto. Tem-se na mediação um procedimento de integração para a resolução de controvérsias em um processo em que o próprio indivíduo e a coletividade organizam e integram. A integração para encontrar, confrontar e unificar os desejos e os interesses de várias partes não se refere a apenas um compromisso, mas a um processo criativo para gerar novas ideias de forma coletiva.[540]

O mediador age para encorajar e facilitar que as partes alcancem uma solução, sem decidir por elas, no que difere da arbitragem. As questões da disputa são isoladas e analisadas as opções para uma decisão consensual.[541]

A mediação, como instrumento administrativo-consensual de diálogo, representa uma possibilidade de se obter soluções negociadas, nas quais as decisões administrativas são estabelecidas a partir da ponderação[542] e, especialmente, mediante a *"reciprocidade de concessões"*,

---

[536] HABERMAS, Jürgen. *Consciência moral e agir comunicativo*. Rio de Janeiro: Tempo Brasileiro, 2013. p. 167.

[537] CHAMON JÚNIOR, Lúcio Antônio. *Filosofia do direito na alta modernidade*. 2. ed. Rio de Janeiro: Lumen Juris, 2007. p. 152-153.

[538] SERPA, Maria de Nazareth. *Mediação uma solução judiciosa para conflitos*. Belo Horizonte: Del Rey, 2017. p. 156.

[539] SOUZA, Luciane Moessa de. *Meios consensuais de solução de conflitos envolvendo entes públicos*: negociação, mediação e conciliação na esfera administrativa e judicial. Belo Horizonte: Fórum, 2012. p. 65.

[540] Conforme teorizado por Mary Parker Follet no início do século XX. HÉON, François *et al.* Mary Parker Follett: Change in the Paradigm of Integration. *In:* SZABLA D.; PASMORE B.; BARNES M.; GIPSON A. *The palgrave handbook of organizational change thinkers.* London: Palgrave MacMillan, 2017. p. 2-7. Disponível em: https://www.researchgate.net/publication/318578862_Mary_Parker_Follett_Change_in_the_Paradigm_of_Integration. Acesso em: 03 dez. 2022.

[541] SERPA, Maria de Nazareth. *Mediação uma solução judiciosa para conflitos*. Belo Horizonte: Del Rey, 2017. p. 158.

[542] Neste sentido, a autocomposição tende a viabilizar uma solução completa, que satisfaça as partes e reconecte o diálogo entre elas. Ela se volta à busca de uma composição "uma

uma vez que todos os partícipes cedem em alguns aspectos para que se obtenha a harmonização de interesses até então contrapostos.[543] A autoridade do resultado da mediação decorre da sua coconstrução, trata-se de uma nova forma de autoridade diversa da coerção.[544]

Na mediação, a partir do diálogo, é realizada uma troca consensual com vistas à formação de um consenso a respeito de questões controvertidas. Assim, requer um mútuo reconhecimento e compreensão das pretensões.[545]

"O campo da mediação não possui limite. Ele engloba todos os setores da atividade humana, da esfera mais íntima a mais pública. A mediação concerne as pessoas públicas assim como as particulares".[546]

Luciane Moessa de Souza ressalta que, tendo em vista o relacionamento constante entre os cidadãos e entes privados com o Estado, a mediação é um método de solução de conflitos relevante para o poder público, ela é pedagógica e transformativa, que possibilita um aprendizado com os conflitos e, assim, modificações positivas diante de novos conflitos que podem surgir do relacionamento.[547] Ainda, é apta a gerar aspectos positivos como a maior celeridade no reconhecimento de direitos e economia de recursos, com repercussões benéficas à coletividade.[548]

A mediação administrativa, para além da tentativa de solucionar determinado conflito,[549] propicia o (re)estabelecimento de diálogos e

---

ponderação" de seus interesses em várias dimensões, de modo que cada parte tende a sair vencedora, "gagnant-gagnant". CADIET, Loïc ; CLAY, Thomas. *Les modes alternatifs de règlement des conflits*. 3. ed. Paris: Dalloz, 2019. p. 23.

[543] OLIVEIRA, Gustavo Justino de. Administração pública democrática e efetivação de direitos fundamentais. *Fórum Administrativo – Direito Público – FA*, Belo Horizonte, ano 8, n. 88, jun. 2008. p. 8. Disponível em: http://www.bidforum.com.br/bid/PDI0006.aspx?pdiCntd=53908. Acesso em: 14 ago. 2017.

[544] BOUSTA, Rhita. *La notion de médiation administrative*. Paris: L'Harmattan, 2021. p. 79.

[545] SPENGLER, Fabiana Marion; MARCANTÔNIO, Roberta. Considerações sobre a teoria da ação comunicativa de Habermas e a mediação como forma de promover a comunicação para o tratamento de conflitos. *Revista de Arbitragem e Mediação*, v. 41, p. 313-329, abr./jun. 2014.

[546] GUILLAUME-HOFNUNG, Michèle. *La médiation*. Paris: PUF, 2020. p. 8.

[547] SOUZA, Luciane Moessa de. *Meios consensuais de solução de conflitos envolvendo entes públicos*: negociação, mediação e conciliação na esfera administrativa e judicial. Belo Horizonte: Fórum, 2012. p. 75.

[548] SOUZA, Luciane Moessa de. *Meios consensuais de solução de conflitos envolvendo entes públicos*: negociação, mediação e conciliação na esfera administrativa e judicial. Belo Horizonte: Fórum, 2012. p. 140.

[549] Neste sentido, pondera Kazuo Watanabe que a mediação não deve ser utilizada como modo de reduzir o número de processos do Poder Judiciário pois o seu maior enfoque é "dar tratamento adequado aos conflitos". WATANABE, Kazuo. Modalidades de

de relações entre as pessoas e o Estado, o que é fundamental. Ela pode promover educação, cidadania, direitos humanos e democracia.[550] As técnicas de mediação empregadas no relacionamento dos particulares com o poder público possibilitam o fortalecimento da tessitura social, com benefícios a cada um e a todos.

No Brasil, a mediação administrativa, inserida no espectro de autocomposição, foi regulamentada especificamente pela Lei nº 13.140/2015 e revela-se um instrumento com potencialidade de, simultaneamente, aprimorar a democracia e a legitimidade da atuação administrativa, por ser um mecanismo de diálogo e consenso, e ampliar a eficiência administrativa. Em vista à legislação existente, assim como ao ordenamento jurídico vigente no Brasil, a adoção da mediação na Administração Pública "não se trata de questão meramente teórica", mas de um dever de propiciar a tentativa de autocomposição[551] "como requisito para a legítima instalação futura de conflito de interesses com decisão heterônoma".[552] Com ainda mais ênfase considera-se mais adequada a solução consensual em conflitos coletivos, em geral, com questões técnicas e jurídicas complexas, inúmeras informações e potenciais colisões entre direitos fundamentais.[553]

Visualiza-se o uso da mediação pela Administração para que se estabeleça um espaço imparcial e mais horizontal de diálogo com os interessados, por intermédio de câmaras de mediação e mediadores com o uso das técnicas facilitadoras à resolução da controvérsia.[554]

---

mediação. *In:* DELGADO, José *et al.* Mediação: um projeto inovador. *Cadernos do CEJ*, Brasília, 22, CEJ, CJF, p. 45, 2003. Disponível em: Disponível em: https://www.cjf.jus.br/cjf/corregedoria-da-justica-federal/centro-de-estudos-judiciarios-1/publicacoes-1/cadernos-cej/mediacao-um-projeto-inovador. Acesso em: 03 dez. 2022.

[550] WARAT, Luis Alberto. *O ofício do mediador*. Florianópolis: Habitus, 2001. p. 66.

[551] Há compreensão no sentido que a legislação confere competência compositiva à Administração "de modo expresso e indeclinável", razão pela qual necessita cumprir a lei, sob pena de atuar *contra legem*. MOREIRA, Egon Bockmann; CUÉLLAR, Leila. Administração pública e mediação: notas fundamentais. *In:* CUÉLLAR, Leila *et al. Direito administrativo e alternative dispute resolution*: arbitragem, *dispute board*, mediação e negociação. Belo Horizonte: Fórum, 2020. p. 46.

[552] MOREIRA, Egon Bockmann; CUÉLLAR, Leila. Administração pública e mediação: notas fundamentais. *In:* CUÉLLAR, Leila *et al. Direito administrativo e alternative dispute resolution*: arbitragem, *dispute board*, mediação e negociação. Belo Horizonte: Fórum, 2020. p. 46.

[553] SOUZA, Luciane Moessa de. *Meios consensuais de solução de conflitos envolvendo entes públicos*: negociação, mediação e conciliação na esfera administrativa e judicial. Belo Horizonte: Fórum, 2012. p. 143.

[554] MOREIRA, Egon Bockmann; CUÉLLAR, Leila. Administração pública e mediação: notas fundamentais. *In:* CUÉLLAR, Leila *et al. Direito administrativo e alternative dispute resolution*: arbitragem, *dispute board*, mediação e negociação. Belo Horizonte: Fórum, 2020. p. 31.

Nos métodos autocompositivos e, notadamente na mediação, os próprios envolvidos, a partir do diálogo conduzido pelo mediador, constroem as soluções pertinentes. O mediador facilita o diálogo entre as partes, de modo a diminuir obstáculos culturais, educacionais, sociais, econômicos, técnicos, dentre outros, e a permitir a tentativa de identificação de interesses e possibilidades comuns. A técnica autocompositiva da mediação é relevante à Administração Pública, pois "torna horizontal e equânime a posição das partes envolvidas" em prol de transações, nos limites possíveis de negociação, em vista de segurança jurídica, paz social, efetivação de direitos e eficiência.[555]

A mediação, desse modo, é um dos instrumentos disponíveis à solução negociada de conflitos,[556] e, por necessariamente pressupor a participação ativa dos envolvidos e a exposição de suas necessidades, se adotada em âmbito administrativo, pode servir como mecanismo de aproximação e integração da coletividade no poder público. Assim, a mediação pode diminuir custos públicos e privados ao permitir soluções mais céleres, simples, flexíveis e criativas, portanto mais adequadas à realidade,[557] a partir da coconstrução dos envolvidos, Administração e particulares, com potencial de maior eficiência à tutela do interesse público.[558]

---

[555] MOREIRA, Egon Bockmann; CUÉLLAR, Leila. Administração pública e mediação: notas fundamentais. *In*: CUÉLLAR, Leila *et al*. *Direito administrativo e alternative dispute resolution*: arbitragem, *dispute board*, mediação e negociação. Belo Horizonte: Fórum, 2020. p. 45.

[556] Neste sentido, é relevante o relato: "Eu vi que o tribunal multiportas poderia promover aos cidadãos a oportunidade de participação com a seleção de processos de resolução de conflitos, pela experiência com uma forma diferente de resolução de conflitos, a partir de outras opções – não apenas do tribunal ou da coerção judicial como mecanismos principais para a resolução de disputas". SANDER, Frank; CRESPO, Mariana Hernandez. A Dialogue between Professors Frank Sander and Mariana Hernandez Crespo: exploring the evolution of the Multi-Door Courthouse. *University of St. Thomas Law Journal*, v. 5, p. 668, 2008. Disponível em: https://papers.ssrn.com/sol3/papers.cfm?abstract_id=1265221. Acesso em: 02 dez. 2022.

[557] Até mesmo, pois "negociar é gerar soluções, não problemas". MOREIRA, Egon Bockmann; CUÉLLAR, Leila. Administração pública e mediação: notas fundamentais. *In*: CUÉLLAR, Leila *et al*. *Direito administrativo e alternative dispute resolution*: arbitragem, *dispute board*, mediação e negociação. Belo Horizonte: Fórum, 2020. p. 31.

[558] Os potenciais benefícios da mediação aos interesses públicos serão aprofundados na sequência. A perspectiva de eficiência vislumbrada volta-se à melhor realização dos princípios e objetivos fundamentais da República e dos direitos e garantias fundamentais, de forma compatível com o Estado Social e Democrático de Direito, com a melhoria do padrão de vida da sociedade e implementação de participações democráticas. GABARDO, Emerson. *Eficiência e legitimidade do Estado*: uma análise das estruturas simbólicas do direito público. São Paulo: Manole, 2003. p. 18-19, 122.

Em contraposição, a racionalidade adversarial em que um perde e o outro "ganha", quando envolve o poder público, pode representar uma perda ou um risco excessivo a muitos, até mesmo às futuras gerações. A mediação, por sua vez, apresenta como vantagem a visão de futuro, mediante um procedimento flexível em que os participantes incluirão e excluirão elementos a partir de suas perspectivas, mesmo no que se refere à Administração Pública,[559] o que permite inferir sobre a possibilidade de sua utilização nas diferentes estruturas administrativas.

A legislação que prevê a adoção de mecanismos autocompositivos à Administração, embora não seja diretamente mandatória e desprovida de sanções, não significa que o administrador não tenha o dever de avaliar sobre a sua incidência nos casos concretos, não é possível considerá-la inexistente. O que significa que a função administrativa adquiriu o poder-dever de deliberar, de acordo com o caso concreto, motivadamente, sobre o modo mais adequado à solução de eventuais conflitos.

O dever de boa-administração requer a preponderância de soluções administrativas imediatas, que respeitem o diálogo, a participação e a realização de direitos, nisto se insere a autocomposição, em especial, a mediação, sendo a solução judicial destinada aos casos que não comportem a composição pelos envolvidos ou nos quais esta não tenha obtido êxito. No exercício da função administrativa, compete à Administração aplicar a legalidade com maior eficiência e efetividade,[560] em vistas à finalidade, o que pode ser propiciado pela mediação administrativa e pelo acordo que lhe pode ser resultante.

Dentre as possibilidades de solução de conflitos, a mediação apresenta-se adequada à Administração Pública eis que a solução negociada amolda-se às determinações constitucionais, pois viabiliza soluções pacíficas, tende a reduzir custos e antecipar à sociedade os benefícios e o usufruto dos direitos.[561] A Administração, ao utilizar a mediação para resolução de conflitos, realiza o princípio da eficiência "por meio de uma resolução de disputas versátil e menos onerosa"

---

[559] BRAGA NETO, Adolfo. Mediação com a Administração Pública. *In*: MOREIRA, António Júdice *et al.* (Coord.). *Mediação e arbitragem na Administração Pública*: Brasil e Portugal. São Paulo: Almedina, 2020. p. 48.

[560] MOREIRA, Egon Bockmann. Negociações público-privadas: sob a lei, mas para além do texto da lei. *In*: CUÉLLAR, Leila *et al. Direito administrativo e alternative dispute resolution*: arbitragem, dispute board, mediação e negociação. Belo Horizonte: Fórum, 2020. p. 32.

[561] BADIN, Arthur Sanchez. Conselho Administrativo de Defesa Econômica (Cade). A transação judicial como instrumento de concretização do interesse público. *Revista de Direito Administrativo*, Rio de Janeiro, vol. 252, p. 189-217, set./dez. 2009. p. 195 e 199-200.

e promove legitimação à decisão, "ao viabilizar maior participação colaborativa dos players na chegada de um acordo".[562]

A mediação demonstra ser um instrumento relevante ao exercício democrático e responsável da função administrativa estatal, capaz de, em conjunto com outros institutos, implementar a tendência à atuação dialógica e consensual do Estado-Administração, portanto, não adversarial, em benefício de todos.

2.4 Características da mediação e a possibilidade de renovação das relações jurídicas entre particulares e a Administração

A mediação se desenvolve mediante procedimento próprio,[563] com regras definidas entre as partes e o mediador e a este compete "facilitar o diálogo entre as partes, direcionando-o para uma discussão focada nos seus verdadeiros interesses e maximizando as hipóteses de sucesso do eventual acordo alcançado através da realização de testes de realidade".[564] É possível considerar que a mediação apresenta quatro espécies funcionais, dentre elas a mediação criadora e renovadora "destinadas a fazer nascer ou a renascer um vínculo", e as outras, a mediação preventiva e curativa, "destinadas a evitar um conflito",[565] as quais podem ser realizadas na mediação administrativa.

Na Administração Pública, de um modo geral, entende-se que devem ser adotadas práticas administrativas que contemplem técnicas de mediação nos variados momentos da atuação administrativa, ou seja, ferramentas que facilitem a comunicação, o diálogo e evitem o surgimento de conflitos em variados órgãos e pelos diversos agentes públicos. Além disso, deve ser adotado o procedimento de mediação propriamente que, na seara administrativa, tende a ser curativo ou preventivo, voltado à solução ou à prevenção de conflitos, mas que, por suposto, também propicia o reforço de vínculos e relacionamentos jurídicos.[566]

---

[562] SALVO, Silvia Helena Picarelli Gonçalves Johonson di. *Mediação na Administração Pública* – o desenho institucional e procedimental. São Paulo: Almedina, 2018. p. 59.
[563] GUILLAUME-HOFNUNG, Michèle. *La médiation*. Paris: PUF, 2020. p. 79.
[564] DAVID, Mariana Soares. A necessidade e admissibilidade da mediação administrativa. *In*: MOREIRA, António Júdice et al. (Coord.). *Mediação e arbitragem na Administração Pública*: Brasil e Portugal. São Paulo: Almedina, 2020. p. 306.
[565] SIX, Jean-François. *Le temps des médiateurs*. Paris: Seuil, 1990. p. 164. Apud GUILLAUME-HOFNUNG, Michèle. *La médiation*. Paris: PUF, 2020. p. 65.
[566] Sobre o potencial da mediação no estabelecimento e fortalecimento de relacionamentos de respeito e confiança: MOORE, Christopher W; LOPES, Magda França (Trad.). *O processo*

A Lei nº 13.140/2015 disciplinou o procedimento de mediação, inclusive na seara dos conflitos administrativos, que poderá ser judicial ou extrajudicial, orientado pelos seguintes princípios: imparcialidade do mediador; isonomia entre as partes; oralidade; informalidade; autonomia da vontade das partes; busca do consenso; confidencialidade e boa-fé, já observados anteriormente nas mediações, conforme previsão na Resolução nº 125/2010 do CNJ. No âmbito francês, a legislação[567] também consagra a mediação administrativa entre a Administração e os particulares, à iniciativa das partes ou do juiz, em uma estruturação básica semelhante, mas com desenvolvimento distinto, conforme ainda será analisado neste estudo.

2.4.1 O procedimento da mediação

Pode-se conceituar a mediação como um procedimento autocompositivo no qual as partes[568] são auxiliadas por um terceiro imparcial e neutro ao conflito, o(s) mediador(es), a melhor compreender seus interesses e necessidades e a identificar e negociar soluções que os compatibilizem.[569] Trata-se de procedimento autocompositivo, pois as partes são as protagonistas e elas mesmas encontrarão e decidirão a melhor solução. O mediador é um condutor do processo dialógico, que utiliza técnicas de facilitação do diálogo e de descortinamento do conflito real para que as partes o identifiquem e proponham soluções que atendam as suas necessidades. O mediador não emitirá opinião e muito menos decisão sobre a aprovação ou reprovação das condutas dos envolvidos, ele "atua em plano secundário, auxiliando no protagonismo

---

    de mediação: estratégias práticas para a resolução de conflitos. 2. ed. Porto Alegre: Artmed, 1998. p. 28.

[567] Por exemplo, de modo geral, encontra-se previsão da mediação em conflitos administrativos no CRPA – *Code des relations entre le public et l'Administration*, na Lei nº 2016-1547, de modernização da justiça do século XXI – J21 e no CJA – *Code de Justice Administratif*.

[568] Guillaume-Hofnung considera que "não se utiliza o termo partes, mesmo na hipótese de uma mediação de conflitos, pois a noção de 'parte' se refere a um pensamento binário. Ela realiza uma divisão de elementos em uma situação complexa (...). A mediação procura sair do esquema vítima-agressor. O termo base é *'médieurs'*, mediandos, que é preferível ao termo mediados *'médiants'* pois tem a vantagem de destacar o seu papel ativo". GUILLAUME-HOFNUNG, Michèle. *La médiation*. Paris: PUF, 2020. p. 80.

[569] YARN, Douglas H. Dictionary of Conflict Resolution. São Francisco: Ed. Jossey Bass, 1999. p. 272 *apud* AZEVEDO, André Gomma de (Org.). 2012. *Manual de Mediação Judicial*. Brasília/DF: Ministério da Justiça e Programa das Nações Unidas para o Desenvolvimento – PNUD. p. 55.

das partes em restabelecerem o vínculo perdido ou lesado".[570] Quanto aos participantes da mediação ter-se-á ao menos um mediador, ao menos duas partes, que poderão ser mais e seus advogados.

A mediação possui um procedimento lógico fundado no diálogo, na igualdade dos envolvidos, no estabelecimento às partes de momentos de fala e escuta. Não obstante apresentar uma sequência de atos, a mediação dá-se mediante procedimento flexível,[571] oral e menos formal que aqueles do processo judicial. O procedimento de mediação não se limita à materialização escrita de uma peça processual, mesmo se tratar-se de mediação judicial. As partes e o mediador não costumam analisar petições ou razões escritas, a condução e o desenvolvimento do procedimento ocorrem a partir da fala das partes auxiliadas por seus advogados. É um procedimento que se pauta pela fala das pessoas diretamente envolvidas na controvérsia. As características do conflito, das partes e dos seus advogados, assim como a experiência do mediador, possibilitam conduções processuais adaptáveis e mais adequadas ao caso. Não há qualquer limitação às partes em relação a sua manifestação, ao contrário, conforme as falas são produzidas, as questões e o conflito real começam a se desnudar. A mediação é, portanto, um procedimento que tem como propósito ir além do conflito aparente e superficial. Ela propicia novas interações, "até então não vivenciadas pelos participantes".[572]

De modo sintético, a mediação possui algumas etapas como: a *reunião de informações*; o *resumo*; a *identificação de questões, interesses e sentimentos; geração de opções; avaliação de propostas* e *acordo*.[573]

Na *reunião de informações*, cada uma das partes fala e é ouvida, o que permite a identificação dos seus pontos de vista e interesses, por si mesma, pelo outro e pelo mediador. A fala das partes e o diálogo se desenrolam com o auxílio do mediador, por uma escuta verdadeira e

---

[570] EIDT, Elisa Berton. *Solução de conflitos no âmbito da administração pública e o marco regulatório da mediação*: da jurisdição a novas formas de composição. Santa Cruz do Sul: Essere nel Mondo, 2017. p. 99.

[571] AZEVEDO, André Gomma de (Org.). 2012. *Manual de Mediação Judicial*. Brasília/DF: Ministério da Justiça e Programa das Nações Unidas para o Desenvolvimento – PNUD. p. 68.

[572] BRAGA NETO, Adolfo. *A mediação e a Administração Pública*. São Paulo: CLA, 2021. p. 76.

[573] A nomenclatura e a quantidade de fases podem encontrar distinções conforme o autor, conforme a regulamentação, mas de um modo geral são estas. A respeito: MOORE, Christopher W; LOPES, Magda França (Trad.). *O processo de mediação*: estratégias práticas para a resolução de conflitos. 2. ed. Porto Alegre: Artmed, 1998. p. 65-68. No sistema brasileiro, por exemplo: BRASIL. CNJ. *Manual de mediação judicial*. 6. ed. Brasília, 2016. p. 137-197. Disponível em: https://www.cnj.jus.br/wp-content/uploads/2015/06/f247f5ce60df2774c59d6e2dddbfec54.pdf. Acesso em: 03 dez. 2022.

ativa, o qual vai lhes ajudar a concentrarem-se na manifestação de "suas demandas em termos claros, pessoais e fiéis, suas queixas, seus valores comuns ou divergentes, suas histórias".[574] A escuta e a observação atenta possibilitam compreender aspectos subjacentes e permitem ao mediador, assim, parafrasear as falas das partes e reenquadrar as questões trazidas de forma neutra.[575] A escuta ativa melhora não apenas o que se escuta mas também o que o outro fala. Escutar e entender o que o outro fala não significa concordar, mas é o mínimo para o início de uma negociação.[576] As partes, ao escutarem as perguntas e considerações do mediador, tendem a perceber o conflito sob outra perspectiva e a refletir sobre os seus reais interesses. O procedimento de mediação propicia "uma maiêutica que demanda um grande poder pessoal e ao mesmo tempo um relativo esquecimento, o que vai lhes encaminhar a sua própria solução".[577]

Após a coleta de manifestações e esclarecimentos, o mediador apresenta o *resumo* em que expõe de modo único, sem juízo de valor e sem caráter adjudicatório, uma versão imparcial, neutra e prospectiva dos fatos lançando luzes sobre os reais interesses e necessidades das partes. As partes se manifestarão e refletirão sobre o resumo,[578] se concordam e se querem complementar as informações.

A partir do resumo e de outras sequências de fala, escuta e, eventualmente, de perguntas formuladas pelo mediador adentra-se na *identificação de questões, interesses e sentimentos*. A questão é um ponto controvertido a ser resolvido,[579] os interesses representam o que as partes realmente almejam, desejos e preocupações,[580] não necessaria-

---

[574] GUILLAUME-HOFNUNG, Michèle. *La médiation*. Paris: PUF, 2020. p. 67.
[575] "Ele deve fazer prova de uma escuta ativa de qualidade, o que requer atenção e distanciamento. Ele deve recuperar os termos importantes e os traduzir explicitamente". GUILLAUME-HOFNUNG, Michèle. *La médiation*. Paris: PUF, 2020. p. 82. AZEVEDO, André Gomma de (Org.). 2012. *Manual de Mediação Judicial*. Brasília/DF: Ministério da Justiça e Programa das Nações Unidas para o Desenvolvimento – PNUD. p. 93.
[576] FISHER, Roger Fisher; URY, William. VIEIRA, Ricardo Vasques (Trad.). *Como chegar ao sim*: como negociar acordos sem fazer concessões. 1. ed. Rio de Janeiro: Solomon, 2014. p. 52-53.
[577] GUILLAUME-HOFNUNG, Michèle. *La médiation*. Paris: PUF, 2020. p. 67.
[578] VASCONCELOS, Carlos Eduardo. *Mediação de conflitos e práticas restaurativas*. São Paulo: Método, 2008. p. 94.
[579] Trata-se de um problema tópico que a parte enfatiza. MOORE, Christopher W; LOPES, Magda França (Trad.). *O processo de mediação*: estratégias práticas para a resolução de conflitos. 2. ed. Porto Alegre: Artmed, 1998. p. 70.
[580] FISHER, Roger Fisher; URY, William. VIEIRA, Ricardo Vasques (Trad.). *Como chegar ao sim*: como negociar acordos sem fazer concessões. 1. ed. Rio de Janeiro: Solomon, 2014. p. 58.

mente, aliás, raramente são jurídicos e não se restringem aos aspectos financeiros.[581] Na técnica da mediação há diferenças entre os interesses aparentes, denominados posições, e os reais interesses, que muitas vezes as partes ingressam na mediação sem sequer ter consciência de sua existência.[582]

A partir da fala do outro e das recolocações das questões pelo mediador, estas podem ser observadas por diversos ângulos, o que amplia a possibilidade de compreensão e abre perspectiva de como a solução da disputa em concreto poderá contribuir para a melhoria da qualidade de vida dos envolvidos.[583] Na mediação elabora-se com o outro uma "reconstrução simbólica, imaginária e sensível" do conflito, a fim de superar divergências e formar identidades.[584]

Para a solução dos conflitos, as partes necessitam se enxergar, sair de seus lugares e encontrar um "entre-nós", um espaço de reciprocidade, denominado "outridade", uma nova possibilidade.[585] Tem-se a justiça no sentido de auxiliar as pessoas a "melhorar sua qualidade de vida, e não decidindo sobre sua vida", sujeitando-as a uma decisão pretenciosa sobre o correto. A melhora da qualidade de vida, as soluções adequadas requerem colocar-se na vida do outro.[586] É o que Nino propõe no sentido de se colocar no lugar ou "no sapato dos outros seres humanos", o que implica na faculdade intelectual da imaginação e no atributo emocional da simpatia humana.[587]

---

[581] Identificam-se necessidades básicas humanas que costumam predominar dentre os interesses, como: segurança, bem-estar econômico, senso de pertencimento, reconhecimento e controle sobre sua própria vida. FISHER, Roger Fisher; URY, William. VIEIRA, Ricardo Vasques (Trad.). *Como chegar ao sim*: como negociar acordos sem fazer concessões. 1. ed. Rio de Janeiro: Solomon, 2014. p. 64.

[582] É possível exemplificar, de modo prático, a distinção entre posição e interesse a partir do seguinte: "quando o locador se dirige a seu inquilino e diz: Se algum vizinho reclamar novamente do barulho eu vou te expulsar do meu apartamento!" Pode-se imaginar que o proprietário quer despejar o inquilino ou não ter mais barulho no apartamento. "No entanto, por trás desses interesses aparentes há outros (também denominados interesses reais) que são aqueles que efetivamente impulsionam a parte. Nessa hipótese, pode-se presumir que o locador tem o interesse de ter um bom relacionamento com os vizinhos do imóvel que possui, com o próprio locatário e que o relacionamento de todos lhes permita atender às expectativas daquela relação". AZEVEDO, André Gomma de (Org.). 2012. *Manual de Mediação Judicial*. Brasília/DF: Ministério da Justiça e Programa das Nações Unidas para o Desenvolvimento – PNUD. p. 127-128, 191.

[583] AZEVEDO, André Gomma de (Org.). 2012. *Manual de Mediação Judicial*. Brasília/DF: Ministério da Justiça e Programa das Nações Unidas para o Desenvolvimento – PNUD. p. 84.

[584] WARAT, Luis Alberto. *O ofício do mediador*. Florianópolis: Habitus, 2001. p. 58

[585] WARAT, Luis Alberto. *O ofício do mediador*. Florianópolis: Habitus, 2001. p. 147.

[586] WARAT, Luis Alberto. *O ofício do mediador*. Florianópolis: Habitus, 2001. p. 147.

[587] NINO, Carlos Santiago. *La constitución de la democracia deliberativa*. Barcelona: Gedisa Editorial, 1997. p. 176.

Se a parte restar isolada e ensimesmada, deixa de conhecer o interesse e a necessidade da outra parte e, de certo modo, deixa de ter consciência sobre o seu próprio interesse e de compreender o conflito. A mediação propicia o conhecimento recíproco dos interesses de cada parte e a identificação da consistência e abrangência do conflito para posteriormente possibilitar formas de solucioná-lo.[588] Pode ocorrer, até mesmo, que se desvende tratar-se de conflito aparente, decorrente da falta ou da comunicação e interpretação deficientes, que, após esclarecidas, as partes percebam que almejam o mesmo ou que seus interesses se complementam.[589] A mediação estabelece um ambiente de fala e escuta, de "troca de informações e intercâmbio de perspectivas", que amplia a visão dos envolvidos.[590]

O mediador procura identificar os pontos de convergência entre os interesses das partes para propiciar que estas visualizem modos de conciliá-los e "possibilitar um consenso".[591] Adota-se um enfoque prospectivo, não se trata de decidir se alguém está certo ou errado, mas de estimular as partes a encontrarem soluções para as questões trazidas. "O papel do mediador é de facilitador e de filtro de informações",[592] é um terceiro neutro, catalisador de soluções,[593] ele auxilia as partes a visualizarem o conflito sob outras perspectivas e mais amplas, com maior clareza sobre os interesses e as questões e

---

[588] MOORE, Christopher W; LOPES, Magda França (Trad.). *O processo de mediação*: estratégias práticas para a resolução de conflitos. 2. ed. Porto Alegre: Artmed, 1998. p. 30.

[589] Registra-se aqui o exemplo simples, mas elucidativo de Roger Fischer e William Ury a respeito dos irmãos que disputavam uma única laranja. Se se analisar que um necessitava da casca para fazer um bolo e o outro da parte interna da laranja para fazer um doce, o conflito, em verdade, era aparentem, pois não almejavam o mesmo. No entanto, se não forem identificados estes interesses, costuma-se decidir meio a meio e os interesses são realizados parcialmente quando poderiam ser maximizados. FISHER, Roger Fisher; URY, William. FISHER, Roger Fisher; URY, William. VIEIRA, Ricardo Vasques (Trad.). *Como chegar ao sim*: como negociar acordos sem fazer concessões. 1. ed. Rio de Janeiro: Solomon, 2014. p. 58-59, 71-72.

[590] BRAGA NETO, Adolfo. Mediação com a Administração Pública. *In:* MOREIRA, António Júdice *et al.* (Coord.). *Mediação e arbitragem na Administração Pública*: Brasil e Portugal. São Paulo: Almedina, 2020. p. 47.

[591] AZEVEDO, André Gomma de (Org.). 2012. *Manual de Mediação Judicial*. Brasília/DF: Ministério da Justiça e Programa das Nações Unidas para o Desenvolvimento – PNUD. p. 128.

[592] AZEVEDO, André Gomma de (Org.). 2012. *Manual de Mediação Judicial*. Brasília/DF: Ministério da Justiça e Programa das Nações Unidas para o Desenvolvimento – PNUD. p. 129.

[593] MOORE, Christopher W; LOPES, Magda França (Trad.). *O processo de mediação*: estratégias práticas para a resolução de conflitos. 2. ed. Porto Alegre: Artmed, 1998. p. 59.

com enfoque prospectivo e colaborativo.[594] Ao identificar os interesses, é possível perceber que diversas posições podem satisfazê-los, dentre as quais pode-se identificar alguma que atenda aos vários interesses envolvidos.[595]

A fim de possibilitar a compreensão dos interesses e a identificação dos sentimentos envolvidos, o mediador deve atuar com empatia e acolhimento, mas de modo neutro e imparcial, pode adotar conversas privadas com cada uma das partes em que poderá aprofundar a investigação dos interesses e dos sentimentos envolvidos.[596] Nas sessões privadas, ele poderá empregar técnicas como a inversão de papéis[597] e a recontextualização do conflito e investigar com cada parte como vislumbram a melhor solução ao conflito, assim como análises de probabilidade de como seria o melhor e o pior cenário a não resolução consensual do conflito. O mediador também conduzirá cada parte a identificar se há algo que possa adotar em prol da realização dos interesses do outro sem prejudicar os seus ou afetando-os minimamente, ou seja, em uma racionalidade de ponderação. Ele auxiliará na exploração

---

[594] AZEVEDO, André Gomma de (Org.). 2012. *Manual de Mediação Judicial*. Brasília/DF: Ministério da Justiça e Programa das Nações Unidas para o Desenvolvimento – PNUD. p. 129, 196.

[595] Roger Fischer e William Ury exemplificam tal importância com o acordo de paz entre Egito e Israel, em 1978, na Conferência de Camp David, a partir da disputa pela Península do Sinai. Inicialmente, as posições eram opostas, Israel pretendia manter a ocupação do Sinai e o Egito exigia a devolução do seu território. Israel almeja segurança contra militares egípcios estabelecidos na fronteira e o Egito almejava resgatar a sua soberania. Desse modo, foi possível celebrar um acordo e atender os interesses dos dois, com a devolução da área e a sua desmilitarização, cuja resolução é um exemplo de otimização e criatividade. FISHER, Roger Fisher; URY, William. VIEIRA, Ricardo Vasques (Trad.). *Como chegar ao sim*: como negociar acordos sem fazer concessões. 1. ed. Rio de Janeiro: Solomon, 2014. p. 58.

[596] Elas podem ser utilizadas por diversos motivos como: i) permitir a expressão de fortes sentimentos; ii) evitar comunicação improdutiva; iii) identificar e esclarecer questões ainda não visíveis; iv) como contramedida a fenômenos psicológicos que impedem o alcance de acordos; v) para realizar afagos; vi) para aplicar a técnica de inversão de papéis; vii) para evitar comprometimento prematuro com propostas ou soluções que possam não satisfazer as partes; viii) para averiguar possível desequilíbrio de poder; ix) para trabalhar aspectos de negociação das partes; x) para o exame de alternativas e opções; xi) para amenizar um impasse; xii) para avaliar a durabilidade das propostas; dentre outros. AZEVEDO, André Gomma de (Org.). 2012. *Manual de Mediação Judicial*. Brasília/DF: Ministério da Justiça e Programa das Nações Unidas para o Desenvolvimento – PNUD. p. 187.

[597] "A inversão de papéis consiste em técnica voltada a estimular a empatia entre as partes por intermédio de orientação para que cada uma perceba o contexto também sob a ótica da outra parte". AZEVEDO, André Gomma de (Org.). 2012. *Manual de Mediação Judicial*. Brasília/DF: Ministério da Justiça e Programa das Nações Unidas para o Desenvolvimento – PNUD. p. 188.

de alternativas, na verificação de pontos fracos e fortes, nas implicações para que se extraia o melhor que cada parte tem a oferecer.

Na hipótese de as partes utilizarem discursos carregados, com juízos de valor e polarizados,[598] o mediador identificará o sentimento envolvido, o respeitará e acolherá a parte com empatia[599] e afagos,[600] mas não proferirá qualquer juízo de valor, neutralizará a fala, utilizará paráfrases e recontextualizações e auxiliará a parte a mover-se de modo não adversarial, colaborativo e prospectivo. É comum as partes, em alguns momentos, perderem o foco da disputa e rebaterem pontos que as aborreceram e o mediador as auxiliará a retomar as questões a serem resolvidas e os seus respectivos interesses.[601]

O mediador tem o papel de neutralizar a relação polarizada, sem desvalorizar os sentimentos das partes, mas conduzi-las a perceberem outro ângulo conciliatório, não mais judicatório, e como esta nova perspectiva pode contribuir à melhoria do contexto de cada uma das partes.[602] Esta é uma grande contribuição do mediador, auxiliar os envolvidos a modificar o foco das posições para os interesses.[603] O mediador não possui autoridade, somente aquela que as partes lhe atribuem. A atitude ativa e construtiva das partes advém da ausência de poder do mediador, "facilitando a emergência de uma solução própria

---

[598] "A polarização da relação consiste na percepção de que a única forma de compreender aquela relação consiste em um envolvido estado integralmente correto enquanto o outro, em posição diametralmente oposta, encontra-se inteiramente errado. Ou ainda, um sendo bom enquanto o outro é mau. Ou também, um sendo vítima enquanto o outro seria o malfeitor". AZEVEDO, André Gomma de (Org.). 2012. *Manual de Mediação Judicial*. Brasília/DF: Ministério da Justiça e Programa das Nações Unidas para o Desenvolvimento – PNUD. p. 130.

[599] Trata-se da validação de sentimentos, que consiste em identificá-los, reconhecê-los, mas sem qualquer aprovação ou reprovação. AZEVEDO, André Gomma de (Org.). 2012. *Manual de Mediação Judicial*. Brasília/DF: Ministério da Justiça e Programa das Nações Unidas para o Desenvolvimento – PNUD. p. 196.

[600] O afago, também denominado reforço positivo, "consiste em uma resposta positiva do mediador a um comportamento positivo da parte ou do advogado". AZEVEDO, André Gomma de (Org.). 2012. *Manual de Mediação Judicial*. Brasília/DF: Ministério da Justiça e Programa das Nações Unidas para o Desenvolvimento – PNUD. p. 185.

[601] AZEVEDO, André Gomma de (Org.). 2012. *Manual de Mediação Judicial*. Brasília/DF: Ministério da Justiça e Programa das Nações Unidas para o Desenvolvimento – PNUD. p. 191.

[602] AZEVEDO, André Gomma de (Org.). 2012. *Manual de Mediação Judicial*. Brasília/DF: Ministério da Justiça e Programa das Nações Unidas para o Desenvolvimento – PNUD. p. 130.

[603] MOORE, Christopher W; LOPES, Magda França (Trad.). *O processo de mediação*: estratégias práticas para a resolução de conflitos. 2. ed. Porto Alegre: Artmed, 1998. p. 73.

que encontram com autonomia". Todavia, o mediador constitui um "garante ético da realidade da comunicação".[604]

Além de propiciar a comunicação entre as partes e a identificação de interesses a fim de delimitar os pontos eventualmente controvertidos, o procedimento de mediação busca conduzir as partes à composição integrativa e colaborativa dos interesses envolvidos. Às vezes o que uma parte solicita não corresponde ao que a outra está disposta a oferecer, mas pode acontecer que ambas almejem o mesmo fim e encontrem uma forma de satisfazê-las.[605] "Na maior parte dos casos os interesses reais das partes são congruentes" e a percepção de divergência decorre de falhas de comunicação.[606]

Em vista a uma composição integrativa tem-se a chamada "negociação baseada em princípios"[607] que deve contemplar os interesses reais dos envolvidos, inclusive, como modo de preservar os relacionamentos.[608] A negociação baseada em princípios funda-se no

---

[604] GUILLAUME-HOFNUNG, Michèle. *La médiation*. Paris: PUF, 2020. p. 73.

[605] André Gomma de Azevedo ilustra com um exemplo interessante de Mary Parker Follet sobre a composição de interesses de modo construtivo. "Ela conta que certa feita na biblioteca da Universidade de Harvard, em uma das salas pequenas, uma pessoa queria que a janela ficasse aberta e ela preferia que a janela permanecesse fechada. A solução para aquele momento foi abrir uma outra janela na sala ao lado, onde não havia ninguém estudando. Essa não foi uma solução de barganha porque não houve uma situação de abrir mão dos desejos de cada um; ambos conseguiram o que realmente queriam. Ela relata que não queria uma sala fechada. Simplesmente não queria que o vento soprasse diretamente nela. Da mesma forma, a outra pessoa na sala não queria especificamente aquela janela fechada, apenas gostaria de mais ar fresco no recinto. Ao indagarem sobre os interesses de cada lado, puderam vislumbrar uma solução que integrasse as motivações de ambos". AZEVEDO, André Gomma de (Org.). 2012. *Manual de Mediação Judicial*. Brasília/DF: Ministério da Justiça e Programa das Nações Unidas para o Desenvolvimento – PNUD. p. 90-91. FISHER, Roger Fisher; URY, William. VIEIRA, Ricardo Vasques (Trad.). *Como chegar ao sim*: como negociar acordos sem fazer concessões. 1. ed. Rio de Janeiro: Solomon, 2014. p. 57.

[606] AZEVEDO, André Gomma de (Org.). 2012. *Manual de Mediação Judicial*. Brasília/DF: Ministério da Justiça e Programa das Nações Unidas para o Desenvolvimento – PNUD. p. 152.

[607] Importante distinguir que a negociação baseada em princípios se distingue da "negociação baseada em posições" ou "barganha distributiva", que se trata da negociação adversarial e competitiva. AZEVEDO, André Gomma de (Org.). 2012. *Manual de Mediação Judicial*. Brasília/DF: Ministério da Justiça e Programa das Nações Unidas para o Desenvolvimento – PNUD. p. 85.

[608] Adotada pela Escola de Harvard, essa metodologia se funda em quatro aspectos: a) separar as pessoas dos problemas; b) buscar os interesses, ou seja, os motivos pelos quais algo é pleiteado e não apenas as posições, aquilo que externalizado em um primeiro momento; c) buscar possibilidades criativas para os envolvidos, com benefícios mútuos e d) encontrar parâmetros justos para encontrar a solução. FISHER, Roger Fisher; URY, William. VIEIRA, Ricardo Vasques (Trad.). *Como chegar ao sim*: como negociar acordos sem fazer concessões. 1. ed. Rio de Janeiro: Solomon, 2014. p. 22, 33-36.

tratamento diferenciado das pessoas e dos problemas, separando-os, volta-se aos reais interesses, à solução de problemas, com tentativa de acordo, com fundamentos na negociação facilitada e busca de ganhos mútuos com a adoção de critérios objetivos. No âmbito público, a mediação facilitadora mostra-se adequada, o que não afasta outros modelos e a mistura, conforme cada realidade administrativa e a natureza do conflito administrativo.[609]

A fim de se obter uma composição integrativa faz-se necessário gerar, de modo livre e criativo, uma variedade de possibilidades que contemplem os interesses dos envolvidos,[610] para que se construa um mosaico adequado à solução do caso concreto que abranja do melhor modo os ganhos mútuos e reconcilie interesses divergentes.[611] A negociação integrativa compreende "a satisfação conjunta dos interesses dos envolvidos"[612] em abordagens "e-e".[613] Neste propósito, a mediação propicia o reconhecimento mútuo, oferece instrumentos que refletem o momento em que os envolvidos vivem e como gostariam que fosse a conduta do outro.[614] Ao final do processo de negociação, as partes tenderão a estar mais satisfeitas com as negociações obtidas ou, na hipótese de não se encontrar uma solução, o diálogo entre elas tenderá a melhorar e estarão "mais amadurecidas em seus comportamentos

---

[609] Denominada mediação facilitadora, com referência aos professores Roger Fisher, William Ury e Bruce Patton. A afirmação refere-se à comparação com outras metodologias como a mediação transformativa, mais centrada na transformação da relação, e a narrativa, voltada à reinterpretação do conflito, mas todas objetivam uma solução. A mediação para a solução de problemas, de todo modo, gera aprendizado às partes e propicia relacionamentos mais funcionais, com maior aptidão à resolução de novos conflitos e se mostra adequada ao âmbito público. SOUZA, Luciane Moessa de. *Meios consensuais de solução de conflitos envolvendo entes públicos*: negociação, mediação e conciliação na esfera administrativa e judicial. Belo Horizonte: Fórum, 2012. p. 62-65.

[610] "A busca de uma única solução, especialmente diante de um adversário, tende a reduzir a perspectiva de uma solução aceitável". Inclusive, a geração de opções tende a dirimir restrições emocionais à negociação. AZEVEDO, André Gomma de (Org.). 2012. *Manual de Mediação Judicial*. Brasília/DF: Ministério da Justiça e Programa das Nações Unidas para o Desenvolvimento – PNUD. p. 81.

[611] AZEVEDO, André Gomma de (Org.). 2012. *Manual de Mediação Judicial*. Brasília/DF: Ministério da Justiça e Programa das Nações Unidas para o Desenvolvimento – PNUD. p. 81.

[612] AZEVEDO, André Gomma de (Org.). 2012. *Manual de Mediação Judicial*. Brasília/DF: Ministério da Justiça e Programa das Nações Unidas para o Desenvolvimento – PNUD. p. 91.

[613] VASCONCELOS, Carlos Eduardo. *Mediação de conflitos e práticas restaurativas*. São Paulo: Método, 2008. p. 34.

[614] BRAGA NETO, Adolfo. Mediação com a Administração Pública. In: MOREIRA, António Júdice et al. (Coord.). *Mediação e arbitragem na Administração Pública*: Brasil e Portugal. São Paulo: Almedina, 2020. p. 33.

frente aos conflitos".⁶¹⁵ Eis a funcionalidade de a mediação (re)construir vínculos assim como prevenir e solucionar conflitos.

Na proposta de uma solução integrativa, ou seja, que contemple os interesses dos envolvidos na forma e medida que julgarem convenientes a sua máxima efetivação, pode ser aplicada a racionalidade da teoria dos jogos, que envolve o desenvolvimento de estratégias cooperativas para que todos os envolvidos maximizem os seus ganhos.⁶¹⁶ A negociação não se volta às posições, perdedor-vencedor, mas à solução do problema, com o objetivo de encontrar uma solução mutuamente satisfatória e que alcance ao máximo um resultado vencedor-vencedor.⁶¹⁷

É relevante ao estabelecimento da "ética da negociação"⁶¹⁸que haja plena informação, as partes devem conhecer o contexto fático e jurídico. Não há como ser legítima uma negociação decorrente do desconhecimento. Neste intuito é que a participação dos advogados, em auxílio às partes, é recomendada para que o contexto jurídico seja reproduzido, e assegurados os riscos e as consequências jurídicas. O mediador não possui o papel de assessorar as partes, de manifestar opiniões ou sugerir soluções, mas tem o dever de verificar se as partes compreendem o contexto fático e jurídico, especialmente as possíveis decorrências da negociação estabelecida. A satisfação das partes relaciona-se à legitimidade da mediação, de modo que "não

---

⁶¹⁵ AZEVEDO, André Gomma de (Org.). 2012. *Manual de Mediação Judicial*. Brasília/DF: Ministério da Justiça e Programa das Nações Unidas para o Desenvolvimento – PNUD. p. 85.

⁶¹⁶ A teoria dos jogos se refere a uma concepção matemática desenvolvida pelo francês Émile Borel, no início do século XX. John Von Neumann sistematizou a teoria e, posteriormente, John F. Nash, em 1950, foi quem afastou o viés competitivo e incluiu o elemento cooperativo. Nash desenvolveu o conceito de "equilíbrio de Nash", em uma compreensão que é possível maximizar ganhos individuais cooperando com o outro. A estratégia a ser desenvolvida deve contemplar o individual e o coletivo "Se todos fizerem o melhor para si e para os outros, todos ganham". Com a cooperação com os ganhos dos outros, o ganho individual tende a ser maior do que se não houvesse cooperação. Não se trata de uma perspectiva ética da conduta dos envolvidos, mas de uma racionalização dos resultados. Os envolvidos tendem a obter melhores resultados com ações cooperativas em relações continuadas. AZEVEDO, André Gomma de (Org.). 2012. *Manual de Mediação Judicial*. Brasília/DF: Ministério da Justiça e Programa das Nações Unidas para o Desenvolvimento – PNUD. p. 41-43, 47, 50-51.

⁶¹⁷ Ilustra-se com a hipótese de duas pessoas montarem um quebra-cabeça juntas, elas tentam desenvolver "um acordo mutuamente aceitável". MOORE, Christopher W; LOPES, Magda França (Trad.). *O processo de mediação*: estratégias práticas para a resolução de conflitos. 2. ed. Porto Alegre: Artmed, 1998. p. 72-73.

⁶¹⁸ FISHER, Roger Fisher; URY, William. VIEIRA, Ricardo Vasques (Trad.). *Como chegar ao sim*: como negociar acordos sem fazer concessões. 1. ed. Rio de Janeiro: Solomon, 2014. p. 92-100.

cabe ao mediador encerrar a mediação pelo simples fato de já haver uma composição possível",[619] se esta não for plausível de satisfazê-las. O propósito é alcançar um "acordo sensato", compreendido como aquele que possa realizar, ao máximo possível, os interesses dos envolvidos, resolver razoavelmente o conflito, propiciar durabilidade e considerar os interesses da coletividade.[620]

De acordo com o conhecimento que as partes possuem sobre a sua condição fática e jurídica, do conhecimento dos interesses envolvidos, assim como diante das perspectivas de outros cenários à negociação, melhores e piores,[621] aproxima-se de uma faixa do que se torna satisfatório negociar às partes.[622] A partir de perguntas, respostas e escuta esta faixa que compreende a satisfação mútua tende a tornar-se perceptível e as partes, incentivadas pelo mediador, podem vislumbrar opções e propor soluções dialógicas que procurem contemplar os interesses envolvidos.[623]

O encorajamento propiciado pelo mediador às partes e a percepção destas de seus interesses, da possibilidade de propor e ajustar soluções que lhes satisfaçam, sob medida, confere-lhes autonomia, segurança e dignidade. Propicia empoderamento às partes, no sentido que elas percebam suas próprias capacidades e qualidades[624] para se

---

[619] AZEVEDO, André Gomma de (Org.). 2012. *Manual de Mediação Judicial*. Brasília/DF: Ministério da Justiça e Programa das Nações Unidas para o Desenvolvimento – PNUD. p. 100.

[620] FISHER, Roger Fisher; URY, William. VIEIRA, Ricardo Vasques (Trad.). *Como chegar ao sim*: como negociar acordos sem fazer concessões. 1. ed. Rio de Janeiro: Solomon, 2014. p. 27.

[621] O que segundo a Escola de Harvard denomina-se BATNA – *best alternative to a negotiated agreement*. FISHER, Roger Fisher; URY, William. VIEIRA, Ricardo Vasques (Trad.). *Como chegar ao sim*: como negociar acordos sem fazer concessões. 1. ed. Rio de Janeiro: Solomon, 2014. p. 106-107. Em português também se utiliza MAANA, melhor alternativa à negociação de um acordo. VASCONCELOS, Carlos Eduardo. *Mediação de conflitos e práticas restaurativas*. São Paulo: Método, 2008. p. 77.

[622] Relevante destacar que o interesse das partes e a sua perspectiva de uma negociação satisfatória pode não estar relacionado a valores financeiros nem a divisões matemáticas de bens.

[623] "O papel do mediador não é apresentar soluções e sim estimular as partes para pensarem em novas opções para composição da disputa. Isso porque espera-se que a mediação tenha um papel educativo e se a parte aprender a buscar opções sozinha em futuras controvérsias ela tenderá, em futuros conflitos, conseguir encontrar algumas novas soluções". AZEVEDO, André Gomma de (Org.). 2012. *Manual de Mediação Judicial*. Brasília/DF: Ministério da Justiça e Programa das Nações Unidas para o Desenvolvimento – PNUD. p. 189.

[624] "Esse objetivo é atingido, normal e usualmente, pelo próprio desenrolar da mediação, mas pode ser reforçado pelo emprego de técnicas apropriadas, em que se verifica como cada parte compreendeu os interesses, as necessidades, os valores e os desejos da parte

autodeterminarem. O empoderamento habilita as partes a identificar e resolver melhor seus conflitos, "educando-as com técnicas de negociação e mediação a um modelo preventivo de conflitos".[625]

2.4.2 O potencial da mediação no fortalecimento das relações administrativas

A mediação tem como premissa a presença de seres humanos, mesmo em transações empresariais[626] e administrativas. Com as suas técnicas, apresenta-se como um procedimento de humanização,[627] seja no sentido da parte perceber-se como ser humano e no sentido de perceber o outro como tal e, desta mútua percepção, em conjunto, encontrar a melhor solução.[628] A compreensão, desse modo, ultrapassa o interesse próprio para também "entender o que a outra parte está sentindo, desejando, necessitando e, desse entendimento, tem-se um juízo menos parcial e mais cooperativo"[629] e o conflito passa a ser percebido sob outra perspectiva. Trata-se de um mecanismo que não se restringe a "desafogar" o Judiciário, ele "proporciona o alcance de uma solução qualitativa para o conflito, quando as partes atuam autonomamente e com responsabilidade sobre o resultado".[630] A partir da composição advinda dos interesses, das necessidades e possibili-

---

contrária". AZEVEDO, André Gomma de (Org.). 2012. *Manual de Mediação Judicial*. Brasília/DF: Ministério da Justiça e Programa das Nações Unidas para o Desenvolvimento – PNUD. p. 143-159.

[625] AZEVEDO, André Gomma de (Org.). 2012. *Manual de Mediação Judicial*. Brasília/DF: Ministério da Justiça e Programa das Nações Unidas para o Desenvolvimento – PNUD. p. 293.

[626] FISHER, Roger Fisher; URY, William. VIEIRA, Ricardo Vasques (Trad.). *Como chegar ao sim*: como negociar acordos sem fazer concessões. 1. ed. Rio de Janeiro: Solomon, 2014. p. 40.

[627] WARAT, Luis Alberto. *O ofício do mediador*. Florianópolis: Habitus, 2001. p. 113-114.

[628] A tradicional subsunção do fato à norma, por vezes, ocasiona que seja olvidado elemento central ao conflito e a sua resolução: o ser humano. AZEVEDO, André Gomma de (Org.). 2012. *Manual de Mediação Judicial*. Brasília/DF: Ministério da Justiça e Programa das Nações Unidas para o Desenvolvimento – PNUD. p. 293.

[629] Por exemplo, pela validação preconiza-se a necessidade de reconhecimento mútuo de interesses e sentimentos visando aproximação real das partes e uma consequente humanização do conflito decorrente da maior empatia, compreensão e reconhecimento recíproco. Tem-se, assim, um processo mais humanizado de resolução de disputas. AZEVEDO, André Gomma de (Org.). 2012. *Manual de Mediação Judicial*. Brasília/DF: Ministério da Justiça e Programa das Nações Unidas para o Desenvolvimento – PNUD. p. 143, 234, 293.

[630] EIDT, Elisa Berton. *Solução de conflitos no âmbito da administração pública e o marco regulatório da mediação*: da jurisdição a novas formas de composição. Santa Cruz do Sul: Essere nel Mondo, 2017. p. 99.

dades das partes, somada à criatividade propiciada pela mediação, é possível obter soluções diferenciadas, criativas e mais adequadas aos interesses públicos envolvidos, eis que a mediação possibilita a solução de controvérsias em um espectro muito mais amplo que aquele da lide judicial. As partes envolvidas que formarão, de acordo com as suas necessidades e possibilidades, a moldura com as questões que necessitam resolver, é a razão pela qual se tem um procedimento e uma possível solução sob medida.

Desse procedimento de mediação pode-se extrair, portanto, efeitos positivos para além da celebração ou não de um acordo, como a educação para a resolução de outros conflitos, a humanização e o aprimoramento das relações.[631] A mediação possibilita conexões, a percepção das diferenças e modifica o "autocentramento de seus participantes em direção ao fortalecimento e reconhecimento mútuos, a partir do respeito recíproco".[632] A mediação, ao viabilizar que os envolvidos se comuniquem e participem de eventual solução possibilita que os indivíduos saiam de sua "menoridade"[633] e se emancipem, com respeito à liberdade e à dignidade.

Nesta medida, a mediação, adotada pela Administração Pública, permite conectar o particular ao poder público para que este perceba os interesses daquele e, assim, realizar o interesse público, em especial, no tocante à diminuição da polarização, ao aumento da pacificação e à melhoria do relacionamento entre as pessoas e o poder público uma vez que ela se volta ao conflito em termos amplos, "tanto no âmbito intersubjetivo" como "em suas interfaces comunitárias e sociais".[634]

A mediação, além de ser um modo adequado de resolução de conflitos, também possui três outras funções: a prevenção de conflitos, o estabelecimento e o reestabelecimento do vínculo social.[635]

---

[631] AZEVEDO, André Gomma de (Org.). 2012. *Manual de Mediação Judicial*. Brasília/DF: Ministério da Justiça e Programa das Nações Unidas para o Desenvolvimento – PNUD. p. 139.

[632] BRAGA NETO, Adolfo. Mediação com a Administração Pública. In: MOREIRA, António Júdice et al. (Coord.). *Mediação e arbitragem na Administração Pública*: Brasil e Portugal. São Paulo: Almedina, 2020. p. 32.

[633] "A menoridade é a incapacidade de fazer uso de seu entendimento sem a direção de outro indivíduo". KANT, Immanuel. Resposta à pergunta: que é esclarecimento? In: VIER, Raimundo; FERNANDES, Floriano de Souza. *Textos seletos*. 2. ed. Petrópolis: Vozes, 1985. p. 100.

[634] BRAGA NETO, Adolfo. Mediação com a Administração Pública. In: MOREIRA, António Júdice et al. (Coord.). *Mediação e arbitragem na Administração Pública*: Brasil e Portugal. São Paulo: Almedina, 2020. p. 32.

[635] De acordo com a Resolução final de 22 de setembro de 2000, dos Atos do seminário de Créteil. A recomendação definiu a mediação como: "Processo de criação e de reparação do

A mediação pode servir de instrumento humanizado de conexão entre a coletividade e a Administração Pública para a realização mais democrática e mais real dos interesses públicos, ainda, como modo de prevenção e solução de conflitos.[636]

Pode-se, eventualmente, indagar se a Administração Pública constitui em local propício à mediação e a resposta é positiva, uma vez que esta atua "no tecido das relações sociais, eis que a matéria-prima de seu método de trabalho está, justamente, no pluralismo de valores e nas diversidades culturais, sociológicas e afetivas que emergem de uma sociedade em movimento".[637]

As técnicas de mediação propiciam harmonizações, composições de interesses, com soluções construídas pelos próprios partícipes, não impostas, o que tende a pacificar e a trazer maior satisfação e conexão entre os envolvidos, de modo a apresentar grande potencialidade à definição e à realização dos interesses públicos, especialmente na perspectiva democrática. A racionalidade não adversarial da mediação, no sentido de propiciar ganhos mútuos, majora a realização do interesse público e é, até mesmo, mais adequada aos conflitos que envolvem diversos interesses públicos. O procedimento de mediação propicia a contemplação dos vários interesses envolvidos, em uma espécie de construção de um mosaico adequado ao caso concreto e na perspectiva dos interesses e necessidades envolvidas.

A solução heterocompositiva, adjudicatória, por outro lado, em regra, funda-se na racionalidade perder e ganhar, que pode ser prejudicial à realização de interesses públicos, uma vez que um ou alguns "perderão" e outros "ganharão" e, portanto, alguns interesses deixam de ser realizados. Se essa possibilidade dialógica negocial não é viabilizada, perde-se a oportunidade de ponderar os interesses frente

---

vínculo social e da resolução de conflitos da vida cotidiana, no qual um terceiro imparcial e independente busca, por intermédio da organização de trocas entre as pessoas ou as instituições, as ajudar a melhorar uma relação ou resolver um conflito que as opõem". GUILLAUME-HOFNUNG, Michèle. *La médiation*. Paris: PUF, 2020. p. 15-25.

[636] Resgata-se aqui a análise de Perrineau quanto ao "Grand Débat National", ocorrido na França em 2019, com a participação de cerca de dois milhões de cidadãos. O autor destaca que os debates não abriram espaço apenas à deliberação, mas à esperança, à inquietude, aos anseios, aos questionamentos e assim constroem o interesse coletivo. PERRINEAU, Pascal. Le grand débat national: la démocratie participative à grande échelle. *Pouvoirs*, n. 175, p. 113-129, 2020/4. Disponível em: https://www.cairn.info/revue-pouvoirs-2020-4-page-113.htm. Acesso em: 03 dez. 2022.

[637] EIDT, Elisa Berton. *Solução de conflitos no âmbito da administração pública e o marco regulatório da mediação*: da jurisdição a novas formas de composição. Santa Cruz do Sul: Essere nel Mondo, 2017. p. 98.

aos dados de realidade e de realizá-los, quiçá ao máximo possível, com uma solução customizada ao caso concreto.[638]

A mediação, portanto, estabelece um procedimento participativo e colaborativo entre a Administração e os particulares e possibilita a otimização da realização dos interesses públicos, ela assegura instrumentos de fortalecimento ao debate democrático. Pode-se considerar que a mediação viabiliza a deliberação, diferente de uma participação binária, mesmo que direta, no formato "sim ou não". Com a possibilidade que a manifestação de cada um esteja relacionada com a dos outros, em uma reflexão conjunta.[639] A decisão proveniente representará um amálgama.

Ademais, além da solução ao conflito mais contemporizada, com a maximização dos interesses envolvidos, considerando-se os dados de realidade e, portanto, tecida ao caso concreto, a adequação da mediação aos conflitos que versa sobre interesses públicos reside nos seus prováveis efeitos inter-relacionais. A mediação permite (re)estabelecer vínculos e relações e estas, entre a coletividade e o poder público, são fundamentais ao tecido social e democrático, para sustentar o Estado Democrático de Direito e legitimar as suas atuações. A mediação permite a construção de um novo espaço público para a cidadania, para a abertura do poder público e para a democracia participativa e colaborativa.[640] E há urgente necessidade em manter e reestruturar as

---

[638] Eduardo Oteiza, a partir das lições de Mauro Cappelletti em "Dimensioni dela giustizia nelle societá contemporanee, Il Molino, Bologna, p. 90-90", ressalta que a solução legal às controvérsias pode fortalecer as paixões e as diferenças enquanto a justiça conciliatória pode ser mais efetiva, pode permitir maior proximidade entre as partes, as quais podem encontrar soluções sem vencedores e perdedores, de modo a privilegiar o entendimento e a mútua modificação de condutas. OTEIZA, Eduardo. ADR methods and the diversity of cultures: the latin american case. p. 161-177. In: CADIET, Loïc (Dir.). *Médiation & arbitrage alternative dispute resolution*: alternative à la justice ou justice alternative?: perspectives comparatives. Paris: Litec, Lexis Nexis, 2005. p. 170.

[639] Assemelhando-se ao que Nino apresenta como concepção epistêmica de democracia. NINO, Carlos Santiago. *La constitución de la democracia deliberativa*. Barcelona: Gedisa Editorial, 1997. p. 209-210.

[640] A respeito, pode-se visualizar a contribuição da mediação à estruturação do governo aberto, pois esta noção "não é apenas uma questão de abertura à informação mas também um processo de abertura entre os governados e os governantes graças à uma maior interação entre eles. Esta interação pode se dar às vezes sob a forma tradicional da democracia participativa mas também sob a forma renovada da democracia colaborativa". BOUHADANA, Irène; GILLES, William. De L'Esprit des Gouvernements Ouverts. *International Journal of Open Governments*, Paris, v. 4, 2017. p. 14. Disponível em: https://ojs.imodev.org/?journal=RIGO&page=issue&op=view&path%5B%5D=14. Acesso em: 03 dez. 2022. BOURGES, Fernanda Schuhli. *Médiation avec l'administration publique* – une voie possible pour la mise en oeuvre du gouvernement ouvert. Academic days on open government and digital issues – IMODEV, Paris, 03 nov. 2020 [Palestra].

conexões entre o poder público e os particulares, antes que as relações se corroam, pois, mesmo na França, onde ainda há predomínio da concepção de soberania nacional, considera-se que salvo o referendo, há uma "falta de representatividade dos eleitos e um controle muito insuficiente sobre a sua atividade. Existe, em primeiro lugar, um espaço entre os representantes e os representados".[641]

Desse modo, a contribuição da mediação ultrapassa a solução pacífica e adequada de controvérsias do caso concreto para promover a aprendizagem e o aprimoramento dos relacionamentos entre a coletividade e o poder público, ela promove a abertura do caminho ao diálogo, com possibilidade de estender seus efeitos benéficos para além do caso concreto resolvido amigavelmente.[642] O objetivo principal da mediação é "preservar as relações existentes entre os personagens do conflito, os quais, ao chegar ao consenso, terão maiores condições de continuar convivendo de maneira amistosa, civilizada e produtiva a partir daquele instante", portanto, com contribuições sociológicas significativas.[643]

Ainda, o procedimento de mediação é um importante instrumento de acesso à justiça, sob a perspectiva da efetiva satisfação da pessoa envolvida com o resultado final do processo de resolução de conflito, do que o acesso formal, numérico, ao Poder Judiciário.[644]

Os conflitos, as divergências tendem a existir, no entanto o que se apresenta é que a negação da Administração Pública ao conflito o remete ao Poder Judiciário, em prejuízo àqueles diretamente envolvidos, como ao interesse público. O Judiciário muitas vezes pode não ser o espaço mais adequado à definição e aos modos de realização dos interesses públicos, mas sim ao controle de sua realização. Ainda, sob o prisma da Administração Pública em um Estado Democrático de Direito, não

---

[641] COHENDET, Marie-Anne. Une crise de la représentation politique? *Cités*, vol. 18, n. 2, p. 41-61, p. 42-43, p. 52, 2004.

[642] A respeito, André Azevedo pondera que o empoderamento viabilizado pela mediação representa um "componente educativo no desenvolvimento do processo autocompositivo" que pode "ser utilizado pelas partes em suas relações futuras". AZEVEDO, André Gomma de (Org.). 2012. *Manual de Mediação Judicial*. Brasília/DF: Ministério da Justiça e Programa das Nações Unidas para o Desenvolvimento – PNUD. p. 233.

[643] MUNIZ, Tânia Lobo; SILVA, Marcos Claro da. O modelo de tribunal multiportas americano e o sistema brasileiro de solução de conflitos. *Revista da Faculdade de Direito da UFRGS*, Porto Alegre, v. esp., n. 39, p. 294, 2018.

[644] AZEVEDO, André Gomma de (Org.). 2012. *Manual de Mediação Judicial*. Brasília/DF: Ministério da Justiça e Programa das Nações Unidas para o Desenvolvimento – PNUD. p. 283.

há como justificar o exercício da função administrativa fechado ao diálogo e à participação da coletividade. O Estado, no exercício da sua função administrativa, deve evitar e resolver os conflitos decorrentes de sua ação ou omissão no próprio exercício da atividade administrativa. A função administrativa exercida de modo vertical, polarizada, fechada ao diálogo e à autocomposição acaba por exercer indevidamente suas prerrogativas, deixar de dialogar com a coletividade e por sobrecarregar com inúmeros conflitos o Poder Judiciário.

A abertura administrativa ao diálogo, à construção de relações mais horizontais com a coletividade e a viabilização da autocomposição administrativa pode reduzir significativamente o número de conflitos remetidos ao Poder Judiciário e, sobretudo, produzir soluções mais eficientes aos interesses envolvidos. O diálogo, por intermédio da mediação, propicia o exercício da cidadania no sentido que possibilita e serve de instrumento para que as pessoas exerçam a liberdade de solucionar seus próprios conflitos, mesmo com o poder público, sem depender que o Estado, no exercício jurisdicional, decida em seu lugar. Pratica-se a cidadania quando se experimenta, com o outro, viver melhor.[645]

A mediação apresenta-se como modo de efetivação da autonomia, da cidadania, da democracia e dos direitos humanos. Ela viabiliza a tomada de decisão conjunta, sem que esta seja tomada por um terceiro, oportuniza a autodeterminação, o respeito às diferenças e a solução de conflitos. A mediação viabiliza um "trabalho de reconstrução simbólica dos processos conflitivos das diferenças que permite formar identidades culturais" e a integração "no conflito com o outro, com um sentimento de pertinência comum", a evidenciar a responsabilidade de cada um em um conflito.[646]

À medida que a Administração Pública se ajusta como estrutura e atividade a serviço objetivo dos interesses públicos, e estes passam a ser definidos de forma aberta, plural, complementar e compromissados com a dignidade humana, a Administração deixa de ser um fim em si mesma e torna-se uma instituição essencial à comunidade.[647]

---

[645] WARAT, Luis Alberto. *O ofício do mediador*. Florianópolis: Habitus, 2001. p. 118, 123.
[646] WARAT, Luis Alberto. *O ofício do mediador*. Florianópolis: Habitus, 2001. p. 66.
[647] RODRÍGUEZ-ARANA MUÑOZ, Jaime. Sobre el derecho fundamental a la buena administración y la posición jurídica del ciudadano. *A&C – Revista de Direito Administrativo & Constitucional*, Belo Horizonte, ano 3, n. 11, p. 17, jan./mar. 2003.

A mediação na esfera administrativa demonstra ser um instrumento apto a gerar contribuições positivas à participação e ao necessário relacionamento[648] que deve existir entre o poder público e a coletividade na definição e realização dos interesses públicos de forma colaborativa, com contribuições à maior eficiência, eficácia e legitimidade à função administrativa.[649] Desse modo, os conflitos submetidos à mediação podem ser utilizados em favor da melhoria e da horizontalização das relações entre o poder público e os particulares, com diminuição da polarização, além do efeito sustentável e preventivo, pois a autocomposição gera um aprendizado para as situações futuras.

A mediação das diferenças demanda atuação antecipada, sustentada, cotidiana e frequentemente discreta.[650] Torna-se um modo de agir. É recomendável adotar a mediação e as suas técnicas preventivamente ao conflito e não apenas quando este está instaurado, uma vez que ela é um recurso possível à compreensão das motivações defendidas por cada um, o que terá o efeito positivo de evitar ou mitigar os conflitos.[651]

Na perspectiva da natureza, da continuidade e da importância de fortalecimento do relacionamento entre as pessoas, físicas ou jurídicas, e o Estado, tem-se, *a priori*, que a mediação tende a ser um método adequado para a solução de conflitos. Partindo-se da compreensão de relação dinâmica e democrática entre Estado e sociedade, "em que cidadãos podem e devem definir o formato e missões de seu Estado e este existe e se legitima na medida em que serve a seus cidadãos", verifica-se

---

[648] O conflito, portanto, pode ser abordado "no sentido de que pode, se conduzido com técnica adequada, ser um importante meio de conhecimento, amadurecimento e aproximação de seres humanos". AZEVEDO, André Gomma de (Org.). 2012. *Manual de Mediação Judicial*. Brasília/DF: Ministério da Justiça e Programa das Nações Unidas para o Desenvolvimento – PNUD. p. 283. "Quando compreendemos a inevitabilidade do conflito, somos capazes de desenvolver soluções autocompositivas". VASCONCELOS, Carlos Eduardo. *Mediação de conflitos e práticas restaurativas*. São Paulo: Método, 2008. p. 34.

[649] Consultas e audiências públicas são instrumentos democráticos relevantes, mas ainda não são suficientes à democratização administrativa por diversos fatores, dentre os quais poucas contribuições são efetivamente consideradas, conforme ressalta: FARIA, Luzardo. O art. 26 da LINDB e a legalidade dos acordos firmados pela Administração Pública: uma análise a partir do princípio da indisponibilidade do interesse público. *In*: VALIATI, Thiago Priess *et al.* (Coord.). *A lei de introdução e o direito administrativo brasileiro*. Rio de Janeiro: Lumen Juris, 2019. p. 156.

[650] GUILLAUME-HOFNUNG, Michèle. *La médiation*. Paris: PUF, 2020. p. 65-66.

[651] "A tendência ainda é de solicitar a mediação apenas quando tudo vai mal. Não estariam eles, no futuro, a desenvolver de modo eficaz o mesmo papel antes do conflito? Eles não seriam mais o último recurso para resolvê-lo, mas aqueles que explicam as motivações e as razões das posições defendidas". GUILLAUME-HOFNUNG, Michèle. *La médiation*. Paris: PUF, 2020. p. 67.

que os cidadãos e os entes privados possuem um relacionamento constante com o Estado.[652] A existência de conflitos é inevitável, mas a prática da mediação administrativa possibilitará melhor compreensão e o fortalecimento das relações entre a coletividade e o poder público.

---

[652] SOUZA, Luciane Moessa de. *Meios consensuais de solução de conflitos envolvendo entes públicos*: negociação, mediação e conciliação na esfera administrativa e judicial. Belo Horizonte: Fórum, 2012. p. 75.

CAPÍTULO 3

A MEDIAÇÃO ADMINISTRATIVA COMO MODO ADEQUADO À SOLUÇÃO E À PREVENÇÃO DE CONFLITOS EM UMA ADMINISTRAÇÃO PÚBLICA DEMOCRÁTICA – POSSIBILIDADES À SUA IMPLEMENTAÇÃO

De acordo com o que foi apresentado, a existência de conflitos é natural, quanto mais em grandes sociedades, complexas, com diversos interesses e valores, assim como diante de um ordenamento jurídico que os contempla em um Estado voltado a assegurar e realizar diversos direitos e, sobretudo, valorizar o ser humano. Desse modo, é relevante considerar como resolver melhor estes conflitos e maximizar a efetivação de direitos.

A Administração Pública necessita ajustar seus procedimentos à perspectiva democrática e dialógica para propiciar a deliberação a respeito dos interesses públicos a serem perseguidos. A função administrativa, em um Estado Democrático de Direito, deve ser democrática e adotar procedimentos que possibilitem a participação e a colaboração da coletividade, titular dos interesses públicos. Também é identificada esta transição no sistema francês, que desde o pós-guerra e o estabelecimento do Estado-Providência presencia reformas impulsionadas por "um movimento de democratização", modificando-se a hierarquia, estruturas e métodos como a concertação. O estilo de comando rígido pela autoridade vem sendo substituído pela participação, em busca da associação dos particulares ao exercício das responsabilidades administrativas.[653]

---

[653] Apesar de terem provocado modificações nas referências administrativas, os princípios tradicionais de organização não foram substancialmente modificados. CHEVALLIER, Jacques. *Science administrative*. 6. ed. Paris: PUF, 2019. p. 390.

Até o momento, notadamente no Brasil, ainda predominam procedimentos administrativos unilaterais e impositivos, fechados ao diálogo e à participação da coletividade, a qual, quando discorda ou quando necessita solicitar atendimento de seus legítimos interesses, encontra mais facilmente a "porta" jurisdicional para os seus pleitos.

No entanto, a Administração Pública necessita atender a coletividade e tratar adequadamente a temática dos inevitáveis conflitos, esta tarefa é inerente à função administrativa e é um equívoco remeter todas as controvérsias ao Judiciário, o qual, por óbvio, não fará às vezes de administrador público.

O ordenamento jurídico brasileiro tem previsto ao longo dos últimos 30 anos uma série de institutos que permitem o exercício de uma função administrativa dialógica e consensual e possibilitam efetivar a boa administração. Dentre eles, apresenta-se a mediação administrativa, como uma das espécies de autocomposição de conflitos, a permitir que grande parte das controvérsias seja resolvida e prevenida em âmbito administrativo, com maiores informações, maior participação dos interessados, mesmo do corpo técnico da Administração e com a possibilidade de resultados mais céleres e satisfatórios.

Apesar disso, a "novidade" ainda enfrenta a força do desconhecido, da inércia, da dificuldade de mudança, da desconfiança e, muitas vezes, de óbices erigidos como a indagação quanto à compatibilidade da mediação com o regime jurídico-administrativo. Sem dúvida, como em qualquer atuação administrativa, a Administração Pública não possui a mesma flexibilidade e autonomia da vontade que um particular, esta é uma premissa necessária ao estudo do tema. Apesar disto, não significa que o instituto da mediação não seja compatível com o regime jurídico-administrativo,[654] até mesmo porque sua utilização tende a ser mais vantajosa, a efetivar melhor os interesses públicos e a concretizar a Constituição.

A proposta neste capítulo é, a partir das características gerais da mediação e do regime jurídico-administrativo, antecipar alguns óbices e desafios a serem enfrentados na implementação da mediação administrativa e apresentar perspectivas de compatibilidade com o regime jurídico-administrativo. Ademais, verificar que a mediação pode ser um relevante mecanismo ao aprimoramento da realização dos interesses públicos em uma Administração Pública democrática.

---

[654] A respeito das transições nas referências administrativas, os princípios tradicionais de organização não foram substancialmente modificados. CHEVALLIER, Jacques. *Science administrative*. 6. ed. Paris: PUF, 2019. p. 390.

3.1 Mediação e Administração Pública – possíveis óbices e sua compatibilização

Nas mais variadas áreas, mas em especial no direito administrativo, a implementação da mediação, por conta da novidade e das características próprias do instituto e da sua junção com a Administração Pública, atrelada aos interesses públicos e a um regime jurídico diferenciado, pode encontrar alguns óbices e dificuldades, os quais podem ser suplantados, como: a) *desigualdade entre as partes – Administração e particulares*; b) *protagonismo dos envolvidos*; c) *mediação e compatibilidade com a legalidade administrativa*; e, d) *confidencialidade da mediação e publicidade administrativa*.[655]

a) desigualdade entre as partes – Administração e particulares. Um dos primeiros questionamentos quanto à utilização da mediação administrativa refere-se à possibilidade de ela se desenvolver com partes desiguais, tanto em termos econômicos, culturais, sociais, técnicos ou jurídicos. Esta preocupação decorre do fato de a mediação desenvolver-se mediante a participação ativa das partes e requerer igualdade entre elas no procedimento de mediação. No entanto, muitas vezes não existe igualdade entre elas e, nisso, suspeita-se que "a parte mais fraca tende a se sentir menos protegida em diferentes sistemas que o judicial e as desvantagens podem não ser compensadas".[656]

Nas mediações entre os particulares e a Administração Pública, a desigualdade tende a ser uma constante, pois nenhum particular equivale à Administração, mas juridicamente, como partes envolvidas em uma mediação terão os mesmos direitos e deveres, terão a mesma posição jurídica, com a redução e o afastamento das prerrogativas públicas.[657] A mediação com a Administração requer que esta, em um

---

[655] Trata-se de uma análise antecipada de possíveis óbices com soluções propositivas, uma vez que existem poucas experiências práticas. A implementação na realidade administrativa permitirá melhor dimensionamento e compatibilizações mais aprimoradas, até mesmo diante da grande variedade de casos que poderão ser submetidos à mediação. Foram apresentados estes a fim de fomentar por indicarem ser preliminares, por ser necessária sua transposição em auxílio à implementação.

[656] OTEIZA, Eduardo. ADR methods and the diversity of cultures: the latin american case. p. 161-177. In: CADIET, Loïc (Dir.). *Médiation & arbitrage alternative dispute resolution*: alternative à la justice ou justice alternative?: perspectives comparatives. Paris: Litec, Lexis Nexis, 2005. p. 170.

[657] Ressalta-se, todavia, que em termos de negociação a desigualdade não está diretamente atrelada a questões econômicas, mas principalmente à melhor alternativa ao acordo negociado (BATNA) que uma parte tem em vantagem sobre a melhor alternativa ao acordo negociado da outra parte. "Nenhum método pode garantir sucesso se todas as vantagens estiverem do outro lado". FISHER, Roger Fisher; URY, William. VIEIRA, Ricardo Vasques

primeiro momento, reserve as suas prerrogativas, abra-se ao diálogo e à negociação, sempre dentro dos limites do seu regime jurídico. De todo modo, "o diálogo não é incompatível com as prerrogativas do poder público".[658] A noção de mediação administrativa requer que seja ultrapassada a visão vertical, de oposição entre Administração e particulares.[659] Defende-se, portanto, a adoção pela Administração de uma "postura negocial prévia", mediante relações mais horizontais com os particulares e o exercício de poderes unilaterais de forma subsidiária.[660]

Em uma perspectiva inicial, pode-se considerar que a desigualdade seria um óbice ao desenvolvimento da mediação, no entanto, esta representa um ambiente seguro, preparado para a manifestação e o diálogo das pessoas, facilitado por um mediador, com o emprego de técnicas para tal.[661] Eis a relevância do papel do mediador, que necessita equilibrar neutralidade e imparcialidade, sem, contudo, ser omisso quanto a eventual desequilíbrio prejudicial à mediação.

Na heterocomposição, em juízo, por exemplo, a parte não possui participação ativa, o que pode ser cômodo e propiciar uma suposta igualdade, eis que a relação processual dá-se por intermédio dos advogados, perante o juiz, o grande protagonista, mas a parte não terá a possibilidade de manifestar seus reais interesses e participar ativamente na construção da solução para o conflito.

O procedimento de mediação é regido pelo princípio da simplicidade, é flexível, oral, com menos formalismo e envolve a participação direta das partes, encorajadas pelo mediador, o qual também trabalhará com a percepção da linguagem, tom de voz, expressões e postura corporal. Com o uso de técnicas como a escuta ativa, a audição de propostas implícitas, a validação, a recontextualização, as sessões

---

(Trad.). *Como chegar ao sim*: como negociar acordos sem fazer concessões. 1. ed. Rio de Janeiro: Solomon, 2014. p. 105, 109.

[658] BOUSTA, Rhita. *La notion de médiation administrative*. Paris: L'Harmattan, 2021. p. 173.

[659] BOUSTA, Rhita. *La notion de médiation administrative*. Paris: L'Harmattan, 2021. p. 171.

[660] VALLE, Vivian Lima López. *Contratos administrativos e um novo regime jurídico de prerrogativas contratuais na Administração Pública contemporânea*. Belo Horizonte: Fórum, 2018. p. 270-271.

[661] Além disso, como pondera Rhita Bousta, a desigualdade não é exclusiva à seara pública, ela está, na verdade, na origem das mediações. E, curiosamente, a partir de diversas entrevistas com mediadores franceses atuantes na seara administrativa, constatou-se que a desigualdade estava em favor dos particulares. BOUSTA, Rhita. *La notion de médiation administrative*. Paris: L'Harmattan, 2021. p. 173, 175-177.

privadas e a inversão de papéis, o mediador propicia a manifestação das partes e o descortinamento de suas questões, interesses e sentimentos envolvidos.[662]

No procedimento de mediação, a maior ou menor habilidade para a exposição de questões e interesses não se relaciona diretamente com supostas diferenças sociais, econômicas, técnicas ou culturais, pode até ocorrer o inverso, quanto maior a simplicidade pode haver maior objetividade na exposição dos reais interesses.[663]

De todo modo, o mediador, de forma neutra e imparcial, com o emprego das técnicas, deverá atuar no sentido de equilibrar e igualar as partes no curso da mediação, uma vez que não será possível iniciar uma negociação satisfatória se os interesses e as questões não forem identificados. O mediador assegura a "ética da comunicação",[664] ele propicia conforto às partes, "as eleva ao mesmo plano e permite que as arestas sejam aparadas, os ânimos, acalmados, e assim faz com que o objeto negocial seja definido com maior clareza e precisão".[665] Ainda, ele deve assegurar que as partes participem de forma equânime e, que, principalmente, consigam expressar suas questões e interesses.

A atuação do mediador vai contrabalancear a desigualdade das partes para facilitar a manifestação e viabilizar a construção conjunta das soluções.[666] Desse modo, as partes, ao negociar o acordo, estarão em "igualdade processual: merecem respeito equivalente e recíproco",[667] sem olvidar, contudo, que é recomendável estarem acompanhadas de advogados. A mediação é capaz de garantir a

---

[662] A respeito das ferramentas de comunicação: ALMEIDA, Tania. *Caixa de ferramentas em mediação*: aportes práticos e teóricos. São Paulo: Dash Editora, 2016. p. 66-102.

[663] A partir da observação participativa realizada em sessões de mediação e conciliação, no âmbito do TJPR, a percepção obtida foi no sentido que pessoas mais humildes em termos de escolaridade e financeiros, até mesmo, tinham maior facilidade de apresentar seus interesses que partes com maior escolaridade e mais recursos financeiros, que acabavam por se ater a vários aspectos não tão profundos, de modo a obscurecer seus reais interesses. Inclusive, os próprios advogados destas partes contribuíram à maior dificuldade de clareza quanto aos interesses.

[664] GUILLAUME-HOFNUNG, Michèle. *La médiation*. Paris: PUF, 2020. p. 91.

[665] MOREIRA, Egon Bockmann; CUÉLLAR, Leila. Administração pública e mediação: notas fundamentais. *In:* CUÉLLAR, Leila *et al*. *Direito administrativo e alternative dispute resolution*: arbitragem, *dispute board*, mediação e negociação. Belo Horizonte: Fórum, 2020. p. 54.

[666] SOUZA, Luciane Moessa de. *Meios consensuais de solução de conflitos envolvendo entes públicos*: negociação, mediação e conciliação na esfera administrativa e judicial. Belo Horizonte: Fórum, 2012. p. 76.

[667] MOREIRA, Egon Bockmann; CUÉLLAR, Leila. Administração pública e mediação: notas fundamentais. *In:* CUÉLLAR, Leila *et al*. *Direito administrativo e alternative dispute resolution*: arbitragem, *dispute board*, mediação e negociação. Belo Horizonte: Fórum, 2020. p. 54.

racionalidade procedimental e o mediador pode garantir o equilíbrio entre as partes,[668] propiciando uma igualdade processual mais substancial que apenas a igualdade formal. No entanto, o mediador não deve ser omisso no emprego das técnicas, caso se façam necessárias, especialmente para afastar e equilibrar desigualdades, do contrário, a excessiva neutralidade, no sentido de uma omissão, poderá propiciar que as desigualdades reais se acentuem.[669] Ainda, o mediador pode sugerir que sejam realizadas avaliações técnicas. As informações devem ser apresentadas às partes e ao mediador a fim de se analisar as opções para solucionar o conflito.[670]

Eis o diferencial da mediação para a simples negociação, em que a presença e a técnica empregada pelo mediador poderão assegurar a igualdade no processo, manifestação e negociações satisfatórias. Na negociação, pela característica de se desenvolver sem a presença do terceiro imparcial, recomenda-se maior equilíbrio original e real entre as partes, do contrário, não haverá uma negociação equilibrada.

Ao final do procedimento de mediação, mesmo na hipótese de não se alcançar um acordo, a probabilidade, uma vez que houve oportunidade de fala, de escuta e de deliberação, será o empoderamento das partes, que tende a surtir maiores efeitos àqueles desfavorecidos, costumeiramente não habituados a serem ouvidos e considerados. Sob tal perspectiva, a mediação com a Administração Pública pode ser um mecanismo apto à participação e à colaboração dos particulares de modo democrático, ainda, com a possibilidade de ser inclusivo, pedagógico e pacificador.[671]

---

[668] Neste sentido, TONIN, Mauricio Moraes. Mediação e administração pública: a participação estatal como parte e como mediador de conflitos. *In*: NASCIMBENI, Asdrubal Franco *et al.* (Coord.). *Temas de mediação e arbitragem III*. 3. ed. São Paulo: Lex Editora, 2019.

[669] "A presença e a intervenção de um terceiro não compensam necessariamente a desigualdade intelectual, econômica e o desequilíbrio das forças de negociação presentes. Desenvolveu-se uma ideia que a neutralidade do mediador poderia até acentuar este desequilíbrio". NORMAND, Jacques. Clôture sur médiation. CADIET, Loïc (Dir.). *Médiation & arbitrage alternative dispute resolution*: alternative à la justice ou justice alternative?: perspectives comparatives. Paris: Litec, Lexis Nexis, 2005. p. 200.

[670] SOUZA, Luciane Moessa de. *Meios consensuais de solução de conflitos envolvendo entes públicos*: negociação, mediação e conciliação na esfera administrativa e judicial. Belo Horizonte: Fórum, 2012. p. 319.

[671] Neste sentido, reconhece-se que a mediação pode gerar "grande aprendizado para as pessoas, que melhor saberão lidar com seus conflitos aí o caráter didático do procedimento, pois as pessoas passam a adotar outras atitudes quando outros conflitos ocorrerem no futuro". BRAGA NETO, Adolfo. Mediação de Conflitos: Princípios e Norteadores. *Revista da Faculdade de Direito UniRitter*, Porto Alegre, n. 11, p. 20, 2010.

Por outro lado, o procedimento de mediação pressupõe a voluntariedade, de modo que a participação é livre e, a qualquer momento, a parte possui igual liberdade para encerrar a mediação, o que deve ser esclarecido aos envolvidos antes do início do procedimento. Desse modo, se o mediador constatar que os participantes não se encontram livres ou que, mesmo empregadas as técnicas possíveis, há grande desequilíbrio, poderá encerrar o procedimento.[672]

b) Protagonismo dos envolvidos. Outro fator que pode se apresentar como óbice é a mudança da perspectiva processual das partes na solução de conflitos,[673] da passividade ao protagonismo.

No modelo heterocompositivo, as partes, de modo passivo, acabam submetendo-se às normas processuais e àquele que decidirá, com uma decisão que lhes é imposta. Por sua vez, no procedimento autocompositivo, as normas processuais servem de norte, mas as partes são as protagonistas e elas mesmas decidirão sobre o encaminhamento e a eventual solução ao conflito, podem definir uma agenda, a abrangência e as prioridades. A mediação tem como eixo as pessoas e não simplesmente o caso.[674] Há uma mudança significativa no papel das partes, com ganho em termos de protagonismo e autodeterminação.

---

[672] A respeito, por exemplo, o Código de Ética para mediadores, do CONIMA – Conselho Nacional das Instituições de Mediação e Arbitragem, estabelece no item IV, 6, que o mediador deve "assegurar-se que as partes tenham voz e legitimidade no processo, garantindo assim equilíbrio de poder;" e no item V, 8, que deve "suspender ou finalizar a Mediação quando concluir que sua continuação possa prejudicar qualquer dos mediados ou quando houver solicitação das partes". CONIMA. *Código de Ética para Mediadores.* Disponível em: https://conima.org.br/mediacao/codigo-de-etica-para-mediadores/. Acesso em: 03 dez. 2022.

[673] A mudança costuma ser um fator de resistência, André Azevedo a ilustra com o seguinte caso: Em meados do século XIX, o médico húngaro Ignaz Semmelveis constatou que os médicos da época usavam roupas pretas e casacos de pele como distinção e, ainda, saíam das salas de autópsia para as salas de parto, sendo que havia uma elevada taxa de mortalidade entre as parturientes. O médico propôs a higienização das mãos com um produto à base de cloro e, com isso, houve redução dos óbitos em 85%, posteriormente, conseguiu convencer sobre a necessidade de modificação das vestimentas dos médicos, de escuras para brancas, com nova redução nas taxas de óbito. Na época, houve ceticismo por parte de muitos médicos em função da proposta de alterar muitas convenções sociais, também não acreditavam que poderiam ser os transmissores de doenças. Não obstante, as mudanças, apesar das resistências, oportunizaram melhorias na saúde. V. RISSE, G.B.; SEMMELWEIS, Ignaz Philip. Dictionary of Scientific Biography (C.C. Gilespie, ed.). New York: Charles Scribner's Sons, 1980 *apud* AZEVEDO, André Gomma de (Org.). 2012. *Manual de Mediação Judicial.* Brasília/DF: Ministério da Justiça e Programa das Nações Unidas para o Desenvolvimento – PNUD. p. 291-292.

[674] BRAGA NETO, Adolfo. Mediação de Conflitos: Princípios e Norteadores. *Revista da Faculdade de Direito UniRitter,* Porto Alegre, n. 11, p. 20, 2010.

Ainda, os envolvidos, assim como ganham em autonomia, também possuirão maior responsabilidade sobre as decisões tomadas, o que também representa um desafio.[675]

Não raro, o processo judicial pode ser mais gravoso aos envolvidos e ao interesse público, mesmo após a prolação de uma sentença, subsiste ou, até mesmo, pode haver um aumento do conflito entre as partes, suas relações se agravam, eis que, em geral, faz-se necessário adotar o procedimento de execução forçada de uma sentença,[676] o que indica que outros modos de solução de controvérsias não podem ser descartados e podem ser mais efetivos. A Administração Pública tem o dever de adotar medidas de modo a contribuir à redução e à resolução de conflitos relativos ao exercício de suas atividades, assim como aprimorar o relacionamento com a coletividade e promover a pacificação social.

Pode ocorrer que, mesmo imbuídos de boa-fé, os administradores tenham dificuldades em viabilizar a resolução construtiva de disputas[677] por falta de conhecimento e de capacitação, costume, medo de mudanças, o que não afasta a necessidade de sua implementação, ainda que de modo parcial e experimental. É uma mudança, mas a resolução administrativa pela mediação apresenta soluções mais práticas, simples, conectadas à realidade, mais céleres e eficientes. Relembra-se que a comunicação é inerente à natureza humana.

c) mediação e compatibilidade com a legalidade administrativa. Outro aspecto que poderia se apresentar como um óbice refere-se à legalidade e à reduzida autonomia da Administração Pública para decidir e adotar soluções aos conflitos em conjunto com o particular. Assim, pode-se indagar se existe espaço à mediação na Administração Pública.

A adoção da mediação como modo de solução e prevenção de conflitos na Administração Pública não significa abandonar o regime jurídico que norteia a atuação administrativa, mas apenas modificar o modo pelo qual a Administração exercerá a sua atividade. De uma

---

[675] A respeito da dependência de outro, Kant retrata como a "menoridade" e assevera que é "cômodo ser menor." É difícil desvencilhar-se da "menoridade". KANT, Immanuel. Resposta à pergunta: que é esclarecimento? *In:* VIER, Raimundo; FERNANDES, Floriano de Souza. *Textos seletos.* 2. ed. Petrópolis: Vozes, 1985. p. 101-102.

[676] AZEVEDO, André Gomma de (Org.). 2012. *Manual de Mediação Judicial.* Brasília/DF: Ministério da Justiça e Programa das Nações Unidas para o Desenvolvimento – PNUD. p. 295.

[677] AZEVEDO, André Gomma de (Org.). 2012. *Manual de Mediação Judicial.* Brasília/DF: Ministério da Justiça e Programa das Nações Unidas para o Desenvolvimento – PNUD. p. 294.

atuação unilateral ou de uma não atuação – omissão – para uma atuação consensual, composta com o particular, dentro da legalidade.

Com a mediação, a Administração poderá dialogar com o particular, escutará suas perspectivas, seus interesses e necessidades, assim como também lhe apresentará os seus, em especial os seus limites. O processo dialógico, por si só não afeta a legalidade, ao contrário, é um modo de realizá-la, quanto mais sob o enfoque constitucional-democrático. Desta troca, deste diálogo, pode ocorrer que as partes verifiquem a possibilidade de serem adotadas outras soluções, ignoradas sob a perspectiva isolada, mas que podem contemplar de modo mais abrangente e ponderado os interesses do particular e os interesses públicos, as necessidades da Administração. Pode ocorrer que o particular compreenda a limitação administrativa e constate que não há possibilidade de outra solução e, pacificamente, se convença disto. Ainda, o reconhecimento administrativo de um direito do particular pela Administração é inerente à legalidade e prescinde de determinação judicial.[678]

Ocorre que na mediação com a Administração não se pode almejar que esta disponha da mesma autonomia que um particular, assim como nos seus outros modos de atuação também não possui tal equiparação. O regime jurídico administrativo é distinto do regime jurídico privado.

Na mediação, após o diálogo, se houver composição de interesses, o acordo deve necessariamente estar albergado pela legalidade. Sem olvidar-se que a legalidade administrativa difere da legalidade à qual o particular se submete. Desse modo, como qualquer ato, contrato ou processo administrativo, o procedimento de mediação com a Administração Pública estará limitado à legalidade, em especial, o acordo eventualmente resultante. A gradativa redução de produção de atos administrativos unilaterais, nos quais o agente público define o interesse público protegido e o meio de realizá-lo, para a produção de decisões ponderadas e compostas não afasta o dever destas de obedecer à legalidade. Na realidade, sob a perspectiva da juridicidade, tendem a ser decisões mais compatíveis com o ordenamento jurídico, com a legalidade ampla.

---

[678] TALAMINI, Eduardo. A (In)disponibilidade do interesse público: consequências processuais (composições em juízo, prerrogativas processuais, arbitragem, negócios processuais e ação monitória)- versão atualizada para o CPC/2015. *Revista de Processo*, São Paulo, ano 42, v. 264, p. 85, fev. 2017.

O fato de a Administração não possuir a mesma autonomia para negociar que os particulares não significa que ela não possa adotar a mediação e que não possua poderes para atuar e eleger, dentro da margem da legalidade, soluções adequadas ao interesse público e aos particulares envolvidos, muitas vezes melhores a ambos do que a atuação administrativa unilateral e imposta, ou mesmo aquela que o Judiciário poderia estabelecer.

Com a centralidade da Constituição no ordenamento jurídico, não há como a Administração atuar de modo mecanizado e plenamente predeterminado pela lei, diante de princípios constitucionais, direitos e garantias fundamentais diversos e de realidades distintas, que "devem ser ponderados no processo de concretização dos valores constitucionais".[679]

A concepção de legalidade do Estado Democrático de Direito corresponde à juridicidade,[680] a uma dimensão mais ampla do que a simples lei formal.[681] A legalidade não é mecânica e estática. A lei em si não representa mais o "principal padrão de comportamento reitor da vida pública ou privada".[682] Tem-se, portanto, a legalidade atrelada à constitucionalidade, no sentido de atuação conforme o ordenamento jurídico.[683] O que, em certa medida, amplia o campo da atuação administrativa, com maior grau de abstração e de possibilidades materiais de concretização, sempre conformados pelo ordenamento.

A adoção da mediação administrativa e a consequente realização de acordos possui relação com a concepção de interesse público não atrelada apenas à legalidade estrita, no sentido de considerar se "as vantagens abstraídas de uma solução consensual (agilidade, satisfação, economia, efetividade, cidadania)" correspondem ao interesse da coletividade.[684] Ademais, se o comportamento adversarial não contribuir ao benefício da coletividade, não haverá sentido em sua manutenção.

---

[679] OLIVEIRA, Rafael Carvalho Rezende. Democratização da Administração Pública e o princípio da participação administrativa. *Revista da EMERJ*, v. 9, n. 35, p. 170, 2006.

[680] Asseverada na Lei Fundamental de Bonn, art. 20, §3º. BINENBOJM, Gustavo. *Uma teoria do direito administrativo*: direitos fundamentais, democracia e constitucionalização. Rio de Janeiro: Renovar, 2006. p. 142.

[681] Concepção esta adotada há alguns anos no art. 2º, parágrafo único, I, da Lei nº 9.784/1999, Lei de Processo Administrativo, ao estabelecer que nos processos administrativos atuar-se-á conforme a lei e o Direito.

[682] BINENBOJM, Gustavo. *Uma teoria do direito administrativo*: direitos fundamentais, democracia e constitucionalização. Rio de Janeiro: Renovar, 2006. p. 125.

[683] BINENBOJM, Gustavo. *Uma teoria do direito administrativo*: direitos fundamentais, democracia e constitucionalização. Rio de Janeiro: Renovar, 2006. p. 130.

[684] EIDT, Elisa Berton. *Solução de conflitos no âmbito da administração pública e o marco regulatório da mediação*: da jurisdição a novas formas de composição. Santa Cruz do Sul: Essere nel Mondo, 2017. p. 139.

Haverá hipóteses de maior vinculação à lei, nas quais a mediação será de difícil ou impossível utilização, uma vez que a Administração estará vinculada à lei de modo mais restrito, com pouco ou sem espaço de atuação e de deliberação. Não obstante, diante do caso concreto, ainda pode ser possível esclarecer um fato, negociar o parcelamento de uma multa[685] ou a substituição desta por serviços ou bens, por exemplo. Há outros aspectos que podem ser definidos sem violar a legalidade no intuito de melhor atender a juridicidade.

Poderão ocorrer situações de evidente legitimidade jurídica da pretensão do particular, de modo que o seu deferimento total ou parcial, "em sede administrativa ou judicial, (...), é, assim, ato vinculado, não cabendo, no caso, quaisquer considerações de oportunidade e conveniência, que implicariam em puro e simples descumprimento da ordem jurídica emanada do próprio Estado".[686]

Por outro lado, há inúmeras hipóteses normativas com amplos espaços de discricionariedade,[687] que, sob a perspectiva democrática e da prevenção e resolução de conflitos, poderão e deverão ser colmatados com a participação e a colaboração da coletividade, propiciada pelo diálogo e composição da mediação.[688]

Os espaços de discricionariedade conferidos pela legislação à Administração existem e costumam ser por ela, por intermédio de seus agentes, unilateralmente preenchidos com o conteúdo e as medidas que se julgam ser os interesses públicos. A mediação não criará ou alterará estes nichos de decisão existentes e estabelecidos pela legislação, apenas contribuirá com o acréscimo dos dados de realidade, com o aporte dos reais interesses e necessidades da coletividade, para que

---

[685] Conforme ponderam MOREIRA, Egon Bockmann; CUÉLLAR, Leila. Administração pública e mediação: notas fundamentais. *In:* CUÉLLAR, Leila *et al. Direito administrativo e alternative dispute resolution*: arbitragem, *dispute board*, mediação e negociação. Belo Horizonte: Fórum, 2020. p. 62.

[686] SOUZA, Luciane Moessa de. *Meios consensuais de solução de conflitos envolvendo entes públicos*: negociação, mediação e conciliação na esfera administrativa e judicial. Belo Horizonte: Fórum, 2012. p. 179.

[687] Existe discricionariedade quando a Administração possui certa liberdade de ação. "É uma competência moldável, graduada segundo uma 'escala de discricionariedade'". Existe poder discricionário quando a conduta a ser adotada não tiver sido estabelecida por uma regra jurídica e as hipóteses deste poder são "onipresentes e diversificadas na atividade administrativa". MORAND-DEVILLER, Jacqueline. *Cours de droit administratif*. 9. ed. Paris: Montchrestien, 2005. p. 279.

[688] De fato, "a democracia repousa sobre o princípio da autonomia dos indivíduos. Ser livre é obedecer às regras que foram estabelecidas por si mesmo. A ficção da representação é uma grande exceção a este princípio". COHENDET, Marie-Anne. Une crise de la représentation politique? *Cités*, vol. 18, n. 2, p. 42-43, 50, 2004.

sejam preenchidos de modo mais democrático e satisfatório, quando assim for possível de acordo com a lei. Ademais, as possibilidades interpretativas podem ser várias a representar um espaço "no qual se pode construir, justamente, uma interpretação consensual"[689] que contemple os interesses envolvidos com os interesses públicos.

Valendo-se das lições de Celso Antônio Bandeira de Mello a respeito da discricionariedade, o procedimento de mediação permitirá a aproximação entre o texto e os fatos e o desenvolvimento de melhor subsunção entre a realidade concreta e a hipótese normativa, quando então, será possível aferir se remanesce espaço de deliberação. Inclusive, pode ocorrer que uma hipótese normativa inicialmente discricionária, diante da realidade percebida a partir do diálogo propiciado pela mediação, aponte para uma única solução possível naquele caso concreto.[690] A mediação é, antes de tudo, um processo de comunicação, de entendimento, do qual poderá surgir um acordo quanto às divergências remanescentes.

Se houver acordo, este deverá atender aos parâmetros legais, que poderá conferir maior ou menor espaço de decisão, contudo, este costuma existir no tocante ao momento e ao modo de realizar a previsão legal. Mesmo com as previsões legislativas, elas frequentemente não são suficientes ao caso concreto, especialmente, aos complexos. As leis atuam como diretrizes nos limites aos acordos, mas "muitas vezes, serão insuficientes para balizar um acordo sustentável", o que se torna mais complexo conforme o número de envolvidos. Desse modo, "a ordem jurídica traz o "esqueleto" do acordo, mas às partes cabe colocar os "tecidos fluidos"".[691] Necessita-se, para o preenchimento dos espaços de decisão, de "procedimento[s] aberto[s] à participação de todos os interessados, bem como da utilização de um terceiro mediador ou facilitador do diálogo".[692]

---

[689] SOUZA, Luciane Moessa de. *Meios consensuais de solução de conflitos envolvendo entes públicos*: negociação, mediação e conciliação na esfera administrativa e judicial. Belo Horizonte: Fórum, 2012. p. 174.

[690] MELLO, Celso Antônio Bandeira de. *Curso de direito administrativo*. 32. ed. São Paulo: Malheiros, 2015. p. 989-1001.

[691] SOUZA, Luciane Moessa de. *Meios consensuais de solução de conflitos envolvendo entes públicos*: negociação, mediação e conciliação na esfera administrativa e judicial. Belo Horizonte: Fórum, 2012. p. 71.

[692] SOUZA, Luciane Moessa de. *Meios consensuais de solução de conflitos envolvendo entes públicos*: negociação, mediação e conciliação na esfera administrativa e judicial. Belo Horizonte: Fórum, 2012. p. 173.

O aprimoramento da atuação administrativa "reclama a participação", os particulares podem contribuir de forma instrutória com informações desconhecidas pela Administração e relevantes, seja ao pressuposto de fato da decisão[693] ou ao encaminhamento a uma decisão com conteúdo diverso, que melhor atenda o interesse público.

Os cidadãos, legítimos titulares dos interesses e dos recursos públicos, possuem direito de participar e dialogar com a Administração na composição das decisões administrativas,[694] na formação do mérito do ato administrativo,[695] em espécie de controle social concomitante à prática do ato, controle este que o Judiciário não tem acesso, apenas no tocante à legalidade desse procedimento decisório, ainda que de forma ampla, mas sem poder avaliar o mérito em si, de preenchê-lo, de decidir de outro modo.

A Administração é dotada de competência discricionária e nesta prerrogativa profere decisões diariamente, de forma unilateral, supostamente legais e de interesse público. A adoção de mecanismos consensuais, a participação e a colaboração no processo decisório e no seu conteúdo aumenta a transparência e a legitimidade. A mudança não reside na discricionariedade e no espaço de decisão, mas sim no modo que esta decisão será tomada, de forma compartilhada com a coletividade, em um relacionamento mais horizontal. No espaço da discricionariedade surge a possibilidade de negociações, conciliações e mediações entre a Administração e os particulares no intuito de, diante da complexa realidade, localizar-se a providência mais razoável em vista à finalidade legal e à realidade.

Os acordos representam, assim, o compartilhamento das prerrogativas administrativas[696] entre a Administração e os particulares e,

---

[693] NETTO, Luísa Cristina Pinto e. *Participação administrativa procedimental*: natureza jurídica, garantias, riscos e disciplina adequada. Belo Horizonte: Fórum, 2009. p. 121.
[694] NETTO, Luísa Cristina Pinto e. *Participação administrativa procedimental*: natureza jurídica, garantias, riscos e disciplina adequada. Belo Horizonte: Fórum, 2009. p. 121.
[695] Pode-se compreender mérito do ato administrativo como "campo de liberdade suposto na lei e que efetivamente venha a remanescer no caso concreto, para que o administrador, segundo critérios de conveniência e oportunidade, decida-se entre duas ou mais soluções admissíveis perante a situação vertente, tendo em vista o exato atendimento da finalidade legal, ante a impossibilidade de ser objetivamente identificada qual delas seria a única adequada". MELLO, Celso Antônio Bandeira de. *Curso de direito administrativo*. 32. ed. São Paulo: Malheiros, 2015. p. 993.
[696] FARIA, Luzardo. *O princípio da indisponibilidade do interesse público e a consensualidade no direito administrativo*. 2019. 338 p. Dissertação (Mestrado em Direito do Estado) – Programa de Pós-Graduação em Direito, Universidade Federal do Paraná, Curitiba, 2019. p. 155. Disponível em: https://acervodigital.ufpr.br/handle/1884/62542. Acesso em: 03 dez. 2022.

desse modo, a relação destes torna-se mais real e material, transparente e democrática. Tem-se a Administração nas posições de autoridade e de escuta ao mesmo tempo em uma racionalidade de coprodução.[697]

A adoção da mediação representa uma mudança procedimental em relação à prática de atos unilaterais, cuja finalidade de realização dos interesses públicos deve ser mantida. A participação e a colaboração na decisão administrativa, na formação do acordo, é um modo de efetivar o devido processo legal e a proporcionalidade nas decisões públicas, que também integram o interesse público.[698] Quanto ao conteúdo, dentro da margem da legalidade e da juridicidade, com a contribuição dos particulares e a ponderação de interesses, a providência tenderá a ser mais eficiente e legítima na realização dos interesses públicos daquele contexto decisório. Ainda, reduz-se a probabilidade de descumprimento de seus termos pelos partícipes do acordo.[699]

Desse modo, a legalidade não é incompatível com a adoção da mediação administrativa, ela conformará o seu espaço, maior ou menor, delimitado pela lei estrita, pela juridicidade e pelo conteúdo trazido pelos envolvidos. No tocante aos interesses particulares, há maior espaço à mediação e aos acordos. Não obstante, ainda é relevante o espaço do poder público, respeitada a legalidade, às decisões consensuais que podem ser provenientes de um procedimento de mediação. As soluções consensuais propiciadas pelas técnicas de mediação, diante da existência de margem legal, representam modos de concretização constitucional a partir da função administrativa, mecanismos pelos quais se efetivam a democracia e a boa administração.

d) confidencialidade da mediação e publicidade administrativa. Outro possível obstáculo que inicialmente se enfrenta na temática da autocomposição e, especialmente, na mediação, diz respeito à publicidade. A mediação possui como característica a confidencialidade.[700]

---

[697] TROSA, Sylvie. L'intérêt général: une réalité introuvable? *Lavoisier*: Gestion & Finances Publiques, n. 3, p. 82, 2017/3. Disponível em: https://www.cairn.info/revue-gestion-et-finances-publiques-2017-3-page-82.htm. Acesso em: 03 dez. 2022.

[698] SCHIRATO, Vitor Rhein; PALMA, Juliana Bonacorsi de. Consenso e legalidade: vinculação da atividade administrativa consensual ao direito. *Revista Brasileira de Direito Público – RBDP*, Belo Horizonte, ano 7, n. 27, out./dez. 2009. Disponível em: http://www.bidforum.com.br/bi/PDI0006.aspx?pdiCntd=64611. Acesso em: 14 ago. 2017.

[699] SCHIRATO, Vitor Rhein; PALMA, Juliana Bonacorsi de. Consenso e legalidade: vinculação da atividade administrativa consensual ao direito. *Revista Brasileira de Direito Público – RBDP*, Belo Horizonte, ano 7, n. 27, out./dez. 2009. Disponível em: http://www.bidforum.com.br/bi/PDI0006.aspx?pdiCntd=64611. Acesso em: 14 ago. 2017.

[700] BRAGA NETO, Adolfo. Mediação de Conflitos: Princípios e Norteadores. *Revista da*

Imagina-se, contudo, que a adoção de soluções consensuais na Administração envolve o risco de serem praticadas condutas contrárias ao interesse público. No entanto, este risco existe na prática de outros atos e contratos. Atos unilaterais podem encobrir de maneira mais eficaz outros interesses subjacentes.[701]

O diálogo e a autocomposição requerem pluralidade de partícipes, o que aumenta a transparência e a participação no processo decisório, se comparados à atuação unilateral.

A mediação conduzida por um terceiro imparcial e o eventual acordo proveniente possuem aptidão de ampliar a transparência do procedimento negocial-decisório. A participação de alguns agentes públicos – técnicos – outros interessados e, em alguns casos, de representantes do Ministério Público e dos Tribunais de Contas, pode ampliar a transparência dos acordos. Ainda, na regulamentação sobre os processos autocompositivos, é possível disciplinar filtros e a necessidade de deliberação colegiada para casos mais complexos e com maiores valores financeiros. Pode ocorrer, inclusive, que em alguns casos seja necessária publicidade prévia a fim de convidar eventuais interessados a participar, como em conflitos coletivos.

A publicidade e a transparência, diferentemente dos particulares, são inerentes à atuação pública, assim, a atuação administrativa deve ser adotada com respeito a estes, de modo que o sigilo na administração é a exceção. Por outro lado, a Lei nº 13.140/2015, que dispõe sobre a autocomposição na Administração Pública, em seu artigo 2º, VII, estabeleceu dentre os princípios da mediação o da confidencialidade, que é próprio à mediação e relevante ao bom desenvolvimento das suas técnicas, cuja disciplina se encontra nos artigos 30 e 31. A Lei não estabeleceu eventual peculiaridade quanto à ponderação entre a publicidade da atuação administrativa e a confidencialidade da mediação, ao contrário, abrangeu de forma ampla o conteúdo da mediação. No âmbito da mediação administrativa francesa, o artigo L213-2 do *Code de justice administrative* – CJA, com conteúdo semelhante, também estabeleceu

---

Faculdade de Direito UniRitter, Porto Alegre, n. 11, p. 20, 2010.
[701] BATISTA JÚNIOR, Onofre Alves. *Transações administrativas*: um contributo ao estudo do contrato administrativo como mecanismo de prevenção e terminação de litígios e como alternativa à atuação administrativa autoritária, no contexto de uma administração pública mais democrática. São Paulo: Quartier Latin, 2007. p. 553.

a regra da confidencialidade no tocante às constatações e declarações produzidas no curso da mediação sem anuência das partes.[702]

Depreende-se que em uma mediação administrativa estarão presentes os princípios da confidencialidade,[703] próprio à mediação, e da publicidade, inerente à atuação administrativa, e será necessário proceder à "modulação da eficácia do princípio da publicidade",[704] considerando-se a espécie de mediação e o conteúdo envolvido.

A publicidade possui matriz constitucional e conexão com outros princípios constitucionais, inclusive com os fundamentos republicanos e o controle, de modo que ela prepondera e o afastamento da publicidade é exceção.[705] No entanto, com a lei de mediação, tem-se um abrandamento legislativo referente ao princípio da publicidade, que não afasta o dever de publicidade, mas esta deve ser analisada em diferentes dimensões, tal como ocorre com outros temas administrativos[706] e ao cotejo da Lei de Acesso à Informação.[707]

Os procedimentos autocompositivos, em especial a mediação, possuem etapas com conteúdos e finalidades distintas no desenvolvimento da autocomposição. Ainda, na mediação com a Administração Pública, haverá a participação de diferentes pessoas e diferentes informações, com objetos mais pertinentes ao poder público, como um contrato público, ou com conteúdo mais próximo à esfera privada, por exemplo, relativos a uma relação extracontratual, sujeitos cada qual a

---

[702] Com exceções por razões imperiosas de ordem pública ou motivos relacionados à proteção de interesses superiores de crianças ou à integridade física ou psíquica de pessoas.

[703] Registra-se entendimento distinto de Kaline Ferreira: segundo a autora, a confidencialidade não figura como princípio aplicável à Administração, não obstante, a partir da Lei de Acesso à Informação e do princípio da motivação a autora reconhece a reserva de aspectos confidenciais. FERREIRA, Kaline. A confidencialidade prevista na lei de mediação e os processos de autocomposição envolvendo entes públicos. In: FERREIRA, Kaline et al. (Coord.). *Sistema multiportas de resolução de litígios na administração pública*: autocomposição e arbitragem. Belo Horizonte: Fórum, 2021. p. 71.

[704] MOREIRA, Egon Bockmann; CUÉLLAR, Leila. Administração pública e mediação: notas fundamentais. In: CUÉLLAR, Leila et al. *Direito administrativo e alternative dispute resolution*: arbitragem, *dispute board*, mediação e negociação. Belo Horizonte: Fórum, 2020. p. 66.

[705] Nesta perspectiva, EIDT, Elisa Berton. *Solução de conflitos no âmbito da administração pública e o marco regulatório da mediação*: da jurisdição a novas formas de composição. Santa Cruz do Sul: Essere nel Mondo, 2017. p. 160.

[706] Há distinções, por exemplo, entre a publicidade relativa à função pública, a processos administrativos disciplinares e a licitações e contratos.

[707] Lei nº 12.527/2011. Disponível em: https://www.planalto.gov.br/ccivil_03/_ato2011-2014/2011/lei/l12527.htm. Acesso em: 03 dez. 2022.

distintos regimes jurídicos.[708] Assim, harmonizando-se os princípios da confidencialidade e da publicidade, o que se propõe são graus e momentos diferenciados de publicidade, livre e irrestrita ou mediante solicitação.

No início do procedimento de mediação são trocadas informações, relatos, diálogos para que os envolvidos e o mediador compreendam o conflito e comecem a vislumbrar eventuais possibilidades, o que pode se desenrolar em mais de uma sessão. Após, o mediador apresenta o resumo e, de modo sintético, podem ser desenvolvidas várias proposições criativas e as próprias partes e seus procuradores, com auxílio do mediador, fazem as ponderações sobre quais medidas melhor atendem os interesses envolvidos[709] e, necessariamente, o interesse público. Vislumbra-se que, com a maturação das propostas, o processo começa a se encaminhar para eventual acordo e, conforme a regulamentação e a complexidade, poderá ter publicidade simultânea interna, por exemplo, com a submissão à análise das propostas por um colegiado previamente estabelecido.

Assim, distinguindo-se as etapas do procedimento de mediação, entende-se que até a delimitação das propostas, em razão do ambiente de confiança e confidencialidade que se estabelece entre os participantes, propício à criatividade, ainda que em menor grau por tratar-se do poder público, a publicidade deverá ocorrer em momento posterior[710] e com conteúdo ajustado aos diferentes níveis, interno, externo, órgãos de controle, terceiros interessados etc.[711]

---

[708] Especialmente ao tratar da mediação entre particulares e a Administração Pública. Poderá ser uma mediação que envolve um contrato público, que terá um nível maior de publicidade, pelo seu objeto ser público, mas poderá se tratar de uma mediação entre um particular e a Administração fora de uma relação de sujeição específica, fora do contexto contratual, por exemplo, uma indenização por danos morais e estéticos.

[709] Sobre as etapas da mediação: ALMEIDA, Tania. *Caixa de ferramentas em mediação*: aportes práticos e teóricos. São Paulo: Dash Editora, 2016. BRAGA NETO, Adolfo. Mediação de Conflitos: Princípios e Norteadores. *Revista da Faculdade de Direito UniRitter*, Porto Alegre, n. 11, p. 22, 2010.

[710] Haverá uma "suspensão provisória" da publicidade. MOREIRA, Egon Bockmann; CUÉLLAR, Leila. Administração pública e mediação: notas fundamentais. *In*: CUÉLLAR, Leila *et al*. *Direito administrativo e alternative dispute resolution*: arbitragem, *dispute board*, mediação e negociação. Belo Horizonte: Fórum, 2020. p. 68.

[711] Em termos comparativos, por exemplo, cita-se uma mediação administrativa urbanística realizada na França, homologada judicialmente perante o TA Poitiers. Observou-se que no conteúdo da decisão judicial homologatória houve publicidade da síntese do acordo de mediação, sem abranger as discussões, debates, documentos, dentre outros. FRANÇA. *TA Poitiers, 12 juillet 2018, nº 1701757*. Disponível em: http://poitiers.tribunal-administratif.fr/content/download/139098/1408234/version/1/file/TA86%20-%201701757%20ano.pdf.

Quanto às sessões privadas, momento de maior confidencialidade da mediação, no qual, notadamente o particular tratará dos seus interesses e necessidades pessoais, o grau de confidencialidade entre o mediador e a parte deve ser respeitado em grau máximo, trata-se de um dever ético. Salvo autorização da parte e a hipótese de crime, conforme dispõem os artigos 31 e 30, §3º, da Lei nº 13.140/2015.

Após a celebração do acordo, seus termos e sua motivação, que deverá ser robusta, conforme ainda será tratado, deverão ter publicidade simultânea e externa. A síntese dos acordos deve ser publicada para o público em geral, em diversos canais, em site do órgão, portal da transparência, com dados abertos.[712]

Documentos e informações públicas também devem estar disponíveis ao público interessado, diferentemente das informações e documentos particulares apresentados nas sessões, que poderão ter grau menor de publicidade e controle de acesso, a ser deliberado pelas partes, mas acessível aos órgãos de controle. Distingue-se, assim, para fins de publicidade, o conteúdo das sessões de mediação do acordo obtido como resultado da mediação e as respectivas motivações.[713] A confidencialidade na mediação refere-se aos "aspectos pessoais subjacentes à questão central do dissenso" que pode ser respeitada sem violar o dever administrativo de transparência.[714]

Quanto ao dever de confidencialidade do mediador no que se refere aos diálogos mantidos entre as partes e entre ele e estas nas sessões privadas, isso não se questiona, trata-se do dever ético de confidencialidade do mediador, salvo quando detectar a possível prática de um crime.

O que se propõe, portanto, é uma gradação de níveis e da cronologia da publicidade, assim como quanto ao seu conteúdo em termos objetivos e subjetivos,[715] tal qual como ocorre com outras atuações

---

Acesso em: 03 dez. 2022.

[712] SOUZA, Luciane Moessa de. *Meios consensuais de solução de conflitos envolvendo entes públicos*: negociação, mediação e conciliação na esfera administrativa e judicial. Belo Horizonte: Fórum, 2012. p. 184.

[713] DAVID, Mariana Soares. A necessidade e admissibilidade da mediação administrativa. In: MOREIRA, António Júdice et al. (Coord.). *Mediação e arbitragem na Administração Pública*: Brasil e Portugal. São Paulo: Almedina, 2020. p. 300.

[714] SOUZA, Mara Freire de; BUENO, Flavia Scarpinella. Mediação: uma solução adequada para os conflitos ambientais entre a Administração Pública e o administrado. In: MOREIRA, António Júdice et al. (Coord.). *Mediação e arbitragem na Administração Pública*: Brasil e Portugal. São Paulo: Almedina, 2020. p. 369.

[715] Neste tema, a experiência das arbitragens no tocante ao binômio confidencialidade e

administrativas, como por exemplo, um processo administrativo disciplinar, em que também há a dimensão da privacidade das pessoas envolvidas e o mesmo ocorre em processos judiciais. Depreende-se, aliás, que toda a atuação pública possui diferentes graus de publicidade, por exemplo, em um concurso público a ampla publicidade incide sobre os atos convocatórios e sobre os resultados, que são, inclusive, veiculados, mas as provas realizadas pelos candidatos possuem um grau e uma cronologia de publicidade distinta, não são veiculadas na imprensa as provas preenchidas pelos candidatos.

Considerando-se que a publicidade e a transparência, somadas à robusta motivação, viabilizam os controles sobre a atuação pública e efetivam os demais princípios, tem-se que são inafastáveis,[716] o que não impede o ajuste de graus e momentos de publicidade. A publicidade mais ampla dá-se no tocante ao resultado da autocomposição, seja no caso de acordo ou mesmo na hipótese de insucesso deste, e nas motivações, ressalvadas as hipóteses que a Constituição e as leis assegurem sigilo.[717] Ressalta-se, contudo, a importância de se estabelecer nos regulamentos distintos níveis de publicidade, sendo relevante que seja esclarecido às partes no início do procedimento.

Foram apresentados, desse modo, alguns dos possíveis óbices à implementação da mediação administrativa. Como se analisou, são apenas aparentes, não constituem em impedimentos ao estabelecimento da mediação no âmbito administrativo, em uma análise mais detalhada depreende-se que são passíveis de ajustes e compatibilização com o regime público.

---

publicidade pode ser adotada como parâmetro no âmbito da mediação, com graus de publicidade. A esse respeito, cita-se o disposto no art. 13 do Decreto nº 46.245/2018 do Estado do Rio de Janeiro, que estabelece a publicidade dos atos documentais do processo arbitral, salvo casos de segredo de justiça ou segredo industrial, mediante solicitação do interessado, preservada a privacidade das audiências. GABBAY, Daniela Monteiro. YAMAMOTO, Ricardo. Entre a norma e a prática: desafios na redação da cláusula de mediação em contratos administrativos. *In*: MOREIRA, António Júdice; *et al.* (Coord.). *Mediação e arbitragem na Administração Pública*: Brasil e Portugal. São Paulo: Almedina, 2020. p. 193-194.

[716] EIDT, Elisa Berton. *Solução de conflitos no âmbito da administração pública e o marco regulatório da mediação*: da jurisdição a novas formas de composição. Santa Cruz do Sul: Essere nel Mondo, 2017. p. 160.

[717] Conforme os artigos 23 e 24 da Lei nº 12.527/2011, Lei de Acesso à Informação na Administração Pública.

3.2 Mediação administrativa como mecanismo de aprimoramento à realização dos interesses públicos

A compatibilidade entre interesse público, a utilização da mediação em âmbito administrativo e os respectivos acordos é um aspecto que eventualmente pode dificultar a implementação da mediação. Assim, em separado, neste momento, será analisada a perspectiva de compatibilização do instituto com a indisponibilidade do interesse público e como a utilização da mediação pode aprimorar a realização dos interesses públicos.

Pode-se supor que a mediação desvirtua o dever de a Administração perseguir o interesse público e a indisponibilidade deste afastaria a possibilidade de a Administração dialogar com os particulares e realizar acordos. No direito administrativo brasileiro, ainda se encontra resistência e insegurança jurídica quanto à adoção dos meios autocompositivos de solução de conflitos, muitas vezes sob o suposto fundamento da indisponibilidade do interesse público, mas em verdadeiro prejuízo multidimensional ao interesse público. A referida suposição necessita de considerações e esclarecimentos.

O enfoque que se propõe é o inverso, no sentido de visualizar que os mecanismos consensuais de resolução de conflitos devem ser adotados pela Administração Pública brasileira como modo de aprimorar a realização dos interesses públicos[718] e exercer a boa administração. Uma "visão cega e apoucada da acepção jurídica de 'interesse público'" pode fazer pensar "que, por meio de atos administrativos consensuais, a Administração estaria concretizando um interesse privado, quando na realidade é o próprio interesse público que está a preponderar".[719]

A judicialização desnecessária de conflitos, sem sequer a possibilidade de diálogo e tentativa de solução extrajudicial acaba, em muitos casos, representando a vulneração do interesse público.

---

[718] Segundo Rhita Bousta, a mediação administrativa contribui à satisfação do interesse geral, senão à sua própria renovação. BOUSTA, Rhita. *La notion de médiation administrative*. Paris: L'Harmattan, 2021. p. 178.

[719] BACELLAR FILHO, Romeu Felipe. A noção jurídica de interesse público no direito administrativo brasileiro. *In:* BACELLAR FILHO, Romeu Felipe; HACHEM, Daniel Wunder. *Direito administrativo e interesse público*: estudos em homenagem ao professor Celso Antônio Bandeira de Mello. Belo Horizonte: Fórum, 2010. p. 112.

3.2.1 A mediação administrativa e a indisponibilidade do interesse público revisitada

A indisponibilidade do interesse público vincula a Administração Pública a sempre buscar e realizar o interesse público,[720] mas os instrumentos para este propósito podem ser variados. A indisponibilidade representa proteção à coletividade, proteção do interesse público, contra ingerências do poder público e dos governantes, no sentido que estes devem se ater à lei e à finalidade legal. Assim, no exercício da função não há espaço à autonomia da vontade, à escolha de interesses próprios, "há adscrição a uma finalidade previamente estabelecida", no caso o interesse público assim definido na Constituição da República ou nas leis, que pertence à coletividade e não à entidade governamental. O significado de função corresponde à "ideia de indeclinável atrelamento a um fim preestabelecido e que deve ser atendido para o benefício de um terceiro", a coletividade.[721] Se os interesses do particular se coadunam com a finalidade pública, poderão ser ponderados. A defesa dos interesses públicos não se dá "contra os particulares", ela deve voltar-se à compatibilização dos interesses do indivíduo e deste na dimensão de seu pertencimento à coletividade.[722]

No entanto, em inúmeras situações, entre o conteúdo normativo da Constituição e das leis e a providência concreta administrativa, há um longo percurso, com variadas opções, a demandar inúmeras escolhas. Aqui se descortina um aspecto da problemática ora analisada, esse longo percurso de decisões existente entre as normas e as atuações administrativas em um Estado Republicano e Democrático de Direito, partindo-se do pressuposto que os interesses a serem realizados são da coletividade, deve ser percorrido apenas pelos agentes públicos e ter como resultado atos unilaterais de autoridade? Acredita-se que não.

---

[720] Celso Antônio Bandeira de Mello esclarece que a indisponibilidade do interesse público decorre a subordinação da atividade à lei, de modo que é possível depreender a partir de suas considerações a indisponibilidade no sentido de a Administração não se desviar dos limites e das finalidades legais. MELLO, Celso Antônio Bandeira de. *Curso de direito administrativo*. 32. ed. São Paulo: Malheiros, 2015. p. 76-77. Assim como destaca: FARIA, Luzardo. *O princípio da indisponibilidade do interesse público e a consensualidade no direito administrativo*. 2019. 338 p. Dissertação (Mestrado em Direito do Estado) – Programa de Pós-Graduação em Direito, Universidade Federal do Paraná, Curitiba, 2019. p. 78. Disponível em: https://acervodigital.ufpr.br/handle/1884/62542. Acesso em: 03 dez. 2022.

[721] MELLO, Celso Antônio Bandeira de. *Curso de direito administrativo*. 32. ed. São Paulo: Malheiros, 2015. p. 101.

[722] BLANCHET, Luiz Alberto. *Direito administrativo*. 6. ed. Curitiba: Juruá, 2012. p. 17.

É tempo de se reconhecer a necessidade do adequado atendimento dos direitos, mesmo os transindividuais, que "não pode mais prescindir dos processos negociais e consensuais".[723] Conforme pondera Nino, há dificuldade em representar os interesses muito diversos dos nossos, é muito fácil cometer erros fáticos e lógicos e inconscientemente ser parcial. A reflexão individual isolada dificilmente alcança resultados imparciais.[724]

Uma concepção rígida e literal da indisponibilidade do interesse público pode representar, mais do que se pode mensurar, a própria disponibilidade no sentido da não realização dos interesses públicos, portanto, "a violação ao princípio da indisponibilidade".[725]

O que se considera interesse público no sistema jurídico de um Estado de Direito Liberal, não é correspondente em um Estado de Direito Democrático e Social.[726] Neste, o interesse público não se restringe à observância da lei em termos formais, compreende o respeito e a realização de direitos de liberdade, direitos sociais e, tendo em vista o componente democrático, a realização de direitos democráticos e de ampliação da participação da coletividade nas decisões públicas. O interesse público não corresponde apenas ao que a lei estabelece e ao que o administrador decide unilateralmente. Ele participa de uma rede dinâmica de atores, ele é enriquecido com recursos sociais que possibilita ao ser humano agir coletivamente em busca de benefícios mútuos.[727]

Em um Estado Democrático de Direito, em que se valoriza a dignidade da pessoa humana e seus direitos fundamentais, o interesse público está conectado,[728] provém da coletividade, razão pela qual, para

---

[723] VENTURI, Elton. Transação de direitos indisponíveis? *Revista de Processo*, v. 251, jan./2016.

[724] NINO, Carlos Santiago. *La constitución de la democracia deliberativa*. Barcelona: Gedisa Editorial, 1997. p. 181.

[725] FARIA, Luzardo. *O princípio da indisponibilidade do interesse público e a consensualidade no direito administrativo*. 2019. 338 p. Dissertação (Mestrado em Direito do Estado) – Programa de Pós-Graduação em Direito, Universidade Federal do Paraná, Curitiba, 2019. p. 106. Disponível em: https://acervodigital.ufpr.br/handle/1884/62542. Acesso em: 03 dez. 2022.

[726] Ressalta RODRÍGUEZ-ARANA MUÑOZ, Jaime. El concepto del Derecho Administrativo y el proyecto de Constitución Europea. *A&C – Revista de Direito Administrativo e Constitucional*, Belo Horizonte, n. 23, p. 13-14, jan./mar. 2006.

[727] TROSA, Sylvie. L'intérêt général: une réalité introuvable? *Lavoisier*: Gestion & Finances Publiques, n. 3, p. 84, 2017/3. Disponível em: https://www.cairn.info/revue-gestion-et-finances-publiques-2017-3-page-82.htm. Acesso em: 03 dez. 2022.

[728] Neste sentido, Justen Filho ressalta que a dignidade da pessoa humana é o princípio fundamental do qual os demais emanam, mesmo o interesse público, sua supremacia e indisponibilidade, atrelados à realização daquele. JUSTEN FILHO, Marçal. Conceito de

a sua melhor realização, há necessidade de diálogo e colaboração entre o poder público e a coletividade. A omissão administrativa no tocante à conexão com a coletividade acaba por, ainda que indiretamente, dispor indevidamente da adequada identificação e realização dos interesses públicos.

A atuação administrativa dialógica e consensual não apenas é possível, mas necessária diante do maior número de direitos assegurados e demandados ao Estado, de modo a reduzir a atuação administrativa unilateral e a aumentar a necessidade de manifestação[729] e acomodação de outros direitos afetados por alguma decisão. São necessários instrumentos que assegurem a participação dos interessados para possibilitar um melhor equilíbrio entre os interesses públicos, defendidos pela Administração, e os interesses particulares, como o aprimoramento da qualidade das decisões.[730]

Assim, a função administrativa, na perspectiva democrática, deve ser exercida com o auxílio de mecanismos que permitam a participação e a colaboração pela coletividade para que os interesses definidos e realizados sejam mais fidedignos aos reais interesses públicos.[731] O interesse público não representa um escudo da Administração Pública para se afastar e fechar-se à participação da coletividade, ao contrário, ele justifica a utilização de métodos consensuais a fim de concretizar a Constituição da República.[732]

A preservação e a indisponibilidade do interesse público no atual ordenamento jurídico requerem soluções ponderadas e não adversariais, que evitem a judicialização, que primem pelo atendimento imediato e integral de direitos e pela eficiência, como corolário à boa-

---

interesse público e a personalização do direito administrativo. *Revista Trimestral de Direito Público – RTDP*, São Paulo, 26, p. 116, 1999.

[729] FARIA, Luzardo. O art. 26 da LINDB e a legalidade dos acordos firmados pela Administração Pública: uma análise a partir do princípio da indisponibilidade do interesse público. In: VALIATI, Thiago Priess et al. (Coord.). *A lei de introdução e o direito administrativo brasileiro*. Rio de Janeiro: Lumen Juris, 2019. p. 156.

[730] COSTALDELLO, Angela Cassia et al. Reflexos da nova lei de introdução às normas do direito brasileiro (Lei no 13.655/2018) na gestão urbanística das cidades. In: VALIATI, Thiago Priess et al. (Coord.). *A lei de introdução e o direito administrativo brasileiro*. Rio de Janeiro: Lumen Juris, 2019. p. 529.

[731] Importante destacar que no contexto do direito europeu o Tratado que versou sobre o projeto de Constituição para a União Europeia previu o princípio da democracia participativa no art. I-47. Disponível em: https://eur-lex.europa.eu/legal-content/EN/TXT/?uri=CELEX:52003XX0718(01). Acesso em: 03 dez. 2022.

[732] EIDT, Elisa Berton. *Solução de conflitos no âmbito da administração pública e o marco regulatório da mediação*: da jurisdição a novas formas de composição. Santa Cruz do Sul: Essere nel Mondo, 2017. p. 140-141.

-administração. Defende-se, portanto, um novo "modelo administrativo de gestão, isto é, o que crie condições (objetivas e subjetivas) para a participação política da cidadania como condição de uma administração pública democrática".[733]

Indisponibilidade não é sinônimo de omissão, a Administração tem o dever de instrumentalizar os canais de diálogo, receber e apreciar as demandas da coletividade, possui o dever de agir, de atuar, responder, decidir, dar soluções e responsabilizar-se. A atividade administrativa é executiva, concreta e imediata e, ademais, independe da intervenção judicial.[734] Decidir não significa necessariamente atender ao pleito do cidadão, mas decidir motivadamente, mesmo que pela negativa, a partir do diálogo e do devido processo legal. É diferente de simplesmente não oportunizar mecanismos de diálogo, não analisar o caso ou fazê-lo superficialmente e remetê-lo ao Judiciário sob o fundamento da indisponibilidade do interesse público. Do mesmo modo, conforme o caso, reconhecer a existência de um direito de um cidadão e algum dever da Administração é efetivamente atender o interesse público, o que não viola a sua indisponibilidade.

De acordo com o que se extrai do ordenamento jurídico brasileiro, assim como dos potenciais efeitos negativos que a excessiva judicialização gera aos interesses públicos, defende-se a necessidade da tentativa preliminar de composição consensual com a Administração, pela mediação, sendo o caminho judicial subsidiário. A técnica consensual contribui com segurança, evita litígios judiciais e oportuniza o atendimento do interesse público de forma mais célere, adequada e econômica, se comparada com a tutela jurisdicional.[735]

As formas administrativas consensuais ainda sofrem resistência em razão "de uma interpretação mecanicista e, apartada da realidade,

---

[733] BITENCOURT, Caroline Müller; PASE, Eduarda Simonetti. A necessária relação entre democracia e controle social: discutindo os possíveis reflexos de uma democracia "não amadurecida" na efetivação do controle social da administração pública. *Revista de Investigações Constitucionais*, Curitiba, v. 2, n. 1, p. 309, jan./abr. 2015.

[734] Neste sentido, reconhece-se o "princípio da não necessariedade da intervenção jurisdicional nas relações de direito público", de modo que os direitos e deveres devem ser observados independentemente de processo judicial, inclusive por força dos princípios da legalidade e da moralidade. TALAMINI, Eduardo. A (In)disponibilidade do interesse público: consequências processuais (composições em juízo, prerrogativas processuais, arbitragem, negócios processuais e ação monitória)- versão atualizada para o CPC/2015. *Revista de Processo*, São Paulo, ano 42, v. 264, p. p. 85-88, fev. 2017.

[735] VALLE, Vivian Lima López. *Contratos administrativos e um novo regime jurídico de prerrogativas contratuais na Administração Pública contemporânea*. Belo Horizonte: Fórum, 2018. p. 197.

do princípio da indisponibilidade do interesse público", como se o interesse público apresentasse um significado "absoluto e homogêneo, que recusa interpretações dissidentes".[736] No entanto, trata-se de uma falsa impressão. A atuação administrativa deve voltar-se ao interesse público e à sua máxima realização, isto é indisponível. No entanto, a identificação do interesse público a ser realizado não é um processo automático apenas decorrente da lei.

A partir da legislação[737] visualiza-se cada vez mais a possibilidade de relações dialéticas entre Estado e sociedade, marcadas pelo consensualismo e pela negociação, com interpenetração dos espaços público-privado, abertas à "realização de acordos e à disposição de interesses para um melhor atendimento do interesse público"[738] de modo que o sistema normativo brasileiro orienta-se no sentido de definições e realizações dos interesses públicos de forma dialógica e não mais apenas unilateral. Ademais, constata-se o incremento da participação na Administração como modo de reduzir a falta de confiança no modelo representativo de democracia.[739]

Esta abertura exige modificações administrativas, "de uma organização autocentrada para uma organização em rede, com processos transparentes e abertos ao debate democrático".[740] A mediação, por viabilizar um espaço propício à fala e à escuta, ao diálogo, com o auxílio de um terceiro neutro e imparcial, demonstra ser um instrumento de grande relevância ao exercício da função administrativa democrática,[741] em termos procedimentais[742] e materiais. Ela possui aptidão para

---

[736] BACELLAR FILHO, Romeu Felipe. *Direito administrativo e o novo código civil*. Belo Horizonte: Fórum, 2007. p. 193.

[737] Conforme anteriormente ilustrado.

[738] VALLE, Vivian Lima López. *Contratos administrativos e um novo regime jurídico de prerrogativas contratuais na Administração Pública contemporânea*. Belo Horizonte: Fórum, 2018. p. 94.

[739] Conforme defende OLIVEIRA, Rafael Carvalho Rezende. Democratização da Administração Pública e o princípio da participação administrativa. *Revista da EMERJ*, v. 9, n. 35, p. 169, 2006.

[740] TROSA, Sylvie. L'intérêt général: une réalité introuvable? *Lavoisier*: Gestion & Finances Publiques, n. 3, p. 85, 2017/3. Disponível em: https://www.cairn.info/revue-gestion-et-finances-publiques-2017-3-page-82.htm. Acesso em: 03 dez. 2022.

[741] "A elevação do nível de instrução da população" reforça a percepção sobre uma "crise de representação". Os cidadãos "constatam mais do que nunca o caráter relativamente fictício da democracia representativa e a necessidade de controlar os governantes", assim como a urgência da busca de soluções para remediá-la, o que corresponde a uma grande maturidade dos cidadãos. COHENDET, Marie-Anne. Une crise de la représentation politique? *Cités*, vol. 18, n. 2, p. 41-61, 2004. p. 41-61, p. 42-43, 50.

[742] Destaca-se o apontamento de Luísa Netto a respeito da relevância do procedimento para o equilíbrio entre interesses públicos e privados. NETTO, Luísa Cristina Pinto e. *Participação*

viabilizar o devido processo dialógico democrático-administrativo, de modo a propiciar maior legitimidade à atuação administrativa,[743] maior controle desta pela coletividade, menos conflitos e maior pacificação. Quanto mais se a providência material resultante do processo contemplar os interesses dos envolvidos. Desse modo, tanto o procedimento da mediação é relevante como o eventual acordo dele resultante e "a negociação dos interesses passa a fazer parte do próprio processo de amadurecimento democrático".[744] A mediação, assim, serve de instrumento à concretização do interesse público seja no tocante à participação e ao diálogo como a partir das soluções compositivas dos interesses envolvidos. "Existe na mediação uma dinâmica de emancipação para uma governança partilhada".[745]

Para a compreensão da gama de possibilidades de utilização da mediação em âmbito administrativo, muitas vezes obscurecidas pela interpretação equivocada da indisponibilidade do interesse público, importante considerar os esclarecimentos fornecidos por Daniel Hachem. Nisto, destaca-se que o interesse público tem um sentido objetivo, de modo que nele podem perfeitamente estar contidos direitos, fundamentais ou não, individuais, difusos e coletivos; o interesse público corresponde ao que é objetivamente protegido pelo ordenamento jurídico, é universal, ou seja, todos os casos que se encontrarem na mesma situação deverão ter igual proteção pela norma. O interesse privado, por outro lado, é aquele "subjetivamente pretendido por qualquer pessoa, física ou jurídica, pública ou privada, voltado à satisfação de suas conveniências pessoais".[746] Os "interesses públicos genuínos" não se contrapõem à observância de "postulações

---

administrativa procedimental: natureza jurídica, garantias, riscos e disciplina adequada. Belo Horizonte: Fórum, 2009. p. 139-141.

[743] Sobre esta potencialidade da mediação, o Presidente do Conselho da Europa, à época, Gabriel Nissim, em junho de 2010, diante do Comitê dos direitos do homem, "inscreveu a mediação no centro do projeto viver juntos no respeito aos direitos do homem." Ele destacou que uma "comunicação ética entre os indivíduos é um elemento constitutivo da exigência democrática contemporânea". GUILLAUME-HOFNUNG, Michèle. La médiation. Paris: PUF, 2020. p. 95.

[744] GUERINI, Caroline Gonçalves; RAINER, Yahn. A concertação administrativa e os dilemas na efetivação dos acordos ambientais no Brasil. In: OLIVEIRA, Gustavo Justino. (Coord.); BARROS FILHO, Wilson Accioli de (Org.). *Acordos administrativos no Brasil*: teoria e prática. São Paulo: Almedina, 2020. p. 362.

[745] GUILLAUME-HOFNUNG, Michèle. *La médiation*. Paris: PUF, 2020. p. 97.

[746] HACHEM, Daniel Wunder. A dupla noção jurídica de interesse público em Direito Administrativo. *A&C – Revista de Direito Administrativo & Constitucional*, Belo Horizonte, ano 11, n. 44, p. 84-85, abr./jun. 2011.

particulares legítimas" e não são compatíveis com o "déficit crônico de efetividade dos processos administrativos e judiciais".[747]

O esclarecimento a respeito da abrangência do conceito interesse público e a percepção no sentido que vários são os seus titulares, mesmo um indivíduo singular, permite afastar eventual equívoco interpretativo no tocante à indisponibilidade do interesse público. A elucidação permite confirmar sobre a possibilidade de se adotar a mediação e firmar um acordo entre um particular e a Administração Pública e, mesmo assim, proteger e quem sabe melhor realizar um interesse público. O fato de ser um particular uma das partes não significa, *a priori*, que esteja na busca de um interesse privado, no sentido de apenas satisfazer as suas conveniências, pode se encontrar na defesa de um interesse público,[748] que deve ser considerado e ponderado pela Administração independentemente de quem seja a parte, de forma objetiva e universal. Assim, o interesse público defendido possui um caráter objetivo, que não interessa a quem e é para qualquer um, que corresponde ao que se denomina interesse público em sentido amplo.

O interesse público em sentido estrito corresponde a uma competência administrativa e um poder para agir, no entanto, as previsões normativas costumam destinar ao poder público a avaliação se no caso concreto se perfaz realmente a referida competência. Assim, diante dos fatos, o poder público avaliará se está presente o interesse público que demanda determinada providência.[749] A competência, em casos tais, somente se configurará, se presentes as condições previstas no enunciado normativo, o qual se valerá do termo "interesse público" como hipótese normativa ou de outros termos abstratos, sendo que em

---

[747] FREITAS, Juarez. Direito administrativo não adversarial: a prioritária solução consensual de conflitos. RDA – *Revista de Direito Administrativo*, v. 276, p. 29, set./dez. 2017.

[748] "Os direitos subjetivos de caráter individual devem ser, invariavelmente, considerados como interesse público (lato sensu)". A diferença é que o interesse público em sentido estrito confere uma competência e um poder de agir em determinado sentido. HACHEM, Daniel Wunder. A dupla noção jurídica de interesse público em Direito Administrativo. A&C – *Revista de Direito Administrativo & Constitucional*, Belo Horizonte, ano 11, n. 44, p. 86-87, abr./jun. 2011.

[749] "São situações em que o enunciado normativo faz uma remissão de segundo grau à decisão administrativa, eis que a seleção de primeiro grau é operada anteriormente pela lei". Exemplifica-se com a desapropriação, em que há autorização legislativa, desde que no caso concreto estejam preenchidos os requisitos legais. HACHEM, Daniel Wunder. A dupla noção jurídica de interesse público em Direito Administrativo. A&C – *Revista de Direito Administrativo & Constitucional*, Belo Horizonte, ano 11, n. 44, p. 88, abr./jun. 2011.

ambos os casos haverá competência discricionária para a avaliação do caso concreto e se este atende ao interesse público.[750]

Ocorre que essa competência de avaliar o caso concreto não é mais compatível com uma análise unilateral e apenas pela perspectiva pública, consoante o Estado Democrático de Direito, a valorização da pessoa humana e uma consequente horizontalização das relações entre o poder público e os particulares.[751] A avaliação se o caso concreto corresponde ou não ao interesse público previsto no enunciado normativo – no caso do interesse público em sentido estrito – pode e deve contar com a participação e a colaboração da coletividade, que permitirá um conhecimento mais real dos fatos, pelas perspectivas dos próprios envolvidos. E, um dos modos adequados à referida participação e à identificação da realidade de modo mais fidedigno é o procedimento de mediação, o que não exclui outros e também não significa que resolverá todos os obstáculos à aproximação e ao bom relacionamento entre o poder público e os particulares, no entanto, poderá gerar grandes avanços. O "desenvolvimento da mediação revela a emergência de um novo comportamento cívico".[752]

---

[750] Esclarece-se, contudo, que a peculiaridade do interesse público em sentido estrito não é o uso do termo interesse público ou de outros que ensejam a competência discricionária, mas "a necessidade de que esse interesse público especial esteja presente para permitir a atuação administrativa". Ainda, mesmo identificado o interesse público em sentido estrito, não significa que as prerrogativas públicas sempre prevalecerão, isto "dependerá das circunstâncias do caso concreto, uma vez que ambos os interesses em jogo encontram respaldo normativo". Uma ilustração foi o *arrêt Société civile Sainte-Marie de l'Assomption*, julgado pelo Conselho de Estado francês. No caso, o *Conseil d'État* considerou que, apesar do interesse público de circulação a justificar a expropriação de um imóvel que sediava um hospital psiquiátrico, este era o único hospital da região. Desse modo, na ponderação entre o interesse geral de circulação da coletividade e o interesse coletivo dos pacientes, este preponderou, considerando-se nulo o ato de expropriação. HACHEM, Daniel Wunder. A dupla noção jurídica de interesse público em Direito Administrativo. *A&C – Revista de Direito Administrativo & Constitucional*, Belo Horizonte, ano 11, n. 44, p. 88, 101-102, abr./jun. 2011. FRANÇA. *Conseil d'État*, 78829: Arrêt Société civile Sainte-Marie de l'Assomption, le 20 octobre 1972. Disponível em: https://www.legifrance.gouv.fr/ceta/id/CETATEXT000007642995/. Acesso em: 03 dez. 2022.

[751] Parte da doutrina questiona se "é ainda a melhor opção para o sistema de Justiça nacional que os conflitos relacionados com os direitos indisponíveis sejam sempre 'resolvidos' por via da tradicional fórmula da adjudicação estatal, realizada, em regra de forma solitária e impositiva? Não seria mais adequado, legítimo e democrático que tais conflitos passassem a ser cada vez mais suscetíveis a francas negociações que, para além de necessariamente envolverem o Ministério Público, a Advocacia Pública, as demais entidades colegitimadas para a proteção dos interesses ou direitos em disputa e até mesmo diretamente a população envolvida, ainda contaria sempre com a supervisão do Poder Judiciário? A resposta parece óbvia, inevitável". VENTURI, Elton. Transação de direitos indisponíveis? *Revista de Processo*, v. 251, p. 391-426, jan./2016.

[752] GUILLAUME-HOFNUNG, Michèle. *La médiation*. Paris: PUF, 2020. p. 102.

Considera-se que a autocomposição é compatível com o princípio da indisponibilidade e deve ser adotada à medida de sua compatibilidade, assim como de acordo com os demais princípios do regime jurídico-administrativo. A adoção de um procedimento compositivo, como a mediação, por si só, não viola a indisponibilidade. Como toda e qualquer atuação administrativa deve realizar os interesses públicos, sob pena de desvio de finalidade, a mediação com a Administração Pública submete-se ao regime jurídico público e necessariamente deverá ser conduzido à melhor definição e realização dos interesses públicos.

3.2.2 A mediação como um espaço de construção de interesses públicos

"Não há dúvidas de que interesse público é um conceito rebelde a definições".[753] É do ordenamento jurídico que se extraem os interesses públicos, no entanto, são naturalmente indeterminados, em diferentes graus.[754] A indeterminação é um atributo que permite adequar e aproximar o conceito jurídico ao mundo real.[755] É relevante clarificar que o interesse público não é o interesse do gestor público, nem da estrutura administrativa. O interesse público, no contexto de um Estado Democrático de Direito, corresponde aos interesses da coletividade, como membros integrantes desta e são orientados à realização de direitos e garantias fundamentais e à centralidade do ser humano, cuja liberdade e participação não pode se restringir às eleições.[756] Conforme pondera Nino, a discussão com outros contribui à detecção de erros fáticos e lógicos e "a dinâmica do conhecimento da verdade tende a ir da minoria à maioria" e não o inverso.[757]

---

[753] HACHEM, Daniel Wunder. A dupla noção jurídica de interesse público em Direito Administrativo. *A&C – Revista de Direito Administrativo & Constitucional*, Belo Horizonte, ano 11, n. 44, p. 60, abr./jun. 2011.

[754] DI PIETRO, Maria Sylvia Zanella. O princípio da supremacia do interesse público – sobrevivência diante dos ideais do neoliberalismo. In: BACELLAR FILHO, Romeu Felipe; HACHEM, Daniel Wunder. *Direito administrativo e interesse público*: estudos em homenagem ao professor Celso Antônio Bandeira de Mello. Belo Horizonte: Fórum, 2010. p. 215.

[755] JUSTEN FILHO, Marçal. Conceito de interesse público e a personalização do direito administrativo. *Revista Trimestral de Direito Público – RTDP*, São Paulo, 26, p. 116, 1999.

[756] COHENDET, Marie-Anne. Une crise de la représentation politique? *Cités*, vol. 18, n. 2, p. 58, 2004.

[757] NINO, Carlos Santiago. *La constitución de la democracia deliberativa*. Barcelona: Gedisa Editorial, 1997. p. 175.

A Administração Pública, portanto, não é a titular dos interesses públicos, é a sua representante e realizadora. Estes funcionam, ao mesmo tempo, como limite e fundamento da atuação pública[758] e, diante do aspecto de servirem como fundamento é que surge a necessidade de se aprimorar a atuação pública, tornando-a mais próxima dos anseios da coletividade, mas, por outro lado, os interesses públicos como limite deverão assegurar o equilíbrio da composição dos interesses. Trata-se, portanto, de uma noção bivalente, que justifica o estabelecimento de mecanismos dialógicos autocompositivos, como serve de limite às próprias composições.

A interpretação de dispositivos constitucionais, quanto mais aqueles com maior teor abstrato e valorativo, dependem da realidade e não possuem sentido único. "O relato da norma, muitas vezes, demarca apenas uma moldura dentro da qual se desenham diferentes possibilidades interpretativas"[759] e o caso concreto auxiliará a identificá-las. Por vezes, não haverá no sistema uma resposta ao conflito, esta só pode ser obtida a partir do caso concreto, a fim de verificar qual opção interpretativa melhor realiza a Constituição. A realidade é relevante para analisar se a interpretação eleita, quando incidir sobre o caso, realizará efetivamente aquela finalidade constitucional almejada.[760] Raramente há uma resposta correta para questões práticas, pois estas envolvem interpretação e ponderação de interesses.[761]

Os interesses públicos exigem ponderação e avaliações quando aplicados para reduzir ou extinguir a indeterminação e verificar o mais adequado ao caso concreto.[762] A atuação unilateral, a eleição e a realização dos interesses públicos apenas pelos governantes não é suficiente para incluir e satisfazer os interesses e as necessidades da

---

[758] MEDAUAR, Odete. *O direito administrativo em evolução*. 3. ed. Brasília: Gazeta Jurídica, 2017. p. 231. HACHEM, Daniel Wunder. A dupla noção jurídica de interesse público em Direito Administrativo. *A&C – Revista de Direito Administrativo & Constitucional*, Belo Horizonte, ano 11, n. 44, p. 62, abr./jun. 2011.

[759] BARROSO, Luís Roberto. *O direito constitucional e a efetividade de suas normas* – limites e possibilidades da Constituição brasileira. 7. ed. Rio de Janeiro: Renovar, 2003. p. 287.

[760] BARROSO, Luís Roberto. *O direito constitucional e a efetividade de suas normas* – limites e possibilidades da Constituição brasileira. 7. ed. Rio de Janeiro: Renovar, 2003. p. 288.

[761] BRANCO, Paulo Gustavo Gonet. *Juízo de ponderação na jurisdição constitucional*. São Paulo: Saraiva, 2009. p. 165.

[762] DI PIETRO, Maria Sylvia Zanella. O princípio da supremacia do interesse público – sobrevivência diante dos ideais do neoliberalismo. *In*: BACELLAR FILHO, Romeu Felipe; HACHEM, Daniel Wunder. *Direito administrativo e interesse público*: estudos em homenagem ao professor Celso Antônio Bandeira de Mello. Belo Horizonte: Fórum, 2010. p. 217.

coletividade, múltiplas e heterogêneas.⁷⁶³ São inúmeros os interesses considerados públicos, que, no contexto democrático, passam por constantes reorganizações.⁷⁶⁴ A participação no processo decisório aprimora a assimilação da decisão a ser tomada, pois foi possibilitado conhecer o outro, suas necessidades e, em função desta realidade, rever e ajustar a sua própria demanda.

Tem-se, a partir do direito à boa administração e à tutela administrativa efetiva, que o poder público possui, inclusive, o dever de adotar mecanismos que possibilitem a participação e a colaboração da coletividade na composição dos interesses públicos em vistas à realização dos seus direitos.⁷⁶⁵ Os interesses das pessoas devem ser respeitados e valorados pela Administração quando esta estiver na iminência de tomar uma decisão que possa confrontar-lhes, de modo que, "caso necessário, se lhes imponha o menor sacrifício possível",⁷⁶⁶ a fim de compor antecipadamente, prevenir ou diminuir eventuais conflitos.

Participar, falar, colaborar, integrar a comunidade e almejar a realização dos seus direitos são facetas da dignidade da pessoa humana, de sua valorização, importância e conexão com os demais.⁷⁶⁷ Com o grande avanço dos meios de comunicação, tem-se o paradoxo de as pessoas serem cada vez mais silenciadas por aqueles que deveriam

---

⁷⁶³ "Os cidadãos votam em homens políticos muito diferentes deles, em razão se suas competências específicas, mas ao mesmo tempo eles se sentem distantes desta classe política que não reflete a sua imagem. A profissionalização da política aumenta a distância entre representantes e representados, sobretudo aos menos privilegiados, os quais dificilmente se identificam com a elite política que se remetem tanto mais aos eleitos e não se sentem em condições de os controlar. Isto se deve, ainda, por uma visão frequentemente distinta das coisas entre representantes e representados". COHENDET, Marie-Anne. Une crise de la représentation politique? *Cités*, vol. 18, n. 2, p. 53, 2004.

⁷⁶⁴ Justen Filho ressalta que estas reorganizações se assemelham a um caleidoscópio, "em que cada arranjo é distinto do existente em momentos anteriores e posteriores". JUSTEN FILHO, Marçal. Conceito de interesse público e a personalização do direito administrativo. *Revista Trimestral de Direito Público – RTDP*, São Paulo, 26, p. 115, 1999.

⁷⁶⁵ RODRÍGUEZ-ARANA MUÑOZ, Jaime. *Direito fundamental à boa administração pública*. HACHEM, Daniel Wunder (Trad.). Belo Horizonte: Fórum, 2012. p. 37-43.

⁷⁶⁶ COSTALDELLO, Angela Cassia et al. Reflexos da nova lei de introdução às normas do direito brasileiro (Lei no 13.655/2018) na gestão urbanística das cidades. In: VALIATI, Thiago Priess et al. (Coord.). *A lei de introdução e o direito administrativo brasileiro*. Rio de Janeiro: Lumen Juris, 2019. p. 521.

⁷⁶⁷ Reconhece-se que "a mediação busca o respeito à igual dignidade" e ela é garantida pelo artigo 1o da Declaração universal dos direitos do homem. "A mediação também contribui à efetividade do artigo 11 da Declaração de 1789 'A livre manifestação do pensamento e das opiniões é um dos direitos mais preciosos do Homem'. Pode-se até mesmo vislumbrar a mediação como uma nova liberdade pública". GUILLAUME-HOFNUNG, Michèle. *La médiation*. Paris: PUF, 2020. p. 95.

lhe dar a voz, restringindo-lhes apenas o direito ao voto e o direito a ajuizar uma ação.[768] Desse modo, antes mesmo de se debater sobre o conteúdo de eventual acordo, seus limites e composições com os interesses públicos, há o "dever autônomo"[769] de o poder público implementar canais de diálogo e de contribuição da coletividade, dentre os quais a mediação apresenta várias características relevantes e não negligenciáveis.[770]

Nesta esteira, não há razão para recusa ao diálogo e à mediação pela indisponibilidade do interesse público *a priori*, mas que será analisada *a posteriori*,[771] durante o percurso da mediação, a identificações de interesses, necessidades e sua compatibilidade com os interesses públicos.

No procedimento de mediação administrativa, a fim de se respeitar os interesses públicos, há de se avaliar se o real interesse do particular e da Administração[772] e se correspondem a interesses públicos e em qual dimensão para, então, serem ponderados e compostos frente ao caso concreto.

Relembra-se que os interesses de um particular podem se apresentar em distintas dimensões,[773] privada, que corresponde às

---

[768] Identifica-se uma "democracia dos silenciados" e o "exercício de uma cidadania do silêncio". WARAT, Luis Alberto. *O ofício do mediador*. Florianópolis: Habitus, 2001. p. 124.

[769] Nesta proposta de deveres autônomos, a partir da compreensão que se irradiam pelo ordenamento jurídico e devem ser realizados, independetemente de requisição. HACHEM, Daniel Wunder. A dupla titularidade (individual e transindividual) dos direitos fundamentais econômicos, sociais, culturais e ambientais. *Revista Direitos Fundamentais & Democracia (UniBrasil)*, Curitiba, UniBrasil, v. 14, n. 14.1, p. 640, ago./dez. 2013. NOVAIS, Jorge Reis. *As restrições aos direitos fundamentais não expressamente autorizadas pela Constituição*. Coimbra: Coimbra Editora, 2003. p. 491.

[770] "A resolução de conflitos é apenas um dos ramos da mediação e não atende apenas as demandas gerenciais, sua relevância política, econômica e social não é negligenciável". Os conflitos possuem um custo e "sua falta de resolução ruína uma sociedade em termos econômicos e humanos". GUILLAUME-HOFNUNG, Michèle. *La médiation*. Paris: PUF, 2020. p. 97.

[771] OLIVEIRA, Gustavo Justino de; GONÇALVES, Cláudio Cairo. Justiça multiportas, desjudicialização e negociação na Administração Pública: novos caminhos para o consensualismo administrativo à luz da processualística civil. *In:* NOLASCO, Rita *et al.* (Coord.). *Desjudicialização, justiça conciliativa e poder público*. São Paulo: RT, 2021. p. 148.

[772] Rememora-se que nas técnicas da mediação facilitadora e integrativa separa-se a posição – que é aparente – dos interesses – que são as verdadeiras pretensões e geralmente não aparentes, mais profundas. ALMEIDA, Tania. *Caixa de ferramentas em mediação*: aportes práticos e teóricos. São Paulo: Dash Editora, 2016. p. 107-108.

[773] Ainda, nem todo interesse corresponde a um direito. "Há interesses que são protegidos pelo ordenamento jurídico, ao passo que outros não o são (...) Pode-se então dizer que no meio de um mar de interesses, um conjunto mais restrito deles é elevado à dignidade de direitos subjetivos, havendo outras espécies que não desfrutam dessa proteção pelo

conveniências pessoais e egoísticas, ou pública, referente à qualidade de integrante da coletividade. A respeito da dimensão privada, esta não é antagônica aos interesses públicos, pois estes são compostos por alguns aspectos dos interesses particulares, mas, de todo modo, não são idênticos.[774] Isso se deve pelo fato de cada particular compor o todo, o público, e este ser fruto da coletividade de particulares. O interesse público é "função qualificada dos interesses das partes". Há uma "relação íntima, indissolúvel, entre o chamado interesse público e os interesses ditos individuais".[775] O interesse público é uma parte do interesse dos indivíduos, que corresponde à sua participação enquanto membros da coletividade.[776] Não há, portanto, interesse público desconectado do interesse dos membros da coletividade, se assim fosse, seria eliminado "o senso de coexistência em comunidade do indivíduo".[777] A respeito desta interconexão, Habermas assevera que "a autonomia privada e pública, os direitos e a soberania do povo se pressupõem mutuamente".[778]

Assim, os interesses dos cidadãos possuem dimensão privada e pública. Cada indivíduo possui necessidades pessoais e como membro da coletividade.[779] Pode ser que em algumas hipóteses não coincidam, mas pode ser que lhe equivalham ou que se complementem, de modo

---

Direito". De acordo com François Ost, pode-se visualizar os interesses em um círculo, cujo núcleo representa os direitos subjetivos, assegurados ao máximo. Em seguida se encontram os interesses legítimos, com uma certa proteção jurídica, em seguida os interesses simples, indiferentes, são facultados e, na quarta camada, os interesses ilícitos, cuja realização é apenada. OST, François. Entre droit et non-droit: l'intérêt. Essai sur les fonctions qu'exerce la notion d'intérêt en droit privé. *In:* GÉRARD, Philippe; OST, François; KERCHOVE, Michel van de (Dir.). *Droit et intérêt*. Bruxelles: Facultés Universitaires Saint-Louis, 1990. v. 2. p. 10, 36-37 *apud* HACHEM, Daniel Wunder. A dupla noção jurídica de interesse público em Direito Administrativo. *A&C – Revista de Direito Administrativo & Constitucional*, Belo Horizonte, ano 11, n. 44, p. 79-83, abr./jun. 2011.

[774] HACHEM, Daniel Wunder. A dupla noção jurídica de interesse público em Direito Administrativo. *A&C – Revista de Direito Administrativo & Constitucional*, Belo Horizonte, ano 11, n. 44, p. 83, abr./jun. 2011.

[775] MELLO, Celso Antônio Bandeira de. *Curso de direito administrativo*. 32. ed. São Paulo: Malheiros, 2015. p. 60.

[776] MELLO, Celso Antônio Bandeira de. *Curso de direito administrativo*. 32. ed. São Paulo: Malheiros, 2015. p. 60-61.

[777] Há uma mútua implicação, "qualquer conjunto tem preservada sua existência somente enquanto as células que o integram também existirem com a liberdade necessária e suficiente para assegurar sua individualidade". BLANCHET, Luiz Alberto. *Direito administrativo*. 6. ed. Curitiba: Juruá, 2012. p. 15.

[778] HABERMAS, Jürgen. *Direito e democracia*: entre facticidade e validade. v. I. Rio de Janeiro: Tempo Brasileiro, 1997. p. 116.

[779] BLANCHET, Luiz Alberto. *Direito administrativo*. 6. ed. Curitiba: Juruá, 2012. p. 15.

que realizar um será também em alguma medida realizar o outro.[780] Existe uma interconexão entre os sujeitos e um reconhecimento recíproco de direitos.[781] O interesse público pode estar representado em "um interesse individual concretamente compartilhado por segmentos significativos da sociedade".[782]

É possível identificar, conforme ressalta Daniel Hachem, que o termo interesse público é utilizado pelo direito administrativo com noções diferentes.[783] "Uma delas diz respeito a um interesse público em sentido amplo, genérico, considerado como todo o interesse protegido pelo ordenamento jurídico", em uma perspectiva de limite à atuação administrativa. Enquanto a outra noção envolve "um interesse público em sentido estrito, especial, que se estiver presente autoriza a Administração Pública a agir" e, presente este interesse qualificado, a Administração poderá exercer suas prerrogativas.[784]

Vislumbram-se, portanto, interesses públicos em uma perspectiva genérica e mais ampla[785] e interesses públicos mais específicos, estes

---

[780] Por exemplo, há situações bem evidentes no sentido que os interesses perseguidos pelos particulares se amoldam com os interesses públicos, como nos atos tradicionais do poder de polícia, aqueles ampliativos ou benéficos aos particulares, como nos pedidos de autorização e em licenças ambientais, assim como em concessões ou permissões de uso de bens públicos por particulares.

[781] HABERMAS, Jürgen. *Direito e democracia*: entre facticidade e validade. v. I. Rio de Janeiro: Tempo Brasileiro, 1997. p. 120-121, 124.

[782] JUSTEN FILHO, Marçal. Conceito de interesse público e a personalização do direito administrativo. *Revista Trimestral de Direito Público – RTDP*, São Paulo, 26, p. 124, 1999.

[783] O próprio termo "interesse" é polissêmico, muitos conceitos jurídicos dele se valem. De acordo com Daniel Hachem, François Ost levanta esta problemática e destaca que o Vocabulaire juridique de G. Cornu apresenta vários significados ao termo, por exemplo, no nº 2, interesse corresponde a um benefício, a uma vantagem e não significa um direito, enquanto no significado nº 4, significa "direito". OST, François. Entre droit et non-droit: l'intérêt. Essai sur les fonctions qu'exerce la notion d'intérêt en droit privé. In: GÉRARD, Philippe; OST, François; KERCHOVE, Michel van de (Dir.). Droit et intérêt. Bruxelles: Facultés Universitaires Saint-Louis, 1990. v. 2. p. 11 *apud* HACHEM, Daniel Wunder. A dupla noção jurídica de interesse público em Direito Administrativo. *A&C – Revista de Direito Administrativo & Constitucional*, Belo Horizonte, ano 11, n. 44, p. 59-110, abr./jun. 2011. p. 79.

[784] HACHEM, Daniel Wunder. A dupla noção jurídica de interesse público em Direito Administrativo. *A&C – Revista de Direito Administrativo & Constitucional*, Belo Horizonte, ano 11, n. 44, p. 67, abr./jun. 2011.

[785] Em sentido amplo estão contemplados "todos os interesses juridicamente protegidos, englobando tanto o interesse da coletividade em si mesma considerada (interesse geral) quanto interesses individuais e coletivos (interesses específicos), quando albergados pelo Direito positivo". Desse modo, abrange as mais variadas áreas do direito. HACHEM, Daniel Wunder. A dupla noção jurídica de interesse público em Direito Administrativo. *A&C – Revista de Direito Administrativo & Constitucional*, Belo Horizonte, ano 11, n. 44, p. 68-70, abr./jun. 2011.

se traduzem no "interesse da coletividade em si mesma considerada (interesse geral), a ser identificado no caso concreto pela Administração Pública". Interesse público em sentido amplo é uma noção próxima do que se considera juridicidade administrativa, da necessidade de respeito ao ordenamento jurídico como um todo.[786] Os interesses específicos correspondem a uma competência atribuída pelo ordenamento jurídico, "hipótese em que estará autorizada a sua prevalência sobre interesses individuais e coletivos (interesses específicos) também protegidos pelo sistema normativo".[787]

O ordenamento jurídico prevê vários interesses públicos, mesmo em sua dimensão específica e restrita, que em alguns casos podem ensejar controvérsias[788] entre si. Os interesses específicos também podem estar previstos em previsões normativas que possuam várias possibilidades de concretização. Do mesmo modo, também podem existir controvérsias entre interesses públicos em sua perspectiva ampla com interesses públicos específicos, defendidos em determinada situação pela Administração, mas que sejam compatíveis com outro interesse público específico. Diante destas possibilidades, é relevante existir um espaço ao diálogo e à tentativa de composição extrajudicial, pois, definitivamente, o que não é interesse público, é a relação adversarial entre particulares e a Administração e a submissão destes a todos os efeitos maléficos de processos judiciais onerosos a todos.

O interesse público é tutelado, muitas vezes, de modo genérico e abstrato, por normas gerais e abstratas,[789] por exemplo, proteção à

---

[786] HACHEM, Daniel Wunder. A dupla noção jurídica de interesse público em Direito Administrativo. *A&C – Revista de Direito Administrativo & Constitucional*, Belo Horizonte, ano 11, n. 44, p. 71, abr./jun. 2011.

[787] HACHEM, Daniel Wunder. A dupla noção jurídica de interesse público em Direito Administrativo. *A&C – Revista de Direito Administrativo & Constitucional*, Belo Horizonte, ano 11, n. 44, p. 68-69, abr./jun. 2011.

[788] Por exemplo, a instalação de uma indústria em região carente de empregos e de arrecadação, mas com excesso de degradação ambiental da mesma espécie, há um conflito entre os direitos à livre iniciativa, ao trabalho e ao desenvolvimento, ainda que sob o viés econômico e, eventualmente, social e, por outro lado, os direitos à saúde e ao meio ambiente equilibrado. Vê-se que a defesa do interesse público pode ser realizada em ambos os sentidos, mas a ponderação, utilizada nas colisões de direitos fundamentais, que permitirá dirimir o conflito. SOUZA, Luciane Moessa de. *Meios consensuais de solução de conflitos envolvendo entes públicos*: negociação, mediação e conciliação na esfera administrativa e judicial. Belo Horizonte: Fórum, 2012. p. 168.

[789] A aplicação do conceito de interesse público "não se trata apenas de um juízo taxativo de mera legalidade". GABARDO, Emerson; REZENDE, Maurício Corrêa de Moura. O conceito de interesse público no direito administrativo brasileiro. *Revista Brasileira de Estudos Políticos*, Belo Horizonte, n. 115, p. 267-318, jul./dez. 2017. p. 281.

saúde.⁷⁹⁰ No entanto, na efetivação deste interesse público há questões práticas, próprias ao contexto, que devem ser dirimidas e, preferencialmente, com os envolvidos. Trata-se, por vezes, de deliberar sobre quais meios podem ser empregados a realizar determinado interesse ou qual de suas facetas será realizada ou, eventualmente, definir qual dos interesses públicos envolvidos prepondera naquela circunstância, sem impedir que o acordo estabeleça soluções adaptadas para momentos subsequentes ou mediante certas condições.⁷⁹¹ Por exemplo, se em um acordo resultar que o poder público atenderá uma medida que representa o interesse público, em dado contexto não estará a dispor do interesse público, mas a realizá-lo e possivelmente de modo mais pleno e efetivo.

É habitual que a atuação administrativa envolva inúmeros princípios e que repercuta na esfera de interesses e direitos de particulares aos quais correspondem outros princípios e, eventualmente, poderá existir a necessidade de ponderação.⁷⁹² Em um caso concreto raramente se identifica um único interesse público que seja comum a todos. É frequente, portanto, existir vários interesses públicos, todos albergados pelo ordenamento jurídico.⁷⁹³

A mediação é conduzida no intuito de elucidar os reais interesses dos envolvidos, que se distinguem das posições, estas correspondem ao pleito imediato, muitas vezes contaminado por sentimentos negativos que as dificuldades de comunicação e o aprofundamento do conflito, sem solução, fazem surgir. Assim, o procedimento de mediação, com o emprego de suas técnicas, em um espaço propício ao diálogo, pode

---

[790] A esse respeito, Robert Alexy ressalta que direitos constitucionais e fundamentais são abstratos e devem ser realizados ao máximo, de acordo com as possibilidades legais e da realidade, sendo que estas dependem das opções de ação. As possibilidades legais de realização, além de dependerem das regras, são determinadas pelos princípios opostos, que podem se referir a direitos constitucionais individuais ou coletivos colidentes. Em casos de colisão será necessário um sopesamento (tradução livre). ALEXY, Robert. Rights, legal reasoning and rational discourse. *Ratio Juris*, vol. 5, n. 2, p. 146-147, July 1992.

[791] De acordo com a teoria dos princípios de Alexy, estes são mandados de otimização, devem ser realizados ao máximo, de acordo a proporcionalidade no intuito de se alcançar o ótimo de pareto. (tradução livre). ALEXY, Robert. Rights, legal reasoning and rational discourse. *Ratio Juris*, vol. 5, n. 2, p. 149, July 1992.

[792] Identifica-se a função administrativa de ponderação dos interesses em confronto e sacrifício mínimo. MEDAUAR, Odete. *O direito administrativo em evolução*. 3. ed. Brasília: Gazeta Jurídica, 2017. p. 236.

[793] FARIA, Luzardo. *O princípio da indisponibilidade do interesse público e a consensualidade no direito administrativo*. 2019. 338 p. Dissertação (Mestrado em Direito do Estado) – Programa de Pós-Graduação em Direito, Universidade Federal do Paraná, Curitiba, 2019. p. 44-45. Disponível em: https://acervodigital.ufpr.br/handle/1884/62542. Acesso em: 03 dez. 2022.

permitir desvendar que por trás de uma posição de um particular, supostamente contrária ao interesse público, seu real interesse corresponde ou, quiçá, aprimora a realização do interesse público, de um modo rico que o poder público sequer havia imaginado. Eis a relevância do diálogo e da oportunidade de composição de interesses propiciada pela mediação, que, em verdade, deve existir na base da atuação administrativa democrática.

A própria Administração pode estar a defender um interesse supostamente público sem o ser, ou seja, uma posição que aparenta ser pública, mas um interesse que não o é. Há vezes em que o interesse público denominado primário, titularizado por um cidadão, colide com um interesse público denominado secundário,[794] defendido pela Administração como, aparentemente, primário,[795] por exemplo, na hipótese de o poder público ter causado danos a um cidadão e ter o dever de o indenizar. Em situação como tal, a Administração não está a defender o interesse público, mas um ilícito, o desrespeito ao ordenamento jurídico.[796] Vislumbra-se que a Lei da Ação Popular nº 4.717/1965, em seu art. 6º, §3º, previu a possibilidade de o autor, cidadão, atuar em defesa do interesse público e, nestes casos, possibilitou que a pessoa jurídica de direito público ou de direito privado, cujo ato seja objeto de impugnação, poderá abster-se de contestar o pedido, ou poderá atuar ao lado do autor.

Na hipótese de existir um conflito entre princípios, um deles terá "precedência em face do outro sob determinadas condições". Diante da realidade, "os princípios têm pesos diferentes" e prevalece aquele com maior peso em dado caso. Analisa-se em concreto qual dos interesses divergentes possui maior peso. Não existe precedência absoluta.[797]

---

[794] A distinção é apontada à doutrina de Renato Alessi, cuja difusão no direito administrativo brasileiro pode ser atribuída a MELLO, Celso Antônio Bandeira de. *Curso de direito administrativo*. 32. ed. São Paulo: Malheiros, 2015. p. 65-70.

[795] Como alerta HACHEM, Daniel Wunder. *Tutela administrativa efetiva dos direitos fundamentais sociais*: por uma implementação espontânea, integral e igualitária. 2014. 614 f. Tese (Doutorado) – Programa de Pós-Graduação em Direito, Universidade Federal do Paraná, Curitiba, 2014. p. 315.

[796] Trata-se da situação surreal, mas comum, afigura-se "uma atividade financiada pelos contribuintes (a advocacia pública) posta a serviço da defesa de ilícitos praticados contra esses mesmos contribuintes". SOUZA, Luciane Moessa de. *Meios consensuais de solução de conflitos envolvendo entes públicos*: negociação, mediação e conciliação na esfera administrativa e judicial. Belo Horizonte: Fórum, 2012. p. 166.

[797] Robert Alexy exemplifica esse sopesamento e precedência diante do caso concreto a partir do exemplo do caso Lebach, no qual a emissora de TV ZDV, no uso de sua liberdade de informar, pretendia exibir um documentário sobre o caso, que se tratava da morte de

No entanto, o caráter *prima facie* dos princípios exige que sejam realizados "na maior medida possível dentro das finalidades jurídicas e fáticas existentes".[798]

De acordo com a teoria de Alexy, a lei da colisão, a precedência de um princípio sobre os demais é definida com o auxílio da proporcionalidade em seus três aspectos: adequação, necessidade e proporcionalidade em sentido estrito. Os dois primeiros referem-se à otimização dos princípios colidentes diante das possibilidades fáticas, enquanto a proporcionalidade em sentido estrito advém do próprio caráter principiológico – mandamentos de otimização – das normas em conflito.[799]

No teste de adequação, avalia-se se o meio (M) é adequado, se facilita o atendimento ao fim pretendido e se frustra outras finalidades, de acordo com os conhecimentos existentes no momento.[800] No teste da necessidade, avalia-se qual é a medida mais idônea ao objetivo, "a torná-lo mais provável", se o atendem "numa mesma escala e com equiparável rapidez de resultado", assim como em relação aos custos. Avalia-se qual é o meio mais adequado para o fim pretendido e se afasta o meio mais prejudicial a outros fins.[801] O teste da necessidade guarda proximidade com a avaliação da oportunidade e da conveniência, relacionado a fatos e a políticas, com grande pertinência à atividade tipicamente administrativa e maior limitação ao controle judicial, cuja análise terá que se referir a opções concretas.[802]

---

quatro soldados, enquanto dormiam, em um depósito de armas e munições do Exército Alemão, localizado próximo à cidade de Lebach. A questão controvertida foi que um dos condenados estava prestes a sair da prisão quando o documentário seria exibido e defendeu seus direitos fundamentais de proteção à personalidade e, em especial, o direito à ressocialização. O Tribunal Constitucional Federal entendeu que existe uma precedência geral da liberdade de informar sob a condição de se tratar de "fatos criminosos atuais". No entanto, no caso em análise, tratava-se da repetição de notícia, sobre um grave crime, sem caráter atual da informação, que colocava em risco a ressocialização do preso, assim, sob tais condições, entendeu prevalecer a proteção da personalidade. ALEXY, Robert. *Teoria dos direitos fundamentais*. 2. ed. São Paulo: Malheiros, 2014. p. 93-94, 97, 99-102.

[798] ALEXY, Robert. *Teoria dos direitos fundamentais*. 2. ed. São Paulo: Malheiros, 2014. p. 103-104.

[799] ALEXY, Robert. *Teoria dos direitos fundamentais*. 2. ed. São Paulo: Malheiros, 2014. p. 116-118.

[800] BRANCO, Paulo Gustavo Gonet. *Juízo de ponderação na jurisdição constitucional*. São Paulo: Saraiva, 2009. p. 171-173.

[801] BRANCO, Paulo Gustavo Gonet. *Juízo de ponderação na jurisdição constitucional*. São Paulo: Saraiva, 2009. p. 174-175.

[802] BRANCO, Paulo Gustavo Gonet. *Juízo de ponderação na jurisdição constitucional*. São Paulo: Saraiva, 2009. p. 175.

Alexy ilustra a máxima da necessidade do seguinte modo: o Estado tem o objetivo Z, que se fundamenta no princípio P1, e, para atingi-lo, dispõe de duas possibilidades de medidas M1 e M2. Ocorre que M1 acaba afetando outro princípio P2 e M2 o afeta em menor intensidade. Assim, ao se optar pela medida M2, tem-se uma otimização dos princípios, P2 pode ser realizado em maior medida diante das possibilidades fáticas. A análise da necessidade orienta no sentido que o objetivo deve ser realizado pela medida menos gravosa. No entanto, se tanto a M1 como a M2 afetam P2, de modo que para melhor realizar P2 seria não adotar nem M1 nem M2, a questão não é mais fática e passa para a esfera da possibilidade jurídica, para o "sopesamento entre P1 e P2 (proporcionalidade em sentido estrito)".[803]

A proporcionalidade em sentido estrito refere-se às possibilidades jurídicas, necessária quando a efetivação de um princípio interferir em outro. É a ponderação, que consiste em avaliar qual princípio possui maior peso na circunstância fática. Avalia-se o grau de importância do princípio a ser satisfeito relativamente ao sacrifício do outro, qual é a intensidade do sacrifício. O peso do princípio é analisado em termos materiais e abstratos no sistema e em termos concretos. Quanto maior a intervenção sobre outros princípios, maior deve ser o peso do princípio prevalente no caso.[804] Princípios relacionados à democracia e à dignidade da pessoa humana possuem peso significativo. A teoria da ponderação não se trata de uma fórmula algorítmica para resolver todos os problemas, mas possibilita a condução racional argumentativa das decisões, cuja exposição em um caso concreto deve ser realizada de forma transparente e a propiciar o controle.[805]

A racionalidade da teoria da ponderação pode ser utilizada na mediação, sem representar violação ao interesse público, ao contrário, como modo de, com a participação dos envolvidos, localizá-lo e realizá-lo com maior precisão, transparência e racionalidade.

Apesar da indisponibilidade do interesse público, esta não impede a realização de ponderações, observando-se a razoabilidade

---

[803] ALEXY, Robert. *Teoria dos direitos fundamentais*. 2. ed. São Paulo: Malheiros, 2014. p. 118-120.

[804] Segundo a teoria de Alexy, conforme relatado por Branco, quanto maior a proximidade do princípio com a vida humana e autonomia do indivíduo, maior o seu peso. BRANCO, Paulo Gustavo Gonet. *Juízo de ponderação na jurisdição constitucional*. São Paulo: Saraiva, 2009. p. 177-179.

[805] BRANCO, Paulo Gustavo Gonet. *Juízo de ponderação na jurisdição constitucional*. São Paulo: Saraiva, 2009. p. 180-188.

e a proporcionalidade e, assim, negociações, se tais trouxerem maior vantajosidade à proteção e à realização do próprio interesse em jogo.[806]

A atuação administrativa consensual possibilita o alcance de resultados que contemplem ao máximo os interesses dos envolvidos, "em uma realidade na qual a satisfação dos interesses públicos é um mister partilhado entre o 'público' e o 'privado'",[807] satisfaz as partes envolvidas, "aumentando assim o bem-estar coletivo e incentivando o desenvolvimento cooperativo".[808]

Depreende-se que o espaço da mediação oportunizará que a coletividade apresente seus interesses e outras possibilidades de medidas, que poderão referir-se aos mesmos princípios vislumbrados pela medida inicialmente prevista pelo poder público e, assim, perante o diálogo e a análise de propostas será verificada a medida que melhor realiza o referido princípio ou que o realiza sem afetar outros princípios, otimizando-os. Ainda, os interesses e as medidas apresentadas pela coletividade poderão referir-se a outros princípios e, justamente, a fim de verificar a possibilidade de acordo e seu conteúdo, diante do referido caso concreto, será necessário ponderar os princípios. A respeito desta, há que ser proferida decisão motivada e consequencialista, evidenciando-se as providências disponíveis e os princípios ponderados, seja no tocante à composição de interesses como na hipótese desta não ocorrer.

Desse modo, a mediação, com suas técnicas, ao estabelecer um ambiente neutro de diálogo e consenso, cuja igualdade de manifestação é assegurada pelo mediador, pode se apresentar como um instrumento relevante à ponderação democrática de interesses públicos mais fidedignos à realidade. Trata-se de um instrumento que permite a "personalização do direito administrativo"[809] e do interesse público a ser realizado, desenclausurando-o da sua abstração e anonimato para uma identidade – individual, coletiva ou difusa. O interesse público deve ser compreendido como realização da dignidade humana, para

---

[806] VENTURI, Elton. Transação de direitos indisponíveis? *Revista de Processo*, v. 251, p. 391-426, jan./2016.

[807] GUERINI, Caroline Gonçalves; RAINER, Yahn. A concertação administrativa e os dilemas na efetivação dos acordos ambientais no Brasil. *In:* OLIVEIRA, Gustavo Justino. (Coord.); BARROS FILHO, Wilson Accioli de (Org.). *Acordos administrativos no Brasil*: teoria e prática. São Paulo: Almedina, 2020. p. 362.

[808] NAPOLITANO, Giulio. *La logica del diritto amministrativo*. Bologna: Il Mulino, 2014. p. 176.

[809] JUSTEN FILHO, Marçal. Conceito de interesse público e a personalização do direito administrativo. *Revista Trimestral de Direito Público – RTDP*, São Paulo, 26, p. 130, 1999.

satisfazer necessidades da coletividade, em dado momento e espaço, para realizar valores fundamentais, significativos a todos.[810]

Quando interesses são albergados de igual modo pelo ordenamento e forem opostos, como visto, faz-se necessária a ponderação, promovendo-se a sua homogeneização, de modo a não privilegiar um deles em absoluto e prejudicar o(s) outro(s) também em absoluto. Busca-se "a solução que realize mais intensamente todos os interesses".[811] No entanto, esta harmonização deve respeitar o devido processo legal e neste propósito, como processo dialógico e consensual, equilibrado por um terceiro neutro e imparcial, insere-se a mediação.

Se o interesse público pode ser realizado em consonância com os interesses defendidos pelos particulares, certamente o será de forma mais integral e valorizadora do próprio interesse público. Não há fundamento deixar de reconhecer e de realizar direitos e destinar ao Judiciário a sua concretização tardia se podem e devem ser realizados em sede administrativa.[812] Os efeitos negativos dos conflitos com a Administração Pública necessitam ser resolvidos de modo eficiente, com duração razoável, pois o prolongamento de pendências judiciais gera custos diretos e indiretos em distintas dimensões.[813] Não configura interesse público, certamente, ignorar as pessoas, desconsiderar as suas necessidades, sendo que muitas destas compõem o próprio interesse público, e inflar-se de demandas judiciais.

Ademais, a relação de oposição entre a Administração e os particulares colide de forma veemente com os princípios que regem a atuação administrativa como confiança, segurança jurídica, moralidade, economicidade, eficiência, eficácia e dignidade da pessoa humana.[814] Aliás, não há qualquer lógica em o poder público despender tempo, recursos humanos e financeiros para adotar postura adversarial contra a coletividade. O respeito à dignidade humana exige que o poder

---

[810] JUSTEN FILHO, Marçal. Conceito de interesse público e a personalização do direito administrativo. *Revista Trimestral de Direito Público – RTDP*, São Paulo, 26, p. 130-131, 1999.
[811] JUSTEN FILHO, Marçal. Conceito de interesse público e a personalização do direito administrativo. *Revista Trimestral de Direito Público – RTDP*, São Paulo, 26, p. 132-133, 1999.
[812] RIVERO, Antole; CAMARATTA, Martín. Nuevos paradigmas desde la Administración Pública para la tutela efectiva de los derechos económicos, sociales y culturales. *Revista Eurolatinoamericana de Derecho Administrativo*, Santa Fe, v. 2, n. 2, p. 140, jul./dic. 2015.
[813] FREITAS, Juarez. Direito administrativo não adversarial: a prioritária solução consensual de conflitos. *RDA – Revista de Direito Administrativo*, v. 276, p. 28, set./dez. 2017.
[814] FREITAS, Juarez. Direito administrativo não adversarial: a prioritária solução consensual de conflitos. *RDA – Revista de Direito Administrativo*, v. 276, p. 27, set./dez. 2017.

público empregue todos os meios e recursos disponíveis de modo mais eficiente e racional para atendê-la.[815] Assim, encontram-se disponíveis meios dialógicos e consensuais à solução e prevenção de controvérsias, mais consentâneos com a dignidade humana, aliás, promotores desta, devem ter primazia sobre os adversariais. Estes, por intermédio da jurisdição, são necessários de forma subsidiária – meio mais gravoso e oneroso –, quando inafastável, mas não de partida para toda e qualquer controvérsia. Não é razoável e nem compatível à dignidade humana como elemento fundante do sistema.[816]

O procedimento de mediação lança luzes sobre os aspectos nodais da controvérsia, é adequado para dirimir "conflitos complexos e multifacetados" eis que permite tratar com aspectos não aparentes e "trabalhar com múltiplos interesses e necessidades, harmonizando-os e buscando compensações e soluções criativas que maximizem a proteção" dos múltiplos interesses e das várias pessoas envolvidas.[817] Não significa, contudo, que seja o melhor modo de solucionar todos os conflitos, defende-se que o Judiciário não é o único e não precisa ser o principal modo de resolução de conflitos entre a Administração e os particulares. Defende-se a adoção de tratamento adequado aos conflitos e de medidas preventivas no âmbito administrativo, neste intuito, priorizando-se os modos autocompositivos, em especial, a mediação.

Celebrar acordos com particulares, em compatibilidade com o respeito e à indisponibilidade do interesse público, não se trata de dispensar a realização de um interesse público em benefício de um interesse particular egoístico, mas de identificar as melhores medidas e/ou buscar compatibilizar dois ou mais interesses públicos albergados pelo ordenamento jurídico e eventualmente maximizá-los. O interesse público pode estar na celebração do acordo.[818] Importante destacar que o próprio "interesse público não é um vazio que possibilite

---

[815] JUSTEN FILHO, Marçal. Conceito de interesse público e a personalização do direito administrativo. *Revista Trimestral de Direito Público – RTDP*, São Paulo, 26, p. 131, 1999.

[816] BACELLAR FILHO, Romeu Felipe. *Direito administrativo e o novo código civil*. Belo Horizonte: Fórum, 2007. p. 46.

[817] SOUZA, Luciane Moessa de. *Meios consensuais de solução de conflitos envolvendo entes públicos*: negociação, mediação e conciliação na esfera administrativa e judicial. Belo Horizonte: Fórum, 2012. p. 70.

[818] PALMA, Juliana Bonacorsi de. A consensualidade na Administração Pública e seu controle judicial. *In*: GABBAY, Daniela Monteiro; TAKAHASHI, Bruno. *Justiça Federal*: inovações nos mecanismos consensuais de solução de conflitos. Brasília: Gazeta Jurídica, 2014. p. 165.

a imputação de qualquer razão que se faça conveniente a quem quer que seja".[819]

Outro aspecto a ser considerado em uma composição diz respeito à possível ofensa a interesses públicos a partir da ausência de solução amigável ao conflito, da não celebração de um acordo. Pode ocorrer que no momento da negociação a composição em si não traga contribuições significativas ao interesse público, desde que não o contrarie, mas os efeitos decorrentes da não composição podem ser extremamente danosos aos interesses públicos e necessitam ser considerados. A composição poderá evitar prejuízo futuro ao interesse público.

De tal sorte, na perspectiva da boa administração e da tutela administrativa direta e imediata, necessitam ser estabelecidos os canais pelos quais a coletividade possa se manifestar, interagir com o poder público e apresentar seus interesses e suas propostas, como a mediação, que se mostra um ambiente propício ao diálogo, ao melhor equilíbrio entre as partes envolvidas, ao (re)estabelecimento das relações e à solução e prevenção dos conflitos.

De acordo com o princípio da eficiência, diante da competência discricionária a Administração deve escolher a opção mais eficiente, mesmo se existentes outras possibilidades para realizar a norma.[820] No entanto, a fim de a Administração encontrar a solução ótima, faz-se necessária a análise da realidade, inclusive, com a participação e a colaboração daqueles que perceberão referida eficiência ou não. O diálogo entre a Administração e os particulares envolvidos, preventivamente, é relevante nesta identificação. De todo modo, dialogar não significar concordar, muito menos aderir completamente à solicitação do outro, o diálogo abre perspectivas para uma nova solução, possivelmente não vislumbrada pelos envolvidos antes de sua realização. Assim, a participação dialogada e a composição de interesses, além de permitir identificar com maior precisão o interesse público diante do caso concreto,[821] permite que esta identificação seja mais eficiente, aprimora

---

[819] GABARDO, Emerson; REZENDE, Maurício Corrêa de Moura. O conceito de interesse público no direito administrativo brasileiro. *Revista Brasileira de Estudos Políticos*, Belo Horizonte, n. 115, p. 267-318, jul./dez. 2017. p. 309.

[820] BATISTA JÚNIOR, Onofre Alves. *Princípio constitucional da eficiência administrativa*. 2. ed. Belo Horizonte: Fórum, 2012. p. 182-183.

[821] "Vigora, no presente momento histórico, uma concepção concretista do fenômeno jurídico, vale dizer, prevalece o entendimento de que as decisões jurídicas devem partir dos problemas concretos, levando em consideração as particularidades desses problemas". MARTINS, Ricardo Marcondes. Teoria do ato administrativo à luz das alterações da LINDB. *In*: VALIATI, Thiago Priess *et al.* (Coord.). *A lei de introdução e o direito administrativo brasileiro*. Rio de Janeiro: Lumen Juris, 2019. p. 34.

a transparência da atuação pública e fornece maiores subsídios à motivação.

As atividades públicas devem ser geridas considerando-se a vitalidade da realidade que provém dos cidadãos.[822] O direito à boa administração lança luzes sobre a vinculação entre os interesses públicos e os direitos dos cidadãos, que se contrapõe à versão fechada e unilateral de interesse público.[823] Ademais, a prévia composição de interesses, com a participação e a colaboração da coletividade, tende a diminuir a litigiosidade, sendo que eventuais ajustes necessários à ação administrativa podem ser feitos de modo dialogado e autocompositivo. Conforme asseverou Diogo de Figueiredo Moreira Neto, "no âmbito do Direito Administrativo jamais se cogita de negociar o interesse público, mas de negociar os modos de atingi-lo com maior eficiência". Além disso, há o próprio interesse público em resolver o conflito.[824] Desse modo, sob a perspectiva que a resolução adequada dos conflitos é um interesse público, pode-se vislumbrar o dever de a Administração prevenir e resolver conflitos administrativamente.

Depreende-se que a participação e o diálogo com a coletividade, que são propiciados pela mediação, vão contribuir à identificação e à construção concreta dos interesses públicos de modo a melhor realizá-los e não como forma de deles dispor, no sentido de sua não realização. Ao contrário, muitas vezes, quando a Administração não se abre ao diálogo e à composição de interesses com os particulares, sem justificativa, está a dispor do interesse público, pela omissão, no sentido em que não está adotando mecanismos participativos e democráticos que permitiriam aprimorar a realização dos interesses públicos.[825]

---

[822] RODRÍGUEZ-ARANA MUÑOZ, Jaime. Sobre el derecho fundamental a la buena administración y la posición jurídica del ciudadano. *A&C – Revista de Direito Administrativo & Constitucional*, Belo Horizonte, ano 3, n. 11, p. 22, jan./mar. 2003.

[823] RODRÍGUEZ-ARANA MUÑOZ, Jaime. Sobre el derecho fundamental a la buena administración y la posición jurídica del ciudadano. *A&C – Revista de Direito Administrativo & Constitucional*, Belo Horizonte, ano 3, n. 11, p. 31, jan./mar. 2003.

[824] MOREIRA NETO, Diogo de Figueiredo. Novos institutos consensuais da ação administrativa. *Revista de Direito Administrativo*, 231, Rio de Janeiro, p. 129-156-154, jan./mar. 2003.

[825] Na doutrina francesa, identifica-se a indisponibilidade a partir do artigo 3º da Declaração dos direitos do homem e do cidadão, segundo o qual a soberania reside essencialmente na nação, ninguém pode exercer autoridade que não emane desta. Trata-se de um princípio relacionado à ação pública, que pode ser violado quando a autoridade não exerce ou exerce mal as suas competências, dentre outras hipóteses. MAILLOT, Jean-Marc. L'indisponibilité des compétences en droit public français. *Petites Affiches*, Paris, n. 194, p. 3, sept. 2004. Disponível em: https://www-labase-lextenso-fr.bcujas-ezp.univ-paris1.fr/petites-affiches/PA200419401?em=L%27indisponibilit%C3%A9%20des%20

Não adotar meios participativos e dialógicos para a concretização dos interesses públicos, diante do ordenamento jurídico brasileiro, acaba por representar disposição indevida do interesse público, uma vez que não se está a propiciar maior realização das disposições legais e constitucionais e não se está a propiciar conexão com a realidade.

O diálogo e a relação jurídica dialética permitem florescer dados da realidade, até então desconhecidos pela Administração Pública, e favorecem a identificação de soluções criativas, inovadoras e satisfatórias ao interesse público. Exercer prerrogativas, por si só, não significa realizar o interesse público, este tende a ser melhor realizado a partir da ampliação de ideias e do diálogo, com a construção conjunta de soluções adequadas.[826] O próprio procedimento de diálogo, falar, escutar e se aproximar de soluções, ainda que estas não sejam encontradas, é, por si só, um modo de realizar o interesse público no tocante ao exercício da democracia participativa e colaborativa e na efetivação da boa administração.

Nesta perspectiva, a "mediação pode tornar a deliberação menos ilusória" e ela pode se tornar "um pilar da democracia" se o mediador tiver "exterioridade suficiente" para não influenciar.[827]

A mediação propicia um espaço público de diálogo, de aporte de dados de realidade, com mecanismos de assegurar igualdade jurídica de participação e colaboração a possibilitar soluções consensuais no tocante à concretização dos interesses públicos. As decisões obtidas neste formato tendem a ser menos gravosas e a preservar mais direitos envolvidos, de modo que se justifica sua adoção. A decisão unilateral pode não ser tão fidedigna e eficiente em abarcar os reais interesses públicos envolvidos e, até mesmo, colocar em risco diversos interesses públicos, com potenciais efeitos negativos, como a polarização das relações, insatisfação, decréscimo de legitimidade da atuação pública, desconexão entre os particulares e o poder público e judicialização, de modo que todos perdem, direta ou indiretamente.

---

comp%C3%A9tences%20en%20droit%20public%20fran%C3%A7ais. Acesso em: 02 ago. 2021.

[826] A respeito, Vivian Valle, dentre as conclusões de sua tese, verifica que o consensualismo não é incompatível com os princípios da supremacia e da indisponibilidade do interesse público. E que diante de um conflito devem existir mecanismos consensuais obrigatórios. VALLE, Vivian Lima López. *Contratos administrativos e um novo regime jurídico de prerrogativas contratuais na Administração Pública contemporânea*. Belo Horizonte: Fórum, 2018. p. 275.

[827] GUILLAUME-HOFNUNG, Michèle. *La médiation*. Paris: PUF, 2020. p. 92-93.

As decisões administrativas, diante da complexidade da heterogeneidade de interesses, necessitam de participação de modo a aumentar a proximidade entre os autores e os destinatários daquelas.[828] As decisões adotadas como fruto de um processo participativo tendem a ser mais respeitadas,[829] o que encontra apoio da teoria da democracia deliberativa de Habermas.[830] O ambiente dialógico e participativo tende a gerar pacificação e acomodação de divergências insuperáveis.[831] A validade legítima pressupõe o assentimento de todos, de forma discursiva, em uma "prática de autodeterminação de membros do direito que se reconhecem mutuamente como membros iguais e livres de uma associação estabelecida livremente".[832] Há indicativos no sentido que o *"faire ensemble"*, fazermos juntos, de forma engajada, com a implicação das partes envolvidas, é o segredo da sustentabilidade, da constante busca por melhorias e qualidade.[833]

---

[828] O número de situações complexas é crescente, por exemplo, das mudanças climáticas à obesidade, assim como o analfabetismo e o racismo. Assim, atuar em conjunto com os cidadãos tornou-se incontornável, pois a sociedade tornou-se mais complexa, exigente e rapidamente modificável, novidades surgem a todo o momento e em alta velocidade. Além do desafio de otimizar recursos, que são escassos, assim, decisões exclusivamente unilaterais não são mais adequadas. Os cidadãos também necessitam atuar como atores das decisões para o bem-estar de todos, no entanto, para que isso ocorra, o poder público deve incentivar esta participação, que deve ser voluntária e deve haver confiança recíproca. TROSA, Sylvie. L'intérêt général: une réalité introuvable? *Lavoisier*: Gestion & Finances Publiques, n. 3, p. 84-85, 2017/3. Disponível em: https://www.cairn.info/revue-gestion-et-finances-publiques-2017-3-page-82.htm. Acesso em: 03 dez. 2022.

[829] "Constata-se que as decisões tomadas de maneira participativa geram maior satisfação. Esta forma de codecisão assegura serviços públicos responsivos, que respondem melhor às prioridades fixadas em concertação com a comunidade de habitantes e desenvolve com estes um forte sentimento de responsabilidade e de pertencimento". TROSA, Sylvie. L'intérêt général: une réalité introuvable? *Lavoisier*: Gestion & Finances Publiques, n. 3, p. 86, 2017/3. Disponível em: https://www.cairn.info/revue-gestion-et-finances-publiques-2017-3-page-82.htm. Acesso em: 03 dez. 2022.

[830] Conforme defende OLIVEIRA, Rafael Carvalho Rezende. Democratização da Administração Pública e o princípio da participação administrativa. *Revista da EMERJ*, v. 9, n. 35, p. 167-168, 2006. De acordo com Habermas, a humanidade forma "o sistema de referência para a fundamentação", "as razões decisivas devem poder ser aceitas, em princípio, por todos." "Antagonismos de interesses necessitam de um ajuste racional entre interesses e enfoques axiológicos concorrentes (...) mediante negociações equitativas (...) levando em conta até argumentos diferentes". HABERMAS, Jürgen. *Direito e democracia*: entre facticidade e validade. v. I. Rio de Janeiro: Tempo Brasileiro, 1997. p. 143.

[831] FREITAS, Juarez. Direito administrativo não adversarial: a prioritária solução consensual de conflitos. *RDA – Revista de Direito Administrativo*, v. 276, p. 41, set./dez. 2017.

[832] HABERMAS, Jürgen. *Direito e democracia*: entre facticidade e validade. v. I. Rio de Janeiro: Tempo Brasileiro, 1997. p. 143.

[833] TROSA, Sylvie. L'intérêt général: une réalité introuvable? *Lavoisier*: Gestion & Finances Publiques, n. 3, p. 85, 2017/3. Disponível em: https://www.cairn.info/revue-gestion-et-finances-publiques-2017-3-page-82.htm. Acesso em: 03 dez. 2022. A construção da

O que se destaca é o raciocínio no sentido que se trata de um Estado Republicano e Democrático de Direito, em que o poder emana do povo, assim, devem ser privilegiadas as formas participadas, dialogadas e consensuais com os membros da coletividade no atendimento aos interesses públicos. A Administração Pública tem o dever indisponível de perseguir a satisfação dos interesses públicos, mas não se extrai do ordenamento jurídico brasileiro que a função administrativa deva ser preferencialmente unilateral e autoritária.[834] Não se nega, ao mesmo tempo, a necessidade de atos unilaterais, por exemplo, em casos urgentes e extremos de perigo ao interesse público ou nas situações em que a lei prever o comando a ser adotado pela Administração, de forma vinculada, após a frustração das tentativas consensuais ou quando não for possível adotar as soluções dialogadas e consensuais como modo de salvaguardar os interesses públicos. Não obstante, é importante destacar a necessidade de ponderar a participação com outros princípios do ordenamento jurídico[835] a fim de existir um equilíbrio.

Desse modo, defende-se a primazia do diálogo e do consenso na atuação administrativa, como modo de exercício da boa administração e, neste intuito, a mediação se apresenta como um instrumento relevante. Segundo Juarez Freitas, é mais do que tempo para abandonar soluções monocromáticas do curto prazo e voltar-se às estratégias antecipatórias,[836] no caso, à prevenção de conflitos, à solução antecipada e amigável de controvérsias, à preservação da dignidade, do bem-estar, dos relacionamentos e à realização de direitos.

Prevenir e resolver conflitos com particulares, promover a pacificação e aprimorar os relacionamentos, por si só constitui interesse público relevante, conforme se extrai do direito positivo brasileiro, além do potencial que o conteúdo das soluções dialógicas-consensuais possui para aprimorar a realização dos interesses públicos por intermédio de acordos promotores de maximização dos interesses. Além disso,

---

sustentabilidade da qualidade nas administrações públicas foi o desafio lançado na 4ª Conferência europeia sobre a qualidade nas administrações, realizada na Finlândia em 2006, conforme relata a autora.

[834] Ao contrário, adota-se uma concepção que a Administração não detém o monopólio do interesse público, ela "deve compartilhar tal atribuição com a sociedade". MEDAUAR, Odete. *O direito administrativo em evolução*. 3. ed. Brasília: Gazeta Jurídica, 2017. p. 235.

[835] OLIVEIRA, Rafael Carvalho Rezende. Democratização da Administração Pública e o princípio da participação administrativa, p. 158-176. Revista da EMERJ, v. 9, nº 35, 2006, p. 173.

[836] FREITAS, Juarez. Sustentabilidade: direito ao futuro. 4.ed. Belo Horizonte: Fórum, 2019, p. 144-145.

a participação na atuação administrativa possibilita engajamento, pertencimento e a defesa conjunta e reforçada dos interesses públicos.

3.3 Mediação – um novo instrumento à função administrativa

Foram apresentados e elucidados supostos óbices à implementação da mediação administrativa, que podem ser compatibilizados com o regime jurídico próprio às atividades administrativas, sem configurar, portanto, um impedimento.

De acordo com o que foi analisado até o momento, se extrai que o procedimento de mediação extrajudicial necessita ser adotado pela Administração Pública, seja, primeiramente, por força do ordenamento jurídico brasileiro, em especial, como decorrência da constitucionalização do direito administrativo e de um constitucionalismo democrático, voltado à realização de direitos e à valorização do ser humano, que demandam novos mecanismos de relação entre o poder público e os particulares, principalmente no tocante à prevenção e à solução de controvérsias. Assim como, pelo fato de a indisponibilidade administrativa à autocomposição e a falta de tratamento adequado aos conflitos propiciarem excessiva judicialização[837], a qual, para além de retardar a realização de direitos, gerar custos diversos e gerar insegurança jurídica, agrava o relacionamento entre as partes, polarizadas pelo litígio, e, possivelmente, não resolve os conflitos administrativos do modo mais pertinente.[838]

A implementação da mediação administrativa, por si só, sob a perspectiva de institucionalizar um meio de participação e de colaboração pelo qual os particulares podem apresentar seus interesses e necessidades à Administração, constitui um modo de efetivar interesses públicos em um Estado Democrático de Direito, voltado à dignidade humana.

---

[837] Daniel Hachem pondera que o excesso de judicialização precisa ser analisado a partir de suas causas "e entre elas se encontra a postura defensiva da Administração e da advocacia pública de conceder espontaneamente pela via administrativa os direitos titularizados pelos cidadãos, o que acaba conduzindo o Poder Público ao topo da lista dos maiores litigantes do Poder Judiciário com participação em mais de 65% das ações." HACHEM, Daniel Wunder. Crise do poder judiciário e a venda do sofá. o que a administração e a advocacia pública têm a ver com isso? Crise Econômica e Soluções Jurídicas, nº 301/2016. São Paulo: RT, 2016.

[838] As sínteses apresentadas neste parágrafo foram tratadas de forma mais detalhada e aprofundada ao longo do texto.

Ainda, no espaço dialógico da mediação, com suas técnicas de comunicação, abre-se para a identificação dos reais interesses dos envolvidos, que remetem a princípios, que poderão ser compatíveis ou terão que ser ponderados à sua máxima realização, sob a perspectiva da máxima realização dos interesses públicos. Justifica-se a necessidade de implementação da mediação administrativa pelo fato desta, para além da resolução de conflitos, possibilitar melhores resultados a todos, propiciar melhorias no relacionamento entre o poder público e a coletividade, maior aproximação e horizontalização, à medida que se promove o diálogo, a participação e a colaboração.

A melhoria nos relacionamentos é ingrediente necessário à coesão social e ao aprimoramento da democracia, de modo que o fortalecimento da mediação administrativa por si só configura um dos interesses públicos.[839] Ainda, a ação pública proveniente do diálogo e da colaboração tende a ser mais eficiente e legítima.

Não obstante as várias vantagens que a adoção da mediação extrajudicial com a Administração Pública possa gerar, esta ainda não é a realidade na Administração Pública brasileira, notadamente na Administração Direta[840]. A utilização incipiente dos métodos consensuais pela Administração Pública atribui-se a alguns fatores como a inércia institucional, receio de responsabilização pessoal e nenhum incentivo a proceder consensualmente e resolver conflitos[841], em atuar como boa administração, atender melhor a coletividade e evitar despesas públicas desnecessárias. Dentre os motivos, pode-se considerar o desconhecimento a respeito de sua existência, pré-conceitos, levantamento de óbices ao seu uso, desconhecimento sobre a possibilidade de seu uso no âmbito público e sobre a potencialidade de seus efeitos benéficos aos interesses públicos, à coletividade e à Administração Pública. Tem-se

---

[839] A respeito, considera-se que "possíveis negociações travadas por via de compromissos de ajustamento de condutas ou outros mecanismos judiciais ou extrajudiciais (como a mediação) passem a representar modelo social muito mais legítimo e efetivo para a solução eficiente de difíceis e por vezes antigos conflitos, pragmaticamente irresolúveis pela tradicional técnica da sentença adjudicatória." VENTURI, Elton. Transação de direitos indisponíveis? Revista de Processo, vol. 251/2016, p. 391-426. São Paulo: RT, 2016.

[840] Registram-se implementações, por exemplo, nos municípios de Porto Alegre/RS e São Paulo/SP e em formato diferenciado na União Federal.

[841] SOUZA, Luciane Moessa de. *Meios consensuais de solução de conflitos envolvendo entes públicos*: negociação, mediação e conciliação na esfera administrativa e judicial. Belo Horizonte: Fórum, 2012. p. 160.

que o principal desafio à mediação se encontra na própria resistência administrativa.⁸⁴²

Na proposta em prol da adoção da mediação administrativa, ainda, em vista a sua compatibilização com o regime administrativo e para o bom desenvolvimento e atendimento de seus propósitos identificam-se alguns desafios a serem enfrentados sobre os quais são propostas algumas reflexões: a) *percepção da mudança de paradigma e de cultura – do adversarial e judicial ao diálogo e à autocomposição*; b) *reflexões sobre o conteúdo e os limites da mediação – vinculação ao regime jurídico-administrativo*; e, c) *motivação sólida e consequencialista e a devida procedimentalização.*

3.3.1 Desafios à implementação da mediação administrativa

a) percepção da mudança de paradigma e de cultura – do adversarial e judicial ao diálogo e à autocomposição. Apesar de todos os potenciais benefícios, da compatibilidade e, em verdade, do dever de a Administração priorizar soluções autocompositivas, para tal, faz-se necessária uma mudança de paradigma e de cultura, do judicial e adversarial à composição dialógica, o que se promove lentamente, com experiências, tentativas e ajustes necessários. Vê-se, por exemplo, a partir do direito comparado francês, que desde a década de 70 naquele contexto vêm se aproximando as relações entre particulares e a Administração e incentivando uma cultura de resolução administrativa de conflitos e efetivação de direitos. Chevallier destaca que o "esquema burocrático pergunta/resposta" não é suficiente, "que é em realidade uma coprodução", seja pela transferência de uma parte da atividade burocrática ao cidadão; seja pela cooperação entre o funcionário e o usuário, com exigência de comunicação para descrever as situações e preencher formulários; como pela lógica de negociar o conteúdo da prestação, lógicas colaborativas que tendem a se espalhar.⁸⁴³

À medida que se implementarem instrumentos que permitam maior contato e interação entre o poder público e a coletividade, diálogos, formações de consenso, negociações, conciliações e, principalmente,

---

⁸⁴² TONIN, Mauricio Moraes. Mediação e administração pública: a participação estatal como parte e como mediador de conflitos. *In:* NASCIMBENI, Asdrubal Franco *et al.* (Coord.). *Temas de mediação e arbitragem III.* 3. ed. São Paulo: Lex Editora, 2019.

⁸⁴³ O autor assinala que a colaboração era defendida por Hauriou já em 1899. CHEVALLIER, Jacques. *Science administrative.* 6. ed. Paris: PUF, 2019. p. 387.

mediações, perceber-se-á como poderão surgir soluções administrativas mais legítimas e adequadas ao interesse público, mais satisfatórias aos particulares e um relacionamento mais pacífico e sustentável. Com isso, as experiências, os resultados positivos, com apoio dos estudos, da doutrina, dos agentes públicos, dos advogados e da coletividade poderão contaminar positivamente a atuação administrativa, em uma inversão de paradigma.[844] De tal modo que a relação adversarial e litigiosa possa não fazer mais sentido, como não faz, tornar-se subsidiária, própria para situações excepcionais necessárias. A solução administrativa dialógica necessita ter preferência, como pacificação, observada a juridicidade.[845] É o que se propõe.

Nesta nova perspectiva, é importante avaliar que a ausência de diálogo e de possibilidades de autocomposição de conflitos com a Administração gera danos às mais variadas pessoas e das mais distintas naturezas, em muitos casos imensuráveis.[846]

A modificação do adversarial às soluções dialógicas e consensuais depende da valorização da advocacia pública e da sua autonomia.[847] Como existe uma certa relação de submissão aos comandos, mesmo no âmbito da advocacia pública, faz-se necessária a determinação da realização de transações, de estabelecimento de mediações e demais soluções consensuais, sob o risco de tais instrumentos não serem utilizados com inúmeras consequências prejudiciais à coletividade e ao respeito à proposta de um Estado Democrático de Direito.[848]

---

[844] Destaca-se relevo à formação dos profissionais para que assumam maior compromisso "com a sua atuação social" e desenvolver núcleos comunitários de pacificação social, promovendo-se a mudança de mentalidade da própria sociedade. WATANABE, Kazuo. Modalidades de mediação. *In*: DELGADO, José *et al*. Mediação: um projeto inovador. *Cadernos do CEJ*, Brasília, 22, CEJ, CJF, p. 49-50, 2003. Disponível em: Disponível em: https://www.cjf.jus.br/cjf/corregedoria-da-justica-federal/centro-de-estudos-judiciarios-1/publicacoes-1/cadernos-cej/mediacao-um-projeto-inovador. Acesso em: 03 dez. 2022.
[845] FREITAS, Juarez. Direito administrativo não adversarial: a prioritária solução consensual de conflitos. *RDA – Revista de Direito Administrativo*, v. 276, p. 32, set./dez. 2017.
[846] O "quadro de hostilidade é ruinoso e vulnera, com perversas externalidades negativas, a produtividade global". FREITAS, Juarez. Direito administrativo não adversarial: a prioritária solução consensual de conflitos. *RDA – Revista de Direito Administrativo*, v. 276, p. 29, set./dez. 2017.
[847] A autonomia é cerceada com o cumprimento de ordens e deveres, inibindo-se iniciativas que busquem melhorias ao modelo vigente, o que propicia uma relação de dependência. SOUZA, Luciane Moessa de. *Meios consensuais de solução de conflitos envolvendo entes públicos*: negociação, mediação e conciliação na esfera administrativa e judicial. Belo Horizonte: Fórum, 2012. p. 161.
[848] SOUZA, Luciane Moessa de. *Meios consensuais de solução de conflitos envolvendo entes públicos*: negociação, mediação e conciliação na esfera administrativa e judicial. Belo Horizonte: Fórum, 2012. p. 162.

No sistema jurídico brasileiro há uma tendência à análise, ao controle e à punição dos erros, ou seja, sobre as ações tomadas e seus "erros" decorrentes, e pouco se controla a omissão administrativa, o que propicia maior comodidade e segurança em não fazer e medo no que se refere ao fazer. Percebe-se, ainda, uma "cultura jurídico-burocrática que tende a não vislumbrar efeitos jurídicos na omissão de atos administrativos necessários e exigidos pelo ordenamento jurídico".[849] No entanto, a omissão em alguns casos pode ser mais gravosa ao interesse público.[850] O não fazer gera ônus social, ônus à concretização de direitos e à própria democracia. Não dialogar, não considerar e não compor representa uma postura administrativa fechada e omissa, costumeira até então, mas que gera danos silenciosos e em longo prazo, e provavelmente mais gravosos que a adoção do diálogo e de eventual composição decorrente, de modo que a ausência de soluções e de acordos podem gerar inúmeros riscos e prejuízos.[851]

Nesta linha de raciocínio, também se inclui a perspectiva mais ampla do dever de sustentabilidade a ser observado na atuação administrativa. "Não basta ao administrador vislumbrar apenas a solução imediata para o motivo fático, como se o mundo acabasse em seguida".[852] A visão imediatista pode favorecer a omissão e gerar danos à sustentabilidade das relações entre a coletividade e o poder público, à coesão social e às próprias estruturas administrativas e jurisdicionais. É o que se observa no momento.

A falta de diálogo e de soluções consensuais tem promovido o aprofundamento da distância entre a coletividade e o poder público, excesso de judicialização, rivalidades, custos de diversas ordens, sacrifícios de direitos a gerar um cenário insustentável.

Sob o olhar da sustentabilidade, Juarez Freitas pondera que a inação pode ser danosa, no sentido que a mudança do agir, aparentemente custosa, pode ser menos onerosa que a omissão. Há que ser

---

[849] SOUZA, Luciane Moessa de. *Meios consensuais de solução de conflitos envolvendo entes públicos*: negociação, mediação e conciliação na esfera administrativa e judicial. Belo Horizonte: Fórum, 2012. p. 131.

[850] SOUZA, Luciane Moessa de. *Meios consensuais de solução de conflitos envolvendo entes públicos*: negociação, mediação e conciliação na esfera administrativa e judicial. Belo Horizonte: Fórum, 2012. p. 258.

[851] BATISTA JÚNIOR, Onofre Alves. *Transações administrativas*: um contributo ao estudo do contrato administrativo como mecanismo de prevenção e terminação de litígios e como alternativa à atuação administrativa autoritária, no contexto de uma administração pública mais democrática. São Paulo: Quartier Latin, 2007. p. 557.

[852] BLANCHET, Luiz Alberto. *Direito administrativo*. 6. ed. Curitiba: Juruá, 2012. p. 13.

realizada a "equação custo-benefício em termos intertemporais". Sob a sustentabilidade são consideradas desproporcionais e devem ser afastadas "as paralisias causadoras de danos".[853]

O agir diferente, a implementação de soluções consensuais exige um olhar não apenas imediato, mas para o futuro, em prol da sustentabilidade, com relações jurídicas mais pacíficas e respeitosas. A proposta da sustentabilidade das relações administrativas adota a racionalidade dialógica, preditiva, cooperativa e do bem-estar duradouro, transgeracional. E nisto, com a priorização à solução consensual dos conflitos, com a atuação administrativa preventiva e consagradora do direito à boa administração.[854]

Grande parte da mudança de cultura no tocante à implementação da mediação administrativa passará pela importância e avaliação do impacto do não fazer, do não resolver e do dever de motivar em uma perspectiva consequencialista e sustentável este não fazer, este "deixar como está" quando seria possível agir. Por exemplo, quais são os custos e a responsabilidade dos agentes por não fazer algo que poderia ter sido feito? Assim, a capacitação dos agentes e a atuação administrativa devem voltar-se à ação, assim como o controle a ser exercido sobre a atuação administrativa necessita considerar as omissões, quando seria possível e necessário agir. Este enfoque exige um reequilíbrio entre o agir e, eventualmente errar, e o não agir, e requer a implementação de um ambiente de confiança. Será necessário modificar o "apego ao *status quo*", em uma "zona de conforto inercial", apegada ao presente insatisfatório, que ofusca as transformações necessárias.[855] Se esta mudança de perspectiva da atuação administrativa não ocorrer, ou seja, se o não agir e se a omissão continuarem imperceptíveis, o agir, no caso, a adoção da mediação e a celebração de eventual composição

---

[853] Utiliza-se aqui algumas reflexões de Juarez Freitas, como analogia ao raciocínio entre manter um sistema excessiva e predominantemente judicializado ou implementar outros modos de solução consensual de conflitos. O autor faz referência ao Relatório de Nicholas Stern no tocante às vantagens que a redução de carbono podem propiciar. Ainda, o autor exemplifica com uma hipótese de se evitar um apagão energético com uma fonte mais poluente apenas por "preconceito ilegítimo" quanto à construção em tempo hábil de uma usina hidrelétrica em uma zona de conforto inercial. FREITAS, Juarez. *Sustentabilidade*: direito ao futuro. 4. ed. Belo Horizonte: Fórum, 2019. p. 141-143, 168-169.

[854] O autor defende um novo direito administrativo a partir da sustentabilidade. FREITAS, Juarez. *Sustentabilidade*: direito ao futuro. 4. ed. Belo Horizonte: Fórum, 2019. p. 222-223, 233-235.

[855] FREITAS, Juarez. *Sustentabilidade*: direito ao futuro. 4. ed. Belo Horizonte: Fórum, 2019. p. 169.

administrativa estarão mais atreladas à boa vontade dos agentes envolvidos que ao dever da função administrativa estatal.

A legislação no Brasil e na França, recentemente, passou a tratar sobre o tema da confiança em relação à atuação dos agentes públicos,[856] o que é fundamental à implementação da mediação administrativa. Neste sentido, o disposto no art. 40 da Lei de Mediação restringe a responsabilidade dos agentes públicos partícipes da autocomposição apenas ao dolo, à fraude e à percepção de vantagem patrimonial indevida ou facilitação desta a terceiro, portanto, excluindo-se a responsabilidade por culpa. O dispositivo é salutar no tocante ao encorajamento do gestor ao uso da mediação administrativa[857] e, portanto, à mudança da cultura adversarial.

Será necessária uma mudança de concepção e de controle sobre a atuação dos agentes públicos, pois no acordo eventualmente resultante de uma mediação, a Administração poderá vir a reconhecer direitos e valores devidos aos particulares[858] como medida da boa administração. Desse modo, é relevante um novo olhar sobre o exercício da função administrativa em uma perspectiva dialógica e da boa administração, eis que a função exercida pelo agente público também contempla reconhecer direitos e obrigações em favor do particular, quando necessário. A segurança jurídica necessária ao agente público que atuará nos acordos administrativos será reforçada com o devido processo legal consensual, que deve contemplar também normas de integridade, de *compliance*, voltadas aos acordos administrativos na mediação.

---

[856] No Brasil, o tema foi tratado no sentido de se fazer confiança em relação à atuação do agente público. O art. 28 da LINDB estabeleceu que o agente público responderá pessoalmente por suas decisões ou opiniões técnicas em caso de dolo ou erro grosseiro. Essa nova perspectiva do erro também foi estabelecida como incentivo à autocomposição, por exemplo, na Lei nº 13.988/2020, que dispõe sobre transação pública, cujo art. 29 estabelece que os agentes públicos que participarem do processo de composição do conflito somente poderão ser responsabilizados, inclusive perante os órgãos públicos de controle interno e externo, quando agirem com dolo ou fraude para obter vantagem indevida para si ou para outrem. E, em especial, no art. 40 da Lei de Mediação. O erro grosseiro já era tratado na França como limite à margem de tolerância na discricionariedade. MORAND-DEVILLER, Jacqueline. *Cours de droit administratif*. 9. ed. Paris: Montchrestien, 2005. p. 281-283. Em uma outra perspectiva, na França, a fim de implementar um ambiente de confiança recíproca, o direito ao erro foi estabelecido em favor do particular pela Lei nº 2018-727, de 10 de agosto de 2018, isentando-o de sanções, nas hipóteses desta lei.

[857] BRAGA NETO, Adolfo. *A mediação e a Administração Pública*. São Paulo: CLA, 2021. p. 131.

[858] SANTOS, Maurício Gomm; HLAVNICKA, Karin. Arbitragem e mediação na Administração Pública: um aceno sobre a realidade no Brasil e nos Estados Unidos da América. In: MOREIRA, António Júdice; *et al.* (Coord). *Mediação e arbitragem na Administração Pública*: Brasil e Portugal. São Paulo: Almedina, 2020. p. 435.

b) conteúdo e limites da mediação – vinculação ao regime jurídico-administrativo. Outro desafio à implementação da mediação refere-se ao conteúdo, à falta de clareza quanto aos critérios necessários para o poder público cumprir espontaneamente as normas jurídicas mediante acordos, bem como quanto ao agente competente, assim como o respectivo receio de responsabilidade em celebrar acordos.[859] O desafio também está no controle, no estabelecimento de limites para a contratualização administrativa em prol do interesse público, assim como na parcela de autoridade, de atuação unilateral, que ainda deverá ser mantida.[860]

Identifica-se que o espectro sujeito à deliberação no âmbito de uma mediação administrativa deve ser balizado, primeiramente, pela legalidade e pelos espaços possíveis de discricionariedade.[861] Nas hipóteses em que a legislação tornar a competência administrativa vinculada, mais dificilmente haverá espaço para a solução consensual, o que não significa que não possa ocorrer diálogo e, até mesmo a mediação, em cujo processo poderá se constatar espaços possíveis de deliberação.[862] Desse modo, a competência vinculada restringe o espaço de acordo, mas não o exclui de imediato. Ao contrário, quanto maior a discricionariedade normativa, maior o espaço de conformação mediante a mediação.

Ademais, como ressaltado em momento anterior, a legalidade considerada corresponde à juridicidade, que se torna muito mais abrangente e dependente dos aportes de realidade fática, de modo que a mediação demonstra-se como um instrumento relevante à concretização da juridicidade. O interesse público não decorre exclusivamente da lei

---

[859] SOUZA, Luciane Moessa de. *Meios consensuais de solução de conflitos envolvendo entes públicos*: negociação, mediação e conciliação na esfera administrativa e judicial. Belo Horizonte: Fórum, 2012. p. 131.

[860] VALLE, Vivian Lima López. *Contratos administrativos e um novo regime jurídico de prerrogativas contratuais na Administração Pública contemporânea*. Belo Horizonte: Fórum, 2018. p. 95.

[861] Neste sentido, também ressalta Luzardo Faria que "o primeiro (e mais importante) dos fatores que deve ser observado pelas decisões administrativas consensuais: a submissão da atividade administrativa à legalidade e às condicionantes que isso impõe à realização de acordos". FARIA, Luzardo. O art. 26 da LINDB e a legalidade dos acordos firmados pela Administração Pública: uma análise a partir do princípio da indisponibilidade do interesse público. *In:* VALIATI, Thiago Priess et al. (Coord.). *A lei de introdução e o direito administrativo brasileiro*. Rio de Janeiro: Lumen Juris, 2019. p. 153.

[862] Reconhece-se que raramente uma atuação administrativa é plenamente vinculada, até mesmo porque a apreciação dos fatos se faz necessária e estes tendem a ser melhor apresentados por aqueles diretamente envolvidos.

em sentido estrito. Ainda, se a concepção da legalidade administrativa, historicamente consagrada, é de proteção aos cidadãos contra eventuais abusos do poder público, não há lógica em eventual vedação às soluções consensuais,[863] com participação e colaboração dos cidadãos, por força da legalidade, esta conformará os limites do consenso.

Assim, um desafio que se faz necessário enfrentar é a compreensão da juridicidade, que apresenta espaços e limites diversos à atuação administrativa discricionária e à composição dialógica e democrática dos interesses.

Outro limitador ao consenso, analisado anteriormente, diz respeito à premissa da atuação administrativa voltar-se à efetiva realização dos interesses públicos. Contudo, ela não constitui vedação à implementação da mediação, mas é o seu norte. A mediação administrativa necessita ser implementada como instrumento de efetivação e aprimoramento dos interesses públicos, seja no tocante ao aspecto procedimental participativo e dialógico, como no que se refere ao conteúdo mais efetivo, real e próximo aos verdadeiros interesses públicos.

O emprego das técnicas de comunicação e negociação da mediação possibilitará a análise dos fatos trazidos à mediação, sua relevância, os valores e os princípios neles envolvidos, se compreendem interesses públicos ou puramente privados, se podem ser compatibilizados e se, desta ampla inserção de fatos, em cotejo com as previsões normativas, ainda remanescerá algum espaço de decisão. Se positivo, terão que ser analisadas as possibilidades que melhor atendam aos interesses envolvidos e, por se tratar da esfera administrativa, que melhor realizem os interesses públicos, eventualmente, em juízo de ponderação.

A partir do princípio da razoável duração do processo, da indisponibilidade do interesse público, da eficiência, da proporcionalidade, dentre outros, o poder público deve avaliar em termos fáticos e jurídicos as manifestações e pedidos que lhe são encaminhados pela coletividade, "a fim de identificar, de forma responsável e criteriosa, as situações em que é conveniente ou mesmo obrigatório transigir".[864] Destarte, os princípios que orientam a atuação administrativa tendem a conduzir

---

[863] FARIA, Luzardo. O art. 26 da LINDB e a legalidade dos acordos firmados pela Administração Pública: uma análise a partir do princípio da indisponibilidade do interesse público. In: VALIATI, Thiago Priess et al. (Coord.). *A lei de introdução e o direito administrativo brasileiro*. Rio de Janeiro: Lumen Juris, 2019. p. 153.

[864] SOUZA, Luciane Moessa de. *Meios consensuais de solução de conflitos envolvendo entes públicos*: negociação, mediação e conciliação na esfera administrativa e judicial. Belo Horizonte: Fórum, 2012. p. 175.

à solução consensual e ao acordo. Estas são, *a priori*, as balizas de um possível acordo administrativo.

Compreende-se que, ao menos neste momento de inexperiência quanto à efetiva adoção da mediação e dos acordos, abstratamente, não há como precisar temas automaticamente excluídos da mediação e da possibilidade de se celebrar acordos. Nota-se, o direito brasileiro, no art. 3º da Lei de Mediação, possibilitou esta para direitos disponíveis ou indisponíveis, mas transigíveis.[865] No direito francês também não houve limitação expressa de temáticas sujeitas ou excluídas da mediação, apenas a necessidade de existir poderes de deliberação sobre o conteúdo, nos termos do art. L213-3 do *Code de justice administrative*. Assim, de modo geral e abstrato não se identificam temas administrativos excluídos do âmbito da mediação. Considera-se que os limitadores serão a juridicidade e o espaço de discricionariedade e a possibilidade de a solução propiciada pela mediação vir a aprimorar a realização dos interesses públicos e dos demais princípios que orientam a atuação administrativa, como a proporcionalidade, a razoabilidade e a eficiência.

Ainda pairam muitas dúvidas quanto aos acordos relativos a direitos transindividuais e mesmo nos individuais homogêneos patrimoniais considerados sob sua relevância social. Segundo Elton Venturi, a transindividualidade da pretensão não representa enquadramento automático na indisponibilidade e também não implica na intolerabilidade à negociação, à mediação e à transação.[866] Direitos e interesses transindividuais, de reconhecida relevância, não podem deixar de se beneficiar da prevenção e solução mais ágil e eficaz de conflitos propiciada pela mediação e outras formas consensuais, quem sabe, pelo seu amplo impacto, devem ser priorizados. Não se discute, no entanto, acerca da complexidade dos conflitos transindividuais e da

---

[865] A indisponibilidade dos direitos não conduz, necessariamente, a sua intransigibilidade, o que se conclui, também, a partir da possibilidade de transação pré-processual em conflitos coletivos sujeitos à lei da ação civil pública, Lei nº 7.347/1985, com a redação dada pela Lei nº 8.078/1990. No mínimo, deve ser oportunizada a prévia análise da Administração se eventual solução consensual poderia atender ao interesse público. Luciane Moessa de Souza (2012) elabora esta afirmação a partir do raciocínio sobre os alimentos, seja na esfera familiar como no trabalho, que são indisponíveis, mas transigíveis. SOUZA, Luciane Moessa de. *Meios consensuais de solução de conflitos envolvendo entes públicos*: negociação, mediação e conciliação na esfera administrativa e judicial. Belo Horizonte: Fórum, 2012. p. 134-135.

[866] VENTURI, Elton. A homologação judicial dos acordos coletivos no Brasil, p. 115-133. *In*: MOREIRA, António Júdice *et al*. (Coord.). *Mediação e arbitragem na Administração Pública*: Brasil e Portugal. São Paulo: Almedina, 2020. p. 120.

necessidade do estabelecimento de um "devido processo legal para os acordos", apto a legitimá-los em termos jurídicos e sociais.[867]

Sem dúvida, os temas mais diretamente afetos às prerrogativas públicas e normalmente disciplinados na legislação de forma expressa e vinculada tendem a limitar de forma significativa a hipótese de um acordo. Segundo Juarez Freitas, neste sentido, há uma "esfera do inegociável".[868]

Assuntos supostamente sensíveis, conforme os dados de realidade, podem se tornar recomendáveis para um acordo a fim de melhor atender ao interesse público, assim como a recíproca também poderá ocorrer. De todo modo, o poder público, enquanto parte em uma mediação, com o auxílio de seus procuradores e negociadores públicos, terá controle sobre aquilo que poderá ou não ser estabelecido em um acordo em vistas aos habituais limites do regime administrativo. Observa-se, inclusive, que na autocomposição a Administração detém maior poder, flexibilidade e controle sobre as soluções. Na heterocomposição as decisões são proferidas por terceiros – árbitros ou juízes – e são impostas às partes.

Considera-se apropriado que os entes federativos disciplinem a respeito do diálogo com a coletividade, do tratamento adequado de conflitos, da autocomposição e nisto, a mediação, e, a partir de análises de cada realidade, eleja temas prioritários a serem submetidos à mediação, de forma voluntária, mas incentivada. Com isso, será possível avaliar, estabelecer ajustes, gerar experiência e ampliar os temas.

Em um primeiro momento, a mudança de perspectiva pode gerar estranheza. Nota-se, que se modificar o ângulo de análise, a decisão unilateral, prática corriqueira administrativa, tende a ser menos legítima, menos transparente, pode ser mais viciada, pode mais facilmente encobrir interesses escusos, apresentados como públicos e, em tese, gerar maiores questionamentos e responsabilidade à autoridade. Quando, não raro, ela é tomada a partir de negociações e conciliações internas, muitas vezes apenas entre agentes públicos nomeados pela autoridade máxima, sem escolha nem representação popular.[869]

---

[867] VENTURI, Elton. A homologação judicial dos acordos coletivos no Brasil, p. 115-133. *In*: MOREIRA, António Júdice et al. (Coord.). *Mediação e arbitragem na Administração Pública*: Brasil e Portugal. São Paulo: Almedina, 2020. p. 121.

[868] FREITAS, Juarez. Direito administrativo não adversarial: a prioritária solução consensual de conflitos. *RDA – Revista de Direito Administrativo*, v. 276, p. 25, set./dez. 2017.

[869] Por exemplo, é muito comum que deliberações sejam emanadas a partir de diálogos internos, fechados, em que participam o chefe do executivo, seus assessores e ministros

Há deliberação e negociação de soluções, mas costuma ocorrer somente entre a cúpula dos agentes públicos.

A proposta de redução dos atos administrativos unilaterais, do aumento de participação da coletividade e da contratualização da atuação administrativa, no que a mediação serve de instrumento e apresenta inúmeros benefícios, possui aptidão para promover justamente o oposto do ato unilateral. As deliberações conjuntas podem propiciar mais legitimidade, transparência e controle; menos vícios, viabilizar a composição de mais interesses públicos, ganhos com criatividade e soluções mais adequadas e, em tese pode gerar menos questionamentos, face à tendência de maior satisfação e melhores resultados, e compartilhamento de responsabilidade entre a autoridade e os envolvidos. Os particulares, assim, também modificam a sua posição passiva e irresponsável, até mesmo cômoda, para uma postura mais ativa, participativa e responsável.[870]

As decisões construídas em colaboração tendem a tecer e a aparar melhor as arestas, as fissuras, pois são estabelecidas sob medida, de modo que se tornam mais perenes e resistentes. "A contratualização se apresenta como o ferro da lança pela excelência de uma ação pública que se esforça a obter acordos e, se possível, de trazer a adesão do destinatário".[871] Assim, a decisão conjunta, compartilhada e engajada serve como alimento à sustentabilidade do relacionamento entre o poder público e os particulares,[872] como fortaleza ao Estado Democrático de Direito.

Quando a coletividade e os agentes públicos constatarem as ponderações mencionadas quanto ao trâmite e à responsabilidade pela prática do ato unilateral, assim como, por outro lado, o trâmite

---

ou secretários, sem qualquer participação, colaboração ou consulta à coletividade. Isso quer dizer que há negociações e conciliações diárias, composições de interesses, mas não aqueles direta ou indiretamente apresentados pela coletividade. Sem dúvida, há exceções.

[870] "É cômodo ser menor". É difícil desvencilhar-se da "menoridade", chega-se a criar amor por ela por desconhecer outras possibilidades. KANT, Immanuel. Resposta à pergunta: que é esclarecimento? *In:* VIER, Raimundo; FERNANDES, Floriano de Souza. *Textos seletos*. 2. ed. Petrópolis: Vozes, 1985. p. 101-102.

[871] CHEVALLIER, Jacques. Contractualisation(s) et action publique. *RFDA*, n. 2, Paris, 2018.

[872] A importância da participação na identificação de soluções pode ser vislumbrada a partir da "teoria da abordagem de ganhos múltiplos", desenvolvida pelo *Public Disputes Program*, formado pelo MIT e pela Universidade de Harvard, apresentada por Lawrence Susskind e Patrick Field. Os autores também relatam os prejuízos gerados pela perda da confiança pública e sobre a importância do diálogo e das soluções conjuntas. SUSSKIND, Lawrence; FIELD, Patrick. *Em crise com a opinião pública*: o diálogo como técnica fundamental para solucionar disputas. São Paulo: Futura, 1997. p. 9-14, 23, 51-56.

mais democrático da atuação contratualizada, que a mediação pode promover com grande êxito, poderá haver inclinação à mudança de cultura e de práticas administrativas. A negação dos benefícios advindos do consenso e a insistência na lógica adversarial do tudo ou nada, em muitas hipóteses, tornar-se-á um erro inadmissível e incompatível com a gestão pública democrática.[873]

A mediação envolve "uma acentuada mudança cultural" uma vez que as próprias partes vão resolver as suas questões com o auxílio do mediador, e assim identificarão esta capacidade.[874] A mudança paradigmática depende da percepção da insuficiência do paradigma vigente e não costuma ser abrupta, pode ocorrer como um pêndulo, vive-se o novo e retoma-se o antigo. No caso, vive-se o paradigma adversarial e o da colaboração. Neste sentido, "a mediação guarda coerência com novos paradigmas", tende a se consagrar quando este modo de solução de conflitos "ganhar mais estabilidade" e "quando um significativo grupo social – em termos de quantidade e credibilidade – lhe der validação."[875]

A grande dificuldade relativa à mediação administrativa "é a sua inexistência prática e o desconhecimento generalizado que existe a propósito da mediação".[876] Faz-se necessária a percepção pelo maior número de pessoas, sobretudo pelas entidades públicas, que a mediação não é apenas possível, como essencial, em alguns casos, ao compromisso com a boa administração e com a realização do interesse público.[877] A decisão administrativa tomada mediante participação e colaboração, "concertada", "remete a um processo decisório próprio do Estado de Direito democrático e social, num cenário de pluralismo e conflitos de interesses".[878]

---

[873] FREITAS, Juarez. Direito administrativo não adversarial: a prioritária solução consensual de conflitos. *RDA – Revista de Direito Administrativo*, v. 276, p. 32, set./dez. 2017.

[874] SANTOS, Maurício Gomm; HLAVNICKA, Karin. Arbitragem e mediação na Administração Pública: um aceno sobre a realidade no Brasil e nos Estados Unidos da América. *In*: MOREIRA, António Júdice; *et al.* (Coord.). *Mediação e arbitragem na Administração Pública*: Brasil e Portugal. São Paulo: Almedina, 2020. p. 433.

[875] ALMEIDA, Tania. *Caixa de ferramentas em mediação*: aportes práticos e teóricos. São Paulo: Dash Editora, 2016. p. 107-108.

[876] DAVID, Mariana Soares. A necessidade e admissibilidade da mediação administrativa. *In*: MOREIRA, António Júdice *et al.* (Coord.). *Mediação e arbitragem na Administração Pública*: Brasil e Portugal. São Paulo: Almedina, 2020. p. 308.

[877] DAVID, Mariana Soares. A necessidade e admissibilidade da mediação administrativa. *In*: MOREIRA, António Júdice *et al.* (Coord.). *Mediação e arbitragem na Administração Pública*: Brasil e Portugal. São Paulo: Almedina, 2020. p. 308-309.

[878] BITENCOURT NETO, Eurico. *Concertação administrativa interorgânica*: direito administrativo e organização no século XXI. São Paulo: Almedina, 2017. p. 191.

Como analisado anteriormente, o ordenamento jurídico brasileiro passou a priorizar as soluções consensuais aos conflitos, inclusive aqueles envolvendo o poder público e com o uso da mediação. Trata-se, no âmbito do Direito brasileiro e francês, de um direito do cidadão de poder buscar a Administração para dialogar, apresentar suas necessidades, pleitear os seus direitos e primar pela resolução consensual do conflito. Assim, é dever do poder público estabelecer os mecanismos para viabilizar e priorizar as soluções consensuais de controvérsias, inclusive como prevenção, cujo dever lhe é inerente.

"Não é possível simples transplante, às cegas, da experiência privada".[879] Devem ser compatibilizados os princípios da mediação com aqueles que regem a atuação administrativa, há necessidade de uma filtragem. A Administração está sujeita a um regime específico, mas, na defesa deste não deve contrariá-lo. No exercício de seu dever e poder de autotutela necessita reconhecer administrativamente direitos pertinentes à função administrativa, sem necessidade de se recorrer ao Judiciário.[880] De modo geral, o reconhecimento consensual de um direito – quando existente – é um modo mais efetivo de realizar os princípios que norteiam a atuação administrativa, como a legalidade, a moralidade, a razoabilidade e a eficiência, do que a negativa de tal direito.

Há o desafio de adaptação do procedimento de mediação ao regime jurídico de direito público, de negociações compatíveis com as relações públicas, mas tal compatibilização é possível. Os princípios constitucionais vão balizar negociações e acordos compatíveis.[881] O ajuste de interesses, mesmo o reconhecimento de um pedido formulado por um particular, se for um modo de atender ao interesse público, ainda que sob outra perspectiva, não significa abandonar o regime jurídico de direito público e nem que a Administração esteja a agir como particular.[882]

---

[879] MOREIRA, Egon Bockmann; CUÉLLAR, Leila. Câmaras de autocomposição da administração pública brasileira: reflexões sobre seu âmbito de atuação. *In:* CUÉLLAR, Leila *et al*. *Direito administrativo e alternative dispute resolution*: arbitragem, *dispute board*, mediação e negociação. Belo Horizonte: Fórum, 2020. p. 81.

[880] DAVI, Kaline Ferreira. Composição de litígios pela Administração Pública sem intervenção do Judiciário. *Revista da Advocacia-Geral da União*, Brasília, ano 7, n. 16, p. 194-195, 2008.

[881] FREITAS, Juarez. Direito administrativo não adversarial: a prioritária solução consensual de conflitos. *RDA – Revista de Direito Administrativo*, v. 276, p. 29-35, set./dez. 2017.

[882] FARIA, Luzardo. *O princípio da indisponibilidade do interesse público e a consensualidade no direito administrativo*. 2019. 338 p. Dissertação (Mestrado em Direito do Estado) – Programa de Pós-Graduação em Direito, Universidade Federal do Paraná, Curitiba, 2019. p. 147. Disponível em: https://acervodigital.ufpr.br/handle/1884/62542. Acesso em: 03 dez. 2022.

A atuação dialógica e consensual, assim como o seu resultado, devem ser orientados pelos princípios do regime administrativo. Mesmo o particular, para fazer acordos com a Administração Pública, deverá considerar não apenas os seus interesses, mas também os interesses públicos defendidos pela Administração e suas possibilidades,[883] cuja confluência pode ocorrer por intermédio da mediação, com auxílio do mediador, capacitado, e dos advogados públicos e privados.

Faz-se necessário o estabelecimento e o respeito à devida procedimentalização administrativa da solução consensual dos conflitos, que deve ser compatível com a lógica da autocomposição, com as técnicas da mediação, se desta se tratar, e com o regime jurídico-administrativo.[884] A Administração dialógica e consensual necessita ter consciência e adotar instrumentos para "funcionar como meio de ouvir e dialogar" com o particular. A devida procedimentalização assegurará o atendimento dos princípios que regem a Administração Pública, como a legalidade, a impessoalidade, a publicidade, a eficiência, a moralidade, a motivação, a razoabilidade e a finalidade em prol da realização dos interesses públicos,[885] assim como segurança jurídica. Identifica-se, neste sentido, um "dever de procedimentalização administrativa",[886] a estabelecer um ritual ao diálogo e à formação da decisão consensual, a ser informado e previamente conhecido, com distinções procedimentais para conflitos individuais e coletivos. A mediação, apesar de ser um procedimento mais flexível, não se trata de um improviso, o que também não se coaduna com a Administração Pública.

O respeito ao regime administrativo exige maior cautela dos envolvidos, partes, advogados e mediadores, de modo que o procedimento

---

[883] MOREIRA, Egon Bockmann. Sentando-se à mesa de negociação com autoridades públicas. In: CUÉLLAR, Leila et al. Direito administrativo e alternative dispute resolution: arbitragem, dispute board, mediação e negociação. Belo Horizonte: Fórum, 2020. p. 24-25.

[884] MEGNA, Bruno Lopes. A Administração Pública e os meios consensuais de solução de conflitos ou "enfrentando o Leviatã nos novos mares da consensualidade". *Revista da Procuradoria Geral do Estado de São Paulo*, São Paulo, n. 82, p. 10, jul./dez. 2015. Disponível em: https://revistas.pge.sp.gov.br/index.php/revistapegesp/article/view/538. Acesso em: 03 dez. 2022.

[885] MEGNA, Bruno Lopes. A Administração Pública e os meios consensuais de solução de conflitos ou "enfrentando o Leviatã nos novos mares da consensualidade". *Revista da Procuradoria Geral do Estado de São Paulo*, São Paulo, n. 82, p. 15, jul./dez. 2015. Disponível em: https://revistas.pge.sp.gov.br/index.php/revistapegesp/article/view/538. Acesso em: 03 dez. 2022.

[886] OLIVEIRA, Gustavo Justino de; GONÇALVES, Cláudio Cairo. Justiça multiportas, desjudicialização e negociação na Administração Pública: novos caminhos para o consensualismo administrativo à luz da processualística civil. In: NOLASCO, Rita et al. (Coord.). *Desjudicialização, justiça conciliativa e poder público*. São Paulo: RT, 2021. p. 151.

de mediação e, em especial, o acordo eventualmente obtido, deverá obedecer aqueles princípios.[887] Não obstante, a fim de se implementar a racionalidade dialógica e colaborativa, não se pode utilizar a mesma racionalidade adversarial dos processos judiciais e apenas mudar o local de resolução, faz-se necessária uma "guinada valorativa", uma transformação a fim de se implementar processos colaborativos. Serão necessárias práticas e controles inovadores,[888] mas compatíveis com os habituais princípios que regem a Administração Pública.

A Administração continua a ser e a exercer autoridade, a diferença está na procedimentalização e na forma em que são tomadas as decisões administrativas, seja por atos fundamentados em prévio diálogo ou em contratos praticados em decorrência de procedimentos dialógicos. A atuação administrativa adquire maior legitimidade com a corroboração de seus atos e contratos a partir do diálogo e do consenso com os particulares.

A mediação representa a adoção de um processo decisório colaborativo que não afasta o conteúdo material administrativo geral e específico à controvérsia.[889] Como ponderado anteriormente, o mediador não decide o conflito e não é o responsável pelo acordo, mas as partes, dentre elas, a Administração. Assim, a Administração, em uma mediação, não transfere o seu dever-poder decisório e de obediência aos princípios administrativos a um terceiro. A participação no processo decisório apenas altera o percurso à tomada de decisão.[890] O mediador não interfere no mérito administrativo, ele pratica "atos-mediadores processuais de facilitação" para que os envolvidos encontrem as melhores soluções. A mediação envolvendo a Administração Pública promove, a partir da facilitação de diálogo promovida pelo mediador,

---

[887] A respeito, o regulamento de mediação da CAM-CCBC de 2016 estabelece no item 1.1.1 que as regras do regulamento serão adaptadas para atender as exigências legais quando houver participação da Administração Pública, sujeitas à aprovação do Presidente da Câmara. CAM-CCBC. *Regulamento de mediação 2016*. Disponível em: https://ccbc.org.br/cam-ccbc-centro-arbitragem-mediacao/resolucao-de-disputas/mediacao/regulamento-2016/. Acesso em: 03 dez. 2022.

[888] FREITAS, Juarez. Direito administrativo não adversarial: a prioritária solução consensual de conflitos. *RDA – Revista de Direito Administrativo*, v. 276, p. 38-39, set./dez. 2017.

[889] Como adverte MOREIRA, Egon Bockmann; CUÉLLAR, Leila. Administração pública e mediação: notas fundamentais. In: CUÉLLAR, Leila et al. *Direito administrativo e alternative dispute resolution*: arbitragem, dispute board, mediação e negociação. Belo Horizonte: Fórum, 2020. p. 57.

[890] Sob a perspectiva da participação do cidadão, COSTALDELLO, Angela Cassia et al. Reflexos da nova lei de introdução às normas do direito brasileiro (Lei no 13.655/2018) na gestão urbanística das cidades. In: VALIATI, Thiago Priess et al. (Coord.). *A lei de introdução e o direito administrativo brasileiro*. Rio de Janeiro: Lumen Juris, 2019. p. 529.

"modulações da discricionariedade administrativa, pautadas pela específica legalidade própria do caso concreto". O mediador favorece a exploração dialógica da discricionariedade administrativa conferida pelo ordenamento jurídico.[891] A decisão ainda é administrativa.

Outro princípio que deve ser observado na mediação administrativa, em especial na celebração do acordo, é a impessoalidade. Quanto ao resultado, diante do caso concreto, será necessário "demarcar as margens negociais" a fim de afastar o "enorme risco de ruptura com a objetividade e com a igualdade",[892] ou seja, com atenção ao princípio da impessoalidade e no sentido que a racionalidade construída no acordo possa ser estendida aos demais que se encontrarem na mesma situação e assim desejarem. Este é um grande balizador aos acordos. No entanto, paradoxalmente, a participação propiciada pela mediação também se mostra um instrumento apto a equilibrar eventuais parcialidades, ainda que geradas involuntariamente, pela atuação administrativa unilateral, a favorecer perspectivas que podem não representar os interesses daqueles diretamente envolvidos. "A imparcialidade exige a compleição da decisão (...) pressupõe o maior número de fatos e interesses a serem ponderados", o que exige uma instrução administrativa participativa.[893]

O mediador deve verificar o teste de realidade, mediante questionamentos às partes, auxiliadas por seus procuradores, a fim de verificar se as propostas e o eventual acordo são possíveis e exequíveis.[894] Na seara administrativa, este teste pode se tornar mais complexo, pois deve haver finalidade pública, respeito ao regime público e é comum existir terceiros e inúmeros interesses envolvidos, assim, deve-se considerar: a eficiência da solução, sob o risco de restar descumprida; os direitos envolvidos e que possam ser afetados, notadamente os fundamentais e o respeito à isonomia, no tocante aos acordos anteriores e aos futuros, eis que no âmbito público é comum a repetição de casos.[895]

---

[891] MOREIRA, Egon Bockmann; CUÉLLAR, Leila. Administração pública e mediação: notas fundamentais. In: CUÉLLAR, Leila et al. Direito administrativo e alternative dispute resolution: arbitragem, *dispute board*, mediação e negociação. Belo Horizonte: Fórum, 2020. p. 58.

[892] BATISTA JÚNIOR, Onofre Alves. *Transações administrativas*: um contributo ao estudo do contrato administrativo como mecanismo de prevenção e terminação de litígios e como alternativa à atuação administrativa autoritária, no contexto de uma administração pública mais democrática. São Paulo: Quartier Latin, 2007. p. 546.

[893] NETTO, Luísa Cristina Pinto e. *Participação administrativa procedimental*: natureza jurídica, garantias, riscos e disciplina adequada. Belo Horizonte: Fórum, 2009. p. 152.

[894] De acordo com o Código de Ética dos Mediadores, anexo à Resolução 125/2010, art. 1º, parágrafo 6º, há o dever de respeito à ordem pública e às leis vigentes.

[895] SOUZA, Luciane Moessa de. *Meios consensuais de solução de conflitos envolvendo entes públicos*: negociação, mediação e conciliação na esfera administrativa e judicial. Belo Horizonte: Fórum, 2012. p. 103.

É relevante que a Administração adote as mesmas soluções para os mesmos casos ou, ao menos, soluções semelhantes para casos semelhantes, inclusive, mediante o estabelecimento de súmulas administrativas para uniformizar o entendimento e as decisões administrativas. Essa sistemática facilitará e padronizará novos acordos, de modo mais célere e eficiente, com isonomia de tratamento entre os envolvidos, bem como evitando-se a judicialização. A isonomia em casos repetitivos também pode ser efetivada de forma objetiva com o estabelecimento prévio de critérios, padrões e valores,[896] a depender do volume e da complexidade, é possível estabelecer acordos por adesão.[897]

Celebrado o acordo, por força do princípio da isonomia, compete à Administração, por suas procuradorias, analisar processos judiciais e administrativos aos quais os termos do acordo adotado também possam ser aplicados. E, caso outras pessoas se encontrem em idêntica situação, poderão pleitear administrativamente a celebração do acordo nos mesmos termos.[898]

Recomenda-se que cada ente federativo e seus respectivos órgãos, a advocacia pública, os órgãos de controle, com respaldo na doutrina e auxílio da academia viabilizem os institutos que permitam estabelecer e aprimorar o diálogo, estabelecer mecanismos procedimentais e regulamentar o uso administrativo da mediação, da conciliação e da negociação, ainda que em temas específicos para gerar experiências e *expertise* a fim de serem ampliados, sempre em consonância com o regime jurídico-administrativo.

c) *motivação sólida e consequencialista e a devida procedimentalização.* Outro desafio que se apresenta é o aprimoramento da motivação das decisões administrativas, que já vem se desenvolvendo de um modo geral,[899] mas que se torna relevante à transparência e ao controle sobre

---

[896] MEGNA, Bruno Lopes. A Administração Pública e os meios consensuais de solução de conflitos ou "enfrentando o Leviatã nos novos mares da consensualidade". *Revista da Procuradoria Geral do Estado de São Paulo*, São Paulo, n. 82, p. 14, jul./dez. 2015. Disponível em: https://revistas.pge.sp.gov.br/index.php/revistapegesp/article/view/538. Acesso em: 03 dez. 2022.

[897] Conforme autorização do art. 35 da Lei de Mediação.

[898] Conforme ressaltam: BATISTA JÚNIOR, Onofre Alves. *Transações administrativas*: um contributo ao estudo do contrato administrativo como mecanismo de prevenção e terminação de litígios e como alternativa à atuação administrativa autoritária, no contexto de uma administração pública mais democrática. São Paulo: Quartier Latin, 2007. p. 469. SOUZA, Luciane Moessa de. *Meios consensuais de solução de conflitos envolvendo entes públicos*: negociação, mediação e conciliação na esfera administrativa e judicial. Belo Horizonte: Fórum, 2012. p. 174.

[899] A motivação constitui um princípio do regime jurídico-administrativo, implícito na Constituição e expresso no art. 2º da Lei nº 9.784/1999. No entanto, foi renovado a partir

o resultado do procedimento de mediação, com maior ênfase nas hipóteses de acordo. Há possibilidades de acordos em que os interesses públicos protegidos e os limites à Administração sejam mais nítidos, mas há casos difíceis, em que a motivação será muito significante.[900] A motivação não corresponde ao uso de fórmulas gerais, como o próprio "interesse público", a justificar as decisões.[901]

Com a motivação permite-se que as pessoas não participantes do procedimento de mediação conheçam os fatos envolvidos e sopesados, devem ser evidenciadas também as normas pertinentes e a ponderação realizada para a realização ou não do acordo.[902] Ainda, deve ser realizado um juízo de probabilidade quanto às consequências de um acordo e de um não acordo, tudo, de modo a evidenciar que o resultado foi o melhor possível à realização do interesse público, e qual foi albergado naquele contexto normativo e fático.

Reconhece-se, a partir dos arts. 20 a 30 da LINDB, um dever de contextualização fática e jurídica das decisões, um "robustecimento da

---

dos arts. 15 e 489, §1o, do CPC e do art. 20 da LINDB, este estabelece: "Nas esferas administrativa, controladora e judicial, não se decidirá com base em valores jurídicos abstratos sem que sejam consideradas as consequências práticas da decisão". E em seu parágrafo único: "a motivação demonstrará a necessidade e a adequação da medida imposta ou da invalidação de ato, contrato, ajuste, processo ou norma administrativa, inclusive em face das possíveis alternativas". Em crítica ao dispositivo, Irene Nohara questiona acerca da necessidade de na motivação serem explicitadas todas as alternativas e que a adotada é comparativamente melhor e que este raciocínio consequencialista não afasta argumentos éticos-valorativos. NOHARA, Irene Patrícia. Motivação do ato administrativo na disciplina de direito público da LINDB. *In:* VALIATI, Thiago Priess *et al.* (Coord.). *A lei de introdução e o direito administrativo brasileiro.* Rio de Janeiro: Lumen Juris, 2019. p. 12-18.

[900] Por exemplo, Luzardo Faria pondera sobre os limites possíveis de um acordo de leniência, no sentido do limite entre o interesse público em viabilizar investigações criminais e a proteção indevida de um particular, questão esta que não possui resposta objetiva. FARIA, Luzardo. O art. 26 da LINDB e a legalidade dos acordos firmados pela Administração Pública: uma análise a partir do princípio da indisponibilidade do interesse público. *In:* VALIATI, Thiago Priess *et al.* (Coord.). *A lei de introdução e o direito administrativo brasileiro.* Rio de Janeiro: Lumen Juris, 2019. p. 151.

[901] Como já advertia BACELLAR FILHO, Romeu Felipe. A noção jurídica de interesse público no direito administrativo brasileiro. *In:* BACELLAR FILHO, Romeu Felipe; HACHEM, Daniel Wunder. *Direito administrativo e interesse público:* estudos em homenagem ao professor Celso Antônio Bandeira de Mello. Belo Horizonte: Fórum, 2010. p. 111-112.

[902] A "Administração Pública, ao ponderar os princípios constitucionais e fixar uma medida concreta de concretização, deve levar em consideração os efeitos da implementação dessa medida. A análise dos efeitos é fundamental para apuração de sua validade". A ponderação envolve a análise de consequências da medida adotada e estas indicarão se o que foi restrito o foi de forma proporcional ao benefício trazido. MARTINS, Ricardo Marcondes. Teoria do ato administrativo à luz das alterações da LINDB. *In:* VALIATI, Thiago Priess *et al.* (Coord.). *A lei de introdução e o direito administrativo brasileiro.* Rio de Janeiro: Lumen Juris, 2019. p. 33-34.

motivação dos atos públicos".⁹⁰³ A nova LINDB, em uma perspectiva concretista, deu ênfase aos dados da realidade e da importância de sua demonstração na motivação da atuação administrativa. De certo modo, a Lei aprimorou a responsabilidade e o dever de motivar, mas ao mesmo tempo ampliou a possibilidade de atuação do agente, da formalidade legal à criatividade adequada ao caso concreto e aumentou a sua segurança jurídica no tocante a decisões discricionárias em casos complexos.⁹⁰⁴ De acordo com o disposto nos referidos artigos, identifica-se o reconhecimento que as soluções administrativas não se encontram apenas nas leis, que a autoridade deve obediência às leis e aos fatos, bem como, que inúmeras soluções são, *a priori*, possíveis, inclusive a partir de um mesmo princípio e o administrador tem o dever de demonstrar o *iter* decisório, bem como que a decisão se apresentou como a melhor ao atendimento dos fins públicos envolvidos.⁹⁰⁵

A fim de se vislumbrar que o acordo resultante de um procedimento de mediação foi relevante ao interesse público, importante que a motivação evidencie o que ele está a proteger, as suas consequências, assim como o que deixaria de ser protegido na hipótese da sua não celebração e verificar essa ponderação entre o acordo, o que foi protegido e quais os riscos foram afastados com aquele.⁹⁰⁶ "A fundamentação organiza a ponderação subjacente à decisão, conferindo-lhe racionalidade",⁹⁰⁷

---

[903] SOUZA, Rodrigo Pagani; ALENCAR, Letícia Lins. O dever de contextualização na interpretação e aplicação do direito público. *In:* VALIATI, Thiago Priess *et al.* (Coord.). *A lei de introdução e o direito administrativo brasileiro.* Rio de Janeiro: Lumen Juris, 2019. p. 52-54.

[904] A respeito da maior segurança jurídica propiciada pela LINDB em atos administrativos discricionários: COSTALDELLO, Angela Cassia *et al.* Reflexos da nova lei de introdução às normas do direito brasileiro (Lei no 13.655/2018) na gestão urbanística das cidades. *In:* VALIATI, Thiago Priess *et al.* (Coord.). *A lei de introdução e o direito administrativo brasileiro.* Rio de Janeiro: Lumen Juris, 2019. p. 522-525.

[905] A respeito: SOUZA, Rodrigo Pagani; ALENCAR, Letícia Lins. O dever de contextualização na interpretação e aplicação do direito público. *In:* VALIATI, Thiago Priess *et al.* (Coord.). *A lei de introdução e o direito administrativo brasileiro.* Rio de Janeiro: Lumen Juris, 2019. p. 62-63.

[906] Nesta perspectiva, as contribuições da teoria do discurso são relevantes na medida em que defende *"freedom and equality in argument"*, nenhuma pessoa ou argumento poderão ser excluídos, do contrário, não se obterá uma argumentação racional. É uma proposta coletiva, mas não coletivista, a argumentação se faz necessária pois cada ideia e cada pessoa devem ser respeitados, *"individuals have to argue with others in order to be rational is an expression of the idea that each and every person is to be taken seriously"*. ALEXY, Robert. Rights, legal reasoning and rational discourse. *Ratio Juris,* vol. 5, n. 2, p. 143-152, July 1992. p. 151.

[907] NETTO, Luísa Cristina Pinto e. *Participação administrativa procedimental:* natureza jurídica, garantias, riscos e disciplina adequada. Belo Horizonte: Fórum, 2009. p. 146.

expõe quais interesses foram objeto da ponderação, desse modo todos os testes, adequação, necessidade e proporcionalidade em sentido estrito necessitam ser evidenciados na motivação para a transparência e o controle sobre a decisão – o acordo.

A motivação não se resume às exposições de fato e de direito, mas envolve também as articulações destas e a demonstração que houve avaliação entre os meios e os fins.[908] Tem-se aqui o que se denomina controle da causa do ato, no sentido de adequação lógica entre os pressupostos, o seu objeto e a finalidade.[909] A "motivação deve demonstrar uma decisão responsável do agente".[910]

A eventual negativa na celebração de um acordo não deve fundar-se de modo genérico apenas no princípio da legalidade ou na indisponibilidade do interesse público. A motivação deve expor as razões de fato e de direito que inviabilizam o acordo assim como as consequências estimadas da não celebração. A inteligência artificial e a jurimetria podem ser ferramentas a auxiliar na identificação da melhor solução, nos riscos envolvidos nas opções e na fundamentação. A leitura que se faz a respeito das consequências de uma decisão administrativa atrela-se à necessidade de equilíbrio e proporcionalidade entre o seu conteúdo e os possíveis efeitos futuros positivos e negativos da providência, especialmente em termos de sustentabilidade, mas não no intuito de privilegiar consequências em detrimento dos meios, da medida concreta.[911] Há que se atrelar a decisão e sua potencialidade de afastar efeitos indesejáveis e de realizar os efeitos pretendidos, segundo as condições e possibilidades de conhecimento no momento em que foi tomada.

A Administração deve demonstrar que a celebração do acordo ou, conforme o caso, a não celebração, é o melhor meio para atender o interesse público em determinado caso. A solução negociada, o

---

[908] A nova LINDB almejou eficiência na interpretação e na aplicação do direito administrativo, que se traduz na adequação entre meios e fins.

[909] MELLO, Celso Antônio Bandeira de. *Curso de direito administrativo*. 32. ed. São Paulo: Malheiros, 2015. p. 416-419, 1001.

[910] SOUZA, Rodrigo Pagani; ALENCAR, Letícia Lins. O dever de contextualização na interpretação e aplicação do direito público. In: VALIATI, Thiago Priess *et al.* (Coord.). *A lei de introdução e o direito administrativo brasileiro*. Rio de Janeiro: Lumen Juris, 2019. p. 55.

[911] Não se olvida que a análise das consequências não é isenta a subjetivismos e apresenta riscos quanto à previsão sobre o futuro, o que não retira a sua importância, como alertam: GABARDO, Emerson; SOUZA, Pablo Ademir de. O consequencialismo e a LINDB: a cientificidade das previsões quanto às consequências práticas das decisões. *A&C – Revista de Direito Administrativo & Constitucional*, Belo Horizonte, ano 20, n. 81, p. 7-8, jul./set. 2020. DOI: 10.21056/aec.v20i81.1452.

consenso, devem necessariamente atender do melhor modo possível àquele que foi erigido como interesse público no caso concreto, acompanhado das motivações que permitem concluir tal eleição e avaliar o modo de execução como o mais acertado, sob a perspectiva do presente e as potenciais consequências futuras, mediante avaliação dos impactos e benefícios.[912]

A motivação permitirá o controle quanto à indisponibilidade do interesse público, eis que permitirá demonstrar que diante das normas existentes, estas em vistas à realidade, em ponderação, a decisão adotada foi a que melhor atendeu determinado interesse público. A mediação servirá de instrumento à realização mais efetiva do interesse público pertinente ao caso concreto e a motivação deverá demonstrar esse percurso e evidenciar que a solução consensual ou a negativa de acordo por parte da Administração o efetiva naquela situação concreta.

Como a identificação da solução ótima não é fixa e estabelecida em lei, evidente que a sua adoção pela Administração exigirá ampla motivação. Pode-se até cogitar que a solução encontrada não seja excepcional, mas a falta de solução e a instalação de um litígio judicial sejam enormemente gravosos ao interesse público, consequências estas que devem ser ponderadas na decisão e motivadas. Há uma certa tendência em se considerar apenas os motivos relativos à ação, olvidando-se que a inação, a insegurança jurídica e o transcurso de longo período de tempo podem violar profundamente interesses públicos e direitos fundamentais, fazem-se necessários testes, avaliações e fundamentações.[913] O Estado e a Administração Pública são mantidos para se prolongarem no tempo, mas as pessoas, não. Assim, um Estado que valoriza o ser humano e os seus direitos, há que considerar o tempo de vida das pessoas, não raro, processos judiciais infindáveis durarem cerca de 10 ou 15 anos, algumas vezes 20 anos para se resolverem.[914]

---

[912] A respeito do enfoque da sustentabilidade nas motivações, FREITAS, Juarez. *Sustentabilidade*: direito ao futuro. 4. ed. Belo Horizonte: Fórum, 2019. p. 232.

[913] Neste sentido resgata-se a teoria de Robert Alexy ao afirmar que *"A rational practical discourse is a procedure of testing and grounding normative and evaluative statements by way of argument"*. Mas a racionalidade do discurso assegura *"the right of each human being to participate in discourses and the right of each participant of discourses to put forward and to criticize any argument. Other rules, for instance those which forbid contradictions or those which demand linguistic clearness, empirical truth, consideration of consequences, and scrutiny of the genesis of normative convictions are of no special interest here"*. *"Discourse theory is no machine which determines the weights of rights exactly, objectively, and definitely, but it shows that rational argument about rights is possible"*. ALEXY, Robert. Rights, legal reasoning and rational discourse. *Ratio Juris*, vol. 5, n. 2, p. 150-151, July 1992.

[914] Se considerar uma estimativa média de setenta e três anos de vida, trata-se de uma média de 15% do tempo de vida de uma pessoa que é 72,8 anos no Brasil, segundo o UNITED

A procedimentalização, a motivação e a transparência ganham importância para enfrentar suposto aspecto negativo que consiste no receio ao aumento da corrupção. No entanto, eventual proibição à consensualidade e à celebração de acordos não afasta a potencialidade de existir corrupção. A atuação imperativa unilateral não deveria, mas pode ocorrer de ser adotada em desfavor aos interesses públicos e como forma de corrupção. A unilateralidade e a imperatividade, sob o argumento da autoridade, e com uso das prerrogativas administrativas e justificativas genéricas podem mais facilmente obscurecer os reais motivos dos atos administrativos praticados.

O consenso e a participação dos particulares em negociação com o poder público, que poderia dar a aparência de maior facilidade à corrupção, também pode ser um modo de evitá-la uma vez que com a adoção de mecanismos dialógicos e consensuais a coletividade se aproximará e integrará em maior escala os espaços públicos de deliberação, com ampliação de transparência e controle simultâneo da atuação administrativa. Assim, os mecanismos consensuais podem diminuir a corrupção, acompanhados do devido processo legal e, inclusive, de padrões de ética e integridade voltados ao diálogo, ao consenso e à celebração de acordos, a serem estabelecidos conforme a realidade de cada ente ou entidade administrativa.

A moralidade, como em qualquer atuação administrativa, deve servir de baliza, tanto no que se refere ao procedimento como aos limites da celebração de eventual acordo como no tocante a sua negativa. É bastante razoável que, se a partir da avaliação fática e jurídica do pleito formulado por um particular, houver direito, mesmo que parcial, não se vislumbra "outra consequência juridicamente admissível que não o dever de reconhecimento, total ou parcial, do pedido".[915] Em um Estado de Direito e como consectário da moralidade, se um particular pleiteia um direito, se este for constatado, o mínimo a se exigir do poder público é o reconhecimento de tal direito e não uma postura adversarial, combativa que utilizará recursos da coletividade e grande parte da estrutura estatal, administrativa e jurisdicional, para ofuscar e violar a legalidade na tentativa de não reconhecer o direito pleiteado.

NATIONS DEVELOPMENT PROGRAMME (UNDP). IDH 2021-2022. *Human Development Report*. 2022. p. 285. Disponível em: https://hdr.undp.org/system/files/documents/global-report-document/hdr2021-22pdf_1.pdf. Acesso em: 03 dez. 2022.

[915] SOUZA, Luciane Moessa de. *Meios consensuais de solução de conflitos envolvendo entes públicos*: negociação, mediação e conciliação na esfera administrativa e judicial. Belo Horizonte: Fórum, 2012. p. 178.

O reconhecimento de pedidos e a celebração de acordos são compatíveis com a legalidade e a moralidade e também com a eficiência e a razoável duração dos processos, além de efetivar a garantia ao acesso à justiça.[916] O acordo, em casos de convergência, reduz custos ao poder público, no tocante à defesa e à atividade jurisdicional, otimiza recursos humanos e temporais, antecipa o usufruto de direitos, gera satisfação às pessoas, amplia a confiança, legitima a atuação administrativa e aprimora as relações entre particulares e poder público, que é estrutural à sustentabilidade do Estado Democrático de Direito. Celebrar um acordo também não significa ceder e atender tudo aquilo que é solicitado, mas identificar os pontos comuns, resolver os controvertidos, avaliar se podem ser afastados em prol de um acordo quanto aos aspectos comuns para uma solução imediata e pacífica.

Não se descura que as negociações envolvendo direitos individuais e transindividuais indisponíveis "passam a exigir do Estado justificativas bem mais sólidas e empíricas", de todo modo, a implementação das soluções consensuais "passa a também depender de uma realista e pragmática reavaliação do sentido e do alcance da indisponibilidade dos direitos".[917]

A fim de se usufruir das vantagens do diálogo e do consenso e afastar os riscos envolvidos na maior participação administrativa, defende-se o estabelecimento de procedimentos com obrigatoriedade de publicidade, fundamentação das decisões, imparcialidade e racionalidade procedimental adequados à consensualidade.[918]

A mediação administrativa coaduna-se com a concepção de Administração Pública em uma perspectiva instrumental em que o exercício da função administrativa e a estrutura administrativa servem de instrumento à coletividade e a satisfazê-la do melhor modo possível. É um instrumento que tende a propiciar muito mais vantagens à Administração Pública e às pessoas, físicas e jurídicas, direta ou indiretamente, do que desvantagens. Não se pode pretender utilizar o mesmo regime privado da autonomia da vontade ao poder público, mas a mediação pode perfeitamente ser utilizada de modo compatível

---

[916] SOUZA, Luciane Moessa de. *Meios consensuais de solução de conflitos envolvendo entes públicos*: negociação, mediação e conciliação na esfera administrativa e judicial. Belo Horizonte: Fórum, 2012. p. 178.
[917] VENTURI, Elton. Transação de direitos indisponíveis? *Revista de Processo*, v. 251, p. 391-426, jan./2016.
[918] NETTO, Luísa Cristina Pinto e. *Participação administrativa procedimental*: natureza jurídica, garantias, riscos e disciplina adequada. Belo Horizonte: Fórum, 2009. p. 121.

aos princípios que regem a Administração Pública,[919] tal qual como qualquer ato, contrato ou processo administrativo.

No Brasil, a partir da Constituição da República, da Lei de Mediação, do Código de Processo Civil e da LINDB, além de outras legislações específicas e setoriais, tem-se um subsistema normativo orientado à priorização das soluções consensuais sobre as judiciais, inclusive no tocante à Administração Pública. Desse modo, a mediação administrativa encontra-se como um novo e mais atual instrumento disponível ao exercício da função administrativa. Identifica-se no ordenamento jurídico brasileiro um "microssistema que trata do poder-dever da Administração Pública em praticar a tentativa de solução consensual de seus conflitos".[920]

Apesar da legislação mencionada, que torna a utilização da mediação administrativa uma medida prioritária, como tal implementação requer uma reorganização administrativa, é recomendável que os entes federativos regulamentem o tema, de acordo com as suas peculiaridades, necessidades e possibilidades. Serão necessários ajustes estruturais e organizacionais, com o envolvimento dos agentes públicos. A procedimentalização necessita abranger etapas prévias, que viabilizem a realização da mediação, tais como: definição de agentes competentes, estrutura administrativa, procedimentos burocráticos, prazos, tramitações, dentre outros aspectos.

Faz-se necessária a regulamentação mediante uma procedimentalização[921] moderada, mas adequada do instituto, a fim de garantir a essência e a flexibilidade da mediação, os objetivos das soluções consensuais, o respeito ao regime jurídico-administrativo e segurança jurídica a todos. A procedimentalização do agir administrativo é "con-

---

[919] Essa compatibilização entre a mediação e as exigências administrativas existe no sistema francês e é identificada por BOUSTA, Rhita. *La notion de médiation administrative*. Paris: L'Harmattan, 2021. p. 144-146.

[920] MEGNA, Bruno Lopes. A Administração Pública e os meios consensuais de solução de conflitos ou "enfrentando o Leviatã nos novos mares da consensualidade". *Revista da Procuradoria Geral do Estado de São Paulo*, São Paulo, n. 82, p. 2, jul./dez. 2015. Disponível em: https://revistas.pge.sp.gov.br/index.php/revistapegesp/article/view/538. Acesso em: 03 dez. 2022.

[921] Rememora-se que o processo requer um procedimento. "A compreensão do processo como procedimento pressupõe a exigência de institucionalização do método (do caminho a ser percorrido). Este caminho, obrigatoriamente, deve estar regulado porque, enquanto procedimento, implica certa dose de estabilidade: as partes envolvidas não podem improvisar". BACELLAR FILHO, Romeu Felipe. *Processo administrativo disciplinar*. São Paulo: Max Limonad, 2003. p. 51, nota 111.

dição indispensável para a concretização da democracia". É necessária "uma relação estável" entre a Administração e os particulares, na qual os limites e as possibilidades de atuação sejam previamente conhecidos.[922]

O estabelecimento de uma procedimentalização moderada para a formalização de acordos demonstra ser relevante à transparência e ao controle, assim como à compatibilização com os princípios que norteiam a atuação administrativa, em especial a impessoalidade.[923]

O respeito ao devido processo na mediação administrativa é fundamental à seriedade e à sustentabilidade do instituto em âmbito administrativo e à segurança jurídica. O procedimento de mediação pode ser encerrado quando as partes e o mediador compreenderem que não foi possível obter um acordo, apesar, muitas vezes, do grande avanço comunicativo existente. A qualquer momento as partes podem solicitar o encerramento, pois se trata de procedimento voluntário, assim como poderá haver a celebração de um acordo, inclusive parcial.

O acordo reflete uma relação jurídica bilateral, representa a atuação administrativa contratualizada, seja para resolver uma controvérsia ou preveni-la, com o estabelecimento de obrigações e deveres entre os envolvidos. Entende-se que ele não poderá ser objeto de revogação administrativa, ou seja, não caberá mais reavaliar oportunidade e conveniência, mas apenas legalidade, assim como também não estará sujeito às prerrogativas contratuais administrativas, como a alteração unilateral. É possível, inclusive, considerar o "acordo administrativo como instrumento de ação pública e categoria jurídica autônoma".[924]

Os acordos administrativos frutos da mediação poderão ser submetidos à homologação judicial, em princípio, para a força de título executivo judicial. O art. 20 da Lei nº 13.140/2015 reconhece força executiva extrajudicial ao acordo, assim como o parágrafo 3º, do art. 32, se o procedimento consensual for desenvolvido no âmbito das Câmaras de prevenção e resolução de conflitos da Administração

---

[922] BACELLAR FILHO, Romeu Felipe. *Processo administrativo disciplinar*. São Paulo: Max Limonad, 2003. p. 130-131.
[923] SCHWIND, Rafael Wallbach. Acordos na Lei de Introdução às Normas do Direito Brasileiro – LINDB: normas de sobredireito sobre a celebração de compromissos pela Administração Pública. In: OLIVEIRA, Gustavo Justino (Coord.); BARROS FILHO, Wilson Accioli de (Org.). *Acordos administrativos no Brasil*: teoria e prática. São Paulo: Almedina, 2020. p. 170.
[924] OLIVEIRA, Gustavo Justino de. Os acordos administrativos na dogmática brasileira contemporânea. In: MOREIRA, António Júdice et al. (Coord.). *Mediação e arbitragem na Administração Pública*: Brasil e Portugal. São Paulo: Almedina, 2020. p. 105.

Pública. No entanto, o parágrafo 2º, do art. 3º, estabelece que os acordos que versarem sobre direitos indisponíveis, mas transigíveis, necessitam de homologação judicial com oitiva do Ministério Público.

Com a redação da legislação deste modo, é possível haver controvérsias quanto à necessidade de homologação judicial aos acordos, uma vez que não há delimitação clara entre interesses disponíveis e indisponíveis transigíveis. A necessidade de homologação judicial pode se tornar um ponto de insegurança jurídica e de gargalo, em um movimento contrário à desjudicialização e à solução consensual dos conflitos, razão pela qual esta etapa necessita ser clarificada.

Nas transações coletivas, a necessidade da homologação judicial resta mais clara, uma vez que há o interesse público à fiscalização do devido processo legal das soluções consensuais. A homologação avaliará a representação social das partes envolvidas no acordo e sua equanimidade.[925]

Na hipótese de homologação judicial, esta requer uma avaliação diferenciada e complexa do devido processo legal do acordo em termos procedimentais e quanto ao seu conteúdo.[926] Neste intuito, o Judiciário deverá se autoconter, não possuirá papel ativo na solução do conflito, não figurará como negociador e nem com competência decisória, ou seja, não proferirá uma decisão adjudicatória heterocompositiva, deverá ater-se ao controle sobre a decisão autocompositiva. Desta feita, se houver vícios que impossibilitem a homologação, caberá ao magistrado restituir o acordo às partes para que deliberem sobre a correção e o submetam novamente à homologação.[927]

---

[925] Não há critérios definidos no Brasil, contudo, a experiência americana com as *class actions* reputa importante o controle judicial dos acordos, quanto à justiça, razoabilidade e adequação, por existirem muitos interesses envolvidos nos conflitos de massa. Pondera-se, contudo, que as ações coletivas no direito norte-americano possuem mais legitimados ativos que no Brasil, que são limitados pela legislação. A amplitude de legitimados gera um grande número de demandas e de complexidades relativas aos honorários advocatícios. VENTURI, Elton. A homologação judicial dos acordos coletivos no Brasil, p. 115-133. In: MOREIRA, António Júdice et al. (Coord.). *Mediação e arbitragem na Administração Pública*: Brasil e Portugal. São Paulo: Almedina, 2020. p. 125, 127-128, 130.

[926] Os limites do judicial *review* quanto ao conteúdo são muito delicados, sobretudo quando há tendências ao ativismo judicial. VENTURI, Elton. A homologação judicial dos acordos coletivos no Brasil, p. 115-133. In: MOREIRA, António Júdice et al. (Coord.). *Mediação e arbitragem na Administração Pública*: Brasil e Portugal. São Paulo: Almedina, 2020. p. 126-127.

[927] VENTURI, Elton. A homologação judicial dos acordos coletivos no Brasil, p. 115-133. In: MOREIRA, António Júdice et al. (Coord.). *Mediação e arbitragem na Administração Pública*: Brasil e Portugal. São Paulo: Almedina, 2020. p. 125-126.

Em certa medida, a defesa da necessidade de homologação judicial contraria a lógica da desjudicialização⁹²⁸ e fragiliza a força da autocomposição. A participação nas deliberações e nos acordos de órgãos que institucionalmente representam interesses difusos e coletivos, como o Ministério Público e a Defensoria Pública, pode ser um critério suficiente à garantia dos interesses envolvidos, de modo a restringir a homologação judicial a casos específicos. Ademais, tanto o Código de Processo Civil como a Lei de Mediação reconhecem a eficácia de título extrajudicial aos acordos. Entende-se ser necessário "evitar que o Judiciário acabe adquirindo uma atuação quase notarial, desnecessária e burocratizada".⁹²⁹

De todo modo, o acordo está sujeito ao controle de legalidade jurisdicional, que não poderá substituir o seu mérito, mas averiguar a legalidade ampla de seu procedimento e conteúdo. ⁹³⁰

Extrai-se que a mediação administrativa constitui não apenas um modo de evitar o excesso de demandas judiciais e todas as possíveis consequências negativas decorrentes. A mediação permite conectar o particular e o poder público em prol de soluções conjuntas e possibilita, assim, um novo direcionamento à atuação administrativa, do unilateral e adversarial, ao dialógico e consensual. Tende a ser um mecanismo, a ser devidamente regulamentado, que pode não apenas respeitar o regime jurídico-administrativo, mas realizá-lo de modo mais efetivo.⁹³¹

Trata-se, sobretudo, de um instrumento democrático e de valorização do ser humano no exercício da função administrativa, inerente à concepção de boa administração.

---

[928] ANDRADE, Juliana Loss de. Justiça consensual para as demandas coletivas. *In:* MOREIRA, António Júdice *et al.* (Coord.). *Mediação e arbitragem na Administração Pública*: Brasil e Portugal. São Paulo: Almedina, 2020. p. 142-147.

[929] ANDRADE, Juliana Loss de. Justiça consensual para as demandas coletivas. *In:* MOREIRA, António Júdice *et al.* (Coord.). *Mediação e arbitragem na Administração Pública*: Brasil e Portugal. São Paulo: Almedina, 2020. p. 142-143.

[930] Neste sentido: BATISTA JÚNIOR, Onofre Alves. *Transações administrativas*: um contributo ao estudo do contrato administrativo como mecanismo de prevenção e terminação de litígios e como alternativa à atuação administrativa autoritária, no contexto de uma administração pública mais democrática. São Paulo: Quartier Latin, 2007. p. 536. SOUZA, Luciane Moessa de. *Meios consensuais de solução de conflitos envolvendo entes públicos*: negociação, mediação e conciliação na esfera administrativa e judicial. Belo Horizonte: Fórum, 2012. p. 255.

[931] FREITAS, Juarez. Direito administrativo não adversarial: a prioritária solução consensual de conflitos. *RDA – Revista de Direito Administrativo*, v. 276, p. 42, set./dez. 2017.

CAPÍTULO 4

PERSPECTIVAS COMPARADAS DA MEDIAÇÃO ADMINISTRATIVA NA FRANÇA – PROPOSIÇÕES DE IMPLEMENTAÇÃO NO BRASIL

Primeiramente, importa anotar a relevância da comparação de como vem se desenvolvendo a mediação administrativa na França, uma vez que o direito administrativo francês sempre foi uma fonte inspiradora do direito administrativo brasileiro, desde as suas origens até os dias de hoje.[932] A doutrina administrativista brasileira[933] há muito tempo se fundamentou e se fundamenta no direito administrativo francês e no tema da mediação administrativa poderá ser relevante.

A percepção brasileira sobre a mediação administrativa na França propicia reflexão, experiência e maior segurança, pois lá o instituto encontra-se melhor desenvolvido, posto em prática e utilizado de forma mais ampla. A proposta de comparação, portanto, não é no sentido de se realizar importação ou *"legal transplants"*,[934] mas de inspirar a adoção da mediação administrativa no Brasil de modo mais efetivo.

---

[932] O que "hoje conhecemos por 'Direito Administrativo' nasceu na França". MELLO, Celso Antônio Bandeira de. *Curso de direito administrativo*. 32. ed. São Paulo: Malheiros, 2015. p. 38.

[933] Por exemplo, em 1914, Viveiros de Castro dedicou-se ao tema do serviço público, influenciado pela obra de Léon Duguit. Autores e as decisões dos Tribunais administrativos franceses sempre serviram e servem de referência, por exemplo, o famoso *arrêt Blanco*, citado na maioria das obras de direito administrativo no Brasil, cuja importância é tratada por MELLO, Celso Antônio Bandeira de. *Natureza e regime jurídico das autarquias*. São Paulo: RT, 1968. p. 139, nota 16.

[934] O termo é atribuído a Alan Watson, em *"Legal transplants: an approach to comparative law"*, de 1974, cujo tema é trabalhado por LEGRAND, Pierre. The impossibility of legal transplants. *Maastricht J. Eur. & Comp. L.*, Holanda, v. 4, 2, p. 111-124, 1997.

A contribuição francesa sobre o tema e sua compatibilização com o direito administrativo poderá ser relevante em vista que o direito administrativo brasileiro possui grandes conexões com aquele direito. Assim, a experiência francesa com a mediação administrativa pode contribuir ao desenvolvimento e à segurança quanto à utilização do mesmo instituto no direito administrativo brasileiro.

A racionalidade do direito administrativo brasileiro, em função da forte influência francesa, possui grandes traços de semelhança, o que pode contribuir para a credibilidade e maior aceitação da mediação administrativa, eis que no Brasil ainda pairam dúvidas ou descrença sobre o instituto no direito administrativo.[935]

Sob a perspectiva francesa, apesar de implantada, a mediação administrativa ainda é um futuro incerto, não obstante, está disponível, é utilizada e, mesmo sob polêmica, há demandas na seara do direito público em que a mediação preliminar é obrigatória, como modo de acelerar a mudança da cultura do litígio e resolver os conflitos de modo amigável e administrativo, sem retirar o direito ao ajuizamento da ação judicial cabível, cujo prazo resta suspenso durante a mediação.

Ainda, a pretensão de obter inspiração francesa também pode ser positiva, uma vez que se trata de um Estado republicano, democrático, social, comprometido com a dignidade humana e a realização dos direitos fundamentais, esta estrutura fundante que também caracteriza o Estado brasileiro, como previsto na CRFB 88. Ambos os países são de tradição romanística, que se relaciona, principalmente, com uma compreensão do direito público mais delimitada em relação ao direito privado.

Não obstante, os Estados em análise também possuem diferenças estruturais significativas no tocante ao Estado francês apresentar a forma unitária e ser uma República parlamentar, enquanto o brasileiro possui a forma federativa e é uma República presidencialista.

Além disso, um aspecto relevante ao tema em análise diz respeito à "concepção francesa da separação de poderes", com uma separação mais rígida e a consequente adoção do contencioso administrativo, distinguindo-se a jurisdição comum da jurisdição administrativa,[936]

---

[935] É de grande relevância o método comparativo para a evolução do direito administrativo. MARRARA, Thiago. Método comparativo e direito administrativo. *Revista Jurídica Unigran*, Dourados, MS, v. 16, n. 32, p. 36, jul./dez. 2014.

[936] Anota-se, por exemplo, a desconfiança dos revolucionários em relação aos juízes, que fez surgir as leis de 16 e 24 de agosto de 1790. GIRARD, Anne-Laure. Régler autrement les conflits avec l'Administration: quelquer enseignements de l'histoire. *In*: CLAEYS,

sendo que a esta compete o controle jurisdicional sobre os atos administrativos e o Conselho de Estado Francês ocupa a mais alta hierarquia na jurisdição administrativa.[937] De modo distinto, no Brasil adota-se o sistema de jurisdição una, a partir da concepção da separação de poderes com freios e contrapesos, de sorte que o Judiciário exerce controle sobre os atos administrativos, conforme dispõe o art. 5º, XXXV, da CRFB. Destarte, nos Estados analisados, o controle judicial sobre os atos administrativos é exercido em esferas distintas dos poderes estatais, sendo que na França há uma jurisdição especializada em matéria administrativa.

Outra distinção relevante no tocante à separação de poderes refere-se ao controle de constitucionalidade das leis, que no Brasil se admite o controle abstrato e concentrado no Supremo Tribunal Federal – Corte Constitucional, assim como o controle de constitucionalidade concreto e difuso, ou seja, pode ser exercido por qualquer magistrado. Este sistema de controle sobre as leis demonstra os freios e contrapesos que o Poder Judiciário exerce controle sobre os atos legislativos.

Na França, o sistema é diverso, o controle de constitucionalidade é menos intenso, a Constituição de 1958 previu o Conselho Constitucional, mas não estabeleceu o controle de constitucionalidade, este adveio mediante reformas em 1974 e, de modo mais enfático, em 2008. Somente com a reforma de 2008 foi estabelecido o controle de constitucionalidade após a vigência da lei, incidental, com a inserção de um novo ator neste cenário, o cidadão.[938] Não obstante, trata-se de uma versão francesa do controle, eis que apenas o Conselho Constitucional pode apreciar a constitucionalidade e os membros que o compõem não são magistrados,[939] o que denota maior força às leis, à produção legislativa e menos poder jurisdicional sobre estas, se comparado ao sistema brasileiro de controle de constitucionalidade.

Em relação ao tema específico da resolução amigável de conflitos, em ambos os países pode ser analisado, sob a perspectiva democrática

---

Antoine; GIRARD, Anne-Laure (Dir.). *Les modes alternatifs de règlement des litiges em droit administratif*. Poitiers: PUJ de Poitiers, 2018. p. 7. Conforme abordado anteriormente neste trabalho.

[937] MORAND-DEVILLER, Jacqueline. *Cours de droit administratif*. 9. ed. Paris: Montchrestien, 2005. p. 415-432.

[938] DE CACQUERAY, Sophie; HUTIER, Sophie *et al*. Procédure législative et QPC. In: *Conseil constitutionnel*, Titre VII, Paris, p. 166, outubro 2020. Disponível em: https://www.cairn.info/revue-titre-vii-2020-octobre-page-164.htm. Acesso em: 03 dez. 2022.

[939] PLESSIX, Benoît. *Droit administratif général*. 3. ed. Paris: LexisNexis, 2020. p. 192-197.

e também sob a modernização administrativa dos anos 1980, um fenômeno generalizado de performance nas administrações. Variadas administrações sofreram as mesmas pressões como redução de custos, racionalização das estruturas, abertura da administração, dentre outras. O referencial comum não significa que os efeitos tenham sido os mesmos, estes são "indissociáveis das culturas administrativas nacionais", e países europeus mais burocráticos tiveram maior resistência.[940]

De acordo com Jacques Chevallier, as políticas de reforma administrativa voltam-se a três frentes: i) relações internas (gestão de recursos humanos); ii) transformação dos métodos de gestão para a responsabilização; e, iii) modificação das relações com os particulares, com o desenvolvimento da ideia de "cidadania administrativa".[941] A mediação insere-se neste último propósito.

Estas são algumas características jurídicas gerais que demarcam as perspectivas de comparação voltada à mediação administrativa nos dois países.

4.1 Aspectos da mediação administrativa na França

Ao fim dos anos 1970, conforme descreve Benoît Plessix, a situação da justiça administrativa na França estava alarmante e esta "impôs a todos que se interessassem pelos meios de remediar o congestionamento das jurisdições administrativas e aos prazos desarrazoados de julgamento".[942] Em 1987, houve uma grande reforma da justiça administrativa a qual recomendava uma preliminar de conciliação em alguns casos, mas não surtiu efeito. Desde então, o Conselho de Estado e a doutrina contribuíram para a construção dos MARC – modos alternativos de resolução de conflitos – que se transformam em MARD

---

[940] Relacionadas ao NPM – New Public Management do Banco Mundial e da OCDE. Chevallier destaca que a influência deste movimento só repercutiu na França a partir dos anos 2000, principalmente com a Lei orgânica sobre as leis de finanças – LOLF de 2001, houve mudanças anteriores, mas com finalidades como: atender melhor os cidadãos (1995) e para construir um Estado "mais próximo" e "mais eficaz" (1997). A respeito das preocupações orçamentárias, o autor destaca a lei geral das políticas públicas – RGPP, de 2007, a política de modernização da ação pública – MAP, de 2012 e, mais recentemente, o programa "Ação pública 2022", lançado em 2017 com o objetivo principal de redução das despesas públicas. CHEVALLIER, Jacques. Science administrative. 6. ed. Paris: PUF, 2019. p. 391-393.

[941] CHEVALLIER, Jacques. Science administrative. 6. ed. Paris: PUF, 2019. p. 393.

[942] PLESSIX, Benoît. Droit administratif général. 3. ed. Paris: LexisNexis, 2020. p. 1360, note 1029.

– modos amigáveis de resolução de diferenças, os quais "começam a apresentar um papel não negligenciável no direito administrativo francês" e simbolizam uma desjudicialização.[943]

A análise comparativa não compreende apenas a descrição do direito, mas a contextualização, com a consideração de outros fatores, como sociais, culturais e econômicos, para a "compreensão do objeto e de sua funcionalidade dentro de certa cultura e ordenamento jurídico".[944]

Releva notar, desse modo, que o desenvolvimento dos modos amigáveis na França não se deu de forma isolada, houve, e há, um movimento na União Europeia e nos demais países europeus em favor destes outros modos de solução de conflitos,[945] impulsionado pelas relações jurídicas transnacionais. "A mediação contemporânea constitui um avatar vernacular e se situa no tempo como uma ideia comum a inúmeras culturas".[946] Identifica-se que o instituto da mediação é uma tendência global, mas que em cada local apresenta motivos e finalidades ajustadas, necessita se adaptar às características locais, em um fenômeno denominado *glocalization*.[947]

Em 1981, o Conselho da Europa adotou a recomendação R-81-7 em que reconheceu a importância das técnicas de resolução amigável, nas quais se inclui a mediação. Diversas recomendações foram expedidas para variadas áreas, destaca-se a Rec(2001)9 sobre o incentivo aos modos amigáveis entre as autoridades administrativas e as pessoas privadas.[948,949] A Assembleia parlamentar do Conselho da

---

[943] PLESSIX, Benoît. *Droit administratif général*. 3. ed. Paris: LexisNexis, 2020. p. 1360-1361, note 1029.

[944] MARRARA, Thiago. Método comparativo e direito administrativo. *Revista Jurídica Unigran*, Dourados, MS, v. 16, n. 32, p. 30, jul./dez. 2014.

[945] GUILLAUME-HOFNUNG, Michèle. *La médiation*. Paris: PUF, 2020. p. 12.

[946] GUILLAUME-HOFNUNG, Michèle. *La médiation*. Paris: PUF, 2020. p. 9.

[947] O termo, em síntese, refere-se à culturalização do global, de sua adaptação ao local, com os traços locais, sua utilização é difundida, mas pode ser atribuída a Roland Robertson. A respeito: LOURENÇO, Nelson. Globalização e glocalização. O difícil diálogo entre o global e o local. *Mulemba – Revista Angolana de Ciências Sociais*, v. 4, n. 8, 2014. Disponível em: http:// journals.openedition.org/mulemba/203. Acesso em: 04 dez. 2022. LEGRAND, Pierre. On the singulatiry of law. *Harvard International Law Journal*, 47, p. 517-530, 2006.

[948] CONSELHO DA EUROPA. *Recommandation Rec(2001)9*. Disponível em: https://search.coe.int/cm/Pages/result_details.aspx?ObjectId=09000016805e2a35. Acesso em: 03 dez. 2022.

[949] A Corte Europeia dos Direitos do Homem encoraja as partes à resolução dos conflitos de modo amigável. G. De VEL, Guy De. Les MARC/ADR au Sein du Conseil De L'Europe: État et Esprit du Règlement Amiable des Différends dans L'Europe des Droits de L'Homme. L. CADIET. (Dir.). coll. *Médiation et arbitrage*: alternative dispute résolution Alternative

Europa destacou a perspectiva da mediação como um "diálogo entre as culturas".[950]

A União Europeia e os Estados membros sofreram influência do modelo americano da *alternative dispute resolution* – ADR,[951] e, foram expedidas as Diretivas 2008/52/CE e 2013/11/EU, relativas à mediação em matéria civil e comercial, e do consumo, respectivamente.

Na diretiva 2008/52/CE,[952] acerca da mediação em matéria civil e comercial, transposta para o ordenamento francês com a *Ordonnance* nº 2011-1540 de 16 novembro de 2011, dentre as considerações, denota-se a preocupação com os direitos fundamentais, com a construção de espaços de liberdade, segurança e justiça à livre circulação de pessoas e ao mercado interno; a fundamentalidade do acesso à justiça e a necessidade de facilitá-lo, o que inclui os modos judiciais e extrajudiciais, notadamente a mediação.[953] A Diretiva reconheceu as vantagens da mediação por propiciar soluções extrajudiciais econômicas e rápidas adaptadas às necessidades das partes. Os acordos provenientes tendem a ser respeitados de forma voluntária e a preservar relações amigáveis e duráveis entre as partes, o que é relevante, especialmente quando se agregam situações transnacionais. Ressaltou, ainda, não se tratar de uma solução secundária ao modo judicial e que os Estados membros deveriam encorajar o seu uso, informações e divulgações a respeito.

No âmbito francês, um estudo do Conselho de Estado francês denominado "Resolver de outro modo os conflitos",[954] foi adotado pela Assembleia Geral do Conselho de Estado em fevereiro de 1993,

---

à la justice ou justice alternative? Perspectives comparatives. LexisNexis, Paris, 2005. p. 193-194.

[950] GUILLAUME-HOFNUNG, Michèle. *La médiation*. Paris: PUF, 2020. p. 14.

[951] Segundo Guillaume-Hofgung, mais propício ao objetivo de redução do número de processos judiciais, enquanto as sociedades civis europeias concebiam a mediação como uma forma de manter a coesão social e a resiliência. GUILLAUME-HOFNUNG, Michèle. *La médiation*. Paris: PUF, 2020. p. 14.

[952] UNIÃO EUROPEIA. *Diretiva 2008/52/CE*. Disponível em: https://eur-lex.europa.eu/legal-content/PT/TXT/?uri=celex%3A32008L0052. Acesso em: 03 dez. 2022.

[953] O direito comunitário tem se voltado ao aprimoramento do acesso à justiça, aos prazos e à efetividade, como destaca David Capitant a partir da diretiva Recurso nº 89/665, de 21 de dezembro de 1989, reformada pela diretiva 2007/66/CE, de 11 de dezembro de 2007. CAPITANT, David. L'influence du droit communautaire sur le contentieux administratif français: l'exemple des marchés publics. *In*: PARISIO, Vera (Dir.). *Diritti interni, diritto comunitario e principi sovranazionali*. Milano: Giuffrè Editore, 2009. p. 32.

[954] "Régler autrement les conflits". Registra-se que à época, 1993, a Assembleia Geral lamentou o insuficiente desenvolvimento dos modos alternativos, à exceção da mediação, conforme pontua MORAND-DEVILLER, Jacqueline. *Cours de droit administratif*. 9. ed. Paris: Montchrestien, 2005. p. 49.

com a abertura ao desenvolvimento dos modos amigáveis no âmbito administrativo.[955]

Não obstante, a mediação, "durante longo tempo, não atraiu o direito administrativo". Ela enfrentou inúmeros obstáculos, como a desconfiança da Administração, a hesitação dos particulares e a reserva dos contadores públicos. A Lei nº 95-125, de 08 de fevereiro de 1995, de encorajamento do modo amigável, dispôs sobre a mediação perante o juiz judiciário, mas restou em silêncio sobre a Administração.[956]

Na resolução final dos atos do seminário de Créteil, na França, em setembro de 2000, considerou-se que a mediação não se limita a um modo alternativo de resolução de conflitos, pois possui outras funções: a prevenção de conflitos, o estabelecimento e o reestabelecimento de vínculos sociais.[957]

Em outro momento, em julho de 2010, o estudo adotado pela Assembleia geral do Conselho de Estado propiciou mais um movimento em favor da mediação e aprimorou o estudo de 1993. Apesar disto, segundo Guillaume-Hofnung, o estudo ainda apresentou fluidez e falhas terminológicas que prejudicaram a política judiciária.[958] Os MARD "sempre tiveram uma situação desconfortável no direito administrativo francês".[959]

Há que se destacar, contudo, que a França apresenta como particularidade[960] possuir desde 1973 tradição no tocante à intermediação por um terceiro nas relações entre o poder público e os particulares e na proteção dos direitos fundamentais destes, com a instituição do Mediador da República, hoje Defensor dos direitos.[961] O modelo possui origem no *ombudsman* sueco e, em 1989, tornaram-se autoridades independentes. De acordo com Jacqueline Morand-Deviller, a atividade desempenhada é relevante e o sistema funciona bem.[962]

---

[955] GUILLAUME-HOFNUNG, Michèle. *La médiation*. Paris: PUF, 2020. p. 54.
[956] PLESSIX, Benoît. *Droit administratif général*. 3. ed. Paris: LexisNexis, 2020. p. 1361, note 1030.
[957] GUILLAUME-HOFNUNG, Michèle. *La médiation*. Paris: PUF, 2020. p. 14.
[958] GUILLAUME-HOFNUNG, Michèle. *La médiation*. Paris: PUF, 2020. p. 54.
[959] PLESSIX, Benoît. *Droit administratif général*. 3. ed. Paris: LexisNexis, 2020. p. 1360, note 1029.
[960] Neste sentido, até mesmo por conta da glocalização, as singularidades são relevantes na comparação, conforme destaca LEGRAND, Pierre; HACHEM, Daniel Wunder (Trad.). *Como ler o direito estrangeiro*. São Paulo: Contracorrente, 2018. p. 59. Não importa o quanto um instituto é cosmopolita, ele sempre apresenta singularidades. LEGRAND, Pierre. On the singulatiry of law. *Harvard International Law Journal*, 47, p. 517-530, 2006. p. 523.
[961] Tratado na seção 2.
[962] MORAND-DEVILLER, Jacqueline. *Cours de droit administratif*. 9. ed. Paris: Montchrestien, 2005. p. 49.

Desde então, inúmeros mediadores institucionais foram estabelecidos na Administração Pública francesa, notadamente nos Ministérios.[963] Ademais, na revisão constitucional de 2008 foram erigidos à categoria de autoridade administrativa independente na Constituição. Com a lei orgânica nº 2011-333, de 29 de março de 2011, tornaram-se "atore[s]-chave da mediação como promotore[s] do respeito dos direitos e liberdades individuais nas relações com as administrações".[964] O desenvolvimento do instituto no sistema francês demonstra existir há longa data especial atenção à efetivação dos direitos dos particulares de forma extrajudicial e por um terceiro "mediador".[965] Inclusive, de acordo com o art. 26 da lei orgânica de 2011, o Defensor dos direitos pode fazer uso da mediação para resolver amigavelmente as diferenças que lhe forem apresentadas. Destaca-se a importância e o êxito do instituto, em 2016, foram registradas 64.000 reclamações, grande parte relacionada aos serviços públicos e ao acesso a direitos, sendo que 80% das resoluções amigáveis iniciadas tiveram resultado positivo.[966]

Ainda, em 2011, em razão da *ordonnance* nº 2011-1540 de 16 novembro de 2011, que transpôs a Diretiva 2008/52/CE para o sistema francês, houve modificação no art. 21 da Lei nº 95-125 – lei de organização das jurisdições e relativa aos processos civil, penal e administrativo. A nova redação do art. 21 previu e conceituou a mediação de modo geral.[967]

Em 2015, por intermédio da *ordonnance* nº 2015-1341 de 23 de outubro de 2015, foi instituído o Código de relações entre o público

---

[963] Ao que se denomina mediação institucional, presente em diversos contextos: cinema, RATP, SNCF, France Télévision e la Poste. BOUSSARD, Sabine. La souplesse des modes alternatifs au règlement des litiges administratifs, p. 67-81. In: CLAEYS, Antoine; GIRARD, Anne-Laure (Dir.). *Les modes alternatifs de règlement des litiges em droit administratif*. Poitiers: PUJ de Poitiers, 2018. p. 70-71.

[964] BENARD-VINCENT, Georgina. Les enjeux de la médiation en droit administratif. *Contentieux administratif*, 28 jul. 2017. Disponível em: http://blogdroitadministratif. net/2017/07/28/les-enjeux-de-la-mediation-en-droit-administratif/. Acesso em: 03 dez. 2022.

[965] FRANÇA. *Défenseur des droits*. Disponível em: https://www.defenseurdesdroits.fr/fr/ institution/competences/services-publics. Acesso em: 03 dez. 2022.

[966] AUDONNE, Nadine. Le défenseur des droits, autorité constitutionnelle. In: CLAEYS, Antoine; GIRARD, Anne-Laure (Dir.). *Les modes alternatifs de règlement des litiges em droit administratif*. Poitiers: PUJ de Poitiers, 2018. p. 117-118.

[967] Destaca-se que desde sua redação original de 1995 havia previsão sobre a possibilidade de o juiz designar uma terceira pessoa para realizar conciliação ou mediação, com alteração da redação em 2002 e em 2011. A diferença em 2011 refere-se à conceituação e à abertura às próprias partes escolherem o mediador.

e a administração – CRPA, no qual foi estabelecida a possibilidade de conciliação e mediação com a Administração em juízo ou, amigavelmente, extrajudicial, conforme os artigos L421-1, L421-2, L422-1 e L422-2. Assim como também previu a transação e o recurso ao Defensor dos direitos, nos artigos L423-1, L423-2 e L424-1. Desse modo, o CRPA prevê como solução amigável de controvérsias entre os particulares e a Administração: a conciliação, a mediação, fora ou durante um processo judicial, a transação e a intermediação pelo Defensor dos direitos. No intuito de fomentar soluções administrativas e evitar a judicialização, o CRPA também incentivou os recursos administrativos com a previsão, inclusive, do recurso administrativo preliminar obrigatório – RAPO – para algumas hipóteses, arts. L412-1 à L412-8.[968]

Com objetivo ainda mais evidente de propiciar a resolução amigável de conflitos, em 18 de novembro de 2016 adveio a Lei nº 2016-1547, de modernização da justiça do século XXI – j21. A lei marcou "uma nova era para a mediação" e neste propósito foram incluídos os conflitos com a administração.[969]

Os modos amigáveis costumavam ser "a serpente do mar do contencioso administrativo"[970] em razão da falta de organização e de impulsão, assim como do trabalho intelectual para compatibilizar "as flexibilidades que envolvem a formação de um acordo com o princípio da legalidade que rege o poder público".[971]

---

[968] No entanto, ressalta-se que não se trata especificamente de um modo autocompositivo ou amigável, pois, de um modo geral, haverá uma decisão unilateral. MELLERAY, Fabrice. La typologie des modes alternatifs de règlement des litiges en droit administratif, p. 61-66. *In*: CLAEYS, Antoine; GIRARD, Anne-Laure (Dir.). *Les modes alternatifs de règlement des litiges em droit administratif*. Poitiers: PUJ de Poitiers, 2018. p. 64.

[969] BENARD-VINCENT, Georgina. Les enjeux de la médiation en droit administratif. *Contentieux administratif*, 28 jul. 2017. Disponível em: http://blogdroitadministratif. net/2017/07/28/les-enjeux-de-la-mediation-en-droit-administratif/. Acesso em: 03 dez. 2022.

[970] Observação realizada por Marc Souvé, vice-presidente do Conselho de Estado Francês, em um pronunciamento em 24 de junho de 2016 destinado aos modos alternativos de resolução de litígios. Considera-se que o entusiasmo pelos modos amigáveis remonta aos anos 1980, quando da reforma da jurisdição administrativa, a demonstrar que era uma preocupação antiga, recorrente, mas adiada constantemente. BOUSSARD, Sabine. La souplesse des modes alternatifs au règlement des litiges administratifs, p. 67-81. *In*: CLAEYS, Antoine; GIRARD, Anne-Laure (Dir.). *Les modes alternatifs de règlement des litiges em droit administratif*. Poitiers: PUJ de Poitiers, 2018. p. 68.

[971] MIGNON, Vincent Brenot Emmanuelle. Faut-il croire à la médiation dans les litiges administratifs? *ARTICLE Public – Réglementaire – Environnement*, 05 fev. 2018. Disponível em: https://www.august-debouzy.com/fr/blog/1117-faut-il-croire-a-la-mediation-dans-les-litiges-administratifs. Acesso em: 03 dez. 2022.

A Lei de modernização da justiça do século XXI[972] e o seu decreto de aplicação consagraram a mediação no bojo do Código de Justiça Administrativa, tanto aquela organizada pelas próprias partes, como aquela que se desenvolve durante um processo judicial.[973] Foram incluídos os arts. L213-1 à L213-10 dispondo sobre a mediação.[974]

Deste modo, o artigo L213-1 do CJA considera a mediação como um processo estruturado pelo qual duas ou mais pessoas buscam atingir um acordo para a resolução amigável de suas diferenças, com o auxílio do mediador, escolhido por elas ou designado, com o seu acordo, pela jurisdição. Não obstante a importância da consagração legislativa de tal dispositivo, há críticas quanto ao conceito, pois o seu conteúdo também serviria à definição da conciliação.[975]

O artigo 1213-5 incentiva e viabiliza a mediação à iniciativa das partes que podem organizá-la extrajudicialmente e, quanto ao mediador, escolhê-lo. Elas podem solicitar ao tribunal ou à corte competente a designação do mediador ou, até mesmo, a organização da mediação, extrajudicialmente. Neste caso, tem-se uma mediação organizada pelo tribunal ou pela corte, mas extraprocessual. Este é um modo, sem dúvida, de facilitar e ampliar o conhecimento sobre a mediação em um momento de transição.

Apesar da instituição do "sistema multiportas", as pessoas ainda desconhecem como utilizá-las e associam a resolução de conflitos à jurisdição, o que é natural, pois as "cortes ainda são o principal, ou o mais importante, lugar de resolução de conflitos", mas não uma necessidade técnica. A corte representa uma das múltiplas portas, que pode estar em um lugar e os outros processos, como mediação e arbitragem, em outro lugar.[976]

---

[972] FRANÇA. *Loi nº 2016-1547 du 18 novembre 2016*. Disponível em: https://www.legifrance.gouv.fr/codes/texte_lc/LEGITEXT000006070933?tab_selection=all&searchField=ALL&query=code+de+justice+administrative&searchType=ALL&typePagination=DEFAULT&pageSize=10&page=1&tab_selection=all#all. Acesso em: 03 dez. 2022.

[973] PLESSIX, Benoît. *Droit administratif général*. 3. ed. Paris: LexisNexis, 2020. p. 1361, note 1030.

[974] A Lei optou por não tratar da conciliação em razão da fronteira muito próxima com a mediação. MELLERAY, Fabrice. La typologie des modes alternatifs de règlement des litiges en droit administratif, p. 61-66. *In*: CLAEYS, Antoine; GIRARD, Anne-Laure (Dir.). *Les modes alternatifs de règlement des litiges em droit administratif*. Poitiers: PUJ de Poitiers, 2018. p. 66.

[975] GUILLAUME-HOFNUNG, Michèle. *La médiation*. Paris: PUF, 2020. p. 56.

[976] SANDER, Frank; CRESPO, Mariana Hernandez. A Dialogue between Professors Frank Sander and Mariana Hernandez Crespo: exploring the evolution of the Multi-Door Courthouse. *University of St. Thomas Law Journal*, v. 5, p. 671, 2008. Disponível em: https://papers.ssrn.com/sol3/papers.cfm?abstract_id=1265221. Acesso em: 02 dez. 2022.

No modelo multiportas francês, constata-se a previsão da mediação em "portas" diferentes: fora do contexto jurisdicional e organizada pelas partes – mediação convencional; organizada pela jurisdição a pedido das partes – "mediação parajurisdicional" – e, por iniciativa do juiz durante um processo judicial – mediação jurisdicional, esta prevista no artigo L213-7. Este artigo incentiva os magistrados a estabelecer uma mediação, assim que a demanda for ajuizada,[977] mesmo o Conselho de Estado, conforme o artigo L114-4 do CJA. Depreende-se, portanto, que o CJA incentiva a mediação em diversos momentos e esferas, às próprias partes, por elas com auxílio da jurisdição e pelos próprios magistrados nos variados âmbitos jurisdicionais administrativos.

Identifica-se uma novidade no tocante à possibilidade de as partes, antes de ajuizar a demanda, solicitarem à jurisdição a organização da mediação, artigo L213-5. A lei de modernização estabeleceu uma terceira via, a da "mediação parajurisdicional". O processo inicia-se relativamente ligado à jurisdição administrativa, sem, contudo, depender de uma instância. Esta possibilidade, antes da Lei de 2016, só existia para os conflitos transnacionais e não relacionados às prerrogativas do poder público.[978]

As múltiplas portas da mediação podem ser vistas como uma possibilidade de ampliar sua utilização e a familiarização das pessoas com esta técnica. Todavia, também há críticas pertinentes no tocante à falta de desprendimento da mediação da atividade jurisdicional, utilizar o mesmo molde é um "oximoro mental". Tem-se "um modo alternativo que não se emancipa do modelo jurisdicional". A utilização excessiva do termo processo demonstra a persistência da mentalidade e da terminologia do processo judicial no centro dos textos da modernização da justiça no século XXI.[979] Não obstante, compreende-se que se trata de uma transição, de mudança de cultura jurídica e de hábito. Especialmente no âmbito administrativo, a renúncia progressiva e o apoio da jurisdição podem ser considerados necessários para a implantação dos modos alternativos.[980]

---

[977] O que é reforçado pelos arts. L422-1 e L422-2 do CRPA, com a redação atribuída pela Lei nº 2016-1547.

[978] BENARD-VINCENT, Georgina. Les enjeux de la médiation en droit administratif. *Contentieux administratif*, 28 jul. 2017. Disponível em: http://blogdroitadministratif.net/2017/07/28/les-enjeux-de-la-mediation-en-droit-administratif/. Acesso em: 03 dez. 2022.

[979] GUILLAUME-HOFNUNG, Michèle. *La médiation*. Paris: PUF, 2020. p. 57.

[980] BROYELLE, Camille. La juridictionnalisation des MARLs. *In*: CLAEYS, Antoine; GIRARD, Anne-Laure (Dir.). *Les modes alternatifs de règlement des litiges em droit administratif*. Poitiers: PUJ de Poitiers, 2018. p. 104.

Quanto ao mediador, ele poderá ser escolhido pelas partes ou designado pelo juiz. Em todos os casos, mesmo na mediação que se desenvolve pela iniciativa judicial, o mediador poderá ser externo à jurisdição, remunerado ou não.[981] Existem listas indicativas de mediadores disponíveis nas jurisdições[982] e perante os *barreaux* (equivalente às seções da Ordem dos Advogados). A inscrição nas listas depende de qualificação pertinente à natureza do conflito e formação em mediação (estimada em 200 horas).[983]

A divisão da remuneração será deliberada pelas partes, se esta não for possível, o magistrado as repartirá ou decidirá de modo equitativo. Ainda, se a parte for beneficiária do auxílio jurisdicional, este também poderá ser utilizado para custear a mediação na sua proporção, conforme assegura o artigo L213-8. Na hipótese de se tratar de mediação preliminar obrigatória, de acordo com o artigo L213-5, ela será gratuita às partes.

O mediador deverá desenvolver a sua atividade com imparcialidade, competência e diligência. A mediação administrativa está sujeita ao princípio da confidencialidade, salvo acordo em contrário das partes, razões de ordem pública, interesse superior de um menor ou integridade física ou psíquica de uma pessoa, conforme o artigo L213-2 do CJA.

A opção pela mediação suspende o prazo prescricional e interrompe os prazos recursais, conforme dispõe o artigo L213-6, o que é fundamental à preservação do direito de acesso à jurisdição.

O acordo firmado requer que as partes possuam livre disposição sobre os direitos envolvidos e poderá ser homologado judicialmente para a sua força executória, de acordo com o disposto nos artigos L213-3 e L213-4.

A partir da Lei de modernização de 2016, a mediação em direito público "torna-se o modo de direito comum de resolução de controvérsias".[984] Houve extensão do campo material da mediação administrativa. Em princípio, a mediação pode ser utilizada em qualquer

---

[981] Artigo L213-5 do CJA.
[982] Artigo 22-1 A da Lei nº 95-125, com redação dada pela Lei nº 2016-1547.
[983] MIGNON, Vincent Brenot Emmanuelle. Faut-il croire à la médiation dans les litiges administratifs? *ARTICLE Public – Réglementaire – Environnement*, 05 fev. 2018. Disponível em: https://www.august-debouzy.com/fr/blog/1117-faut-il-croire-a-la-mediation-dans-les-litiges-administratifs. Acesso em: 03 dez. 2022.
[984] GUILLAUME-HOFNUNG, Michèle. *La médiation*. Paris: PUF, 2020. p. 56.

litígio relacionado à jurisdição administrativa.[985] Pondera-se, contudo, que alguns litígios estão excluídos, como "aqueles relativos aos poderes regalianos do Estado ou das pessoas de direito público, ou naqueles casos intensamente regulamentados por normas de ordem pública".[986]

Além disso, a Lei de Modernização da Justiça trouxe, no seu art. 5º, IV,[987] uma novidade polêmica a título de experiência, a denominada mediação preliminar obrigatória – MPO – em face de algumas decisões administrativas. A experiência foi prevista para durar até o mais tardar 31 de dezembro de 2021 no tocante a alguns conflitos individuais relativos aos servidores públicos e aqueles referentes às prestações, alocações ou auxílios de ação social, de habitação ou em favor de trabalhadores desempregados.

O dispositivo foi regulamentado pelo Decreto nº 2018-101 de 18 de fevereiro de 2018.[988] Nos termos do art. 3º deste Decreto, a mediação obrigatória se desenvolve de acordo com o previsto no CJA e a autoridade administrativa deve informar o interessado desta obrigação e indicar as coordenadas do mediador competente. A MPO suspende a prescrição e interrompe os prazos recursais e deve ser realizada no prazo de dois meses, com possibilidade de majoração. Ainda, na hipótese de a parte ajuizar uma ação sem observar a MPO, o magistrado a rejeitará e a transmitirá ao mediador competente.[989]

---

[985] MIGNON, Vincent Brenot Emmanuelle. Faut-il croire à la médiation dans les litiges administratifs? *ARTICLE Public – Réglementaire – Environnement*, 05 fev. 2018. Disponível em: https://www.august-debouzy.com/fr/blog/1117-faut-il-croire-a-la-mediation-dans-les-litiges-administratifs. Acesso em: 03 dez. 2022.

[986] GUILLAUME-HOFNUNG, Michèle. *La médiation*. Paris: PUF, 2020. p. 56.

[987] Art. 5º, IV: "*A titre expérimental et au plus tard jusqu'au 31 décembre 2021, les recours contentieux formés par certains agents soumis aux dispositions de la loi nº 83-634 du 13 juillet 1983 portant droits et obligations des fonctionnaires à l'encontre d'actes relatifs à leur situation personnelle et les requêtes relatives aux prestations, allocations ou droits attribués au titre de l'aide ou de l'action sociale, du logement ou en faveur des travailleurs privés d'emploi peuvent faire l'objet d'une médiation préalable obligatoire, dans des conditions fixées par décret en Conseil d'Etat*".

[988] FRANÇA. *Décret nº 2018-101 du 16 février 2018*: portant expérimentation d'une procédure de médiation préalable obligatoire en matière de litiges de la fonction publique et de litiges sociaux. Disponível em: https://www.legifrance.gouv.fr/loda/id/JORFTEXT000036608557/2021-07-16/. Acesso em: 03 dez. 2022.

[989] A questão da obrigatoriedade já havia sido submetida à Corte Europeia dos Direitos do Homem, que reconheceu a validade da imposição de mediação obrigatória no direito interno francês, salvo a exceção aos consumidores (art. L612-4 do Código dos Consumidores). A Corte considerou que "não constitui um entrave substancial ao direito de acesso direto ao juiz a obrigação imposta por lei de tentar encontrar uma solução amigável preliminar" se esta "suspender o curso da prescrição e se inexitosa, as partes disperem de possibilidade de ajuizar a demanda perante o juiz competente". UNIÃO EUROPEIA. *CEDH*, 1re sect., 26 mars 2015, Momčilović c. Croatie, nº 11239/11: Procédures 2015, comm. 159, N. Fricero. Disponível em: http://hudoc.echr.coe.int/fre?i=002-10566. Acceso em: 03 dez. 2022..

Encerrado o prazo de experimentação, em dezembro de 2021 a Lei 2021-1729 previu a mediação preliminar obrigatória no âmbito do Código de Justiça Administrativa, nos arts. L213-11 a L213-14.[990] O tema passou a ser regulamentado por novo Decreto, de nº 2022-433,[991] que revogou o Decreto de 2018, que disciplinou a mediação preliminar obrigatória em inúmeros casos relacionados aos agentes públicos.

A obrigatoriedade da mediação preliminar, contudo, gera polêmica pelo fato de a natureza dos modos amigáveis ser voluntária, ligada, portanto, a uma opção, a um querer, de modo que a obrigatoriedade pode afastar a abertura ao diálogo e à solução. A França propôs uma experiência, por período certo, para avaliar os resultados e conduzir a uma mudança de cultura, "mostrar" um novo caminho. Neste intuito, o Decreto de 2018 estabeleceu a necessidade de os mediadores encarregados elaborarem relatórios anuais e, no art. 10, como modo de efetivação da experiência, engajou diversos ministros quanto ao seu cumprimento.

A Lei de Modernização, nos casos especificados, de forma experimental, preencheu com a mediação o espaço entre uma decisão administrativa denegatória e o início do contencioso administrativo. De todo modo, será necessário acompanhar se o acesso ao juiz não restará ameaçado.[992] Se, pela generalização, não será apenas um filtro de acesso ao juiz, mas um verdadeiro processo em favor das pessoas.[993]

Não obstante, como visto, após a experimentação da MPO, em dezembro de 2021, a França optou por estabelecer a obrigatoriedade da mediação, de modo sistematizado no Código de Justiça Administrativa, para diversas questões relativas aos agentes públicos.

Há críticas quanto ao fato de a mediação preliminar obrigatória ter se aproximado de uma conciliação.[994] A mediação está no seu início, "seria presunçoso fazer hoje a sua teoria. Ela ainda vai evoluir".

---

[990] FRANÇA. *Code de justice administrative*. Disponível em: https://www.legifrance.gouv.fr/codes/id/LEGITEXT000006070933/. Acesso em: 15 nov. 2022.

[991] FRANÇA. *Décret nº 2022-433 du 25 mars 2022*. Disponível em: https://www.legifrance.gouv.fr/loda/id/LEGIARTI000045414561/#LEGIARTI00004541456. Acesso em: 03 dez. 2022.

[992] BENARD-VINCENT, Georgina. Les enjeux de la médiation en droit administratif. *Contentieux administratif*, 28 jul. 2017. Disponível em: http://blogdroitadministratif.net/2017/07/28/les-enjeux-de-la-mediation-en-droit-administratif/. Acesso em: 03 dez. 2022.

[993] BENARD-VINCENT, Georgina. Les enjeux de la médiation en droit administratif. *Contentieux administratif*, 28 jul. 2017. Disponível em: http://blogdroitadministratif.net/2017/07/28/les-enjeux-de-la-mediation-en-droit-administratif/. Acesso em: 03 dez. 2022.

[994] GUILLAUME-HOFNUNG, Michèle. *La médiation*. Paris: PUF, 2020. p. 57.

A sua utilização descomprometida, contudo, exige um esforço teórico imediato para evitar eventuais danos causados pela urgência prática e pela falta de rigor científico dos poderes públicos.[995]

A preocupação externada por Guillaume-Hofnung refere-se ao fato de, se a mediação for reduzida à conciliação, em uma perspectiva de apenas resolver de outro modo os conflitos, que não o judicial, como o foi no programa de modernização da Justiça, perderá a sua função política essencial. "Por suas funções de criação e recriação dos vínculos sociais, a mediação é ontologicamente política". As sociedades se encontram ameaçadas e necessitam desse processo ético de comunicação para a sua coesão.[996]

A Lei nº 2019-222[997] de 23 de março de 2019, com programação de 2018-2022, e reforma da justiça também adveio com o objetivo de simplificar o processo civil e o administrativo com o desenvolvimento da cultura da resolução alternativa de controvérsias. O artigo 1º da Lei estima um expressivo aumento de gastos com a justiça até 2022, bem como o aumento do número de cargos necessários, a demonstrar preocupação com os gastos públicos na atividade jurisdicional e é acompanhada por um amplo relatório com o diagnóstico e propostas à melhoria do funcionamento da justiça. A Lei alterou as leis 95-125, a própria Lei de Modernização, 2016-1547, dentre outras.

A Lei nº 2019-222 alterou a redação do artigo 22-1 da Lei nº 95-125, de modo a incentivar os magistrados a promover a mediação em qualquer estado do processo, quando estimar que uma solução amigável for possível. Trata-se de hipótese em que não houve o acordo das partes para a mediação, mas ele estabelecerá um encontro com um mediador por ele designado, o qual informará as partes sobre o objeto e o desenvolvimento de uma mediação. Identifica-se neste dispositivo o que se denomina pré-mediação, que se mostra de elevada relevância ao desenvolvimento da mediação.

No intuito de estimular as soluções amigáveis de controvérsia, a Lei nº 2019-222 alterou o art. 4º da Lei de modernização. A modificação estabeleceu a obrigatoriedade, sob pena de não recebimento da demanda judicial, nos casos que envolverem o pagamento de

---

[995] GUILLAUME-HOFNUNG, Michèle. *La médiation*. Paris: PUF, 2020. p. 63.

[996] Nisto o autor ilustra com a crise dos *"gilets-jaunes"*. GUILLAUME-HOFNUNG, Michèle. *La médiation*. Paris: PUF, 2020. p. 44.

[997] FRANÇA. *Loi nº 2019-222 du 23 mars 2019*: de programmation 2018-2022 et réforme pour la justice. Disponível em: https://www.legifrance.gouv.fr/loda/id/LEGIARTI0000 38262748/2019-03-25/. Acesso em: 03 dez. 2022.

valores que não excedam certo valor ou em conflitos de vizinhança, a serem regulamentados por Decreto do Conselho de Estado, que as partes escolham entre a realização prévia de uma conciliação, de uma mediação ou de um procedimento participativo. A lei excepcionou algumas situações, dentre as quais a existência de motivo legítimo ou de impossibilidade de resolução amigável em prazo razoável.

A lei em tela gerou debates e foi objeto de controle de constitucionalidade, o Conselho Constitucional a considerou constitucional na decisão nº 2019-778 DC de 21 de março de 2019, no ponto 20, no tocante ao referido dispositivo, apenas destacou a necessidade de regulamentação a respeito do "motivo legítimo" e do "prazo razoável".[998]

Ainda, no ponto 22 da decisão, o Conselho Constitucional entendeu que o legislador, ao buscar reduzir o número de litígios submetidos à jurisdição, o fez com o propósito de realizar o objetivo de valor constitucional da boa administração da justiça. O legislador considerou que estas espécies de conflitos estão mais aptas a uma solução amigável e ao fazer tal distinção não está a discriminar de forma injustificada os jurisdicionados.

Reconhece-se a ligação entre a mediação e o princípio de valor constitucional da boa administração da justiça, no sentido de eficácia.[999] A mediação é considerada "uma ferramenta de performance e de regulação da justiça administrativa".[1000] Assim como um modo de garantir o cumprimento do direito à razoável duração dos processos, consagrado na Convenção Europeia dos Direitos do Homem.

O objetivo mais claro e imediato quanto ao reforço à mediação é empírico, no sentido de reduzir as demandas das jurisdições administrativas. A resolução de todos os conflitos de forma judicial não é mais possível. Ainda, faz-se necessário julgar rápido e bem. Assim, a mediação advém como uma ferramenta apta a articular a performance e o reforço aos direitos.[1001] Não é desprezível, do mesmo modo, o fato

---

[998] FRANÇA. *Conseil Constitutionnel*. Dec. n. 2019-778 DC du 21 du mars du 2019. Disponível em: https://www.conseil-constitutionnel.fr/decision/2019/2019778DC.htm. Acesso em: 03 dez. 2022.

[999] A boa administração da justiça constitui um objetivo de valor constitucional que resulta dos artigos 12, 15 e 16 da Declaração de Direitos de 1789.

[1000] BENARD-VINCENT, Georgina. Les enjeux de la médiation en droit administratif. *Contentieux administratif*, 28 jul. 2017. Disponível em: http://blogdroitadministratif.net/2017/07/28/les-enjeux-de-la-mediation-en-droit-administratif/. Acesso em: 03 dez. 2022.

[1001] BENARD-VINCENT, Georgina. Les enjeux de la médiation en droit administratif. *Contentieux administratif*, 28 jul. 2017. Disponível em: http://blogdroitadministratif.net/2017/07/28/les-enjeux-de-la-mediation-en-droit-administratif/. Acesso em: 03 dez. 2022.

de uma solução de controvérsias advinda de uma discussão e de um acordo entre as partes ser melhor aceita que aquela proveniente da decisão judicial.[1002]

A mediação gera mais vantagens às partes em conflito em determinados casos.[1003] "A alternativa não judicial oferece aos jurisdicionados, em efeito, maior autonomia e a faculdade de se reapropriar do litígio".[1004] A liberdade às partes lhes permite alcançar uma solução de equidade, sem ter de se limitarem às suas pretensões iniciais. Uma vez que sempre há riscos nos processos judiciais, a mediação pode oportunizar uma solução mediana, que administre de modo mais satisfatório os seus interesses por aquilo que for aceitável, frente àqueles riscos.[1005]

Desse modo, não se deixa de reconhecer que o desenvolvimento dos métodos amigáveis está relacionado com a diminuição de conflitos nas jurisdições e com a economia com o custeio destas, cuja preocupação é evidente a partir das diversas legislações e programas para a redução das despesas públicas, como o programa "Ação pública 2022". No entanto, este desenvolvimento "participa igualmente da política de melhoria das relações entre a administração e os usuários e de modernização da administração francesa e da justiça administrativa".[1006]

A mediação, ainda, integra-se no propósito de um novo modelo de relação entre a Administração e os particulares, de participação ativa nos processos administrativos. Integra o que se denomina concertação, "um processo de elaboração conjunta", no qual a Administração deixa de impor e os particulares participam da definição das ações; as decisões são provenientes das trocas em vista aos diferentes interesses, "à base

---

[1002] MIGNON, Vincent Brenot Emmanuelle. Faut-il croire à la médiation dans les litiges administratifs? *ARTICLE Public – Réglementaire – Environnement*, 05 fev. 2018. Disponível em: https://www.august-debouzy.com/fr/blog/1117-faut-il-croire-a-la-mediation-dans-les-litiges-administratifs. Acesso em: 03 dez. 2022.

[1003] OTEIZA, Eduardo. ADR methods and the diversity of cultures: the latin american case. p. 161-177. In: CADIET, Loïc (Dir.). *Médiation & arbitrage alternative dispute resolution*: alternative à la justice ou justice alternative?: perspectives comparatives. Paris: Litec, Lexis Nexis, 2005. p. 170.

[1004] SAISON-DEMARS, Johanne. Contractualisation et règlement des litiges administratifs. *RFDA*, Paris, n. 2, 2018.

[1005] MIGNON, Vincent Brenot Emmanuelle. Faut-il croire à la médiation dans les litiges administratifs? *ARTICLE Public – Réglementaire – Environnement*, 05 fev. 2018. Disponível em: https://www.august-debouzy.com/fr/blog/1117-faut-il-croire-a-la-mediation-dans-les-litiges-administratifs. Acesso em: 03 dez. 2022.

[1006] BOUSSARD, Sabine. Les modes alternatifs de règlement des litiges en droit administratif, p. 67-81. In: CLAEYS, Antoine; GIRARD, Anne-Laure (Dir.). *Les modes alternatifs de règlement des litiges em droit administratif*. Poitiers: PUJ de Poitiers, 2018. p. 70.

de interação e interdependência". Com a concertação, reforça-se o consenso sobre a ação pública.[1007] Para além da legislação produzida, constata-se que o Conselho de Estado Francês tem apresentado papel decisivo para o desenvolvimento real da mediação ao utilizar o método 360 graus, uma vez que tem adotado providências em vários sentidos.[1008] Em síntese, em quatro grandes direções: a) na criação de um quadro jurídico e legislativo para garantir segurança jurídica; b) no estabelecimento de pessoas como referência em cada jurisdição administrativa e de uma referência nacional no sentido de criar o hábito da mediação, com este objetivo foi instituído o comitê "Justiça administrativa e mediação" no âmbito do Conselho de Estado; c) no experimento da mediação preliminar obrigatória no tocante à função pública e aos auxílios sociais e d) na difusão da mediação aos interessados,[1009] em especial aos advogados, que podem orientar os seus clientes e aceitar o processo quando sugerido pelo juiz. Neste propósito, foi assinada uma convenção entre o Conselho de Estado e o Conselho Nacional dos Advogados – "*Conseil National des Barreaux*" – no intuito de realizarem formações e a promoção da mediação perante os advogados, com a ramificação de convenções de execução entre cada tribunal administrativo e o "*Barreau*" da respectiva região.[1010] Para as partes, o interesse em buscar a mediação, de modo imediato, é o ganho de tempo e a economia de recursos, é possível facilmente se convencer da rapidez da mediação diante de um processo judicial.[1011]

[1007] Como no caso do orçamento participativo de Porto Alegre, referido pelo autor. CHEVALLIER, Jacques. *Science administrative*. 6. ed. Paris: PUF, 2019. p. 428.

[1008] "O Conselho de Estado decidiu pegar o touro pelos chifres". MIGNON, Vincent Brenot Emmanuelle. Faut-il croire à la médiation dans les litiges administratifs? *ARTICLE Public – Réglementaire – Environnement*, 05 fev. 2018. Disponível em: https://www.august-debouzy.com/fr/blog/1117-faut-il-croire-a-la-mediation-dans-les-litiges-administratifs. Acesso em: 03 dez. 2022.

[1009] "Pode-se considerar até mesmo de um verdadeiro fervor por parte do Vice-Presidente do Conselho de Estado que fez da mediação um tema recorrente em seus 'discursos e intervenções' (…). Entre 2011 e 2016, Jean-Marc Sauvé também consagrou muitas locuções (…) com o fim de apoiar o projeto de reforma da mediação e da conciliação em matéria administrativa. Além disso, cada vez que ele se dirige aos magistrados administrativos, (…) ele transmite uma mensagem destinada a difundir 'uma cultura da mediação'". BOUSSARD, Sabine. La souplesse des modes alternatifs au règlement des litiges administratifs, p. 67-81. *In*: CLAEYS, Antoine; GIRARD, Anne-Laure (Dir.). *Les modes alternatifs de règlement des litiges em droit administratif*. Poitiers: PUJ de Poitiers, 2018. p. 67-68.

[1010] Conforme sintetiza MIGNON, Vincent Brenot Emmanuelle. Faut-il croire à la médiation dans les litiges administratifs? *ARTICLE Public – Réglementaire – Environnement*, 05 fev. 2018. Disponível em: https://www.august-debouzy.com/fr/blog/1117-faut-il-croire-a-la-mediation-dans-les-litiges-administratifs. Acesso em: 03 dez. 2022.

[1011] BENARD-VINCENT, Georgina. Les enjeux de la médiation en droit administratif. *Contentieux administratif*, 28 jul. 2017. Disponível em: http://blogdroitadministratif.net/2017/07/28/les-enjeux-de-la-mediation-en-droit-administratif/. Acesso em: 03 dez. 2022.

É possível identificar o engajamento de Tribunais Administrativos e magistrados em vista à orientação e aproximação da coletividade e dos advogados à mediação com medidas como: envio de cartas às partes com explicações sobre a mediação, cujo modelo foi elaborado pelo comitê do Conselho de Estado; realização de reunião de informação aos advogados publicistas da região; instituição de vivências de mediação administrativa junto às comunidades locais, convencimento das *"maires"* e dos eleitos sobre o desenvolvimento da mediação e seleção de demandas pelos juízes com indicação e convite às partes para a mediação.[1012] Verifica-se a adoção de medidas concretas à implementação da mediação administrativa.

Retornando-se ao contexto Europeu mais amplo, há que se destacar o objetivo comum e reforçado da implementação da mediação nas mais variadas áreas, inclusive no direito administrativo. O Conselho da Europa, voltado à promoção e ao respeito aos direitos humanos, à democracia e ao primado do direito, na busca da eficácia da justiça, há cerca de 15 anos, instituiu a Comissão pela Eficácia da Justiça – CEPEJ,[1013] que possui diferentes grupos de trabalho. A CEPEJ realiza avaliações periódicas e comparativas nos sistemas de justiça dos 47 países integrantes, sendo estes da UE e não, e, dentre os aspectos avaliados, encontra-se a mediação.

Ainda, um dos grupos de trabalho da Comissão é o CEPEJ-GT-MED, responsável por desenvolver práticas de mediação na Europa de 2006 a 2007 e de 2017 a 2019, em diversas áreas, inclusive no que se refere às alternativas à judicialização entre autoridades administrativas e particulares.[1014] O grupo também atua com formações e orientações à implementação da mediação.

Em 2007, o grupo elaborou diretrizes para efetivar a Rec(2001)9 antecedidas de um interessante diagnóstico no qual constatou àquela época: i) a falta de consciência dos Estados sobre a potencial utilidade e eficácia dos modos alternativos de solução de litígios entre as autoridades administrativas e os particulares; ii) por conseguinte,

---

[1012] Retratam providências adotadas no âmbito do Tribunal Administrativo de Poitiers, conforme relatou o seu então vice-presidente. ARTUS, Didier. La médiation en marche. *In*: CLAEYS, Antoine; GIRARD, Anne-Laure (Dir.). *Les modes alternatifs de règlement des litiges em droit administratif*. Poitiers: PUJ de Poitiers, 2018. p. 103-104.
[1013] CONSELHO DA EUROPA. *CEPEJ*. Disponível em: https://www.coe.int/fr/web/cepej/home. Acesso em: 03 dez. 2022.
[1014] CONSELHO DA EUROPA. *CEPEJ-GT-MED*. Disponível em: https://www.coe.int/en/web/cepej/cepej-work/mediation. Acesso em: 03 dez. 2022.

poucos esforços foram feitos para sensibilizar as autoridades sobre as vantagens de soluções criativas, eficazes e razoáveis; iii) a desconfiança dos tribunais; iv) a falta de sensibilização aos modos alternativos no âmbito administrativo; v) a falta de mediadores especializados na área; e vi) poucas pesquisas universitárias foram realizadas.[1015]

Nas diretrizes, dentre as disposições, foi estabelecido que os Estados membros devem adotar medidas específicas para a promoção dos modos alternativos (n. 14) e que os Estados devem encorajar o uso do recurso administrativo, da conciliação, da mediação e da transação como condição preliminar à jurisdição (n. 15). Às autoridades administrativas foi reconhecido que devem adotar a prática do recurso administrativo (n. 22) e os modos alternativos mais apropriados, com o acordo das partes (n. 23). Foi destacado o papel dos advogados e dos *Barreaux* (ns. 26 e 27).[1016]

O Conselho da Europa, por intermédio da CEPEJ, realiza acompanhamento sobre a eficácia da justiça nos países europeus integrantes, dentre os indicadores há distinção quanto aos processos judiciais de direito administrativo, assim como integra a avaliação às mediações realizadas, detalhadas por área, no que inclui o direito administrativo, o que possibilita um acompanhamento mais próximo sobre a efetividade do instituto e demonstra a relevância do tema.

A respeito do número de mediações relacionadas às jurisdições na França, constatou-se em 2019: 1.156 mediações iniciadas em direito civil e comercial, 2.751 em direito de família e 1.021 em direito administrativo em uma proporção a cada 100.000 habitantes, todas com mediadores privados. Os dados demonstram que a mediação em direito administrativo vem se desenvolvendo e equivale ao número de mediações realizadas na esfera privada no tocante ao direito civil e empresarial, de modo que o regime diferenciado da Administração não indica ser um impedimento à adoção do instituto.[1017] Ainda, nota-se a importância da jurisdição no incentivo à mediação extrajudicial.

[1015] CONSELHO DA EUROPA. *CEPEJ(2007)15*. Disponível em: https://rm.coe.int/1680747c2e. Acesso em: 03 dez. 2021.

[1016] O diagnóstico então realizado na França pode ser transposto à realidade brasileira, assim como as diretrizes.

[1017] CONSELHO DA EUROPA. CEPEJ. *Study on the functioning of judicial systems in the EU Member States*. Strasbourg, p. 585-586, 12 mar. 2021. Disponível em: https://ec.europa.eu/info/sites/default/files/part_2_-_eu_scoreboard_-_country_fiches_-_deliverable.pdf. Acesso em: 03 dez. 2022.

Em 2020, foram iniciadas 1394 mediações administrativas, relacionadas às jurisdições administrativas, 927 foram concluídas, das quais 386 encerraram com acordo.[1018]

Com o exposto, a título exemplificativo, a partir das orientações da União Europeia e dos esforços do Conselho da Europa, denota-se a importância do desenvolvimento das várias alternativas à judicialização dos conflitos, em especial a mediação. Depreende-se a responsabilidade do Estado e das autoridades administrativas em sua implementação, reconhecida como um dever. Ademais, vislumbra-se que existe uma sinergia dentre os países europeus, os quais formam uma rede favorável e mutuamente estimuladora à adoção dos modos amigáveis de solução de conflitos em matéria administrativa. Nesta rede, encontra-se a França. Assim, trata-se de um propósito compartilhado, em que a França não se encontra isolada.

A par desta análise contextual europeia, do que foi analisado depreende-se que a França vem desenvolvendo desde a década de 70 relações mais próximas, mais horizontais com os particulares e a facilitação do exercício dos seus direitos, com a instituição do mediador da República, transformado em Defensor dos direitos. Na perspectiva comparatista, da análise por outro ângulo, o instituto é de grande relevância a propiciar o diálogo, ainda que inicial, ao exercício de direitos e à conexão indispensável entre os particulares e o poder público. O instituto estabeleceu há longa data o caminho ao diálogo e à reclamação, uma outra alternativa, mais horizontal e pacífica, que não a jurisdição.

Além disso, a mediação já se encontrava prevista na legislação francesa na redação original da Lei nº 95-125. Em 2011, o mediador da República tornou-se o Defensor de direitos e sua atividade tornou-se ainda mais relevante. A Lei de Modernização, enfim, em 2016, consagrou de modo expresso a mediação administrativa.

Fazendo-se um balanço, constata-se que a busca pela horizontalização das relações entre particulares e a Administração Pública na França tem sido marcante e vem sendo trilhada há algum tempo.[1019]

[1018] No Relatório consta em nota que a França possui um projeto de incentivo à mediação administrativa, para o período de 2019-2022, de atingir ao menos cerca de 2000 mediações pré-processuais, de iniciativa dos juízes, o que equivale a cerca de 1% dos processos que ingressam na jurisdição administrativa. CONSELHO DA EUROPA. CEPEJ. *Study on the functioning of judicial systems in the EU Member States*. Strasbourg, p. 538, 06 jan. 2022. Disponível em: https://ec.europa.eu/info/sites/default/files/part_2_-_eu_scoreboard_-_country_fiches_-_deliverable_0.pdf. Acesso em: 03 dez. 2022.

[1019] Conforme analisado no Capítulo 1 desta obra.

Registra-se na década de 1990 um movimento em favor da cidadania, com enfoque no "administrado-cidadão", inicialmente sob a perspectiva da qualidade do serviço, influenciados pelo gerencialismo.[1020]

A adoção do termo "cidadão" "marca uma ruptura com a concepção tradicional da relação administrativa, construída, como na França, sobre a base de uma clara distinção com a relação política".[1021] A relação administrativa passa a ter uma "dimensão propriamente cívica" distinta da atuação unilateral e da prestação de serviços, onde se integram direitos como à boa administração e de participação nas atividades administrativas.[1022] E, ao mesmo tempo, uma abertura administrativa a esta participação.[1023]

Em 2000, a lei que versa sobre os direitos dos cidadãos em suas relações com as administrações – "*loi DCRA*" – manifesta o propósito de refundar a relação administrativa, não apenas de outorgar direitos ao usuário, mas de respeitar os direitos do cidadão em um Estado democrático, sem dúvida, os efeitos concretos são em longo prazo.[1024]

Neste contexto da cidadania administrativa, insere-se a mediação administrativa. Ela instrumentaliza essa relação mais horizontal, dialógica e amigável à solução e prevenção de conflitos e, ao mesmo tempo, serve de alternativa à judicialização. Ela materializa uma relação jurídica mais madura, respeitosa e sustentável, indispensável ao Estado democrático.

Observa-se que um longo caminho vem sendo percorrido pela França na implementação do instituto.[1025] O percurso não foi sempre retilíneo e ascendente, como não costuma ser quando se implementam mudanças. Sem dúvida, mesmo no contexto francês constatam-se dificuldades práticas e culturais no tocante à implementação dos modos

---

[1020] Com "cartas do cidadão" adotadas pelos diversos países europeus, inclusive a França. CHEVALLIER, Jacques. *Science administrative*. 6. ed. Paris: PUF, 2019. p. 437-438.

[1021] CHEVALLIER, Jacques. *Science administrative*. 6. ed. Paris: PUF, 2019. p. 438.

[1022] CHEVALLIER, Jacques. *Science administrative*. 6. ed. Paris: PUF, 2019. p. 438.

[1023] Nesta perspectiva, "Abrir é tornar acessível: é reconhecer um direito, uma possibilidade. Abrir é permitir, autorizar o acesso a alguma coisa. Mas abrir também pode significar a constituição, o começo de alguma coisa. (G. Cornu [dir.], Vocabulaire juridique, V. 'Ouverture', 10e éd., PUF, 2013)". VERDIER, Henri; VERGNOLLE, Suzane. L'Etat et la politique d'ouverture en France. *L'Actualité Juridique en Droit Administratif – AJDA*, Paris, n. 2, p. 92, 2016.

[1024] CHEVALLIER, Jacques. *Science administrative*. 6. ed. Paris: PUF, 2019. p. 438.

[1025] Pode-se observar em: BOUSSARD, Sabine. Les modes alternatifs de règlement des litiges en droit administratif, p. 67-81. *In:* CLAEYS, Antoine; GIRARD, Anne-Laure (Dir.). *Les modes alternatifs de règlement des litiges em droit administratif*. Poitiers: PUJ de Poitiers, 2018. p. 69.

autocompositivos e da desjudicialização dos conflitos, seja o apego às decisões da jurisdição administrativa[1026] como a atuação administrativa fechada e unilateral.[1027] São aspectos importantes para serem registrados demonstrando que houve e há efetivamente um movimento e um esforço de modificação.

A análise que se faz, apesar de algumas críticas internas[1028] quanto ao resultado ainda incipiente das medidas alternativas nos conflitos administrativos, é que muito já foi e está sendo consolidado à efetivação da mediação administrativa na França.

Para além deste viés de cidadania, depreende-se que a mediação e os outros modos alternativos têm sido fomentados na França, até mesmo com mais ênfase, em razão dos elevados custos com a manutenção da atividade jurisdicional, que não cessam, aliás, tendem a aumentar. Assim como pela morosidade da solução judicial, em descumprimento à duração razoável do processo – artigo 6, §1 da Convenção Europeia dos Direitos do Homem e a insatisfação dos jurisdicionados, sendo que a Corte Europeia dos Direitos do Homem acompanha e pune os

---

[1026] Por exemplo, Anne-Laure Girard destaca o protagonismo do contencioso administrativo nos séculos XIX e XX e, por consequência, do Conselho de Estado francês, que até mesmo tornou supérfluo o recurso administrativo. O "juiz administrativo se transformou em ator único e incontornável", independente e imparcial, negando-se a riqueza de outros procedimentos. A desigualdade, considerada como marca do direito administrativo, acabou por afastar as técnicas de transação. GIRARD, Anne-Laure. Régler autrement les conflits avec l'Administration: quelquer enseignements de l'histoire. In: CLAEYS, Antoine; GIRARD, Anne-Laure (Dir.). *Les modes alternatifs de règlement des litiges em droit administratif.* Poitiers: PUJ de Poitiers, 2018. p. 9-14, 19. Esta análise histórica permite identificar a relevância da implantação da mediação administrativa na França, que enfrentou a tradição do contencioso administrativo.

[1027] Relata Jacqueline Morand-Deviller que a Administração há muito tempo "cultiva o gosto pelo segredo e pelo autoritarismo". Os atos administrativos eram praticados nos escritórios, fechados, sem que os destinatários fossem informados ou pudessem contribuir com o seu ponto de vista. A situação vem se modificando, por exemplo, com a Lei de 1978, que versou sobre a comunicação dos atos, e com a Lei de 2000 sobre as relações entre a Administração e os cidadãos. A prévia concertação com os cidadãos tem sido reforçada e a Administração, assim, "almeja que as suas decisões sejam 'aceitas' mais que 'impostas'". Denota-se também a moda pelo contrato *"tout contrat"* como um modo mais consensual e de parceria administrativa a melhorar as relações. MORAND-DEVILLER, Jacqueline. *Cours de droit administratif.* 9. ed. Paris: Montchrestien, 2005. p. 352-353, 404.

[1028] Especificamente quanto à participação ela ainda figura mais como coadjuvante ou corretivo, do que como sucessora ou substituta do modelo de organização tradicional. A estrutura de comunicação em sua essência não se modificou, o que limita a participação. Ela é fragmentada, com maior destaque em setores sociais e econômicos, mas raramente utilizada na administração de modo geral, que é o âmbito tradicional das relações. O cidadão comum, de base, ainda não possui a possibilidade de ser escutado. CHEVALLIER, Jacques. *Science administrative.* 6. ed. Paris: PUF, 2019. p. 428-429.

países que não observam "prazos razoáveis".[1029] Desse modo, também se evidencia o objetivo de desjudicialização e descongestionamento da jurisdição, inclusive com a adoção de hipóteses de mediação preliminar obrigatória.

A mediação administrativa na França não se trata apenas de uma possibilidade normativa, ela tem sido adotada em termos práticos nos ministérios, nas *"maires"*, por mediadores e pela sociedade civil, tem se concretizado e integra políticas públicas mais amplas e, além de apresentar vantagens à otimização de recursos públicos, a mediação tem se desenvolvido sob a perspectiva da pacificação.[1030] Outra constatação refere-se ao protagonismo assumido pelo Conselho de Estado, em uma rede com os diversos magistrados dos Tribunais Administrativos, em prol da promoção e da cultura da mediação. Denota-se maior engajamento pelo Conselho de Estado do que pelas autoridades administrativas.

Por outro lado, como reforço ao desenvolvimento da mediação administrativa na França, evidencia-se o forte propósito em favor dos modos alternativos e principalmente da mediação, em variadas áreas, pela União Europeia e demais países europeus,[1031] como se observa a partir dos trabalhos desenvolvidos pelo Conselho da Europa e constante acompanhamento sobre a qualidade da justiça e a promoção da mediação.

Destarte, a implementação dos modos amigáveis de solução de conflito e alternativos à jurisdição mostram-se relevantes em um contexto mais amplo que o francês, para viabilizar a livre circulação

---

[1029] FRANÇA. La justice est-elle trop lente? *Fiche thématique*, 11 jun. 2019. Disponível em: https://www.vie-publique.fr/fiches/38062-delai-raisonnable-et-lenteur-des-decisions-de-justice. Acesso em: 03 dez. 2022.

[1030] "As entrevistas realizadas no âmbito da pesquisa permitiram constatar que os profissionais estiveram mais sensíveis ao papel pacificador da desjudicialização que ao interesse em termos de gestão do contencioso". FAUTRE-ROBIN, Aurélia. Rôle et intérêt de la déjudiciarisation. *In*: CIMAMONTI, Sylvie; PERRIER, Jean-Baptiste (Dir.). *Les enjeux de la déjudiciarisation*. LGDJ: Issy-les-Moulineaux, 2019. p. 93.

[1031] Antoine Cleys destaca que em maio de 2016 em Istambul houve o 12º congresso trienal sobre os modos alternativos de resolução de disputas em matéria administrativa, cujos estudos se somam a outros e se constata "um movimento transnacional profundo e geral de valorização dos MARL para a resolução dos litígios administrativos". Não obstante, pondera que ainda é o futuro do direito público em vários países, mas França, Portugal, Alemanha e Suíça foram os pioneiros. CLAEYS, Antoine. Résoudre autrement les différends avec l'administration: l'éclairage des droits étrangers. *In*: CLAEYS, Antoine; GIRARD, Anne-Laure (Dir.). *Les modes alternatifs de règlement des litiges em droit administratif*. Poitiers: PUJ de Poitiers, 2018. p. 25.

de pessoas, a celebração de negócios e as diversas relações jurídicas advindas. A judicialização excessiva gera desgastes, custos, demanda tempo, pode fomentar o conflito e apresenta peculiaridades formais e procedimentais em cada país. Enquanto os modos amigáveis, apesar de se adaptarem às características locais e à espécie de conflito, tendem a ser mais universais, flexíveis, menos formais e dialógicos, o que facilita a constante e necessária integração, favorece a coesão europeia e a consagração da cidadania europeia.[1032]

Desse modo, a mediação, no que se inclui a administrativa, ocupa diversos e relevantes lugares e contextos nos cenários francês e europeu e se constata o desenvolvimento de uma "cultura à mediação",[1033] no que inclui a administrativa. A experiência francesa, assim como a europeia, demonstram a importância do tema, uma tendência[1034] e são de grande contribuição ao desenvolvimento do instituto no Brasil.

4.2 Aspectos da mediação administrativa no Brasil – Perspectivas comparadas com a França

No Brasil, conforme analisado no Capítulo 2, reconhece-se no ordenamento jurídico um sistema voltado ao consenso de um modo amplo na atuação administrativa. No entanto, pode-se estabelecer como marco às soluções administrativas amigáveis a lei dos Juizados

---

[1032] CONSELHO EUROPEU. *A new strategic agenda 2019-2024*. Disponível em: https://www.consilium.europa.eu/media/39914/a-new-strategic-agenda-2019-2024.pdf. Acesso em: 03 dez. 2022.

[1033] Por exemplo, no âmbito do consumo, o fornecedor possui o dever de disponibilizar a mediação como meio de solução de eventuais controvérsias, sendo o seu uso facultativo ao consumidor, conforme dispõe o art. L612-4 do código do consumidor "*code de consumation*". No que se refere aos serviços como correios, transporte, água, energia, dentre outros, também é habitual a disponibilidade da mediação, como se extrai, por exemplo: CLUB DES MÉDIATEURS DE SERVICES AU PUBLIC. *Site Oficial*. Disponível em: https://clubdesmediateurs.fr/. Acesso em: 03 dez. 2022. O órgão do governo francês responsável por registrar os mediadores e fiscalizar as atividades é "*La Commission d'évaluation et de contrôle de la médiation de la consommation* (CECMC)". Os mediadores são cadastrados por especialidade. FRANÇA. CECMC. *Ministère de l'économie des finances et de la relance*. Disponível em: https://www.economie.gouv.fr/mediation-conso/mediateurs-references. Acesso em: 03 dez. 2022.

[1034] Acresce-se que a mediação, assim como os demais modos alternativos, são uma realidade nos Estados Unidos e a importância do tema também se destaca a partir da Convenção de Singapura sobre Mediação da ONU BRASIL. *Brasil assina a Convenção de Singapura sobre Mediação das Nações Unidas*. 08 jun. 2021. Disponível em: https://brasil.un.org/pt-br/130591-brasil-assina-convencao-de-singapura-sobre-mediacao-das-nacoes-unidas. Acesso em: 03 dez. 2022.

Especiais da Fazenda Pública, Lei nº 12.153/2009, que, de um modo normativo mais concreto, institucionalizado e abrangente quanto às hipóteses, consagrou a possibilidade do poder público celebrar acordos e transigir, mas em juízo.[1035]

Apesar do contexto normativo favorável anterior, a mediação no Brasil ganhou ênfase com a Resolução nº 125/2010 do Conselho Nacional de Justiça. A consagração legislativa, especialmente no tocante à Administração Pública, somente adveio com o Código de Processo Civil 2015, Lei nº 13.105/2015, e com a Lei de Mediação, Lei nº 13.140/2015.

O Código de Processo Civil de 1973, Lei nº 5.869/1973, em seu artigo 331, previa uma audiência preliminar para conciliação, mas esta raramente ocorria em conflitos com o poder público, sob o fundamento da indisponibilidade dos interesses públicos.

A Lei de Mediação estabeleceu a possibilidade de a mediação ser extrajudicial ou judicial, esta, pré-processual ou processual. As partes em conflito poderão buscar um mediador ou uma câmara de mediação ou poderão procurar o Poder Judiciário para uma mediação pré-processual. Nos casos em que há o ajuizamento de ação, o Código de Processo Civil 2015 estabeleceu em seu artigo 334, antes da defesa, a realização obrigatória de audiência de conciliação ou mediação, com terceiro imparcial, o mediador ou o conciliador, onde houver.

Para a mediação desenvolvida em âmbito judicial, seja a pré-processual ou a processual, o CPC/2015 e a Lei de Mediação estabeleceram a criação de centros judiciários de solução consensual de conflitos – CEJUSCs – responsáveis pela realização das conciliações e mediações e pela estimulação à autocomposição, conforme anteriormente proposto pela Res. nº 125/2010 CNJ. Eles são estruturas do Poder Judiciário, integradas por servidores, mediadores e conciliadores cadastrados, em geral voluntários. Em agosto de 2020, por intermédio da Res. nº 697/2020, foi criado o Centro de Conciliação e Mediação do Supremo Tribunal Federal.

O modelo adotado, apesar de almejar soluções autocompositivas e o desafogamento do Judiciário, acabou por manter a concentração e

---

[1035] Não se olvida, contudo, a Lei relativa à Advocacia Geral da União, Lei nº 9.469/1997, que autorizou os advogados da união, os dirigentes máximos das autarquias, fundações e empresas públicas federais à realização de acordos e transações em juízo, com limite de valor, assim como o não ajuizamento de ações e recursos. E a lei de ação civil pública, Lei nº 7.347/1985, com a alteração de 1990, que possibilitou o compromisso de ajustamento de conduta nestas ações.

o congestionamento de processos no próprio Judiciário.[1036] A mediação e a conciliação ainda são utilizadas como "etapas do procedimento e não meios autonomamente considerados".[1037]

Na exposição de motivos do CPC/2015, depreende-se a preocupação em manter a controvérsia em seu contexto social e ser resolvida pela via da mediação ou da conciliação, pois "a satisfação efetiva das partes pode dar-se de modo mais intenso se a solução é por elas criada e não imposta pelo juiz".[1038] De fato, com o CPC/2015 a autocomposição tornou-se norma fundamental do processo e a mediação adquiriu novo *status*.[1039]

Os resultados da autocomposição em âmbito judicial, de um modo geral, são bons e vêm crescendo e representam uma etapa no sentido de desafogar o Judiciário e estabelecer uma cultura autocompositiva, com o encerramento consensual do processo judicial.[1040]

A mediação privada no Brasil ainda é reduzida, poucos tribunais e CEJUSCs se valem de mediadores e ou câmaras privadas de mediação, portanto, sem fomentá-las.[1041] O modelo adotado manteve

---

[1036] No final de 2021, a justiça estadual contava com 1.476 CEJUSCs. BRASIL. CNJ. *Justiça em números 2022*. Brasília: CNJ, 2022, p. 112. Disponível em: https://www.cnj.jus.br/wp-content/uploads/2022/09/justica-em-numeros-2022.pdf. Acesso em: 15 nov. 2022.

[1037] MUNIZ, Tânia Lobo; SILVA, Marcos Claro da. O modelo de tribunal multiportas americano e o sistema brasileiro de solução de conflitos. *Revista da Faculdade de Direito da UFRGS*, Porto Alegre, v. esp., n. 39, p. 304, 2018.

[1038] BRASIL. UNIVERSIDADE DE SÃO PAULO. *Mediação e conciliação avaliadas empiricamente*: jurimetria para proposição de ações eficientes. Brasília: CNJ, 2019. p. 29. Disponível em: https://bibliotecadigital.cnj.jus.br/jspui/handle/123456789/321. Acesso em: 29 nov. 2022.

[1039] COSTA, Andréa Abrahão. *Governança judicial e mediação institucionalizada de conflitos nos fóruns descentralizados de Curitiba*: uma abordagem sobre a possibilidade de democratização do Poder Judiciário. 2018. 280 f. Tese (Doutorado) – Programa de Pós-Graduação em Direito, Pontifícia Universidade Católica do Paraná, Curitiba, 2018. p. 140.

[1040] A USP realizou em estudo com base em dados processuais de 17 cidades pertencentes aos estados de PI, RJ e SP. A partir de 256.056 processos analisados, 22.276 foram finalizados por homologação, o que significa que passaram por algum procedimento de conciliação ou mediação em média, os processos que tiveram acordo homologado tiveram duração aproximada de 585 dias (aproximadamente 1 ano e meio) enquanto que para processos não homologados a duração foi de 1.061 dias (aproximadamente 3 anos). Como resultado, em média, o tempo de duração de processos homologados foi aproximadamente a metade do tempo de duração de processos não homologados. BRASIL. UNIVERSIDADE DE SÃO PAULO. *Mediação e conciliação avaliadas empiricamente*: jurimetria para proposição de ações eficientes. Brasília: CNJ, 2019. p. 91-92, p. 96-97. Disponível em: https://bibliotecadigital.cnj.jus.br/jspui/handle/123456789/321. Acesso em: 29 nov. 2022.

[1041] Destaca-se a atuação do Tribunal de Justiça do Rio Grande do Sul – TJRS, com várias Câmaras privadas registradas, que vêm sendo utilizadas, inclusive, em conflitos relevantes de direito público empresarial como a revisão da tarifa de ônibus de Porto Alegre em função pandemia. BRASIL. TJRS. *Credenciamento de Câmaras Privadas*. Disponível em: https://www.tjrs.jus.br/novo/institucional/o-tjrs/conselhos-comissoes-e-comites/nupemec/

o protagonismo do Poder Judiciário tanto no processo judicial como nas mediações e conciliações, conforme se extrai do art. 139, V, do CPC 15. O artigo, apesar de incentivar a autocomposição a qualquer momento do processo, atribui preferência ao auxílio de mediadores ou conciliadores judiciais. Assim, a realidade brasileira ainda é atrelada à judicialização e à realização da mediação no curso do processo judicial, mas pela própria estrutura judicial, por força do cumprimento do art. 334 do CPC15, sem espaço e sem fôlego para o desenvolvimento real e efetivo da cultura e do hábito da mediação.[1042]

O problema levantado não é a concentração da resolução de conflitos no Poder Judiciário, esta é uma característica que levará algum tempo para se modificar. O que se está a identificar é que a estruturação do modelo de modos amigáveis e alternativos à solução de controvérsias não se desprendeu do Poder Judiciário e, em razão disso, poderá ser mal sucedido, pois o caminho da solução amigável ainda passa pelo terreno judicial.[1043] No que difere do que se identifica na França, onde têm sido propiciadas soluções amigáveis prévias ao processo judicial, parajudiciais ou, quando ocorrem após, o são por mediadores privados, cadastrados perante o poder público.

A mediação privada no Brasil, com soluções sob medida às partes e mais céleres, ainda é para aqueles mais esclarecidos e melhor assessorados,[1044] quando deveria ser uma possibilidade para todos

---

credenciamento/. Acesso em: 03 dez. 2022. BRASIL. TJRS. *Acordo inédito sobre transporte coletivo de Porto Alegre é firmado no CEJUSC-Empresarial*. 24 set. 2020. Disponível em: https://www.tjrs.jus.br/novo/noticia/acordo-inedito-sobre-transporte-coletivo-de-porto-alegre-e-firmado-no-cejusc-empresarial/. Acesso em: 03 dez. 2022.

[1042] Existe política pública e várias medidas promovidas pelo CNJ no sentido de fomentar a conciliação judicial. Em 2019, 12,5% dos processos judiciais encerrados foram por acordo. BRASIL. CNJ. *Justiça em números 2020*. Brasília: CNJ, 2020. Disponível em: https://www.cnj.jus.br/wp-content/uploads/2020/08/WEB-V3-Justi%C3%A7a-em-N%C3%BAmeros-2020-atualizado-em-25-08-2020.pdf. Acesso em: 15 nov. 2022. Em 2021, contudo, o número de sentenças homologatórias de acordo representaram 11,9% do total de processos julgados, acredita-se que a redução deu-se em função da pandemia. BRASIL. CNJ. *Justiça em números 2022*. Brasília: CNJ, 2022, p. 202-204. Disponível em: https://www.cnj.jus.br/wp-content/uploads/2022/09/justica-em-numeros-2022.pdf. Acesso em: 15 nov. 2022.

[1043] Conforme ressaltado no item 3.1, a racionalidade antagônica desenvolvida no curso do processo judicial é diversa daquela necessária à colaboração na autocomposição. Assim, "a questão está em saber até que ponto a inclusão da mediação como mecanismo do Judiciário é capaz de romper com essa lógica [do contraditório]." COSTA, Andréa Abrahão. *Governança judicial e mediação institucionalizada de conflitos nos fóruns descentralizados de Curitiba*: uma abordagem sobre a possibilidade de democratização do Poder Judiciário. 2018. 280 f. Tese (Doutorado) – Programa de Pós-Graduação em Direito, Pontifícia Universidade Católica do Paraná, Curitiba, 2018. p. 102-103.

[1044] Percepção esta que também é apresentada por: OLIVEIRA, Gustavo Justino de; GONÇALVES, Cláudio Cairo. Justiça multiportas, desjudicialização e negociação na

que assim o desejarem. O ordenamento jurídico brasileiro adotou a mediação como uma das formas, até mesmo prioritárias, de acesso à justiça para a solução de controvérsias.

Para que a mediação efetivamente se torne uma porta aberta e disponível a todos, são necessárias políticas públicas e medidas concretas à formação e constante capacitação de mediadores, certificação e formação de listas em diversos órgãos, entidades de classe, possivelmente organizadas pelo Ministério da Justiça. Valorização da profissão mediador. Políticas públicas de informação, conscientização e auxílio à coletividade para a busca de soluções extrajudiciais. Organização nos Tribunais, em uma rede nacional, de uma política voltada ao favorecimento dos modos amigáveis, semelhante ao que se identificou no âmbito do Conselho de Estado e dos Tribunais Administrativos na França.[1045] Ainda, também há carência no que se refere à atuação da Ordem dos Advogados do Brasil e suas subseções na orientação e fomento às soluções não adversariais de conflitos, com convênios e divulgação de mediadores e câmaras. Os advogados no exercício de sua profissão possuem o dever de considerar e adotar as soluções não adversariais sempre que possível, de modo que a judicialização deve ser a última possibilidade. Essas soluções, como visto, tendem a antecipar a realização de direitos e a permitir maior participação das partes na solução dos conflitos, com maior satisfação. O advogado também tem a possibilidade de desenvolver um trabalho jurídico mais adequado aos interesses dos seus clientes, com maior respeito, ética e dignidade, que processos judiciais infindáveis, excessivamente formais e burocráticos. Além do aspecto da educação para a solução de conflitos em todos os níveis, deveriam ser estabelecidas mudanças, especialmente nos cursos de Direito e exames para ingresso na advocacia.

Os CEJUSCs poderão ser mantidos para as sessões de conciliação e mediação judiciais, mas também poderão se conectar às câmaras privadas e aos mediadores privados para a complementação e o

---

Administração Pública: novos caminhos para o consensualismo administrativo à luz da processualística civil. *In*: NOLASCO, Rita *et al.* (Coord.). *Desjudicialização, justiça conciliativa e poder público*. São Paulo: RT, 2021. p. 144.

[1045] Destaca-se que a comunicação e o bom relacionamento entre a Administração e os Tribunais Administrativos na França foram decisivos no estabelecimento de fluxo e no êxito verificado na MPO no tocante aos auxílios sociais relacionados ao desemprego na França. FRANÇA. *Rapport 2020 du Médiateur national du Pôle Emploi*. 10 maio 2021. p. 12-25. Disponível em: https://www.vie-publique.fr/sites/default/files/rapport/pdf/279791.pdf. Acesso em: 03 dez. 2022.

aprimoramento do trabalho, assim como para os casos pré-processuais e naqueles em que as pessoas buscam orientações no Judiciário.[1046]

No tocante, em específico, à mediação administrativa, constata-se ainda maior dificuldade na sua implementação no Brasil, muito por conta do receio à violação da legalidade e da indisponibilidade do interesse público, o que foi demonstrado ao longo desta obra que não é pertinente. A mediação administrativa, para os casos cabíveis, dentro de limites próprios à atuação administrativa, representa, inclusive, um modo para melhor efetivar a legalidade e os interesses públicos.

Com o estudo comparado, percebe-se que, apesar de o direito administrativo brasileiro se inspirar no direito administrativo francês, o brasileiro está atrelado a algumas "amarras", a alguns vícios interpretativos que contrariam a própria essência e o propósito do direito administrativo e da Administração Pública, qual seja, de atender a coletividade. No entanto, na França, percebeu-se o direito administrativo menos centrado nas prerrogativas públicas. Voltado à horizontalização das relações com os particulares, à participação da coletividade e, nesta perspectiva, um direito administrativo mais próximo do público, com o qual dialoga e procura resolver suas divergências de modo amigável.

Da análise da mediação administrativa na França, ao que indica, um aspecto relevante a se ponderar é que não se vislumbram debates, ou pelo menos não são tão expressivos, no que se refere à suposta incompatibilidade da mediação para a resolução de conflitos entre particulares e a Administração Pública.[1047] Ao contrário, relembra-se que na França foi instituído, em 1973, o instituto do mediador da República, para defender os interesses dos cidadãos em relação ao poder público. Em 1995, a lei sobre a organização dos processos, inclusive os administrativos, previu a mediação. Em 2011, foi consagrado o Defensor de direitos, em substituição ao mediador da República, e com

---

[1046] Registra-se que os CEJUSCs também atuam de forma pré-processual, ou seja, apesar de estarem na estrutura do Judiciário, podem atuar em mediações e conciliações fora de um processo judicial. No entanto, esta prática ainda é incipiente e não sistematizada.

[1047] Nota-se, inclusive, atenção no sentido da não utilização plena das competências administrativas, conforme relata Maillot, ao citar os casos: CE, 20 juin 2003, M. Stilinovic, req. no 248242, CE, 18 décembre 1989, commune de Saint-Marcel-Paulel, Rec. Leb., p. 257, CE, Ass., 9 avril 1999, Mme Chevrol-Benkeddach, este submetido à CEDH, 13 février 2003, Chevrol c/ France. MAILLOT, Jean-Marc. L'indisponibilité des compétences en droit public français. *Petites Affiches*, Paris, n. 194, p. 3, sept. 2004. Disponível em: https://www-labase-lextenso-fr.bcujas-ezp.univ-paris1.fr/petites-affiches/PA200419401?em=L%27indisponibilit%C3%A9%20des%20comp%C3%A9tences%20en%20droit%20public%20fran%C3%A7ais. Acesso em: 02 ago. 2021.

ampliação de atuação. Ainda, a Recomendação R(2001)9 do Conselho da Europa, desde esta data recomendou aos Estados europeus a adoção de modos alternativos, em especial a mediação, para a solução de conflitos entre particulares e a Administração e desde então o instituto vem se consagrando em termos legislativos, em políticas públicas e em termos práticos.

Ademais, um fator decisivo é a consideração firme do Conselho da Europa, "sem ingenuidade", de as soluções amigáveis não serem alternativas à justiça, nem justiça alternativa, mas parte integrante da justiça e "elemento essencial de uma justiça melhor", de acordo com os *standards* do Estado de Direito, dos princípios estabelecidos pela Convenção Europeia dos Direitos do Homem e pela Corte de Strasbourg. Ressalta Guy De Vel que o Conselho da Europa é, para todos os Estados europeus, a "Casa comum" do Estado de Direito e responsável por construir uma Europa mais humana, razão pela qual se dedica a estabelecer instrumentos normativos e a promover a efetividade da resolução amigável de conflitos para que o diálogo, a escuta e o vínculo social se situem em primeiro plano.[1048]

Ao que indica, a ideologia e as medidas que vêm sendo adotadas na França, assim como no contexto europeu, no sentido da horizontalização das relações com a Administração, do desenvolvimento de uma cidadania administrativa e, portanto, da intensificação da participação, têm propiciado atualizações na compreensão do "*intérêt général*". Ele era entendido como distinto dos interesses privados e até mesmo oposto, contra os quais "deveria ser protegido e imposto", em supremacia do público. Os interesses particulares eram concebidos como subversivos, cuja influência deveria ser afastada. A Administração, para preservar a sua neutralidade, deveria guardar distância dos particulares, as tentativas de contato eram suspeitas. Não se reconhecia nenhum interlocutor, "o poder administrativo não podia ser dividido". O interesse público, assim, não resultava de um confronto de interesses, mas das leis, frutos da "razão". Administrar não significava encontrar um compromisso satisfatório com os diversos interesses.[1049]

[1048] VEL, Guy De. Les MARC/ADR au Sein du Conseil De L'Europe: État et Esprit du Règlement Amiable des Différends dans L'Europe des Droits de L'Homme. L. CADIET. (Dir.). coll. *Médiation et arbitrage*: alternative dispute résolution Alternative à la justice ou justice alternative? Perspectives comparatives. LexisNexis, Paris, 2005. p. 194-195.

[1049] CHEVALLIER, Jacques. *Science administrative*. 6. ed. Paris: PUF, 2019. p. 564-565.

A concepção rígida e autoritária a respeito do interesse público desde o Estado- Providência vem se modificando.[1050] A sua legitimidade deixou de fundar-se na sua instituição e neutralidade, voltou-se para a prática, para "a qualidade das relações com o público." E assim, a partir de 1960 começa a surgir na França a "ideologia participativa", com a integração dos particulares nos assuntos públicos, a participação nas definições e na responsabilidade, a demonstrar que a administração é de todos. Com isso, surge uma nova ideologia democrática, paralela e concorrente com aquela da representação, a preencher as lacunas desta. Esta ideologia, apesar de seus limites, possibilitou "uma profunda reavaliação do mito do interesse geral". Aquela profunda diferença entre interesses públicos e particulares tende a não ser mais uma diferença de essência, mas de grau.[1051]

A partir destas ponderações, pode-se compreender que a mediação administrativa na França integrou o contexto mais amplo da cidadania administrativa e da participação, que propiciaram reflexões sobre a compreensão do interesse público, atrelando-o, com muito mais ênfase que o direito administrativo brasileiro, à definição conjunta com a coletividade.

Vem se consagrando no contexto francês a compreensão que o interesse público se forma, assim, de interesses particulares fragmentados e concorrentes, que são balanceados em prol da melhor decisão possível. E, neste propósito, a Administração não deve se fechar às participações e ao contato com os particulares, mas, ao contrário, ela deve buscá-los e escutá-los, pois a pertinência e a qualidade das suas decisões dependerão destas trocas.[1052] Desse modo, a mediação, ao estabelecer um processo propício à escuta e à deliberação conjunta entre público e privado, propicia a realização do interesse público sob este viés integrativo.

Sem dúvida, por se tratar de mediação em direito público, há o princípio da indisponibilidade e existe maior limitação ao campo do que é passível de ser solucionado.[1053] O art. L213-3 do CJA estabelece

---

[1050] CHEVALLIER, Jacques. *Science administrative*. 6. ed. Paris: PUF, 2019. p. 565.
[1051] CHEVALLIER, Jacques. *Science administrative*. 6. ed. Paris: PUF, 2019. p. 565.
[1052] CHEVALLIER, Jacques. *Science administrative*. 6. ed. Paris: PUF, 2019. p. 566.
[1053] Antoine Cleys, ao realizar estudo comparado em diversos países europeus, ressalta a necessidade de adaptação da mediação às regras de direito público, o que foi percebido nos países pesquisados que a adotaram. CLAEYS, Antoine. Résoudre autrement les différends avec l'administration: l'éclairage des droits étrangers. In: CLAEYS, Antoine; GIRARD, Anne-Laure (Dir.). *Les modes alternatifs de règlement des litiges em droit administratif*. Poitiers:

que o acordo não pode versar sobre direitos aos quais as partes não possuam livre disposição, mas a Lei de modernização não estabeleceu limites concretos.[1054] É possível vislumbrar a abertura à disponibilidade, removendo-se o principal obstáculo aos modos alternativos em direito administrativo.[1055] Em termos práticos há dificuldade de estabelecer "a justa fronteira entre indenização legítima e liberalidade e o risco jurídico subsequente".[1056] No entanto, a mediação administrativa vem se desenvolvendo e os Tribunais administrativos, quando da homologação do acordo, realizam controle de legalidade sobre o objeto acordado.[1057] Na seara da transação administrativa, por exemplo, o Conselho de

---

PUJ de Poitiers, 2018. p. 38. De todo modo, no contexto francês não se identifica o mesmo relevo atribuído ao princípio da indisponibilidade do interesse público.

[1054] O Decreto de 17 de abril 2017 que regulamentou o tema também não estabeleceu ressalvas quanto ao limite de matérias sujeitas à mediação administrativa. Resta claro que a lei de modernização pretendeu "abrir o campo da mediação às matérias administrativas nas quais a autoridade pública executa prerrogativas de poder público", no original: "*puissance publique*". BOUSSARD, Sabine. La souplesse des modes alternatifs au règlement des litiges administratifs, p. 67-81. *In*: CLAEYS, Antoine; GIRARD, Anne-Laure (Dir.). *Les modes alternatifs de règlement des litiges em droit administratif*. Poitiers: PUJ de Poitiers, 2018. p. 79.

[1055] "A camisa de força da legalidade administrativa foi rasgada". BROYELLE, Camille. La juridictionnalisation des MARLs. *In*: CLAEYS, Antoine; GIRARD, Anne-Laure (Dir.). *Les modes alternatifs de règlement des litiges em droit administratif*. Poitiers: PUJ de Poitiers, 2018. p. 103-104.

[1056] MIGNON, Vincent Brenot Emmanuelle. Faut-il croire à la médiation dans les litiges administratifs? *ARTICLE Public – Réglementaire – Environnement*, 05 fev. 2018. Disponível em: https://www.august-debouzy.com/fr/blog/1117-faut-il-croire-a-la-mediation-dans-les-litiges-administratifs. Acesso em: 03 dez. 2022.

[1057] "Antes de homologar um acordo de mediação, o juiz deve verificar se as partes efetivamente consentiram ao acordo, se o seu objeto é lícito, que não atente contra direitos aos quais as partes não possuam livre disposição, que no tocante à parte pública não constitua uma liberalidade ou um desrespeito à ordem pública. Eis a decisão de um julgamento proferido pelo tribunal administrativo de Poitiers em 12 de julho de 2018 (TA Poitiers, 12 juillet 2018, nº 1701757 Nº Lexbase: A2350XYP)". LE FOLL, Yann. *Conditions d'homologation d'un accord de médiation*. Le Quotidien, 17 août 2018. Disponível em: https://www.lexbase.fr/revuejuridique/46942454-edition-du-17-08-2018. Acesso em: 03 dez. 2022. O caso envolveu uma questão de urbanismo, no qual M. e Mme. B. ingressaram com ação para anular uma decisão da maire de Marsilly que permitiu modificações nos terrenos de sua propriedade à empresa SAS, mas sobre os quais havia limitação de construir por se tratar de área de bosque, previamente prevista no plano local de urbanismo. Por iniciativa do juiz e aceite das partes, o caso foi submetido à mediação em 18 de outubro de 2017. Em dezembro do mesmo ano as partes solicitaram ao juiz a homologação do acordo, conforme facultado pelo artigo L213-4 do CJA. O acordo precisou a área de bosque a ser preservada, todos pediram homologação, os autores desistiram da ação e o custo da mediação foi repartido entre as três partes, os autores, a empresa SAS e inclusive pela comuna de Marsilly. FRANÇA. *TA Poitiers, 12 juillet 2018, nº 1701757*. Disponível em: http://poitiers.tribunal-administratif.fr/content/download/139098/1408234/version/1/file/TA86%20-%201701757%20ano.pdf. Acesso em: 03 dez. 2022.

Estado estabeleceu que para apreciar a legalidade de uma transação exige-se uma análise "de maneira global" das concessões recíprocas.[1058]

Ademais, o Conselho da Europa, na Recomendação R(2001)9, no ponto 8, estabeleceu maior flexibilidade à solução administrativa consensual ao prever a possibilidade de solução equitativa e não apenas atrelada à legalidade estrita. Desse modo, depreende-se uma tendência administrativa mais flexível em termos de acesso, procedimento e deliberação de conteúdo decisório sob a perspectiva de maior equidade.[1059] O que não significa desvio à legalidade, eis que na mesma Recomendação, no ponto 10, o Conselho reconheceu a possibilidade de haver limitação a algumas espécies de controvérsias, pois os modos alternativos não são formas de contornar o princípio da legalidade.

No Brasil, a mediação em conflitos entre particulares e a Administração Pública ainda não é efetivamente utilizada e o tema sofre grandes questionamentos quanto à possibilidade e à compatibilização, o que tende a dificultar a sua implementação. Percebe-se que na França e no contexto europeu admite-se e se reconhece a mediação como instrumento de resolução de conflitos administrativos, necessário à redução de custos, inerente à eficácia da justiça, atrelado à boa administração da justiça, aos direitos humanos, bem como à razoável duração dos processos e à cidadania.

A comparação aqui realizada não visa criticar o Brasil, muito vem sendo desenvolvido e há diferenças entre os sistemas e seus contextos, o que se propõe é argumentar e alertar sobre a necessidade de o tema ser melhor analisado e buscar inspiração nas experiências francesas e no enfoque que lá vem sendo dado. Muitos no Brasil não tomaram consciência quanto à importância da mediação e, em especial da mediação administrativa, de como ela poderá trazer benefícios não apenas às partes, mas à coletividade como um todo, como um modo de aprimorar a realização dos interesses públicos em várias perspectivas.

Se for realizada uma comparação objetiva e positiva entre as legislações brasileira e francesa no tocante à mediação, são semelhantes.

[1058] FRANÇA. *Conseil d'État*, 391840: Sté Foncière Europe, le 9 décembre 2016. Disponível em: https://www.legifrance.gouv.fr/ceta/id/CETATEXT000033581177/. Acesso em: 06 dez. 2022.

[1059] A autora destaca, como exemplo, o disposto no art. 142 do decreto relativo às contratações públicas, no sentido que as soluções amigáveis considerarão elementos de direito e de fato em vista de soluções amigáveis e equitativas. BOUSSARD, Sabine. La souplesse des modes alternatifs au règlement des litiges administratifs, p. 67-81. *In*: CLAEYS, Antoine; GIRARD, Anne-Laure (Dir.). *Les modes alternatifs de règlement des litiges em droit administratif*. Poitiers: PUJ de Poitiers, 2018. p. 72-76.

A moldura principal da mediação é a mesma. Um procedimento no qual as partes, com o auxílio de um terceiro imparcial, sem poder decisório, escolhido ou aceito pelas partes, resolvem uma controvérsia de modo consensual ou amigável. Pode ser judicial ou extrajudicial. São previstos os mesmos princípios em ambas as legislações, imparcialidade, neutralidade, confidencialidade, dentre outros, assim como a suspensão dos prazos prescricionais.

Desse modo, a diferença entre os sistemas não se encontra propriamente na legislação,[1060] mas na sua efetivação, no estabelecimento de políticas públicas voltadas à implementação, na adoção de providências, na compreensão de sua relevância, na assunção do tema como prioridade, tal como fez o Conselho de Estado francês. Conforme pondera Pierre Legrand, "a regra não é idêntica às palavras inscritas", ela é mais. "A regra é, necessariamente, uma forma cultural de incorporação (...) sustentada por impressionantes formações históricas e ideológicas".[1061] O protagonismo exercido pelo Conselho de Estado Francês no desenvolvimento e incentivo à mediação administrativa possui significado jurídico, cultural e simbólico relevantes diante da significância do referido órgão no sistema francês e no direito administrativo,[1062] o que certamente tem contribuído à implementação da mediação na França.[1063]

[1060] Se a análise comparativa se restringisse à legislação, ao instituto da mediação de forma estática, o resultado seria de grande equivalência entre o Brasil e a França, ressalvando-se, por exemplo, a experiência da MPO, que no Brasil não há o estabelecimento de mediação preliminar obrigatória. Há apenas uma sutil semelhança com o art. 334 do CPC2015 que estabelece a designação da mediação ou da conciliação como etapa inaugural do processo judicial. Contudo, a "comparação como método de compreensão, crítica e aperfeiçoamento do direito pressupõe que se lancem olhares para fatores macro e extrajurídicos", de modo que o estudo procurou avaliar de modo crítico-reflexivo a mediação administrativa em sua dinâmica, como se efetiva, a percepção dos envolvidos, os resultados, seu contexto, eventuais propósitos, dentre outros fatores. MARRARA, Thiago. Método comparativo e direito administrativo. *Revista Jurídica Unigran*, Dourados, MS, v. 16, n. 32, p. 32, jul./dez. 2014.
[1061] LEGRAND, Pierre. A Impossibilidade de "Transplantes Jurídicos". *Cadernos do Programa de Pós-Graduação em Direito/UFRGS*, v. IX, n. 1, p. 20, 2014.
[1062] Valendo-se das ponderações de Pierre Legrand, destaca-se a importância do protagonismo do Conselho de Estado, que vem acompanhado de um "arquivo" relevante e decisivo à implementação do instituto, sem equivalência no sistema brasileiro. LEGRAND, Pierre. On the singulatiry of law. *Harvard International Law Journal*, 47, p. 524, 2006.
[1063] O Conselho de Estado Francês instituiu um comitê responsável por elaborar um guia de mediação, de promovê-la e identificar modos de capacitar magistrados e demais agentes, dentre outras medidas. O Conselho de Estado assumiu um papel já defendido há tempos na mediação privada no sentido da importância da criação de um Conselho Nacional de Mediação, a promover a mediação, capacitar, instituir códigos éticos e acompanhar seus resultados. MINET-LELEU, Alice. La médiation administrative. *Revue du Droit Public*, Paris, n. 5, p. 1191, set. 2017. Disponível em: https://www-labase-lextenso-fr.bcujas-

No Brasil, a legislação estabeleceu um sistema multiportas para a resolução de conflitos, inclusive para aqueles do direito administrativo. Extrai-se do ordenamento jurídico um dever normativo à adoção pela Administração Pública de mecanismos aptos ao diálogo e à resolução consensual de conflitos, como a mediação. No entanto, pouco foi implementado pela Administração Pública neste sentido, "a ausência de portas administrativas de solução de demandas" ainda é um problema.[1064]

No âmbito federal, de modo pioneiro, foi criada em 2007 a Câmara de Conciliação e Arbitragem da Administração Pública Federal (CCAF), voltada à prevenção e solução de conflitos judiciais, posteriormente ampliada aos conflitos entre órgãos da Administração e entre a Administração Pública Federal e dos Estados, Distrito Federal e Municípios. Inicialmente, em uma proposta para dirimir conflitos entre entidades e entes da Administração, tem ocorrido regulamentação da Câmara no sentido do aumento de possibilidades, simplificações e ampliação de legitimados.[1065] Além da CCAF, foram criadas em 2012 Centrais de Negociação no âmbito da Procuradoria Geral da União, com destaque à Portaria AGU nº 11/2020, que, em seu art. 3º, enfatizou prioridade na resolução de conflitos de forma consensual e pela via da negociação, de modo preventivo ou na esfera judicial, com maior abrangência de possibilidades.[1066] Desse modo, na União o tema das

---

ezp.univ-paris1.fr/revue-du-droit-public/RDP2017-5-006?em=m%C3%A9diation%20administrative. Acesso em: 30 jul. 2021.

[1064] BONIZZI, Marcelo José Magalhães; ALVES, Marcus Vinicius. Breve análise dos meios alternativos de solução de conflitos envolvendo a Administração Pública no Brasil e em Portugal. In: MOREIRA, António Júdice et al. (Coord.). *Mediação e arbitragem na Administração Pública*: Brasil e Portugal. São Paulo: Almedina, 2020. p. 241.

[1065] Contudo, até o momento de finalização desta pesquisa, ainda não se trata de uma ferramenta disponível aos cidadãos e empresas em geral. O acesso à CCAF por particulares ainda depende de regulamentação. BRASIL. AGU. CCAF. *Obter a resolução de conflitos através de procedimento de mediação (CCAF/CGU/AGU)*. Disponível em: https://www.gov.br/pt-br/servicos/obter-mediacao-de-conflitos-atraves-de-procedimento-de-conciliacao. Acesso em: 03 dez. 2022.

[1066] Com a Portaria nº 02/2012 foram criadas as centrais de negociação, que possuem como objetivo, dentre outros, "fomentar o paradigma da alternativa eficiente e diferenciada de solução e de prevenção de conflitos no âmbito da Procuradoria-Geral da União e respectivos órgãos de execução". Deve-se destacar a Portaria da AGU nº 11, de 08 de junho de 2020, que regulamentou o procedimento para a celebração de acordos, mediante negociação, destinados a encerrar ações judiciais ou a prevenir a propositura destas, relativamente a débitos da União e majorou os limites de alçada. A Portaria também previu a edição de planos de negociação com a padronização em temas recorrentes. Atualmente, a AGU possui 17 planos, o que não exclui a apreciação de outros temas. Imprensa Nacional. BRASIL. *Portaria AGU nº 11, de 08 de junho de 2020*. Diário Oficial, Brasília, 2020. Disponível em: https://www.in.gov.br/en/web/dou/-/portaria-n-11-de-8-

soluções consensuais encontra-se em desenvolvimento, com alguns avanços.

Dentre outras implementações, por exemplo, podem ser destacadas práticas de mediação administrativa, com maior ou menor extensão e em diferentes graus, sem prejuízo de outras: no Município de Porto Alegre,[1067] no Município de São Paulo,[1068] no Estado do Rio Grande do Sul,[1069] no Estado de São Paulo,[1070] no Estado do Rio de Janeiro[1071] e em Pernambuco.[1072]

Apesar do movimento legislativo favorável às soluções consensuais e algumas experiências, notadamente no Estado do Rio Grande do Sul e no Município de Porto Alegre, ainda falta estrutura e organização estatal, reconhecimento da necessidade, engajamento entre órgãos e esferas federativas e a efetiva concretização da mediação administrativa.

Não se olvida, como ressaltado, que o fato de o Brasil adotar a forma federativa torna a efetivação da mediação mais dificultosa em função da descentralização política, que origina descentralização da atividade administrativa e jurisdicional. Todos os entes federativos são dotados de autonomia legislativa e administrativa e cada Estado-membro possui o seu próprio Poder Judiciário, assim, cada ente federativo possui autonomia para eleger o modo de implementação e se torna mais complexo gerir e efetivar uma política de forma uniforme e de modo mais sólido, o que exige coordenação e envolvimento de órgãos como o CNJ, os Tribunais Superiores e o Ministério da Justiça.

A lógica do sistema multiportas é estabelecer várias possibilidades de resolução dos conflitos, com a opção de resolvê-los de acordo com o método mais adequado ao caso, portanto mais célere e eficaz às partes, contudo, sem a exclusão de um em favor do outro. Tem-se um

---

de-junho-de-2020-261278373. Acesso em: 02 dez. 2022. BRASIL. AGU. *Ementário dos Planos Nacionais de Negociação.* Disponível em: https://www.gov.br/agu/pt-br/acesso-a-informacao/acoeseprogramas/planos-nacionais-de-negociacao/sobre. Acesso em: 02 dez. 2022.

[1067] Câmara de Mediação e Conciliação, inserida na denominada Central de Conciliação do Município de Porto Alegre, instituída pela municipal nº Lei 12.003/2016 e regulamentada pelo Decreto nº 19.519/2016.

[1068] A Lei municipal nº 17.234/2020, de modo mais amplo, estabeleceu uma política de desjudicialização. O Decreto nº 57.263 de 29 de agosto de 2016, em seu art. 33, instituiu a Câmara PGM/SP, com regulamentação pela Portaria PGM nº 26 de 22/11/2016.

[1069] Lei nº 14.794/2015 instituiu o Sistema Administrativo de Mediação e Conciliação, a Resolução nº 112/2016, que regulamentou o referido sistema, com possibilidade de acesso de ofício ou por provocação dos particulares e o Decreto nº 55.551/2020.

[1070] Decreto Estadual nº 64.356/2019.

[1071] Decreto Estadual nº 46.245/2018.

[1072] Lei Complementar nº 417/2019.

escalonamento dos métodos, que se reorganizam a cada conflito ou conforme este evolui.[1073] É possível, inclusive, conforme a complexidade do caso, estabelecer vários modos de solução para cada aspecto do conflito. O sistema multiportas "evidencia que o centro de acesso e distribuição de justiça é também vocacionado para existir fora dos tribunais".[1074] Ocorre que a conexão com o sistema jurisdicional para a resolução de conflitos é predominante, não apenas no Brasil, mas também na França. No Brasil, além de outros fatores, "dentre os radicais desta noção está a desconfiança do ato de autoridade, construída por décadas de regime autoritário, assim como a prodigalidade da judicialização de conflitos por e contra a Administração Pública brasileira".[1075] O que indica que o movimento em favor das multiportas na seara administrativa necessita de ação conjunta e integrada entre o Judiciário e o Executivo.

Uma dificuldade, no tocante à comparação com a França, diz respeito à extensão territorial do Brasil, ao volume da população, à diferença cultural, social e econômica no próprio país.[1076] Somada a uma concepção mais simbólica da República, da democracia e da efetiva participação da coletividade no espaço público e às heranças ainda presentes de colonialismo e patrimonialismo.[1077] Eis o motivo pelo

---

[1073] Pode-se imaginar um *menu*, que abre às partes possibilidades de métodos, deixando de se concentrar na "única" alternativa judicial.

[1074] SALVO, Sílvia Helena Picarelli Gonçalves Johonsom di. Arbitragem de conflitos na Administração Pública brasileira e o sistema multiportas de resolução de disputas: um olhar revisitado e uma perspectiva para o futuro. *In*: MOREIRA, António Júdice *et al.* (Coord.). *Mediação e arbitragem na Administração Pública*: Brasil e Portugal. São Paulo: Almedina, 2020. p. 357.

[1075] SALVO, Sílvia Helena Picarelli Gonçalves Johonsom di. Arbitragem de conflitos na Administração Pública brasileira e o sistema multiportas de resolução de disputas: um olhar revisitado e uma perspectiva para o futuro. *In*: MOREIRA, António Júdice *et al.* (Coord.). *Mediação e arbitragem na Administração Pública*: Brasil e Portugal. São Paulo: Almedina, 2020. p. 357.

[1076] Em 2019, na França, estimou-se uma população de 67 063 703 habitantes, cuja renda *per capita* é de 35.960 € em média. CONSELHO DA EUROPA. CEPEJ. *Study on the functioning of judicial systems in the EU Member States*. Strasbourg, p. 534, 12 mar. 2021. Disponível em: https://ec.europa.eu/info/sites/default/files/part_2_-_eu_scoreboard_-_country_fiches_-_deliverable.pdf. Acesso em: 03 dez. 2022. No Brasil, segundo o IBGE, em 2020, a população estimada era de 211,8 milhões de habitantes. BRASIL. IBGE. *Agência IBGE notícias*. Disponível em: https://agenciadenoticias.ibge.gov.br/agencia-noticias/2012-agencia-de-noticias/noticias/28676-ibge-estima-populacao-do-pais-em-211-8-milhoes-de-habitantes. Acesso em: 03 dez. 2022. Em extensão o Brasil é o quinto país mais extenso, com 8.547.403 Km2. BRASIL. IBGE. *Agência IBGE notícias*. Disponível em: https://agenciadenoticias.ibge.gov.br/agencia-noticias/2012-agencia-de-noticias/noticias/28676-ibge-estima-populacao-do-pais-em-211-8-milhoes-de-habitantes. Acesso em: 03 dez. 2022. A França possui 632.733 Km2. FRANÇA. INSEE. *Comparateur de territoires*. Disponível em: https://www.insee.fr/fr/statistiques/1405599?geo=FE-1. Acesso em: 03 dez. 2022.

[1077] NOHARA, Irene. *Reforma administrativa e burocracia*: impacto da eficiência na configuração do direito administrativo brasileiro. São Paulo: Atlas, 2012. p. 13-22, 55.

qual não se propõe um simples "transplante"[1078] do instituto, trata-se de um contexto jurídico, social, cultural, histórico e econômico diverso, necessário de ser considerado na comparação e na tentativa de melhorar a implementação da mediação administrativa no Brasil.

Os modos amigáveis de solução de conflitos com a Administração, em especial, a mediação, (re)estabelecem vínculos e propiciam maior coesão social. Abrem caminhos à participação e à democratização da atuação pública. Ainda, possibilitam atuações públicas diferenciadas, dialógicas, menos conflitivas, com soluções mais criativas e eficazes. Reconhece-se também que a solução amigável tende a contemplar melhor os interesses das partes e ser cumprida mais facilmente. O que demonstra a relevância de sua implementação no Brasil.

Se fosse o caso de identificar e resumir os motivos pelos quais a França vem adotando a mediação administrativa, em uma análise externa, verifica-se a necessidade de economia e melhor alocação dos recursos públicos demandados com a atividade jurisdicional.[1079] Processos mais flexíveis e amigáveis de solução de conflitos facilitam a integração das pessoas, das empresas e dos países no contexto europeu. Ainda, há a preocupação com a boa administração da justiça, com prazos razoáveis, efetivação de direitos e a consciência quanto ao papel da Administração e da atividade jurisdicional estarem voltadas aos interesses dos particulares.

Dentre as demandas selecionadas para a experiência da mediação preliminar obrigatória – MPO na França –, estão as indenizações devidas aos servidores públicos e aos auxílios sociais.[1080] Tratam-se de situações mais sensíveis, possivelmente com o pagamento de valores pelo poder público de verbas de natureza alimentar, conectadas à dignidade da pessoa humana. Nota-se que foram os assuntos priorizados para a tentativa de solução consensual obrigatória, em evidente demonstração de preocupação com o ser humano e de sua integração com a comunidade.[1081] A experiência recente nesta seara demonstrou "vantagens

---

[1078] Conforme ressalta Legrand: "o transplante não acontece de fato: uma característica fundamental da regra – seu significado – fica para trás de modo que a regra que estava lá, com efeito, não é deslocada para cá". LEGRAND, Pierre. A Impossibilidade de "Transplantes Jurídicos". *Cadernos do Programa de Pós-Graduação em Direito/UFRGS*, v. IX, n. 1, p. 24, 2014.

[1079] Evidente, em especial, a partir do Relatório integrante da Lei nº 2019-222.

[1080] Em termos quantitativos se tratam de demandas expressivas, as relativas à função pública representaram 11% e as do contencioso social 16% das demandas dos tribunais administrativos. BOUSSARD, Sabine. La souplesse des modes alternatifs au règlement des litiges administratifs, p. 67-81. In: CLAEYS, Antoine; GIRARD, Anne-Laure (Dir.). *Les modes alternatifs de règlement des litiges em droit administratif*. Poitiers: PUJ de Poitiers, 2018. p. 80-81.

[1081] O pólo de emprego "*pôle emploi*" registrou bom desenvolvimento da experiência da MPO e, por extensão, também da mediação à iniciativa do juiz. Foram realizados contatos com

para todos, em termos de escuta, de compreensão de situações, de apaziguamento das relações e de restabelecimento da confiança". Além da contribuição à redução significativa de litígios perante os tribunais administrativos.[1082]

Não obstante, segundo Vincent Mazeaud, ainda não se considera que a cultura da conciliação tenha integrado efetivamente a cultura francesa. O autor discorda da medida de se decretar, a partir de várias imposições de composição amigável, para desenvolver uma "cultura de resolução amigável das diferenças". Se a vontade é um instrumento poderoso na resolução de conflitos, deve ser expressa livremente e não forçada.[1083] Para situações de baixa gravidade até pode ser compreendida a obrigatoriedade de tentativa de resolução amigável, mas para a extensão a outras hipóteses recomenda-se apenas a incitação.[1084]

Além do descongestionamento na atividade jurisdicional,[1085] a melhor alocação de recursos públicos também é de extrema relevância, uma vez que não se trata de mero propósito econômico, pois os recursos públicos devem ser despendidos de modo eficiente e racional. Se há a possibilidade de os conflitos serem resolvidos de modo menos

---

os responsáveis pelas jurisdições administrativas e estabelecidos processos simples, mas com boa performance, em benefício dos jurisdicionados. Em 2020 o número de demandas de mediação aumentou para 34.685, sendo que em 2019 foi de 30.986. A duração média dos processos foi de 30 dias e não foi registrado nenhum caso de abandono em 2020. Ressalta-se, ainda, que se trata de mediação gratuita às partes. FRANÇA. *Rapport 2020 du Médiateur national du Pôle Emploi*. p. 09, 12, 25, 29, 10 maio 2021. Disponível em: https://www.vie-publique.fr/sites/default/files/rapport/pdf/279791.pdf. Acesso em: 03 dez. 2022. Em 2021 o número de demandas submetidas à mediação no *"pôle emploi"* foi de 34.924. FRANÇA. *Rapport 2021 du Médiateur national du Pôle Emploi*, 28 juin 2022. Disponível em: https://www.vie-publique.fr/rapport/285533-mediateur-national-de-pole-emploi-2021#:~:text=Pour%2032%25%20des%20demandes%20recevables,qui%20a%20apais%C3%A9%20le%20conflit). Acesso em: 03 dez. 2022.

[1082] Neste contexto, os tribunais estão cada vez mais inclinados a propor a mediação às partes em conflito. FRANÇA. *Rapport 2020 du Médiateur national du Pôle Emploi*. p. 25-28, 10 maio 2021. Disponível em: https://www.vie-publique.fr/sites/default/files/rapport/pdf/279791.pdf. Acesso em: 03 dez. 2022.

[1083] MAZEAUD, Vincent. Efficacité des modes déjudiciarisés. *In*: CIMAMONTI, Sylvie; PERRIER, Jean-Baptiste (Dir.). *Les enjeux de la déjudiciarisation*. Issy-les-Moulineaux: LGDJ, 2019. p. 255.

[1084] CIMAMONTI, Sylvie; PERRIER, Jean-Baptiste (Dir.). *Les enjeux de la déjudiciarisation*. LGDJ: Issy-les-Moulineaux, 2019. p. 303.

[1085] Registra-se que a taxa de congestionamento em 2019 nos tribunais administrativos franceses foi de 3%, 97% dos casos foram julgados. Ainda, na França existem 12.255 casos de direito administrativo com mais de 2 anos, o que corresponde a 7,1% do total de casos pendentes. CONSELHO DA EUROPA. CEPEJ. *Study on the functioning of judicial systems in the EU Member States*. Strasbourg, p. 548, 12 mar. 2021. Disponível em: https://ec.europa.eu/info/sites/default/files/part_2_-_eu_scoreboard_-_country_fiches_-_deliverable.pdf. Acesso em: 03 dez. 2022.

custoso aos cofres públicos, sem se resumir a isto, mas preservando a melhor qualidade, o respeito e a consideração aos interesses das partes, melhor para esta e para todos. Assim, os recursos públicos poderão fazer frente a outras despesas necessárias à coletividade. Em efeito, a ideia principal da mediação é de "conservar um diálogo" entre a Administração e os particulares, tratando-se de "um processo de reequilíbrio da relação administrativa, que contrabalança a lógica da performance e da eficácia".[1086]

No Brasil, estima-se que ainda não houve percepção quanto a estes motivos que foram identificados no estudo da mediação administrativa na França, que são igualmente válidos, se não, ainda mais relevantes no Brasil.

O percentual do PIB brasileiro utilizado com o custeio do Poder Judiciário é muito mais expressivo que o percentual despendido na França.[1087] Ademais, as carências brasileiras no tocante às desigualdades e ao desenvolvimento humano, por si só exigem providências no tocante à realocação de recursos possíveis.[1088] Desse modo, no contexto

---

[1086] BENARD-VINCENT, Georgina. Les enjeux de la médiation en droit administratif. *Contentieux administratif*, 28 jul. 2017. Disponível em: http://blogdroitadministratif.net/2017/07/28/les-enjeux-de-la-mediation-en-droit-administratif/. Acesso em: 03 dez. 2022.

[1087] Estima-se que a França dispendeu em 2020 em média 0,2% do seu PIB (GDP) com o sistema judiciário e a média europeia, dos 27 países que compõem a União Europeia, foi de 0,3%. EUROSTAT. *General government expenditure by function, "law courts"*. Disponível em: https://ec.europa.eu/eurostat/databrowser/view/GOV_10A_EXP__custom_4077740/default/table?lang=en. Acesso em: 03 dez. 2022. No Brasil, segundo o Relatório Justiça em números de 2020, o gasto efetivo para o funcionamento do Poder Judiciário em 2019 foi de R$81,6 bilhões (1,2% do PIB), sendo que o Poder Público figura em 25% das ações. Ainda, há que se ressaltar que existem os gastos da estrutura administrativa estatal para defender o Poder Público em juízo. BRASIL. CNJ. *Justiça em números 2020*. Brasília: CNJ, 2020. Disponível em: https://www.cnj.jus.br/wp-content/uploads/2020/08/WEB-V3-Justi%C3%A7a-em-N%C3%BAmeros-2020-atualizado-em-25-08-2020.pdf. Acesso em: 15 nov. 2022. Em 2021, o gasto efetivo para o financiamento do Poder Judiciário foi de R$83,7 bilhões, equivalente a 1% do PIB. BRASIL. CNJ. *Justiça em números 2022*. Brasília: CNJ, 2022, p. 112. Disponível em: https://www.cnj.jus.br/wp-content/uploads/2022/09/justica-em-numeros-2022.pdf. Acesso em: 15 nov. 2022.

[1088] A este respeito, o IDH – Índice de Desenvolvimento Humano de 2021-2022, que analisa questões atinentes à qualidade de vida nos países, identificou a França em 28º lugar no ranking dos países, cuja população possui expectativa de vida de 82,5 anos e a renda per capita correspondente a $45,93. O Brasil restou classificado em 87º lugar, com expectativa de vida de 72,8 anos e renda per capita $14,37. Em comparação, depreende-se que o Brasil possui grande necessidade de investir recursos públicos em desenvolvimento e o gasto excessivo com a manutenção do Judiciário, assim como a utilização reduzida dos meios adequados em resolução de conflitos podem ser mais danosos aos brasileiros (Dados obtidos em: UNITED NATIONS DEVELOPMENT PROGRAMME (UNDP). IDH 2021-2022. *Human Development Report*. 2022. Disponível em: https://hdr.undp.org/system/files/documents/global-report-document/hdr2021-22pdf_1.pdf. Acesso em: 03 dez. 2022).

brasileiro, com tantas carências de bens e serviços e maior desigualdade, o dispêndio excessivo com a judicialização e a demora em efetivar direitos envolvidos em processos judiciais intermináveis torna-se menos razoável. Tem-se aqui uma especificidade do contexto brasileiro que também singulariza a importância da mediação nesta realidade, de modo que embora o instituto da mediação possua uma moldura normativa relativamente uniforme no Brasil e na França, depreende-se que no Brasil ele pode adquirir relevância distinta.[1089]

Não se está a desprestigiar a atividade jurisdicional, mas a questionar a adoção incipiente de soluções amigáveis, autocompositivas, com a Administração Pública, o que poderia reduzir o seu protagonismo dentre os maiores litigantes no Judiciário, que contribui a um quarto das despesas do Judiciário por ano. Ainda, em evidente propagação no tempo, eis que os processos judiciais com a Administração possuem ritos processuais mais extensos. Sem olvidar, ainda, que para a manutenção e a tramitação deste elevado número de processos judiciais o Poder Executivo também realiza despesas expressivas e aloca profissionais competentes, da advocacia pública, a gerir de modo procrastinatório e custoso os processos judiciais, quando soluções mais criativas, menos custosas e eficientes poderiam ser estabelecidas por intermédio dos métodos autocompositivos.

A implementação de soluções amigáveis poderá exigir investimentos e demandar custos, mas tende a gerar resultados mais econômicos e eficientes,[1090] a otimizar recursos e a gerar soluções mais criativas, nem sempre relacionadas diretamente a recursos financeiros.

[1089] A partir da leitura atenta do instituto para além do seu texto e da sua funcionalidade, sob a perspectivas de características locais, como proposto por LEGRAND, Pierre. On the singulatiry of law. *Harvard International Law Journal*, 47, p. 517-530, 2006.

[1090] Cita-se, por exemplo, o caso Arroio Feijó em Porto Alegre, relativo ao rompimento de um dique em 2013, com a inundação em várias moradias, o que resultou no ajuizamento de 973 ações judiciais. O Município começou a ser condenado em primeiro e segundo grau, analisou a demanda e, mediante acordos judiciais, encerrou cerca de 80% dos processos judiciais, propiciou grande economia ao erário municipal de forma direta, em cerca de 9 milhões de reais, e indireta ao Município e ao Estado, além de a população atingida ter obtido o reconhecimento do seu direito e a indenização de modo mais imediato. Tem-se um exemplo de como "a utilização de meios alternativos para a resolução dos conflitos pelo Poder Público revela-se uma estratégia que pode contribuir para diminuir o volume de demandas repetitivas do Judiciário, representando economia de recursos públicos e resolução de passivos judiciais, promovendo verdadeira pacificação social". SCHNEIDER, Patrícia Dornelles. Meios alternativos de resolução de conflitos: a conciliação dos processos judiciais pelo poder público. A experiência de Porto Alegre. *Revista da Procuradoria-Geral do Município de Porto Alegre*, Porto Alegre, v. 30, n. 31, p. 169-173, 2017. Disponível em: http://www2.portoalegre.rs.gov.br/pgm/default.php?reg=31&p_secao=502. Acesso em: 03 dez. 2022.

Estas soluções têm aptidão a propiciar economias em médio e longo prazo. Trata-se muito mais de reorganizar o fluxo e os modos de resolução de conflitos administrativos, realocar recursos e estruturas, mais simples, flexíveis,[1091] rápidas e participativas, que tenderão a gerar maior satisfação das pessoas, em menos tempo e maior economia de recursos públicos.

Outro aspecto importante a se considerar é que a França e os países europeus, assim como organismos da União Europeia[1092] têm envidado esforços para a boa administração da justiça e a razoável duração dos processos.[1093] Alerta-se que o Brasil, com muito mais vigor, deveria voltar-se aos métodos amigáveis de solução de conflitos, pois os processos judiciais demandam tempo excessivo, nem um pouco razoável à dignidade da pessoa humana, à manutenção de pessoas físicas e jurídicas, especialmente em processos em que a Administração Pública figura como parte, em geral, relacionados a temas sensíveis. Sem mencionar que o sistema de pagamento de condenações públicas na França não prevê o instituto do precatório e no Brasil este existe e tende a gerar demora no recebimento.[1094]

[1091] Ressalta-se que a flexibilidade da mediação é vista no contexto europeu como vantagem do instituto, destacada pelo 8º ponto da Rec(2001)9 do Conselho da Europa. Ainda, a flexibilidade é vista como a principal virtude da mediação administrativa, que se manifesta triplamente: acesso facilitado; flexibilidade do procedimento e flexibilidade na aplicação do direito. BOUSSARD, Sabine. La souplesse des modes alternatifs au règlement des litiges administratifs. p. 67-81. In: CLAEYS, Antoine; GIRARD, Anne-Laure (Dir.). Les modes alternatifs de règlement des litiges em droit administratif. Poitiers: PUJ de Poitiers, 2018. p. 72-73.

[1092] David Capitant destaca há algum tempo a influência, ainda que indireta, do direito comunitário europeu sobre o contencioso administrativo francês. De todo modo, o direito comunitário é uma "síntese das tradições nacionais, e estas se encontram em evolução", o que constitui uma "conjunção de movimentos coordenados". CAPITANT, David. L'influence du droit communautaire sur le contentieux administratif français: l'exemple des marchés publics. In: PARISIO, Vera (Dir.). Diritti interni, diritto comunitario e principi sovranazionali. Milano: Giuffrè Editore, 2009. p. 33, 46.

[1093] Na França os processos judiciais em matéria administrativa levam em média 284 dias na primeira instância, 329 dias na segunda e 188 na Corte Superior. Nas três instâncias, os processos envolvendo matéria administrativa (contencioso administrativo) são resolvidos mais rapidamente que os processos de direito civil ou comercial. CONSELHO DA EUROPA. CEPEJ. Study on the functioning of judicial systems in the EU Member States. Strasbourg, p. 585-586, 12 mar. 2021. Disponível em: https://ec.europa.eu/info/sites/default/files/part_2_-_eu_scoreboard_-_country_fiches_-_deliverable.pdf. Acesso em: 03 dez. 2022.

[1094] De acordo com o artigo L911-9 do CJA, no caso de uma decisão condenar o Poder Público ao pagamento de uma soma em dinheiro, aplica-se a Lei nº 80-539, de 16 de julho de 1980, que estabelece o prazo de dois meses para o pagamento a contar da notificação judicial. Na falta de limite financeiro, o pagamento será feito no limite do disponível e haverá um prazo de 4 meses para o pagamento complementar. FRANÇA. Code de justice administrative.

A noção de razoável duração varia conforme o contexto, assim, o que se compreende como razoável no Brasil e na França se diferem, são realidades e perspectivas diferentes. No entanto, as relações e os negócios tendem a ser globais, cada vez mais conectados e sob o influxo da tecnologia, que vem modificando e globalizando a noção de tempo e espaço. De todo modo, o tempo necessário à solução judicial e à efetivação da decisão no Brasil é elevado, o que representa mais um grande motivo à maior dedicação ao tema da mediação administrativa.

A adoção de soluções extrajudiciais, no que contempla a arbitragem, e também as autocompositivas, tende a ser a realidade nos relacionamentos jurídicos internacionais e multinacionais, como se constatou a partir da realidade e da dedicação dos países europeus. Assim, a falta de segurança, de diálogo e da adequada implementação destes meios, que permitem soluções mais criativas, céleres e eficientes, tende a gerar insegurança jurídica e a afastar o Brasil de relações internacionais, cada vez mais necessárias.

Ademais, reitera-se a importância dos procedimentos autocompositivos à melhor realização de direitos, de modo mais satisfatório aos envolvidos, consagrando, por seu intermédio, maior liberdade, autodeterminação, emancipação e incremento de responsabilidade às pessoas. A ideologia participativa evidencia a importância do humano, propicia motivação e adesão dos membros, o que é essencial para melhores resultados.[1095]

Eis algumas reflexões que o Brasil – seja o Estado, os particulares, todos os atores –poderia considerar sob a perspectiva das experiências da França no tocante à mediação administrativa. A França, comparada ao Brasil, gasta menos com atividade jurisdicional em termos percentuais do PIB, seus processos judiciais demoram muito menos tempo para uma solução e a condenação do poder público é mais rapidamente cumprida,[1096] possui implementado o instituto do Defensor de Direitos

---

Disponível em: https://www.legifrance.gouv.fr/codes/id/LEGITEXT000006070933/. Acesso em: 15 nov. 2022.

[1095] CHEVALLIER, Jacques. *Science administrative*. 6. ed. Paris: PUF, 2019. p. 564.

[1096] A este respeito observa-se: "Para a Corte Europeia de Direitos do Homem, a execução de uma decisão judicial faz parte integrante do conceito do devido processo legal "*procès équitable*" no sentido do artigo 6 §1 da Convenção Europeia dos Direitos do Homem e das liberdades fundamentais (CEDH, 19 mars 1997, Hornsby c. Grèce). Consequência inevitável, o prazo excessivo à execução de uma decisão judicial engaja a responsabilidade do Estado (CE, 23 juin 2014, M. Wespelaere et a., requête numéro 369946, Rec., T., p. 734)". CAILLE, Pascal. Contentieux administratif – Troisième Partie – Titre I – Chapitre II, Chapitre II: L'exécution de la décision juridictionnelle. *Revue générale du droit on line*, 2017,

e, ainda, um sistema de justiça administrativa especializada,[1097] e, mesmo assim, a França vem consolidando práticas de mediação administrativa, inclusive obrigatórias. Ao que indica, o Brasil ainda não percebeu efetivamente a importância da implementação da mediação administrativa para a redução de custos com a atividade jurisdicional, realocação de recursos, tempo e pessoal, para a efetivação de direitos e para a melhoria relacional entre particulares e a Administração. E, a partir destas observações, depreende-se ser necessário ampliar a análise e aprimorar a efetivação de direitos de particulares relativos à Administração Pública, com a contribuição da mediação administrativa.

É salutar considerar a ponderação de Guillaume-Hofnung no sentido que os conflitos possuem um custo e "sua falta de resolução ruina uma sociedade em termos econômicos e humanos".[1098]

Mesmo na França, apesar de, sob a análise estrangeira,[1099] identificar-se grande avanço e a efetiva adoção da mediação administrativa, constata-se que não se trata de uma mudança simples. Como pondera Jacques Chevallier, a própria concepção de cidadania administrativa, mais ampla, apresenta efeitos imediatos limitados.[1100] Há dificuldades, a mediação envolve nova perspectiva quanto ao poder regaliano do juiz, "não se pode subestimar o 'salto cultural' que se faz necessário transpor em razão da crença que os juízes administrativos têm de perderem a sua função", ainda mais no direito administrativo francês que é de natureza jurisprudencial.[1101]

As ferramentas estão disponíveis e "demonstraram sua eficácia em um certo número de casos", mas para a ampliação de sua utilização vem se defendendo um "esforço pedagógico" de diminuição do

---

numéro 26699. Disponível em: https://www.revuegeneraledudroit.eu/?p=26699. Acesso em: 30 jun. 2021.

[1097] Relembra-se que a França adota o contencioso administrativo, de modo que os conflitos administrativos tramitam na jurisdição administrativa, o que, se comparado ao Brasil, em sistema de jurisdição uma, tende a ser uma característica que aumenta a eficiência do processo judicial em matéria administrativa.

[1098] GUILLAUME-HOFNUNG, Michèle. *La médiation*. Paris: PUF, 2020. p. 97.

[1099] Pondera-se que a comparação é baseada sobre um modelo, de modo que "a apreciação não é isenta de subjetividade nem de pré-conceitos que temos sobre as próprias regras". CLAEYS, Antoine. Résoudre autrement les différends avec l'administration: l'éclairage des droits étrangers. In: CLAEYS, Antoine; GIRARD, Anne-Laure (Dir.). *Les modes alternatifs de règlement des litiges em droit administratif*. Poitiers: PUJ de Poitiers, 2018. p. 23.

[1100] CHEVALLIER, Jacques. *Science administrative*. 6. ed. Paris: PUF, 2019. p. 438.

[1101] BENARD-VINCENT, Georgina. Les enjeux de la médiation en droit administratif. *Contentieux administratif*, 28 jul. 2017. Disponível em: http://blogdroitadministratif.net/2017/07/28/les-enjeux-de-la-mediation-en-droit-administratif/. Acesso em: 03 dez. 2022.

confronto em favor de uma abordagem mais construtiva.[1102] De todo modo, não é pertinente defender de modo irresponsável o "tudo alternativo", sob o risco de sobrecarregar estes métodos e obter o efeito inverso.[1103] O recurso aos modos alternativos não significa o desaparecimento da solução judicial em matéria administrativa, inclusive, a atividade jurisdicional subsiste em segundo plano e assume se for preciso, como por exemplo, no tocante à força executória.[1104]

É necessário ter discernimento para avaliar as situações às quais as soluções amigáveis, dentre elas a mediação, são favoráveis, bem como aquelas em que se recomenda a solução judicial.[1105]

Mesmo no contexto francês, somente a prática permitirá avaliar se a mediação atenderá seus objetivos,[1106] "é muito cedo para se pronunciar", a taxa de mediações ainda é baixa perto dos processos ajuizados, cerca de 1%, todavia "parece existir uma verdadeira vontade a partir de alguns magistrados administrativos", assim como uma vontade política, como se extrai da experimentação da mediação preliminar obrigatória, estabelecida pelo Decreto nº 2018-101,[1107] que deixou de ser uma experiência e tornou-se obrigatória no âmbito do Código de

---

[1102] VEL, Guy De. Les MARC/ADR au Sein du Conseil De L'Europe: État et Esprit du Règlement Amiable des Différends dans L'Europe des Droits de L'Homme. L. CADIET. (Dir.). coll. *Médiation et arbitrage*: alternative dispute résolution Alternative à la justice ou justice alternative? Perspectives comparatives. LexisNexis, Paris, 2005. p. 194.

[1103] VEL, Guy De. Les MARC/ADR au Sein du Conseil De L'Europe: État et Esprit du Règlement Amiable des Différends dans L'Europe des Droits de L'Homme. L. CADIET. (Dir.). coll. *Médiation et arbitrage*: alternative dispute résolution Alternative à la justice ou justice alternative? Perspectives comparatives. LexisNexis, Paris, 2005. p. 194.

[1104] LE BOT, Olivier. La sécurisation des MARL par le juge administrative. *In*: CLAEYS, Antoine; GIRARD, Anne-Laure (Dir.). *Les modes alternatifs de règlement des litiges em droit administratif*. Poitiers: PUJ de Poitiers, 2018. p. 85, 93-94.

[1105] VEL, Guy De. Les MARC/ADR au Sein du Conseil De L'Europe: État et Esprit du Règlement Amiable des Différends dans L'Europe des Droits de L'Homme. L. CADIET. (Dir.). coll. *Médiation et arbitrage*: alternative dispute résolution Alternative à la justice ou justice alternative? Perspectives comparatives. LexisNexis, Paris, 2005. p. 194.

[1106] A respeito das reformas administrativas, nas quais se insere a cidadania administrativa como mudança de relacionamento entre a Administração e o cidadão, Jacques Chevallier pondera que se pode extrair três interpretações: positiva, segundo a qual o modelo burocrático da hierarquia, unidade e segredo vai "quebrar"; negativa, no sentido que tudo é retórico e não haverá mudanças e intermediária, no sentido que haverá ajustes progressivos que contribuirão à aprendizagem e novos comportamentos, o que somente será descoberto com a prática. CHEVALLIER, Jacques. *Science administrative*. 6. ed. Paris: PUF, 2019. p. 439.

[1107] PLESSIX, Benoît. *Droit administratif général*. 3. ed. Paris: LexisNexis, 2020. p. 1361-1362, note 1030.

Justiça Administrativa.[1108] Para as controvérsias difíceis, naqueles casos não obrigatórios, o sucesso da mediação administrativa dependerá em grande parte da Administração, do espaço que ela dará à mediação.[1109]

O movimento em favor da mediação passa pela acentuação de suas vantagens como: "celeridade, discrição, custos menos elevados que um processo contencioso, maior envolvimento das partes e supressão da álea judiciária", mas também requer "mudança de cultura por todos os protagonistas: juízes, administrações" e particulares.[1110] Deve ser defendido por todos, pois a mediação pode produzir efeitos positivos às partes ao melhorar sua comunicação e suas relações presentes e futuras,[1111] o que é vantajoso para toda a comunidade por manter maior equilíbrio e vínculo social.[1112] A mediação administrativa, ao abrir os caminhos para a escuta e a fala com os particulares e possibilitar eventual solução amigável, promove conexões relevantes com a coletividade e pode nutrir "um sentimento reforçado de 'estar junto'",[1113] essencial à dignidade humana e à consagração da fraternidade. A abertura à comunicação, à troca, ao diálogo e às soluções conjuntas também promovem horizontes democráticos necessários à satisfação da coletividade e à gestão pública eficaz. A mediação faz parte, inegavelmente, da "pacificação social".[1114]

[1108] Nos arts. L213-11 a L213-14 do CJA. FRANÇA. *Code de justice administrative*. Disponível em: https://www.legifrance.gouv.fr/codes/id/LEGITEXT000006070933/. Acesso em: 15 nov. 2022.

[1109] Reconhece-se, no contexto francês, a importância do Conselho de Estado, especialmente por sua jurisprudência, para que a mediação seja uma "verdadeira alternativa à solução judicial de conflitos". MIGNON, Vincent Brenot Emmanuelle. Faut-il croire à la médiation dans les litiges administratifs? *ARTICLE Public – Réglementaire – Environnement*, 05 fev. 2018. Disponível em: https://www.august-debouzy.com/fr/blog/1117-faut-il-croire-a-la-mediation-dans-les-litiges-administratifs. Acesso em: 03 dez. 2022.

[1110] NURET, Bertrand. Administration/Citoyens – La médiation en droit public: d'une chimère à une obligation? *La Semaine Juridique Administrations et Collectivités territoriales*, n. 9, 2019. Disponível em: https://www.lexis360.fr. Acesso em: 20 set. 2020.

[1111] O sentimento daqueles que experimentaram a mediação é de satisfação, "ainda é necessário perseguir e sensibilizar as partes e também os magistrados" assim como os serventuários, "em direção a uma comunicação renovada, apta a propiciar a paz na cidade". ARTUS, Didier. L'An II de la médiation administrative État des lieux au tribunal administratif de Poitiers. *La Semaine Juridique – Édition Administrations et Collectivités Territoriales*, n. 9, LEXISNEXIS, 2019. p. 8.

[1112] NURET, Bertrand. Administration/Citoyens – La médiation en droit public: d'une chimère à une obligation? *La Semaine Juridique Administrations et Collectivités territoriales*, n. 9, 2019. Disponível em: https://www.lexis360.fr. Acesso em: 20 set. 2020.

[1113] GAUDIN, Jean Pierre. *Gouverner par contrat*: l'action publique en question. Paris: Presses de Sciences PO, 1999. p. 92.

[1114] FAUTRE-ROBIN, Aurélia. Rôle et intérêt de la déjudiciarisation. In: CIMAMONTI, Sylvie; PERRIER, Jean-Baptiste (Dir.). *Les enjeux de la déjudiciarisation*. LGDJ: Issy-les-Moulineaux, 2019. p. 92.

A mediação propicia "o verdadeiro hormônio da confiança", ela é "a melhor sustentação da resiliência, das microfissuras, reconectando as fraturas", propicia a fortificação do vínculo social e da confiança a remediar as numerosas crises pelas quais as sociedades locais, nacionais e internacionais têm passado.[1115]

A respeito do que foi analisado na França, depreende-se, em uma perspectiva mais objetiva, grande preocupação com o prazo razoável dos processos e com o volume de recursos públicos necessários ao custeio das jurisdições. No entanto, também se identifica uma perspectiva mais humanizada e democrática da mediação, de cidadania, de horizontalização das relações e da necessidade de participação da coletividade na resolução de problemas comuns, de forma mais atrelada à realidade, segundo critérios não apenas jurídicos-formais, mas também equitativos, além de facilitar a integração de diversas culturas no contexto europeu.

A partir do desenvolvimento da mediação administrativa na França, propõem-se reflexões para o direito administrativo brasileiro, que podem incentivar e encorajar a efetiva implementação do instituto nas Administrações Públicas brasileiras. Os motivos que fomentaram a mediação na França, respeitadas as particularidades de cada Estado,[1116] também são identificados no Brasil, senão, com maior ênfase, talvez apenas não se tenha tomado consciência.

4.3 Propostas para a implementação da mediação administrativa

Não há dúvidas acerca da necessidade da Administração Pública brasileira voltar-se à gestão adequada dos conflitos com os particulares, em vistas à resolução autocompositiva e à prevenção.

Aos poucos, faz-se necessário implementar o sistema multiportas e o design de solução de disputas na Administração, já contemplados na legislação nacional, mas ainda carentes de efetivação.

Além da proposta de desjudicialização dos conflitos, ou seja, de uma realocação da solução dos conflitos da esfera judicial para outros

---

[1115] GUILLAUME-HOFNUNG, Michèle. *La médiation*. Paris: PUF, 2020. p. 46, 88.

[1116] Um texto de lei é reconhecido pela força que assume em uma rede de usos, crenças e emoções, ou seja, como se desenvolve concretamente. Assim, a singularidade de um texto de lei é fruto de seu inter-relacionamento, que o constitui. LEGRAND, Pierre. On the singulatiry of law. *Harvard International Law Journal*, 47, p. 517-530, 2006. p. 526.

locais, compreende-se que a essência está na modificação relacional entre a Administração Pública e os particulares, para a qual a mediação também contribuirá.

Não obstante, o modelo multiportas, notadamente na seara pública, ainda é incipiente e passível de análises. A legislação, por si só, não promove alterações imediatas.[1117] Faz-se necessário que a Administração exerça a função administrativa em uma perspectiva democrática, aberta à coletividade e que valorize o ser humano.[1118] Nesta perspectiva, as soluções consensuais autocompositivas tendem a se amoldar com maior facilidade no âmbito da função administrativa dialógica e democrática.

Identifica-se a necessidade de mudança de cultura jurídica administrativa, do indeferimento total e adversarial para a composição, de modo que a apreciação de um pleito administrativo ou judicial funde-se nos aspectos verdadeiros e juridicamente pertinentes e, a partir destes, seja feita uma análise quanto à possibilidade de composição. Sem dúvida, haverá casos de dissenso, nos quais, motivadamente, a Administração deverá combater. O que se defende é a abertura ao diálogo e a implementação de mecanismos autocompositivos e que estes sejam adotados de modo prioritário, ou seja, diante dos conflitos ou de sua iminência, a fim de, no que for possível, dirimi-los antecipadamente à instalação de uma relação de oposição, adversarial e judicial.

4.3.1 Providências necessárias à implementação da mediação administrativa

A partir do estudo realizado e da comparação com a estruturação e o funcionamento da mediação administrativa na França, entende-se que a implementação da mediação administrativa de modo sistematizado requer uma estruturação administrativa dialógica e consensual

---

[1117] Inclusive, não se olvida o perigo de a legislação produzir efeitos adversos, como o aumento de demandas. MOREIRA, Egon Bockmann; CUÉLLAR, Leila. Câmaras de autocomposição da administração pública brasileira: reflexões sobre seu âmbito de atuação. *In:* CUÉLLAR, Leila *et al. Direito administrativo e alternative dispute resolution*: arbitragem, *dispute board*, mediação e negociação. Belo Horizonte: Fórum, 2020. p. 78.

[1118] Reconhece-se que a adoção de soluções consensuais aos conflitos, ultrapassa, inclusive, o âmbito da Administração Pública. Envolve a sociedade de um modo geral, desde a educação infantil à universitária, de modo a gerar em cada indivíduo percepções mais colaborativas no tocante à resolução de conflitos. A formação jurídica também deve se voltar à capacitação em prol de soluções autocompositivas e criativas e não apenas à postura adversarial litigiosa.

e, para tanto, necessita de várias providências não excludentes e cumulativas, algumas mais abrangentes e outras pontuais.

De modo geral:

a) conscientização da relevância e das vantagens dos métodos autocompositivos no âmbito judicial e administrativo, portanto, entre juízes, promotores, procuradorias, tribunais de contas e advocacia pública.[1119] Muito relevante esta conscientização também entre os demais servidores, uma vez que o conflito normalmente surgirá a partir das atividades administrativas diretamente conectadas aos particulares. A solução consensual envolve uma nova cultura jurídica. Requer "a adoção de uma política pública de conscientização" sobre a necessidade de se utilizar a mediação e os demais modos amigáveis "envolvendo seus aspectos econômicos e principalmente a noção democrática decorrente do seu conceito".[1120] Todos necessitam estar engajados na identificação e na pronta solução dos conflitos para o melhor funcionamento do sistema em uma proposta de um novo agir administrativo;

b) conscientização da comunidade jurídica, com integrações entre as administrações e a Ordem dos Advogados, as universidades, o Judiciário e com a coletividade, mediante campanhas, cartilhas, informações, identificação nos sítios eletrônicos e nas unidades físicas;

c) estabelecimento de vivências com mediadores para atendimento e esclarecimento à população em unidades administrativas e jurisdicionais. São estas algumas possibilidades para a difusão do tema de um modo geral.

Em termos mais específicos e concretos:

d) é necessário o mapeamento dos conflitos já judicializados[1121] e daqueles com potencial de judicialização e, diante da dificuldade de

---

[1119] Para o sucesso da mediação destaca-se a importância da organização administrativa e jurisdicional e da informação aos diferentes atores do processo. Contudo, mesmo na legislação francesa considera-se que esta foi omissa a respeito, cujo protagonismo foi assumido pelo Conselho de Estado, por exemplo, mediante a instituição de um comitê "justiça administrativa e mediação", formado por juízes, advogados, professores e representantes da administração. MINET-LELEU, Alice. La médiation administrative. *Revue du Droit Public*, Paris, n. 5, p. 1191, set. 2017. Disponível em: https://www-labase-lextenso-fr.bcujas-ezp.univ-paris1.fr/revue-du-droit-public/RDP2017-5-006?em=m%C3%A9diation%20administrative. Acesso em: 30 jul. 2021.

[1120] MUNIZ, Tânia Lobo; SILVA, Marcos Claro da. O modelo de tribunal multiportas americano e o sistema brasileiro de solução de conflitos. *Revista da Faculdade de Direito da UFRGS*, Porto Alegre, v. esp., n. 39, p. 303, 2018.

[1121] Por exemplo, foi o caso Arroio Feijó do Município de Porto Alegre, considerado exitoso em termos econômicos e humanos, eis que as pessoas necessitavam da indenização

adotar as soluções autocompositivas de modo geral e amplo, sugere-se a realização de projetos temáticos experimentais. Por exemplo: o poder público, após o mapeamento dos conflitos judicializados, pode analisar a viabilidade de acordos em uma determinada temática e, em conjunto com o Judiciário, os CEJUSCs, mediante cadastrado de mediadores privados, realizar mutirões de mediação e conciliação. Do mesmo modo, adotar tal providência em âmbito administrativo para os conflitos da mesma espécie ainda não judicializados. Esta prática setorial e experimental poderá gerar experiências, aprendizados, facilitar o monitoramento de resultados, capacitar a Administração e fomentar a cultura pela autocomposição;

e) identificação antecipada de possíveis conflitos e disponibilização de mediação e conciliação extrajudicial para projetos experimentais. Por exemplo, assim que houver a percepção pela Administração de algum conflito, que possa gerar amplo descontentamento e ações judiciais, poderá ser aberto um procedimento de diálogo, poderão ser colhidas as manifestações dos envolvidos, realizadas sessões de mediação e, eventualmente, composta uma solução, antes da escalada do conflito e de sua instalação;

Com estas experiências mais pontuais é possível o poder público implementar aos poucos os métodos autocompositivos e gerar aprendizado para a implementação progressiva;

f) apesar da legislação geral, ressalta-se a importância da regulamentação administrativa do tema em cada esfera, de acordo com as suas realidades e possibilidades e a instituição da devida procedimentalização, também no intuito de institucionalizar esta prática. Outro aspecto relevante é a delimitação de competências para a devida representação do poder público nas sessões e na eventual assinatura dos acordos, com os respectivos ritos necessários, assim como a capacitação dos envolvidos nos métodos de solução consensual de controvérsias.[1122] Contudo, na hipótese de instituição de Câmara Pública, será necessária legislação;

---

para consertar e restabelecer suas moradias. SCHNEIDER, Patrícia Dornelles. Meios alternativos de resolução de conflitos: a conciliação dos processos judiciais pelo poder público. A experiência de Porto Alegre. *Revista da Procuradoria-Geral do Município de Porto Alegre*, Porto Alegre, v. 30, n. 31, p. 169-173, 2017. Disponível em: http://www2.portoalegre. rs.gov.br/pgm/default.php?reg=31&p_secao=502. Acesso em: 03 dez. 2022.

[1122] Um desafio no uso da mediação para as pessoas públicas é a "escolha de um interlocutor idôneo, em termos jurídicos e de legitimidade". "Ainda, é necessário que o representante da pessoa pública tenha aptidão para negociar e não se sinta intimidada a desrespeitar

g) é relevante também a regulamentação de procedimentos internos, voltados à prevenção de conflitos com métodos pontuais de esclarecimentos, de diálogo, escuta e comunicação não violenta, aptos à identificação de potenciais conflitos desde sua origem, em todos os setores da Administração. Procedimentos estes atrelados aos códigos de integridade dos órgãos, objeto de acompanhamento pelo controle interno;

h) ainda, com maior efetividade e sistematização, como preferência, o poder público poderá estabelecer um sistema de resolução administrativa de conflitos, inspirando-se no que se denomina Design de Sistema de Disputas – DSD.[1123] Para tanto, de início será necessário mapear as dúvidas e as controvérsias mais recorrentes e institucionalizar, de forma física e digital, uma ouvidoria, que fará a triagem das dúvidas e demandas e, conforme o caso, se houver compatibilidade com a autocomposição, destinará a um setor técnico ou a uma câmara pública de mediação e conciliação para a devida análise do caso e avaliação quanto ao encaminhamento à autocomposição, em um sistema multiportas de resolução de conflitos.[1124] Para que este sistema seja implementado, as "portas", ou seja, as opções de solução necessitam estar disponíveis e faz-se necessária uma triagem.[1125]

---

a confidencialidade com o repasse de informações à autoridade hierárquica". NURET, Bertrand. Administration/Citoyens – La médiation en droit public: d'une chimère à une obligation? *La Semaine Juridique Administrations et Collectivités territoriales*, n. 9, 2019. Disponível em: https://www.lexis360.fr. Acesso em: 20 set. 2020.

[1123] "Desenho de Sistemas [de resolução] de Disputas (DSD), que envolve o conjunto de procedimentos criados sob medida para lidar com determinado conflito, ou uma série destes, envolvendo disputas com maior ou menor grau de complexidade. A customização de um sistema permite atender as necessidades únicas de cada caso concreto com eficiência, evitando gasto de recursos, tempo, energia emocional e perda de oportunidades, enquanto permite maior participação das partes interessadas e afetadas, para que estas atinjam seus objetivos, com maior satisfação para todos os envolvidos". "Por "sistema", pode-se entender um conjunto coordenado de procedimentos ou mecanismos que interagem uns com os outros para prevenir, gerenciar ou resolver disputas. Por "desenho", entende-se a deliberada e intencional organização de recursos, processos e capacidades, para atingir um conjunto de objetivos específicos. FALECK, Diego. Um passo adiante para resolver problemas complexos: desenho de sistemas de disputas. *In*: SALLES, Carlos Alberto *et al*. (Coord.). *Negociação, mediação, conciliação e arbitragem*. 2. ed. Rio de Janeiro: Forense, 2019.

[1124] No sistema multiportas, aquele que busca o Judiciário "passa por uma triagem, em que um profissional especializado auxilia na seleção do melhor método para a composição do conflito". EIDT, Elisa Berton. *Solução de conflitos no âmbito da administração pública e o marco regulatório da mediação*: da jurisdição a novas formas de composição. Santa Cruz do Sul: Essere nel Mondo, 2017. p. 86-87, 91.

[1125] No Brasil, ainda não se considera existir a institucionalização dos meios alternativos "como portas disponíveis junto ao Poder Judiciário, razão pela qual não é possível estabelecer que existem Tribunais Multiportas por aqui, pois falta obrigatoriedade nos

Dentre os conflitos entre a Administração e os particulares que poderiam iniciar a experiência, propõe-se aqueles relativos às relações de sujeição específica, em que já existe proximidade maior, uma relação regulamentar e mais estreita com a Administração. Por exemplo, as relações de função pública, com os agentes públicos, nas licitações e contratos administrativos, nestes, especialmente nos casos de micro e pequenas empresas, a fim de facilitar a defesa de seus direitos.[1126] Tratam-se de conflitos que costumam ser numerosos[1127] e relacionados a verbas alimentares. Nota-se, inclusive, que se referem diretamente às relações mais internas e estruturais da Administração, o que até mesmo figura como hipótese de maior exigência à disponibilidade efetiva e prévia das soluções consensuais.

Eis a proposta "h" em maiores detalhes:

O estabelecimento de uma ouvidoria ou a utilização de alguma já existente no poder público. Perante esta, o particular poderá pedir informações, registrar reclamações, realizar estas apenas como notícia, para o aprimoramento da atividade administrativa, ou como fundamento para pedidos administrativos.

Os casos de reclamações com pedidos administrativos tendem a ser aqueles em que poderá ser necessária a autocomposição. Será necessário avaliar se o poder público estabeleceu parâmetros, orientações ou súmulas administrativas aplicáveis ao caso, hipótese em que, se positivo, instaura-se uma negociação entre a Administração e o particular, com a possibilidade de acordo.

Se houver dificuldades de diálogo, de compreensão e de satisfação, indicativos da existência de questões subjacentes, o caso poderá ser encaminhado à mediação ou à conciliação, com a concordância dos envolvidos.

A submissão do caso à mediação ou à conciliação não significa que existirá um acordo ou que este seja possível. Estes processos, como analisado, são antes de tudo de comunicação, diálogo e mapeamento do

---

procedimentos de triagem". MUNIZ, Tânia Lobo; SILVA, Marcos Claro da. O modelo de tribunal multiportas americano e o sistema brasileiro de solução de conflitos. *Revista da Faculdade de Direito da UFRGS*, Porto Alegre, v. esp., n. 39, p. 288-311, 2018. p. 304-305.

[1126] Conforme a teleologia da Lei Complementar nº 123/2006.

[1127] Relata-se que em 2019, no Estado de São Paulo, dos seis assuntos predominantes, correspondentes a 200.000 ações contra a Administração, quatro estavam relacionados às questões de pessoal. BONIZZI, Marcelo José Magalhães; ALVES, Marcus Vinicius. Breve análise dos meios alternativos de solução de conflitos envolvendo a Administração Pública no Brasil e em Portugal. *In:* MOREIRA, António Júdice *et al.* (Coord.). *Mediação e arbitragem na Administração Pública*: Brasil e Portugal. São Paulo: Almedina, 2020. p. 241.

conflito, somente após as etapas iniciais do processo que será possível ter uma dimensão dos aspectos envolvidos. Com a fala e a escuta pode ocorrer que o conflito inicial se dissolva. Pode ser necessário, contudo, uma negociação de um acordo. Neste momento e nos subsequentes, os representantes do poder público, como de costume em sua atuação, necessitam apresentar ideias e dialogar em relação àquelas apresentadas pelos demais envolvidos, em vista ao regime jurídico-administrativo, à realização dos interesses públicos.

Relembra-se que o espaço da autocomposição, com a troca dialética, e a participação dos envolvidos, permite soluções diferenciadas, mais criativas e eficientes, não apenas jurídicas, mas também equitativas. Recomenda-se, inclusive, que o poder público esteja representado por servidor técnico, envolvido com a temática debatida, além do procurador, com o conhecimento jurídico que lhe é inerente e aptidão às soluções consensuais. Negociadas as possibilidades após uma ou mais sessões, conforme a regulamentação da Administração, poderá ser celebrado o acordo ou, conforme a complexidade e o valor envolvido, a proposta será submetida a um colegiado ou a outro setor a fim de analisar a compatibilidade com o regime jurídico-administrativo.

A participação mais direta da própria Administração Pública na solução dos conflitos lhe permitirá maior contato com a realidade, com os problemas advindos de sua atuação, com a vantagem de receber aportes imediatos da realidade. Assim, terá a consequente possibilidade de promover ajustes e correções de modo a aprimorar suas atividades e prevenir futuros conflitos, semelhante ao trabalho realizado pelo Defensor dos direitos na França, que realiza a conexão entre um particular e o poder público e solicita correções. Nesta esteira, a mediação poderá representar benefícios como: evitar a propagação e a judicialização do conflito, assim como a proposição de mudanças. Pode-se acrescer, ainda, o efeito pedagógico que a autocomposição promove nas pessoas, a liberdade e a autorrealização, que beneficiarão o indivíduo diretamente envolvido e a coletividade de modo indireto, em uma rede de pacificação social.

Isto exigirá uma reestruturação administrativa de setores e servidores, mas aos poucos, aqueles diretamente relacionados à movimentação nos processos judiciais poderão ter suas atividades melhor empregadas na autocomposição, assim como aqueles que restarem na atuação judicial poderão se dedicar melhor à defesa judicial do poder público.

4.3.2 Mediação prévia obrigatória: um dever da Administração, um direito ao particular

Acredita-se que a voluntariedade e a necessidade de os envolvidos estarem mais confortáveis com a autocomposição não se adequam perfeitamente com a obrigatoriedade da mediação, diferentemente da opção adotada na França. De todo modo, a mediação preliminar obrigatória determina que esta seja adotada como opção preliminar à judicialização, mas não obriga que os envolvidos permaneçam em uma mediação e, muito menos, que celebrem acordos contrários às suas vontades.[1128] Recomenda-se, na realidade, um forte incentivo ao uso da mediação e a sua efetiva disponibilidade.

O que se compreende a partir do que foi analisado é que a Administração Pública possui o dever de implantar a mediação administrativa, ainda que, inicialmente, para temas específicos que entender mais convenientes com posterior ampliação. Este dever decorre da compreensão e da necessária efetivação do Estado Democrático de Direito, que demanda a revisão da função administrativa para um formato mais horizontal, dialógico e consensual com a coletividade. Esta, ao mesmo tempo, necessita participar e compor a gestão pública e a definição dos interesses públicos com o aporte dos dados da realidade, o que permite o (re)estabelecimento de vínculos democráticos entre os particulares e o poder público.

O dever administrativo de estabelecimento da autocomposição, notadamente, a mediação, decorre também da valorização do ser humano e dos direitos que lhe são inerentes, assim como do direito que possui à boa administração, ou seja, uma Administração que tutele e realize os seus direitos de modo mais imediato, que não atue de modo fechado e protelatório, que resolva de modo democrático e com responsabilidade as controvérsias que inevitavelmente surgirão.

Ademais, sob um enfoque mais positivo, o dever da Administração privilegiar a autocomposição administrativa se coaduna com a Constituição da República e com a legislação e demonstra, sob o enfoque da proporcionalidade e da razoabilidade, o meio menos gravoso, mais célere, econômico e eficiente para integrar os interesses envolvidos, aprimorar a realização dos interesses públicos e economizar recursos

---

[1128] É o que também conclui Rhita Bousta, após a análise da mediação preliminar obrigatória na França. Segundo a autora, a liberdade dos mediandos reside no conteúdo do diálogo e na possibilidade de encerrá-lo a qualquer momento. BOUSTA, Rhita. *La notion de médiation administrative*. Paris: L'Harmattan, 2021. p. 140.

públicos. A solução consensual de conflitos pela Administração propicia "uma prestação de serviços mais qualificados e mais céleres, além de aproximar o cidadão da estrutura estatal, sem a intermediação de um processo judicial".[1129]

Ainda, como visto, as técnicas da mediação e a estrutura do seu procedimento tendem a possibilitar a restauração das relações e a resolução do conflito em uma dimensão mais ampla, sustentável e pedagógica, com a possível integração dos interesses, com ganhos em diversos sentidos aos envolvidos e à coletividade. O sistema perdedor-ganhador, típico das soluções judiciais, coloca em risco o interesse público, mesmo quando o poder público se consagra vencedor. A autocomposição, a partir da possibilidade da integração, da ponderação dos reais interesses envolvidos e da criatividade de soluções permite maximizar a realização dos interesses públicos, de modo compatível com o regime público, com melhores condições de acompanhamento da execução e correções.[1130]

Desse modo, compreende-se que a Administração deve implementar a mediação administrativa, esta deve ser disponibilizada à coletividade, de forma presencial e digital, como modo prioritário à solução e à prevenção de conflitos. Frente a isto, confere-se ao particular o direito ao tratamento adequado do conflito, o que pode compreender, conforme o caso, o direito à tentativa de resolução pelos meios menos gravosos e mais céleres como a mediação administrativa.

Nesta proposta, eventual atuação administrativa adversarial, como o ajuizamento de ação pelo poder público, a contestação de uma ação ou a interposição de um recurso, necessariamente, deve passar pela análise detida e motivada de consensualidade e de impacto ao interesse público relativos à possibilidade e à vantajosidade da tentativa de autocomposição, seja a negociação, a conciliação ou a mediação, de modo a integrar a rotina administrativa, por serem formas de resolução, *a priori*, mais consentâneas com a boa administração e a função administrativa democrática.

A mesma avaliação ponderada dos impactos envolvidos deve anteceder a manifestação do poder público aos pedidos e recursos

---

[1129] EIDT, Elisa Berton. *Solução de conflitos no âmbito da administração pública e o marco regulatório da mediação*: da jurisdição a novas formas de composição. Santa Cruz do Sul: Essere nel Mondo, 2017. p. 150.

[1130] Neste sentido: SOUZA, Luciane Moessa de. *Meios consensuais de solução de conflitos envolvendo entes públicos*: negociação, mediação e conciliação na esfera administrativa e judicial. Belo Horizonte: Fórum, 2012. p. 216.

administrativos, ou seja, diante de cada relação conflituosa, administrativa ou judicial, antes da imediata reação adversarial do poder público, faz-se necessária uma análise de consensualidade e de impacto ao interesse público relativa à tentativa consensual ou à imediata oposição. É salutar uma ponderação quanto à eventual compatibilização de interesses e à avaliação da pertinência da mediação para a melhor compreensão dos interesses daquele(s) que suscitaram a controvérsia, sendo que a oposição e o uso de prerrogativas públicas devem ceder, sempre que possível, a uma abordagem consensual preliminar. Ao particular, contudo, restará a faculdade de aderir à possibilidade de participar das tentativas de autocomposição ou não.

A proposta, portanto, é de estabelecimento de mecanismos administrativos de diálogo, com diferentes graus, da menor complexidade à maior, com a possibilidade de simples informações e esclarecimentos às sessões de mediação. Possibilidades diversas de prevenção e solução de conflitos devem estar obrigatoriamente disponíveis à coletividade e não apenas a solução judicial, implementando-se, efetivamente, múltiplas portas às soluções dos conflitos entre particulares e a Administração. Desse modo, os objetivos são: aproximar e aprimorar o atendimento dos particulares pela Administração, melhorar o relacionamento destes – do adversarial ao dialógico e compositivo – efetivar de modo mais imediato e direto o respeito ao ser humano e a realização de direitos, otimizar a realização dos interesses públicos, propiciar uma gestão pública mais eficiente e evitar a judicialização desnecessária.

Para a realização da proposta e, portanto, implementação da mediação administrativa todos os atores são necessários, os Poderes, o Ministério Público, os Tribunais de Contas, os agentes públicos, os profissionais, a academia e a coletividade e quanto maior a sinergia, melhor.[1131]

[1131] Registra-se o protagonismo do Conselho de Estado francês e a colaboração dos demais setores com a assinatura de convenções para fortalecer e difundir a mediação administrativa, por exemplo: em 22 de maio de 2019, o Conselho de Estado assinou uma convenção com a Ordem dos advogados para que cada um dos envolvidos promova a mediação. FRANÇA. *Conseil d'État*. Disponível em: https://www.conseil-etat.fr/actualites/actualites/le-conseil-d-etat-signe-une-convention-pour-promouvoir-la-mediation. Acesso em: 03 dez. 2022. Em 2017, também foi de grande relevância a assinatura de uma convenção com o Conselho nacional dos *Barreaux* a fim de fomentar a mediação administrativa que deve ser apreciada no que se refere ao dever de aconselhamento dos advogados. FRANÇA. *Conseil d'État*. Disponível em: https://www.conseil-etat.fr/actualites/discours-et-interventions/la-mediation-en-matiere-administrative-signature-d-une-convention-entre-le-conseil-d-etat-et-le-conseil-national-des-barreaux. Acesso em: 03 dez. 2022.

Considera-se que "ética e juridicamente, mostra-se precípua a solução consensual dos conflitos na esfera administrativa".[1132] Assim, como vem se desenvolvendo ao longo desta obra, compreende-se que o poder público tem o dever, inerente à boa administração, em estabelecer canais e procedimentos, uma ouvidoria, para a acolhida e a triagem dos pleitos dos particulares, cidadãos e empresas, sendo, para estes, uma opção. Dever este que pode ser implementado de modo escalonado, inicialmente como uma forte recomendação, posteriormente com metas de expansão, conforme modificações e experiências como o foi na implementação da lei da transparência, com portais na internet, o uso do pregão eletrônico e o que vem ocorrendo no tocante aos programas de integridade.

4.3.3 Estruturação necessária à mediação administrativa

A fim de realizar as mediações, são necessárias estruturas de mediação, físicas e digitais, e mediadores capacitados, neutros e imparciais. Assim, um dos aspectos relevantes reside na formação e capacitação dos profissionais, certificação, credenciamento e códigos de ética.

No Brasil, deu-se maior ênfase à formação e ao registro dos mediadores judiciais, que necessitam de capacitação específica, registro perante os respectivos Tribunais e perante o cadastro nacional do CNJ.

No tocante à mediação extrajudicial, a legislação não exigiu capacitação, o CNJ não atua diretamente e não há um registro nacional, uma sistematização a respeito, o que pode dificultar o desenvolvimento do instituto e a competência e a segurança jurídica necessárias. Os mediadores poderão se vincular às câmaras e estarão sujeitos às suas regras, de modo não sistematizado.[1133] Neste aspecto, constata-se a necessidade de melhor regulamentação do tema, profissionalização dos mediadores, certificação e cadastramento.

A qualidade da mediação e dos acordos obtidos depende em grande parte da capacidade do mediador na condução do processo, somada à capacidade de atuar de forma consensual por parte dos defensores e procuradores dos envolvidos. O que enfatiza a seriedade

---

[1132] FREITAS, Juarez. Direito administrativo não adversarial: a prioritária solução consensual de conflitos. *RDA – Revista de Direito Administrativo*, v. 276, p. 43, set./dez. 2017.

[1133] O CONIMA – Conselho Nacional das Instituições de Mediação e Arbitragem é uma associação civil sem fins lucrativos que se dedica à divulgação e à qualidade no desenvolvimento dos métodos extrajudiciais de solução de conflitos. CONIMA. *Página oficial.* Disponível em: https://conima.org.br/. Acesso em: 03 dez. 2022.

da formação de mediadores, designação e do respeito à independência, imparcialidade, diligência e confidencialidade.[1134]

O tema referente às câmaras públicas de solução consensual de conflitos ganhou ênfase a partir de 2015, com o novo Código de Processo Civil e a Lei de Mediação, com a consagração expressa da legalidade na utilização de soluções consensuais, em especial a mediação.

Não havia proibição à solução consensual de conflitos, mas concepções restritas acerca do princípio da legalidade e da indisponibilidade do interesse público acabavam por afastar a adoção de modos consensuais e, consequentemente, a instituição de câmaras para tal propósito.[1135]

O CPC, em seu art. 174, determinou a criação de Câmaras no âmbito da Administração enquanto a Lei de Mediação, em seu art. 32, autorizou a criação destas Câmaras. Na análise de Egon Bockman Moreira, não se trata de um dever e nem de uma faculdade, mas de um "específico estímulo legislativo", o que não afasta a possibilidade da adoção da mediação por outras câmaras[1136] e a utilização destas quando não houver câmara do poder público, conforme dispõe o art. 33 da Lei de Mediação.

Sem dúvida, é salutar o estabelecimento de câmaras públicas, pois institucionaliza e reforça a implementação da mediação administrativa, mas, de todo modo, a instituição de câmaras no âmbito administrativo depende da avaliação de cada ente federativo, em especial, no tocante aos pequenos municípios,[1137] pois dependerá de servidores, capacitação e estrutura, no entanto, sua ausência não representa impeditivo à autocomposição.

As câmaras são espaços propícios ao desenvolvimento de soluções autocompositivas, são órgãos públicos, lotados por servidores públicos, localizados na estrutura da parte que se submeterá à media-

---

[1134] NORMAND, Jacques. Clôture sur médiation. CADIET, Loïc (Dir.). *Médiation & arbitrage alternative dispute resolution*: alternative à la justice ou justice alternative?: perspectives comparatives. Paris: Litec, Lexis Nexis, 2005. p. 200.

[1135] MOREIRA, Egon Bockmann; CUÉLLAR, Leila. Câmaras de autocomposição da administração pública brasileira: reflexões sobre seu âmbito de atuação. In: CUÉLLAR, Leila *et al*. *Direito administrativo e alternative dispute resolution*: arbitragem, *dispute board*, mediação e negociação. Belo Horizonte: Fórum, 2020. p. 78.

[1136] MOREIRA, Egon Bockmann; CUÉLLAR, Leila. Câmaras de autocomposição da administração pública brasileira: reflexões sobre seu âmbito de atuação. In: CUÉLLAR, Leila *et al*. *Direito administrativo e alternative dispute resolution*: arbitragem, *dispute board*, mediação e negociação. Belo Horizonte: Fórum, 2020. p. 84-85.

[1137] Pode-se cogitar a possibilidade de instituição de um consórcio público, a fim de gerir uma câmara de autocomposição de conflitos administrativos relativos aos entes consorciados.

ção.[1138] A câmara administra e regulamenta as atividades realizadas em seu âmbito. Setores administrativos e grupos de servidores podem ser alocados ao desempenho da atividade específica de avaliação e implementação das soluções consensuais e prevenção de conflitos, cujas atribuições tendem a ser mais compatíveis com a advocacia pública.[1139]

A estruturação requer cautela, a fim de evitar desrespeito ao dever de neutralidade e imparcialidade do mediador.[1140] A câmara não atua como mediadora. O mediador é um terceiro neutro e imparcial, cujo papel é facilitar o diálogo e o consenso, ele é escolhido pelas partes, seja a partir de uma lista de credenciados perante a câmara ou externo.[1141]

O tema suscita debate, se é recomendável que um servidor público ativo exerça o papel de mediador em uma câmara pública de solução de controvérsias e, ainda mais polêmico, se é possível um procurador ou advogado público atuar como mediador em casos que envolvam o ente federativo ou entidade no qual exerce suas funções públicas.

Na câmara da AGU, a CCAF, por exemplo, os mediadores são advogados da União e procuradores federais, remunerados e pertencentes à estrutura pública. A função de mediador não envolve poder de decisão e nem de sugestão, o que lhe possibilita certa imparcialidade,[1142] em tese, mesmo quando pertencente ao quadro da Administração,[1143] o que

---

[1138] MOREIRA, Egon Bockmann; CUÉLLAR, Leila. Câmaras de autocomposição da administração pública brasileira: reflexões sobre seu âmbito de atuação. In: CUÉLLAR, Leila et al. Direito administrativo e alternative dispute resolution: arbitragem, dispute board, mediação e negociação. Belo Horizonte: Fórum, 2020. p. 87.

[1139] As advocacias públicas representam o ambiente institucional adequado ao funcionamento das Câmaras de resolução de conflitos. EIDT, Elisa Berton. Solução de conflitos no âmbito da administração pública e o marco regulatório da mediação: da jurisdição a novas formas de composição. Santa Cruz do Sul: Essere nel Mondo, 2017. p. 149.

[1140] MOREIRA, Egon Bockmann; CUÉLLAR, Leila. Câmaras de autocomposição da administração pública brasileira: reflexões sobre seu âmbito de atuação. In: CUÉLLAR, Leila et al. Direito administrativo e alternative dispute resolution: arbitragem, dispute board, mediação e negociação. Belo Horizonte: Fórum, 2020. p. 87.

[1141] MOREIRA, Egon Bockmann; CUÉLLAR, Leila. Câmaras de autocomposição da administração pública brasileira: reflexões sobre seu âmbito de atuação. In: CUÉLLAR, Leila et al. Direito administrativo e alternative dispute resolution: arbitragem, dispute board, mediação e negociação. Belo Horizonte: Fórum, 2020. p. 87.

[1142] MOREIRA, Egon Bockmann; CUÉLLAR, Leila. Câmaras de autocomposição da administração pública brasileira: reflexões sobre seu âmbito de atuação. In: CUÉLLAR, Leila et al. Direito administrativo e alternative dispute resolution: arbitragem, dispute board, mediação e negociação. Belo Horizonte: Fórum, 2020. p. 87-88.

[1143] A fim de aumentar a imparcialidade e a neutralidade, os procuradores e advogados que atuam na CCAF da AGU devem se dedicar com exclusividade à Câmara, retirando-se,

também não representa interferência ou a submissão da Administração Pública ao mediador particular.

No entanto, defende-se que é mais compatível com a neutralidade e a imparcialidade[1144] que o mediador seja externo à Administração e, portanto, externo à Câmara de Resolução de Conflitos administrativos do ente administrativo diretamente envolvido na controvérsia a ser dirimida, o que não impede que seja um mediador externo credenciado junto à Câmara.

Apesar de o mediador não ter função decisória, eis que não se trata de heterocomposição, mas de autocomposição entre as próprias partes, o fato de ele pertencer à Administração pode inibir a participação das partes, sua confiança, a confidencialidade do ambiente e daquilo que será dialogado.[1145] Mesmo afastado das suas funções públicas originais, o mediador servidor público integra a estrutura e a racionalidade da Administração e será árduo atuar com neutralidade e se despir de informações passadas ou futuras que possam alterar sua condução no processo.[1146] O mediador enquanto servidor, ao invés de equilibrar com neutralidade o diálogo, possivelmente provocará desequilíbrio e agravará eventual assimetria de informações. Ainda, fatalmente o mediador, se servidor público, conforme a dimensão da esfera federativa, poderá conhecer o servidor que representa a parte pública e seu procurador, possivelmente, colega de carreira ou superior hierárquico. Mesmo em cargos elevados e caracterizados por certa autonomia, como os advogados e procuradores públicos, ainda há subordinação

---

portanto, de outras atividades jurídicas do órgão, especialmente, a litigiosa. Ademais, o art. 6º da Lei de Mediação estatui que o mediador fica impedido por um ano, contado da última audiência, de assessorar ou defender qualquer das partes. Relembra-se que a CCAF surgiu originalmente para a resolução de conflitos entre os órgãos e entidades da própria Administração.

[1144] "A imparcialidade refere-se à ausência de tendenciosidade ou preferência em favor de um ou mais negociadores, de seus interesses ou das soluções específicas que eles estão defendendo. A neutralidade, por outro lado, refere-se ao relacionamento ou comportamento entre o interventor e os disputantes". MOORE, Christopher W; LOPES, Magda França (Trad.). *O processo de mediação*: estratégias práticas para a resolução de conflitos. 2. ed. Porto Alegre: Artmed, 1998. p. 55.

[1145] Quando se tratar da Administração Pública, o poder público e o particular "deverão buscar um profissional capacitado imparcial e independente". BRAGA NETO, Adolfo. Mediação com a Administração Pública. *In*: MOREIRA, António Júdice *et al.* (Coord.). *Mediação e arbitragem na Administração Pública*: Brasil e Portugal. São Paulo: Almedina, 2020. p. 48.

[1146] SOUZA, Mara Freire de; BUENO, Flavia Scarpinella. Mediação: uma solução adequada para os conflitos ambientais entre a Administração Pública e o administrado. *In*: MOREIRA, António Júdice *et al.* (Coord.). *Mediação e arbitragem na Administração Pública*: Brasil e Portugal. São Paulo: Almedina, 2020. p. 370.

hierárquica a uma chefia, em regra escolhida e nomeada por critérios políticos e há obrigações funcionais.

Guillaume-Hofnung ressalta que o servidor integra a Administração e não poderá ser mediador entre um particular e esta. Os servidores "não são terceiros, mas partes na relação", que podem e se recomenda que estejam imbuídos à solução amigável, à melhoria da comunicação e à humanização, mas não na função de mediadores.[1147] Aliás, é o que se coaduna com a denominada teoria da imputação ou teoria do órgão, de Otto Gierke,[1148] no sentido que o servidor não atua em nome próprio no exercício da função pública. Assim, mesmo na função de mediador, sua atuação remete ao poder público, parte no conflito. Além disso, o propósito é de horizontalização das relações e facilitação do diálogo com o poder público, por intermédio de um terceiro neutro.

Não obstante, quando a Administração atua como intermediadora de conflitos entre diferentes órgãos públicos ou entre particulares distintos, como em muitos casos nas Agências Reguladoras, ao que indica, o fato de o mediador ser servidor público ativo não afetaria a neutralidade e a imparcialidade, pois haveria maior distanciamento.

Os procuradores e advogados públicos terão funções relevantes nas Câmaras e indispensáveis à implementação do sistema consensual, mas não significa que tenham que ser também os mediadores ou conciliadores. Nota-se que o art. 32, I, da Lei de Mediação, estabelece à Câmara Pública competência para resolver conflitos entre órgãos e entidades da Administração, assim, nesta hipótese, os advogados públicos podem vir a atuar como mediadores ou conciliadores, diferentemente de quando o conflito envolver particulares.[1149]

No art. 32, II, por sua vez, a Lei estabelece à Câmara a competência para avaliar a admissibilidade dos pedidos de resolução de conflitos no caso de controvérsia entre particular e pessoa jurídica de direito público. Desse modo, nestas hipóteses, a competência dos advogados públicos refere-se à admissibilidade, imparcial, de encaminhamento do conflito à tentativa de autocomposição, mas não para intermediar a solução. O art. 6º da Lei de mediação também corrobora este raciocínio, uma vez que estabelece impedimento ao mediador, pelo prazo de um

---

[1147] GUILLAUME-HOFNUNG, Michèle. *La médiation*. Paris: PUF, 2020. p. 177.
[1148] Conforme alude DI PIETRO, Maria Sylvia Zanella. *Direito administrativo*. 35. ed. Rio de Janeiro: Forense, 2022. p. 707-710.
[1149] EIDT, Elisa Berton. *Solução de conflitos no âmbito da administração pública e o marco regulatório da mediação*: da jurisdição a novas formas de composição. Santa Cruz do Sul: Essere nel Mondo, 2017. p. 152-153, 157.

ano, de assessorar, representar ou patrocinar os interesses de algum dos envolvidos na mediação.

Quanto à admissibilidade, de acordo com o regime de direito público, casos iguais deverão ser tratados do mesmo modo,[1150] seja com possibilidade de tentativa à autocomposição ou não. Ainda, sob a perspectiva que há um dever de o poder público oportunizar a solução consensual, entende-se que se o particular a solicitar, a decisão denegatória da admissibilidade deverá ser devidamente motivada.

Durante as sessões de mediação ou conciliação e elaboração do acordo, a presença do advogado público é indispensável, ele atuará como negociador, representando a Administração Pública, o interesse público, mas não no papel de mediador ou conciliador. Estas funções necessitam ser atribuídas a terceiros e o regulamento da Administração necessita contemplar as possibilidades de contratação destes,[1151] inclusive, mediante convênios com os Tribunais.

A Administração Pública não necessita transformar a mediação em mais uma atribuição, "sob a forma de serviço público", o que seria até mesmo "perigoso para a sua própria coerência". A mediação está conectada ao aspecto cívico, mais próxima das associações que do poder público. A Administração necessita adotar medidas mais humanas e desenvolver adequadamente suas atividades, aprimorar a comunicação, a abertura e o diálogo com os particulares,[1152] inclusive, como modo de melhorar as relações e evitar os conflitos.

A imparcialidade, necessária à mediação, refere-se ao aspecto pessoal, à relação entre o mediador e os mediandos, enquanto a neutralidade, igualmente necessária à mediação, diz respeito à indiferença quanto ao resultado. Se o terceiro é próximo das partes, subordinado, defensor, não há figura de um terceiro, mas o reforço a um dos polos, a configurar assistência e não mediação. O papel do mediador representa a ausência de poder.[1153]

Ainda, a mediação deve ser conduzida com confidencialidade, esta é a sua natureza, para que os envolvidos se desprendam das

---

[1150] EIDT, Elisa Berton. *Solução de conflitos no âmbito da administração pública e o marco regulatório da mediação*: da jurisdição a novas formas de composição. Santa Cruz do Sul: Essere nel Mondo, 2017. p. 155.

[1151] EIDT, Elisa Berton. *Solução de conflitos no âmbito da administração pública e o marco regulatório da mediação*: da jurisdição a novas formas de composição. Santa Cruz do Sul: Essere nel Mondo, 2017. p. 154-155.

[1152] GUILLAUME-HOFNUNG, Michèle. *La médiation*. Paris: PUF, 2020. p. 118-123.

[1153] GUILLAUME-HOFNUNG, Michèle. *La médiation*. Paris: PUF, 2020. p. 71-72.

formalidades, das posições iniciais, e possam identificar seus interesses, cujo dever restou assegurado pela Lei de Mediação nos arts. 2º e 30.

Será que as partes não oriundas do poder público sentirão confiança no mediador, sobretudo em sessões privadas? Ademais, na hipótese de não ser firmado acordo e de as partes buscarem o Judiciário, o mediador, servidor público, poderá deixar de fornecer informações confidenciais ao poder público reveladas pela parte privada?

A falta de imparcialidade e neutralidade, ocasionada pelo fato de o mediador ser servidor público do ente envolvido tenderá a gerar desconfiança e insegurança jurídica que podem contribuir ao insucesso da mediação administrativa. Não se afasta a imprescindibilidade dos advogados e procuradores públicos na mediação, na assessoria jurídica da parte, o poder público, o que não se confunde com a função de mediador.

Desse modo, se o mediador for servidor público, atuar na Advocacia pública pode ocorrer um conflito de interesses, uma vez que as informações da mediação são confidenciais, o que se torna mais delicado na possibilidade de não existir acordo e converter-se em processo judicial.

No direito europeu, conforme as diretrizes da CEPEJ,[1154] assim como no direito francês, a orientação tem sido neste sentido, de os mediadores serem externos à Administração.

Desse modo, a partir de reflexões sobre o tema, seja por força dos princípios que regem a Administração Pública, como por aqueles que disciplinam a mediação, ainda, por inspiração da experiência francesa, tem-se como recomendável que os mediadores sejam terceiros neutros e imparciais, com independência e autonomia, não pertencentes aos quadros da Administração.[1155] Poderão, por exemplo, figurar em uma lista de credenciamento perante a Câmara Pública, ser provenientes de câmaras privadas credenciadas ou de convênios celebrados com os CEJUSCs do Poder Judiciário. A Ordem dos Advogados do Brasil,

---

[1154] 31. "A fim de assegurar o respeito aos princípios da igualdade, da imparcialidade e dos direitos das partes, os agentes da mediação – mediadores, conciliadores, negociadores e árbitros – não devem ser os funcionários ou os empregados permanentes ou temporários da função pública". CONSELHO DA EUROPA. *CEPEJ(2007)15*. Disponível em: https://rm.coe.int/1680747c2e. Acesso em: 03 dez. 2021.

[1155] Neste sentido posicionam-se: SOUZA, Mara Freire de; BUENO, Flavia Scarpinella. Mediação: uma solução adequada para os conflitos ambientais entre a Administração Pública e o administrado. *In*: MOREIRA, António Júdice et al. (Coord.). *Mediação e arbitragem na Administração Pública*: Brasil e Portugal. São Paulo: Almedina, 2020. p. 370-371, 381.

outras entidades de classe e os Tribunais de Contas também podem auxiliar e credenciar mediadores profissionais.[1156]

A lei de mediação destinou aos entes federativos a regulamentação sobre a composição e o funcionamento das câmaras públicas. A imparcialidade e a neutralidade do mediador são elementos fundamentais à mediação, de modo que deverão ser considerados nos regulamentos que tratarão do tema no âmbito de cada ente federativo.[1157] Há preocupação com o procedimento destas câmaras para que haja confiança e legitimidade em sua atuação, "sem permitir que o Advogado Público atue ao mesmo tempo com o chapéu de parte e de mediador".[1158] O potencial das Câmaras administrativas é gerar subsídios para a edição de súmulas administrativas, orientações, capacitações e dados concretos para políticas públicas[1159] e aprimoramento da atividade administrativa, mais próxima da coletividade, em tempo real, em consagração ao dever de boa administração.

Na regulamentação da autocomposição administrativa, é possível que os entes delimitem os conflitos, as matérias sujeitas à mediação a fim de melhor operacionalizá-la[1160] e, aos poucos, de acordo com a realidade

---

[1156] No âmbito francês, em 2017, o Conselho de Estado firmou uma convenção geral com o Conselho Nacional dos *Barreaux* para promover a mediação, estabelecer regras gerais e éticas sobre a mediação administrativa. O Conselho dos Barreaux instituiu o Centro Nacional de Mediação dos Advogados – CNMA. FRANÇA. CNMA. *Conseil national des barreaux*: Convention Cadre. Disponível em: https://www.cnb.avocat.fr/sites/default/files/documents/dossier-de-presse-mediation.pdf. Acesso em: 03 dez. 2022.

[1157] No Estado de São Paulo, no tocante à arbitragem, a fim de viabilizar a satisfação do poder público quando tal solução se fizer necessária, houve credenciamento de Câmaras privadas, a maioria das cadastradas é composta por câmaras de mediação e arbitragem. Conforme disciplinado pela Resolução nº 45/2019, PGESP. BRASIL. São Paulo. *Resolução nº 45/2019*. PGESP. Disponível em: http://www.pge.sp.gov.br/Portal_PGE/Portal_Arbitragens/paginas/Res_PGE_45_2019.pdf. Acesso em: 03 dez. 2022. BRASIL. São Paulo. *Cadastro de Câmaras de Arbitragem do Estado de São Paulo*. Disponível em: https://www.pge.sp.gov.br/Portal_PGE/Portal_Arbitragens/Arquivos/Camaras.pdf. Acesso em: 03 dez. 2022.

[1158] GABBAY, Daniela Monteiro. YAMAMOTO, Ricardo. Entre a norma e a prática: desafios na redação da cláusula de mediação em contratos administrativos. *In*: MOREIRA, António Júdice; *et al*. (Coord.). *Mediação e arbitragem na Administração Pública*: Brasil e Portugal. São Paulo: Almedina, 2020. p. 195, 202.

[1159] MOREIRA, Egon Bockmann; CUÉLLAR, Leila. Câmaras de autocomposição da administração pública brasileira: reflexões sobre seu âmbito de atuação. *In*: CUÉLLAR, Leila *et al*. *Direito administrativo e alternative dispute resolution*: arbitragem, *dispute board*, mediação e negociação. Belo Horizonte: Fórum, 2020. p. 93.

[1160] É salutar a adoção de projetos-piloto para possibilitar aprendizagem e melhor atendimento ao interesse público, como defende MOREIRA, Egon Bockmann; CUÉLLAR, Leila. Câmaras de autocomposição da administração pública brasileira: reflexões sobre seu âmbito de atuação. *In*: CUÉLLAR, Leila *et al*. *Direito administrativo e alternative dispute resolution*: arbitragem, *dispute board*, mediação e negociação. Belo Horizonte: Fórum, 2020. p. 91.

do ente federativo, dos temas que lhe são recorrentes, poderá ampliar o rol de conflitos. É salutar que seja realizado um mapeamento dos conflitos existentes e potenciais, assim como tempo à solução, custos, impactos no tocante à segurança jurídica, direitos, questões sociais e econômicas para que cada ente federativo possa delimitar as espécies de conflitos pertinentes à mediação. O que não se admite frente ao ordenamento jurídico brasileiro é a inércia administrativa no tocante à adoção de mecanismos e da mediação administrativa como um dos modos possíveis à resolução de conflitos.

Por fim, considera-se que os ajustes estruturais e procedimentais não são tão extremados e dificultosos. Acredita-se que o mais relevante é a mudança de perspectiva, de racionalidade, das prioridades a partir da assimilação das vantagens das soluções consensuais, sobre o modelo até então vigente, de excessiva judicialização. A mudança de percepção segundo a qual a solução consensual entre a Administração e o particular – o acordo – apenas atenderia este, em detrimento do interesse público, para a percepção que o atendimento deste particular pode ser um modo de melhor atender a todos. O reconhecimento da mediação como mais um modo, de grande relevância, para a solução e prevenção de conflitos, que, por ser mais intuitivo, flexível, célere, menos gravoso e mais apto a realizar os interesses, no que inclui o público, deve ser priorizado em relação ao processo judicial.

Como ponderou Romeu Felipe Bacellar Filho, em um "Estado Democrático de Direito, o poder dos governantes caminha lado a lado ao poder dos governados" e "existe uma ponte com caminho aberto para permitir esta interação mútua". Deve existir um consenso procedimental sobre a resolução dos conflitos,[1161] nesta perspectiva, identifica-se na mediação administrativa essa "ponte" necessária ao fortalecimento deste Estado. O projeto existe, remanesce a necessidade de edificá-la e utilizá-la adequadamente.

[1161] BACELLAR FILHO, Romeu Felipe. *Processo administrativo disciplinar*. São Paulo: Max Limonad, 2003. p. 128-129 (a respeito da ilustração da "ponte", o autor faz alusão à Giovanni Sartori).

CONSIDERAÇÕES FINAIS

Depreende-se que as concepções de Estado vêm se modificando, sobretudo a partir da segunda metade do século XX, com reflexos na Constituição, na consagração de direitos, na centralidade do ser humano e na sua dignidade. Tem-se, em vários países, assim como no Brasil e na França, guardadas as suas peculiaridades, Estados Democráticos de Direito centrados na dignidade humana e de caráter social. Como consequência, a Administração Pública destes Estados também vem se modificando e necessita, em verdade, modificar-se mais, a fim de concretizar as propostas constitucionais e, em especial, atender a coletividade.

Em um ambiente democrático, que valoriza o ser humano, devem ser respeitados o seu direito à fala, à manifestação, à consideração e à ponderação de suas necessidades. Assim, não apenas na esfera política deve existir maior participação, mas também na esfera administrativa. Neste ambiente democrático e centrado na dignidade humana não é compatível o exercício da atividade administrativa eminentemente unilateral e impositivo, artificial, desconectado dos reais anseios da coletividade e, por isso, muitas vezes ineficiente. Como se as pessoas, físicas e jurídicas, não tivessem condições de se expressar, de participar e de deliberar, em certos casos, sobre aquilo que melhor as satisfazem. Desse modo, tem-se um intenso movimento e concretização de algumas práticas mais democráticas, com acréscimos de participação e colaboração.

Neste contexto, vem se defendendo e implantando o exercício da função administrativa estatal mais democrática, dialógica e consensual. Os instrumentos da atuação administrativa têm passado por atualizações, assim como novos passaram a integrar a atuação administrativa. A racionalidade unilateral e imperativa, representada predominantemente pelos atos administrativos e inúmeras prerrogativas, vem se equilibrando com a nova racionalidade administrativa dialógica, consensual e contratualizada. As necessidades da coletividade necessitam integrar, cada vez mais, o agir administrativo para que este ganhe em legitimidade, em eficiência e eficácia. A legalidade estrita não é suficiente para representar a coletividade, necessita ser complementada, até mesmo porque são inúmeros interesses, complexos e, por vezes, conflitantes. Amplia-se a referência para a juridicidade, em que a Constituição, com seus princípios e valores, aumentam o espectro da legalidade.

A relação jurídica entre a Administração Pública e os particulares também tem passado por modificações neste propósito de aproximação, participação e integração. Tem-se uma ênfase à horizontalização das relações, com maior abertura administrativa à participação, ao diálogo e à atuação conjunta. Esta conjuntura também faz consagrar o direito fundamental à boa administração, que erige o cidadão à posição central e ao fim maior da atuação administrativa. Trata-se de um direito expresso na Carta de Direitos Fundamentais da União Europeia e implícito no direito brasileiro, reconhecido em âmbito ibero-americano.

O respeito ao direito fundamental à boa administração pode ser concretizado, por exemplo, com o reconhecimento do direito à tutela administrativa efetiva, do direito à resolução administrativa em prazo razoável, do direito à participação nas atuações administrativas e do direito a apresentar queixas, reclamações e recursos perante a Administração.

A partir deste contexto que modifica o foco autocentrado da Administração para a sua mais intensa e melhor relação com os particulares, também se modifica a concepção do interesse público, do seu modo de definição. A eleição e o modo de realização dos interesses públicos deixam de ser apenas por força de lei e por ato administrativo unilateral e ganham relevo os processos democráticos, dialógicos e consensuais, mais legítimos e eficientes. Quanto maior a participação e a contribuição da coletividade maior tende a ser a aceitação da atuação administrativa, ainda que esta não realize exatamente o interesse individual de cada qual, mas que este de algum modo tenha sido escutado e ponderado. Identifica-se, assim, o próprio interesse público à participação democrática e à solução compositiva.

Neste cenário, advém a autocomposição administrativa, ou seja, a solução e a prevenção de conflitos a partir do diálogo e do consenso entre os próprios envolvidos, por exemplo, entre a Administração e o(s) particular(es). Depreende-se que nesta perspectiva do Estado Democrático de Direito, da valorização do ser humano e dos seus direitos e do dever à boa administração, é inafastável o dever da função administrativa estatal contemplar a solução e a prevenção de controvérsias. Não se coaduna mais com este novo modelo e propósito uma Administração fechada, autoreferenciada, que não dialoga com a coletividade, que não busca atender de modo mais imediato seus direitos e necessidades e, pior, omissa e irresponsável, eis que não resolve os seus problemas, não os previne e os remete à esfera judicial.

A atividade administrativa estatal é aquela que por essência necessita se relacionar com a coletividade, por exemplo, na prestação de serviços, no poder de polícia, é aquela que se encontra diariamente mais próxima do cidadão, assim, lhe é inerente a abertura e o diálogo para o melhor atendimento. As controvérsias relacionadas à função administrativa devem ser prioritariamente resolvidas neste âmbito, não se pode admitir a omissão administrativa em resolver controvérsias ou o indeferimento de modo geral. As autoridades administrativas e os respectivos corpos técnicos são os mais indicados para a tentativa imediata de resolução de controvérsias, as quais, mediante esclarecimentos e diálogo, podem ser até mesmo aparentes ou facilmente resolvidas, sem o desenvolvimento espiral dos efeitos adversariais.

A falta de abertura administrativa para a apresentação das controvérsias, assim como a sua indisponibilidade à resolução consensual de conflitos acabam por afrontar o direito fundamental à boa administração, que envolve o atendimento direto e efetivo de direitos, como o próprio direito à participação. Na ausência de mecanismos aptos ao diálogo e à resolução de conflitos o direito de ser ouvido e considerado deixa de ser respeitado e o caminho será o particular buscar o Judiciário, o que contribui à excessiva judicialização.

O acesso e o controle jurisdicional são indispensáveis, mas não possuem o papel de decidir sobre aquilo que seria função administrativa. Não é razoável que as controvérsias decorrentes do exercício da função administrativa, que em sua maioria poderiam ser resolvidas administrativamente, sejam remetidas ao âmbito judicial. É o que tem ocorrido até o momento. No Brasil, cerca de 25% dos processos judiciais que tramitam apresentam o poder público como uma das partes. Desse modo, um quarto de todo o Judiciário movimenta-se anualmente para resolver demandas relacionadas ao poder público, sendo que o gasto total e anual estimado é de 1,2% do PIB, ou seja, 0,3% do PIB apenas para os conflitos com o poder público, que equivale em termos percentuais ao gasto da França com todo o seu sistema jurisdicional. Com a agravante que um processo judicial contra o poder público, pelo regime processual brasileiro, tende a ser mais demorado que os processos comuns, de modo que o gasto tende a se prolongar, sem mencionar o dispêndio de recursos humanos que poderiam ser destinados a outras atividades. Ainda, também há o gasto, financeiro e humano, por parte das administrações por intermédio das procuradorias públicas.

Por outro viés, com o processo judicial e por conta da demora do seu trâmite para solucionar o conflito, tem-se um prolongamento da insegurança jurídica e os direitos tardam a ser realizados, quando não perecem durante o trâmite, por exemplo, a pessoa física que falece, a empresa que demite funcionários, encerra as suas atividades ou vai à falência. Realidades estas que não se adequam ao direito à boa administração.

Ainda, constata-se que a solução do processo judicial resolve aquele determinado caso formatado nos autos, mas não o conflito em uma perspectiva mais ampla. As questões e as necessidades das pessoas têm se demonstrado cada vez mais complexas, especialmente no âmbito público, que muito facilmente o pleito de um indivíduo interfere no direito de todos. A lógica do processo judicial ainda é binária – certo/errado, procedente/improcedente – ela é de oposição, adversarial e envolve um espectro reduzido aos autos, com soluções pontuais, mas usualmente impactantes à coletividade. Esta realidade também não se coaduna com a boa administração e com a necessidade de maximizar os interesses públicos.

O processo judicial é formal, utiliza-se de modelos e fórmulas pré-estabelecidas, que muitas vezes não refletem aquilo que as partes, mesmo a Administração, necessita ou que possui condições de realizar. A realidade do processo judicial é distante das partes. Desse modo, mesmo a parte "vitoriosa" em uma ação pode não ter o seu direito efetivamente realizado, seja por se tratar de uma decisão inexequível ou de a decisão não traduzir a sua real necessidade, pois a solução não será construída com as partes, mas a partir da visão do magistrado sobre o conteúdo dos autos em cotejo com o direito. Ademais, a realidade administrativa é excessivamente dinâmica e conectada a diversos fatores, que muitas vezes não podem ser retratados nos autos e o longo tempo de tramitação processual não possibilita essa dinamicidade. Por mais que o magistrado atue fora de sua competência, o que não é devido, ainda assim a decisão judicial não suprirá a omissão administrativa, não resolverá o que poderia ter sido resolvido de modo dialógico e consensual na esfera administrativa, com os envolvidos, ao tempo da controvérsia.

Diante disso, considera-se que há a obrigatoriedade de a Administração disponibilizar e priorizar a tentativa de diálogo e de soluções consensuais autocompositivas, menos gravosas, mais consentâneas com o exercício da função administrativa democrática, antecipadamente à interposição de processo judicial ou ao prosseguimento deste.

Confirma-se que a Administração possui o dever de priorizar a autocomposição, especialmente com o uso da mediação, como modo de solução e prevenção de conflitos, o que é corroborado pelo ordenamento jurídico brasileiro e pelas técnicas que envolvem o procedimento de mediação.

O ordenamento jurídico brasileiro apresenta um microssistema, crescente, voltado ao diálogo e às soluções consensuais com a Administração, em diversos graus e funcionalidades. Como analisado no Capítulo 2, a Constituição da República permite inferir a prevalência das soluções pacíficas às adversariais. E ao longo dos últimos 30 anos, como também se observa em outros Estados, notadamente na França, vêm aumentando as possibilidades legislativas referentes às variadas composições entre particulares e a Administração, na racionalidade democrática, de valorização das pessoas e do direito à boa administração. Reforçadas pela necessidade de desjudicialização frente ao elevado custo com a manutenção do Judiciário, o grande congestionamento e o prazo excessivo à solução dos conflitos.

Neste cenário, surgiram movimentos em favor da autocomposição dos conflitos – negociação, conciliação e mediação – inclusive no que se refere à Administração Pública. No Brasil, o marco normativo foi a Resolução nº 125/2010 do CNJ e, na sequência, com previsões expressas à Administração, o Código de Processo Civil, a nova Lei de Arbitragem, a Lei de Mediação e a alteração da Lei de Introdução às Normas do Direito Brasileiro. A legislação mencionada constitui o quadro geral da prioridade à resolução extrajudicial dos conflitos administrativos, em especial a autocompositiva, com o reforço sistemático e teleológico da Constituição e de outras normas do ordenamento. Registra-se, nesta perspectiva, o próprio dever dos profissionais do direito, no exercício das suas respectivas atividades, priorizarem a autocomposição.

O procedimento de mediação se desenvolve com o auxílio de um terceiro imparcial, o mediador, que aplica técnicas de comunicação para que os envolvidos dialoguem, identifiquem seus reais interesses, de modo a dimensionar o conflito, identificar pontos de divergência e de convergência, assim como possibilidades de solução. Há um agir comunicativo no sentido que o objetivo é a comunicação e a mútua compreensão. Muitos conflitos decorrem de falhas de comunicação e compreensão entre os envolvidos, que podem ser detectadas e restabelecidas, o que permite uma (re)conexão e o (re)fazimento de vínculos. O (re)estabelecimento das relações tende a ser essencial à relação contínua e de confiança que deve existir entre os particulares e a Administração, especialmente em vistas à efetivação da boa administração e do Estado Democrático de Direito.

O procedimento de mediação demonstra ser compatível com múltiplas partes e com muitos e complexos interesses, como costumam ser os conflitos administrativos. Na mediação, além da comunicação, também são aplicadas técnicas de negociação para a integração dos interesses dos envolvidos, em uma lógica consensual, compositiva e de maximização. A mediação com a Administração, contudo, deverá se adequar ao regime de direito público, cuja observação mais cautelosa intensifica-se na avaliação das soluções possíveis, especialmente em vista à identificação dos interesses públicos e seu atendimento.

Identifica-se nesta etapa do procedimento de mediação, em que os interesses e as soluções são compostas, um espaço à ponderação de interesses, de modo equivalente ao preconizado por Alexy, da máxima realização dos interesses, em que a composição considerará os parâmetros de adequação e necessidade e, se necessária, a proporcionalidade em sentido estrito. Na medida em que serão avaliadas as possibilidades de contemplar e compor interesses do melhor modo possível, com o menor ônus a outros interesses ou princípios. Pode ocorrer, inclusive, de as partes apresentarem os mesmos interesses, e de não ser necessário ponderá-los, mas discordarem sobre as medidas para atendê-los, que passarão pela avaliação necessidade e adequação.

As próprias partes, de forma dialógica, com o auxílio do mediador, constroem as soluções mais adequadas à realidade e, no caso, ao regime de direito público. Desse modo, surge uma relação de colaboração, de integração e não de oposição, produzida pelas partes para o caso, com maior autonomia, flexibilidade e criatividade. O processo é aberto e flexível, no qual se admite a inclusão de variáveis, condições e avaliações pertinentes à personalização da resolução, o que possibilita a compatibilização e a maximização de interesses.

Destarte, o grande diferencial da mediação, que a justifica como modo prioritário à solução e à prevenção de conflitos administrativos é o seu potencial de conexão entre os envolvidos, com melhoria às relações. Também destaca-se pela possibilidade de gerar soluções mais reais, eficientes, com a maximização dos interesses envolvidos, o que permite aprimorar a realização dos interesses públicos. Observa-se que a relação adversarial judicial, do binômio perdedor-ganhador, não é a mais adequada aos conflitos administrativos, que costumam envolver interesses públicos muito relevantes a todos os envolvidos e à coletividade, não raro há um conflito apenas entre interesses públicos. A solução amigável e consensual, mais flexível e criativa, pela perspectiva daqueles que conhecem a realidade debatida, possibilita a maximização dos interesses e é mais adequada ao direito administrativo e à realização dos interesses públicos.

Ademais, na mediação as pessoas são mais relevantes que os conflitos, trata-se de um modo humanizado de resolução, com valorização da participação, colaboração e igual consideração e respeito. Este modo costuma gerar nos participantes a noção de integração, pertencimento e maior pacificação, com efeitos pedagógicos que se refletem em outras esferas e, portanto, sustentáveis.

Além disso, em termos mais objetivos, as soluções consensuais tendem a ser menos custosas, mais céleres, permitem a realização de direitos de modo mais imediato e se apresentam mais eficientes e eficazes, uma vez que compostas pelas próprias partes, que tendem a respeitá-las sem a necessidade de constrangimento.

Desse modo, o dever de a Administração implementar os métodos autocompositivos, como a mediação, é corroborado pelo conteúdo do ordenamento jurídico e pela potencialidade de a mediação otimizar e maximizar os interesses públicos e apresentar soluções mais adequadas quanto ao conteúdo e ao relacionamento entre particulares e a Administração.

Apesar das vantagens apontadas, a utilização da mediação em conflitos administrativos no Brasil ainda é reduzida, mesmo nos judiciais. Acredita-se que os principais motivos referem-se ao desconhecimento, à necessidade de mudança de cultura jurídica, à percepção no sentido que a solução amigável, por envolver aqueles mais diretamente relacionados ao conflito, gera melhores resultados, não apenas a estes, mas ao interesse público.

Como foi apontado, alguns possíveis óbices podem ser imaginados, como a legalidade e a publicidade, mas não representam impedimentos. A mediação tende a possibilitar melhor atendimento à juridicidade no espaço de discricionariedade estabelecido pela própria legalidade. Ela possibilita uma abertura aos dados da realidade para a real conformação do espaço discricionário. Quanto à publicidade, esta pode ser admitida em graus e intensidades diversas, conforme a etapa do processo, com a publicação do extrato do acordo eventualmente firmado. Ressalta-se que a participação dos envolvidos no processo compositivo tende a aumentar o controle e a transparência, se comparada aos atos unilaterais, cuja publicidade é apenas posterior. Ainda, conforme a espécie de conflito, pode-se requerer a participação do Ministério Público e/ou do Tribunal de Contas, o que pode ser objeto de ações integradas.

A indisponibilidade do interesse público também não afasta a possibilidade e os benefícios da mediação como solução dos conflitos, uma vez conduzida à melhor e mais fidedigna realização dos interesses públicos envolvidos. Como analisado, no âmbito da função administrativa democrática há campos de contato, participação e colaboração da coletividade à atuação administrativa. Os particulares, assim, também participam da identificação e da escolha dos modos mais aptos à realização dos interesses públicos, sempre conforme a lei e a juridicidade, é o que vem sendo denominado no contexto francês como "cidadania administrativa". Como visto, a mediação abre uma arena à ponderação de interesses e possibilidades, a fim de maximizar a realização dos interesses em vista ao melhor atendimento do interesse público. Além disso, mostra-se compatível com o regime público, mas exigirá ampla e robusta motivação que possibilitará a identificação das ponderações realizadas e as consequências evitadas com o acordo, assim como as finalidades públicas almejadas.

O que não se admite é a utilização da mediação, ou de qualquer outro meio, para o desvio de finalidade, esta deve ser pública e a mais pertinente ao caso concreto, mediante devida motivação.

A partir das comparações realizadas com a mediação administrativa no contexto francês, depreende-se, positivamente, que ambos países possuem legislação da mesma época, 2015 e 2016, voltada à mediação administrativa semelhantes, com a previsão dos mesmos princípios, que tendem a ser universais, e apresentam diferenças pontuais. Uma diferença relevante e polêmica refere-se à obrigatoriedade de mediação prévia à judicialização, para algumas hipóteses relativas ao funcionalismo e a alguns benefícios assistenciais, por um período experimental, como modo de acelerar o desenvolvimento da cultura à mediação.

Tanto a França como o Brasil, apesar das diferenças numéricas significativas, possuem grande preocupação com o excesso de judicialização e buscam obter com a mediação prazos mais razoáveis para a resolução de conflitos, um modo de descongestionar o Judiciário e reduzir despesas com o seu custeio. Ocorre que na França se constata a prática mais sistematizada da mediação administrativa.

Em uma contextualização mais ampla e culturalista na comparação com a França, foram detectadas algumas peculiaridades que a diferenciam do contexto brasileiro: a) desenvolvimento desde a década de 60, que foi se intensificando com o tempo, de concepções de relações mais horizontais com os particulares, de participação, de mudança do perfil de administrado para o usuário e para o cidadão, como pessoa, estabelecendo-se uma nova dimensão da cidadania, o que se denomina "cidadania administrativa", inclusive, com modificação da compreensão sobre o tradicional interesse geral; b) surgimento de várias leis para a simplificação e a melhoria das relações entre o poder público e os particulares; c) experiência desde a década de 70 com o instituto do Mediador da república, inspirado no *ombudsman* sueco, posteriormente com funções ampliadas e nova denominação de Defensor dos direitos. Trata-se de uma espécie de mediador, que realiza a comunicação entre a coletividade e o poder público, tendo em vista o respeito aos direitos, com a possibilidade de elaborar sugestões de melhorias à Administração, dentre outras funções. A partir do estudo realizado, depreende-se que se trata de um instituto altamente relevante, de escuta e conexão entre os particulares e o poder público, bem desenvolvido, que demonstra uma vertente antiga ao diálogo, ao esclarecimento e à solução administrativa de controvérsias; d) estabelecimento da mediação administrativa institucional em vários ministérios e entidades, obrigatoriedade do oferecimento da mediação nos serviços prestados ao público, como La Poste, SNCF, RATP; e) profundo envolvimento e protagonismo do Conselho de Estado em difundir, estruturar e incentivar a mediação administrativa, com a formação de redes entre os Tribunais Administrativos e as instituições de advogados, inclusive, com o estabelecimento de uma Carta Ética aos mediadores; f) a possibilidade de as partes solicitarem ao magistrado competente a organização de uma mediação e a postura ativa dos magistrados em promover a mediação por iniciativa do juiz, ressaltando-se que os mediadores são privados, cadastrados, organizados em listas com a colaboração das entidades locais dos advogados; g) por fim, em um contexto ainda mais amplo, o que reforça o desenvolvimento do instituto, depreende-se que a mediação trata-se de uma proposta europeia, atrelada à cidadania europeia e ao "diálogo entre diferentes culturas", com Diretivas da União Europeia e Recomendações do Conselho da Europa. Deste, inclusive, com o estabelecimento de diretrizes comuns sobre mediação administrativa aos 47 Estados europeus que o integram. Ainda, o Conselho da Europa realiza um acompanhamento comparativo da eficácia do sistema jurisdicional dos países e, dentre os critérios avaliados, encontra-se a mediação administrativa.

A partir destas peculiaridades, foi possível compreender que a mediação administrativa na França integrou o contexto mais amplo da cidadania administrativa e da participação, e que ela efetivamente passou a compor o sistema de justiça e não se mostra apenas como uma alternativa. *A priori*, toda a matéria do contencioso administrativo é passível de resolução pela mediação, sem que represente ofensa ao regime de direito público ou ao interesse público. O limite estabelecido refere-se à livre disposição das partes sobre o conteúdo do acordo.

Como ressalvado, a comparação não se propôs ao transplante de um instituto francês para o Brasil, até mesmo porque o recurso à mediação é uma tendência que abrange outros países e já está previsto na legislação brasileira. A proposta é de reflexão, de inspiração a partir das experiências francesas e de encorajamento para a efetivação da mediação administrativa no Brasil.

No Brasil, as previsões normativas estabeleceram um sistema multiportas e se depreende a primazia dos modos amigáveis de solução de conflitos sobre o modo judicial, mesmo no que se refere ao direito administrativo. No entanto, ao que indica, ainda não houve percepção desta mudança de direção, de seus benefícios e magnitude no tocante ao aprimoramento da realização dos interesses públicos. Não se considera o custo financeiro, social, humano e democrático que a omissão administrativa e a produção de relações adversariais judiciais ocasiona aos envolvidos, sendo que um deles é o próprio poder público, o que onera toda a coletividade. Até mesmo as gerações futuras são oneradas, eis que assumem grande ônus deixado pela postura omissiva e irresponsável do passado e do presente, em um desastroso ciclo inter-geracional, muitas vezes pela adoção de um pensamento fechado, imediatista e preconceituoso, sendo que o presente exige soluções duradouras, que promovam o desenvolvimento e a sustentabilidade. Além do efeito imediato da mediação, em aprimorar a comunicação e os vínculos entre os envolvidos e, eventualmente, viabilizar um acordo, esta melhoria relacional prolonga-se no tempo e a mediação propicia um efeito pedagógico que repercute para outras relações. Esses efeitos manifestam-se em uma rede de aprimoramento dialógico e relacional.

Compreende-se que a função administrativa estatal, em um Estado Democrático de Direito, deve atuar de acordo com a boa administração, o que envolve dialogar com a coletividade, atendê-la prontamente, realizar de forma mais contemporânea possível os seus direitos e, em caso de controvérsias, estas devem, prioritariamente, ser resolvidas de forma consensual na própria esfera administrativa, eventualmente, com o auxílio do Judiciário, mediante convênios no tocante aos CEJUSCs, à disponibilização de mediadores cadastrados.

A mediação, desse modo, demonstra-se um novo mecanismo adequado à função administrativa democrática e dialógica. Ela se desenvolve em um processo dialógico flexível e menos formal, com o auxílio de um mediador imparcial, que permite que sejam desvendadas as facetas complexas dos conflitos, que normalmente se apresentam nas controvérsias de direito público e propicia soluções criativas que contemplem todas elas, ou sua maior parte, de modo a gerar maior satisfação e integração da coletividade com o poder público.

A mediação, ainda, abre um espaço de ponderação, que permite o respeito ao regime público e a maximização dos interesses de todos, dos interesses públicos envolvidos. Assim, introduz um modo de otimização, de melhor realização dos interesses e de aproximação das medidas às necessidades reais da coletividade, que participam, junto do poder público, da identificação dos problemas, dos interesses e das soluções. A mediação, portanto, instala um espaço de diálogo e ponderação.

As vantagens da mediação necessitam ser consideradas pelo poder público brasileiro e, em comparação à França, e aos demais países europeus, há necessidade de concretização das previsões legislativas e da priorização à mediação. Se for realizada a comparação em termos de dados, sob a perspectiva brasileira, a realidade francesa é mais confortável que a brasileira. Naquela, o gasto com a atividade jurisdicional é equivalente a 0,3 do PIB e, no Brasil, a 1,2; na França, a taxa de congestionamento é de 3% e no Brasil 70%, consequentemente, o prazo até a solução das controvérsias, em especial as administrativas, é muito mais elevado no Brasil. Ainda, pesa em desfavor ao Brasil a maior necessidade de aprimoramento do desenvolvimento humano, cujos índices são muito inferiores à França. Esta necessidade de desenvolvimento exige que os recursos públicos, financeiros e humanos, sejam melhor empregados, e que os direitos sejam respeitados prontamente. De todo modo, mesmo com uma situação supostamente mais confortável, a França tem direcionado esforços à implementação e à priorização das soluções consensuais.

Conforme foi exposto, as legislações sobre mediação, na França e no Brasil, apresentam estruturas semelhantes, mas a diferença é que a legislação por si só não altera a realidade e uma cultura jurídica arraigada. São necessárias conscientização e ação coletivas, sobretudo pelo poder público, mas também pela integração entre academia, advogados e classe empresarial.

Reconhece-se o dever de o poder público implementar, difundir e priorizar a mediação administrativa, muito embora não haja previsão de uma sanção direta pelo não cumprimento. Eventualmente, seria até possível estabelecer a obrigatoriedade expressa em lei para a efetiva disponibilização prévia das soluções consensuais pelo poder público, semelhante ao que a França adotou e a União Europeia recomendou no tocante aos serviços prestados ao público. De todo modo, ações e recomendações conjuntas, em uma grande força tarefa, podem ser adotadas pelo Ministério e Secretarias da Justiça, CNJ, Ministério Público, Tribunais de Contas, Ordem dos Advogados, Observatórios, dentre outros, de modo a influenciar positivamente a adoção prévia da mediação.

A partir dos estudos e análises realizadas, em comparação com as diretrizes e as práticas de implementação da mediação na França, propõe-se no contexto brasileiro a adoção prioritária das soluções consensuais, como a mediação, aos conflitos administrativos, como um filtro prévio, cujo dever é do poder público, mas sob o assentimento do particular, com as seguintes etapas e possibilidades:

a) que cada ente federativo realize um mapeamento das demandas judiciais para identificar espécies de litígios que possam ser objeto de projetos específicos de mediação no curso do processo e que as soluções encontradas sejam estendidas para todos os novos conflitos da mesma espécie que se instaurarem, judicial ou administrativamente; b) que cada ente federativo, em seus diversos órgãos, com auxílio das procuradorias, identifique questões controvertidas, adversariais, que estejam a gerar instabilidades ou que possam se tornar demandas judiciais e adotar estratégias de diálogo e mediações propriamente para tentar obter consensos; c) que cada ente federativo regulamente em seu âmbito, de acordo com a sua realidade e possibilidade, procedimentos adequados ao desenvolvimento dos métodos de solução amigável de conflitos e, eventualmente, temas prioritários, com constantes avaliações e metas de ampliação; d) ainda, regulamentações que estabeleçam uma política interna não adversarial com procedimentos diversos de consensualidade, atrelados à integridade, com atribuições ao controle interno em averiguar este cuidado no sentido de dirimir os conflitos desde a sua origem; e) que nas relações conflituosas, administrativas ou judiciais, antes da imediata reação adversarial do poder público, passe por uma análise de consensualidade e de impacto ao interesse público relativa à tentativa consensual ou à imediata oposição. Esta deve contar com a ponderação no caso de, eventualmente, haver compatibilização de interesses. Também deve-se avaliar a pertinência da mediação para a melhor compreensão dos interesses daquele(s) que suscitaram a controvérsia. A oposição e o uso de prerrogativas públicas devem ceder, sempre que possível, à uma abordagem consensual preliminar; f) que o poder público estabeleça sistematicamente canais de solução consensual de controvérsias, possivelmente após as experiências descritas nos itens "a" e "b". A partir de ouvidorias, físicas e digitais, desenvolva estruturas e procedimentos, com a possibilidade de prestação de informações, esclarecimentos e direcionamento à autocomposição: mediação, negociação e conciliação. O estabelecimento de ajustes com o Ministério Público e os Tribunais de Contas é relevante a fim de gerar boas práticas, afinadas com o regime público, e orientações éticas. Esta proposta, acompanhada de divulgação, com estruturas localizadas nos prédios públicos, informações, materiais impressos e *on-line*, tal como constatado na prática francesa; g) na hipótese de os conflitos serem submetidos à mediação, poderão ser dirimidos em câmaras públicas ou privadas, com mediadores externos, independentes da estrutura do poder público, a partir de contratos ou convênios, de cadastros formados junto aos fóruns, à Ordem dos Advogados ou outras entidades, a fim de preservar a neutralidade e a imparcialidade do mediador e a efetividade do instituto da mediação.

Estas são algumas propostas e possibilidades centrais para a implementação da mediação administrativa, a qual deve ser tratada como prioridade no contexto brasileiro, a fim de se garantir inúmeros direitos, efetivar a boa administração e concretizar o Estado Democrático de Direito. Não é possível realizar o interesse público em fragmentos isolados quando todos estão relacionados uns aos outros, em uma coletividade. O um é o outro e o todo ao mesmo tempo.

Em uma simples analogia, pode-se imaginar uma bela colcha com uma parte descosturada. O dano existe e impacta na beleza e no valor desta colcha. A costura pode ser reparada imediata ou posteriormente, mas com a demora talvez o dano fique ainda mais aparente. A colcha pode ser reparada com um material de outra cor ou de outra natureza, mas nem sempre o reparo resulta melhor que o dano inicial. O reparo poderá ser realizado com o mesmo material ou, até mesmo, mediante um novo trabalho bordado que embeleze ainda mais a colcha e a valorize, de modo que o defeito seja superado. Depreende-se, portanto, que o problema pode ser enfrentado de diversos modos, mas existem possibilidades em que o resultado pode aprimorar a situação dos envolvidos. Propõe-se a preferência da mediação por ser mais imediata, possibilitar soluções criativas e adequadas à realidade, pelos próprios envolvidos.

REFERÊNCIAS

ABBAGNANO, N. Dicionário de Filosofia. *In:* GREGÓRIO, Sérgio Biagi. *Dicionário de Filosofia*. Disponível em: https://sites.google.com/view/sbgdicionariodefilosofia/di%C3%A1logo. Acesso em: 03 dez. 2022.

ALEXY, Robert. Rights, legal reasoning and rational discourse. *Ratio Juris*, vol. 5, n. 2, p. 143-152, July 1992.

ALEXY, Robert. *Teoria dos direitos fundamentais*. 2. ed. São Paulo: Malheiros, 2014.

ALMEIDA, Fernando Dias Menezes de. Mecanismos de consenso no direito administrativo. *In*: ARAGÃO, Alexandre Santos de; MARQUES NETO, Floriano de Azevedo (Coord.). *Direito administrativo e seus novos paradigmas*. Belo Horizonte: Fórum, 2008.

ALMEIDA, Tania. *Caixa de ferramentas em mediação*: aportes práticos e teóricos. São Paulo: Dash Editora, 2016.

ANDRADE, Juliana Loss de. Justiça consensual para as demandas coletivas. *In:* MOREIRA, António Júdice *et al.* (Coord.). *Mediação e arbitragem na Administração Pública*: Brasil e Portugal. São Paulo: Almedina, 2020.

ARTUS, Didier. La médiation en marche. *In*: CLAEYS, Antoine; GIRARD, Anne-Laure (Dir.). *Les modes alternatifs de règlement des litiges em droit administratif*. Poitiers: PUJ de Poitiers, 2018.

ARTUS, Didier. L'An II de la médiation administrative État des lieux au tribunal administratif de Poitiers. *La Semaine Juridique – Édition Administrations et Collectivités Territoriales*, n. 9, LEXISNEXIS, 2019.

ASCENSÃO, José de Oliveira. *Introdução à ciência do direito*. 3. ed. Rio de Janeiro: Renovar, 2005.

AUBY, Jean-Bernard. La bataille de San Romano réflexions sur les évolutions récentes du droit administratif. *AJDA*, Paris, 2001. Disponível em: https://www-dalloz-fr.bcujas-ezp.univ-paris1.fr/documentation/Document?id=AJDA/CHRON/2001/0912. Acesso em: 12 jul. 2021.

AUDONNE, Nadine. Le défenseur des droits, autorité constitutionnelle. *In:* CLAEYS, Antoine; GIRARD, Anne-Laure (Dir.). *Les modes alternatifs de règlement des litiges em droit administratif*. Poitiers: PUJ de Poitiers, 2018.

AZEVEDO, André Gomma de. Autocomposição e processos construtivos: Uma breve análise de projetos-piloto de mediação forense e alguns de seus resultados. *In:* AZEVEDO, André Gomma de (Org.). *Estudos em Arbitragem, Mediação e Negociação*, v. 3. Brasília: Grupos de Pesquisa, 2004. Disponível em: https://arcos.org.br/estudos-emarbitragem-mediacaoe-negociacao-vol3/. Acesso em: 01 dez. 2022.

AZEVEDO, André Gomma de (Org.). 2012. *Manual de Mediação Judicial*. Brasília/DF: Ministério da Justiça e Programa das Nações Unidas para o Desenvolvimento – PNUD.

BACELLAR FILHO, Romeu Felipe. A noção jurídica de interesse público no direito administrativo brasileiro. *In*: BACELLAR FILHO, Romeu Felipe; HACHEM, Daniel Wunder. *Direito administrativo e interesse público*: estudos em homenagem ao professor Celso Antônio Bandeira de Mello. Belo Horizonte: Fórum, 2010.

BACELLAR FILHO, Romeu Felipe. *Direito administrativo e o novo código civil*. Belo Horizonte: Fórum, 2007.

BACELLAR FILHO, Romeu Felipe. Dignidade da pessoa humana, direitos fundamentais e Direito Administrativo. *Revista Eurolatinoamericana de Derecho Administrativo*, Santa Fe, vol. 1, n. 2, p. 247-254, jul./dic. 2014.

BACELLAR FILHO, Romeu Felipe. *Processo administrativo disciplinar*. São Paulo: Max Limonad, 2003.

BADIN, Arthur Sanchez. Conselho Administrativo de Defesa Econômica (Cade). A transação judicial como instrumento de concretização do interesse público. *Revista de Direito Administrativo*, Rio de Janeiro, vol. 252, p. 189-217, set./dez. 2009.

BARBOZA, Estefânia Maria de Queiroz. *Jurisdição Constitucional*: entre o constitucionalismo e a democracia. Belo Horizonte: Fórum, 2007.

BARROSO, Luís Roberto. *O direito constitucional e a efetividade de suas normas* – limites e possibilidades da Constituição brasileira. 7. ed. Rio de Janeiro: Renovar, 2003.

BARROSO, Luis Roberto. Judicialização, ativismo judicial e legitimidade democrática. *[Syn]Thesis*, Rio de Janeiro, v. 5, n. 1, p. 23-32, 2012. Disponível em: https://www.e-publicacoes.uerj.br/index.php/synthesis/article/view/7433/5388. Acesso em: 03 dez. 2022.

BATISTA JÚNIOR, Onofre Alves; CAMPOS, Sarah. A administração pública consensual na modernidade líquida. *Fórum Administrativo – FA*, Belo Horizonte, ano 14, n. 155, jan. 2014.

BATISTA JÚNIOR, Onofre Alves. *Princípio constitucional da eficiência administrativa*. 2. ed. Belo Horizonte: Fórum, 2012.

BATISTA JÚNIOR, Onofre Alves. *Transações administrativas*: um contributo ao estudo do contrato administrativo como mecanismo de prevenção e terminação de litígios e como alternativa à atuação administrativa autoritária, no contexto de uma administração pública mais democrática. São Paulo: Quartier Latin, 2007.

BENARD-VINCENT, Georgina. Les enjeux de la médiation en droit administratif. *Contentieux administratif*, 28 jul. 2017. Disponível em: http://blogdroitadministratif.net/2017/07/28/les-enjeux-de-la-mediation-en-droit-administratif/. Acesso em: 03 dez. 2022.

BLANCHET, Luiz Alberto. *Direito administrativo*. 6. ed. Curitiba: Juruá, 2012.

BENCINI, Fabrizio. Verbete: burocratização. *In*: BOBBIO, Norberto. *Dicionário de política*. 11. ed. Brasília: Editora Universidade de Brasília, 1998.

BINENBOJM, Gustavo. *Uma teoria do direito administrativo*: direitos fundamentais, democracia e constitucionalização. Rio de Janeiro: Renovar, 2006.

BITENCOURT, Caroline Müller. *Controle jurisdicional de políticas públicas*. Porto Alegre: Núria Fabris Editora, 2013.

BITENCOURT, Caroline Müller; BEBER, Augusto Carlos de Menezes. O controle social a partir do modelo da gestão pública compartida: da insuficiência da representação parlamentar à atuação dos conselhos populares como espaços públicos de interação comunicativa. *Revista de Direito Econômico e Socioambiental*, Curitiba, v. 6, n. 2, p. 232-253, jul./dez. 2015.

BITENCOURT, Caroline Müller; PASE, Eduarda Simonetti. A necessária relação entre democracia e controle social: discutindo os possíveis reflexos de uma democracia "não amadurecida" na efetivação do controle social da administração pública. *Revista de Investigações Constitucionais*, Curitiba, v. 2, n. 1, p. 293-311, jan./abr. 2015.

BITENCOURT NETO, Eurico. *Concertação administrativa interorgânica*: direito administrativo e organização no século XXI. São Paulo: Almedina, 2017.

BITENCOURT NETO, Eurico. Transformações do Estado e a Administração Pública no século XXI. *Revista de Investigações Constitucionais*, Curitiba, v. 4, n. 1, p. 207-225, jan./abr. 2017. DOI: 10.5380/rinc.v4i1.49773.

BONAVIDES, Paulo. *Teoria constitucional da democracia participativa*. 2. ed. São Paulo: Malheiros, 2003.

BONIZZI, Marcelo José Magalhães; ALVES, Marcus Vinicius. Breve análise dos meios alternativos de solução de conflitos envolvendo a Administração Pública no Brasil e em Portugal. In: MOREIRA, António Júdice et al. (Coord.). *Mediação e arbitragem na Administração Pública*: Brasil e Portugal. São Paulo: Almedina, 2020.

BÖSCH, Richard. Conflict Escalation. *Oxford Research Encyclopedia of International Studies*. 20 nov. 2017. Disponível em: https://oxfordre.com/internationalstudies/view/10.1093/acrefore/9780190846626.001.0001/acrefore 9780190846626-e-82. Acesso em: 01 dez. 2022.

BOUHADANA, Irène; GILLES, William. De L'Esprit des Gouvernements Ouverts. *International Journal of Open Governments*, Paris, v. 4, 2017. Disponível em: https://ojs.imodev.org/?journal=RIGO&page=issue&op=view&path%5B%5D=14. Acesso em: 03 dez. 2022.

BOURGES, Fernanda Schuhli. Transformações do Direito Administrativo: Mediação como possibilidade à ampliação da eficiência administrativa. In: HACHEM, Daniel Wunder et al. (Org.). Transformações do Direito Administrativo: *O Estado Administrativo 30 anos depois da Constituição de 1988*. Rio de Janeiro: Escola de Direito do Rio de Janeiro da Fundação Getúlio Vargas, 2018. Disponível em: https://bibliotecadigital.fgv.br/dspace/handle/10438/26039. Acesso em: 03 dez. 2022.

BOURGES, Fernanda Schuhli. Administração Pública dialógica: em busca da concretização isonômica de direitos fundamentais sociais. *Revista Eurolatinoamericana de Derecho Administrativo*, Santa Fe, v. 5, n. 1, p. 29-53, ene./jun. 2018.

BOURGES, Fernanda Schuhli. *Médiation avec l'administration publique* – une voie possible pour la mise en oeuvre du gouvernement ouvert. Academic days on open government and digital issues – IMODEV, Paris, 03 nov. 2020 [Palestra].

BOUSSARD, Sabine. La souplesse des modes alternatifs au règlement des litiges administratifs, p. 67-81. *In:* CLAEYS, Antoine; GIRARD, Anne-Laure (Dir.). *Les modes alternatifs de règlement des litiges em droit administratif.* Poitiers: PUJ de Poitiers, 2018.

BOUSSARD, Sabine. Les modes alternatifs de règlement des litiges en droit administratif, p. 67-81. *In:* CLAEYS, Antoine; GIRARD, Anne-Laure (Dir.). *Les modes alternatifs de règlement des litiges em droit administratif.* Poitiers: PUJ de Poitiers, 2018.

BOUSTA, Rhita. *La notion de médiation administrative.* Paris: L'Harmattan, 2021.

BRAGA NETO, Adolfo. *A mediação e a Administração Pública.* São Paulo: CLA, 2021.

BRAGA NETO, Adolfo. Mediação com a Administração Pública. *In:* MOREIRA, António Júdice *et al.* (Coord.). *Mediação e arbitragem na Administração Pública*: Brasil e Portugal. São Paulo: Almedina, 2020.

BRAGA NETO, Adolfo. Mediação de Conflitos: Princípios e Norteadores. *Revista da Faculdade de Direito UniRitter*, Porto Alegre, n. 11, p. 29-46, 2010.

BRAGANÇA, Fernanda; BRAGANÇA, Laurinda. Meios adequados de solução de conflitos em contratos de obras e serviços de engenharia. *In:* BRAGANÇA, Fernanda *et al.* (Org.). *Solução de conflitos e sociedade.* Rio de Janeiro: Pembroke Collins, 2021.

BRANCO, Paulo Gustavo Gonet. *Juízo de ponderação na jurisdição constitucional.* São Paulo: Saraiva, 2009.

BRASIL. Agência Nacional de Energia Elétrica (Brasil). *Solução de divergências*: mediação. Brasília: ANEEL, 2008. Disponível em: https://edisciplinas.usp.br/pluginfile.php/5384008/mod_resource/content/1/CadernosTematicosANEEL%20media%C3%A7%C3%A3o%20-%20pdf.pdf. Acesso: 01 dez. 2022.

BRASIL. Agência Nacional de Saúde Suplementar – ANS. *Resolução nº 388, de 25 de novembro de 2015.* Diário Oficial, Brasília, 2015. Disponível em: https://www.ans.gov.br/component/legislacao/?view=legislacao&task=TextoLei&format=raw&id=MzEzNg%3D%3D. Acesso em: 01 dez. 2022.

BRASIL. AGU. *Ementário dos Planos Nacionais de Negociação.* Disponível em: https://www.gov.br/agu/pt-br/acesso-a-informacao/acoeseprogramas/planos-nacionais-de-negociacao/sobre. Acesso em: 02 dez. 2022.

BRASIL. AGU. CCAF. *Obter a resolução de conflitos através de procedimento de mediação (CCAF/CGU/AGU).* Disponível em: https://www.gov.br/pt-br/servicos/obter-mediacao-de-conflitos-atraves-de-procedimento-de-conciliacao. Acesso em: 03 dez. 2022.

BRASIL. AMB. FGV – IPESPE. *Estudo da imagem do Judiciário brasileiro*, dezembro de 2019. Disponível em: https://www.amb.com.br/wp-content/uploads/2020/04/ESTUDO_DA_IMAGEM_.pdf. Acesso em: 29 nov. 2022.

BRASIL. AMB – Associação dos Magistrados Brasileiros. *O uso da justiça e o litígio no Brasil.* Disponível em: https://www.amb.com.br/wp-content/uploads/2018/05/Pesquisa-AMB-10.pdf. Acesso em: 01 dez. 2022.

BRASIL. ANS. *Norma de fiscalização da ANS recebe menção honrosa no Prêmio FGV Direito Rio.* 18 dez. 2018. Disponível em: https://www.gov.br/ans/pt-br/assuntos/noticias/sobre-ans/norma-de-fiscalizacao-da-ans-recebe-mencao-honrosa-no-premio-fgv-direito-rio. Acesso em: 01 dez. 2022.

BRASIL. ANS. *ANS celebra 10 anos da NIP, ferramenta para resolução de conflitos entre beneficiários e planos de saúde*. 05 ago. 2020. Disponível em: https://www.gov.br/ans/pt-br/assuntos/noticias/beneficiario/ans-celebra-10-anos-da-nip-ferramenta-para-resolucao-de-conflitos-entre-beneficiarios-e-planos-de-saude. Acesso em: 01 dez. 2022.

BRASIL. CFOAB. *Código de Ética e Disciplina da OAB*. Disponível em: https://www.oab.org.br/publicacoes/AbrirPDF?LivroId=0000004085. Acesso em: 03 dez. 2022.

BRASIL. CNJ. *100 Maiores litigantes*. Brasília: CNJ, 2012. Disponível em: https://www.cnj.jus.br/wp-content/uploads/2011/02/100_maiores_litigantes.pdf. Acesso em: 21 nov. 2022.

BRASIL. CNJ. *Justiça em números 2019*. Brasilia: CNJ, 2019. p. 99. Disponível no site: https://www.cnj.jus.br/wp-content/uploads/2020/08/WEB-V3-Justi%C3%A7a-em-N%C3%BAmeros-2020-atualizado-em-25-08-2020.pdf. Acesso em: 04 mar. 2021.

BRASIL. CNJ. *Justiça em números 2020*. Brasília: CNJ, 2020. Disponível em: https://www.cnj.jus.br/wp-content/uploads/2020/08/WEB-V3-Justi%C3%A7a-em-N%C3%BAmeros-2020-atualizado-em-25-08-2020.pdf. Acesso em: 15 nov. 2022.

BRASIL. CNJ. *Justiça em números 2022*. Brasília: CNJ, 2022, p. 112. Disponível em: https://www.cnj.jus.br/wp-content/uploads/2022/09/justica-em-numeros-2022.pdf. Acesso em: 15 nov. 2022.

BRASIL. CNJ. *Manual de mediação judicial*. 6. ed. Brasília, 2016. p. 137-197. Disponível em: https://www.cnj.jus.br/wp-content/uploads/2015/06/f247f5ce60df2774c59d6e2dddbfec54.pdf. Acesso em: 03 dez. 2022.

BRASIL. CNJ. *Resolução nº 125 de 29/11/2010*. Disponível em: https://atos.cnj.jus.br/atos/detalhar/156. Acesso em: 02 dez. 2022.

BRASIL. CNJ. *Grandes litigantes*. Disponível em: https://grandes-litigantes.stg.cloud.cnj.jus.br/. Acesso em: 21 nov. 2022.

BRASIL. IBGE. *Brasil em números*. Rio de Janeiro: IBGE, 2022, p. 79-85. Disponível em: https://biblioteca.ibge.gov.br/visualizacao/periodicos/2/bn_2022_v30.pdf. Acesso em: 30 nov. 2022.

BRASIL. IBGE. *Agência IBGE notícias*. Disponível em: https://agenciadenoticias.ibge.gov.br/agencia-noticias/2012-agencia-de-noticias/noticias/28676-ibge-estima-populacao-do-pais-em-211-8-milhoes-de-habitantes. Acesso em: 03 dez. 2022.

BRASIL. IBGE. IBGE atualiza dados geográficos de estados e municípios brasileiros. *Agência IBGE notícias*. Disponível em: https://agenciadenoticias.ibge.gov.br/agencia-sala-de-imprensa/2013-agencia-de-noticias/releases/27737-ibge-atualiza-dados-geograficos-de-estados-e-municipios-brasileiros. Acesso em: 03 dez. 2022.

BRASIL. São Paulo. *Resolução nº 45/2019*. PGESP. Disponível em: http://www.pge.sp.gov.br/Portal_PGE/Portal_Arbitragens/paginas/Res_PGE_45_2019.pdf. Acesso em: 03 dez. 2022.

BRASIL. São Paulo. *Cadastro de Câmaras de Arbitragem do Estado de São Paulo*. Disponível em: https://www.pge.sp.gov.br/Portal_PGE/Portal_Arbitragens/Arquivos/Camaras. pdf. Acesso em: 03 dez. 2022.

BRASIL. TJPR. Consulta. *Precatórios*: Estado do Paraná. Disponível em: https://www.tjpr.jus.br/precatorios-em-ordem-cronologica-de-pagamento. Acesso em: 30 nov. 2022.

BRASIL. TJRS. *Acordo inédito sobre transporte coletivo de Porto Alegre é firmado no CEJUSC-Empresarial*. 24 set. 2020. Disponível em: https://www.tjrs.jus.br/novo/noticia/acordo-inedito-sobre-transporte-coletivo-de-porto-alegre-e-firmado-no-cejusc-empresarial/. Acesso em: 03 dez. 2022.

BRASIL. TJRS. *Credenciamento de Câmaras Privadas*. Disponível em: https://www.tjrs.jus.br/novo/institucional/o-tjrs/conselhos-comissoes-e-comites/nupemec/credenciamento/. Acesso em: 03 dez. 2022.

BRASIL. UNIVERSIDADE DE SÃO PAULO. *Mediação e conciliação avaliadas empiricamente*: jurimetria para proposição de ações eficientes. Brasília: CNJ, 2019. Disponível em: https://bibliotecadigital.cnj.jus.br/jspui/handle/123456789/321. Acesso em: 29 nov. 2022.

BRASIL. *Constituição da República Federativa do Brasil de 1988*. Diário Oficial, Brasília, 1988. Disponível em: http://www.planalto.gov.br/ccivil_03/constituicao/constituicao.htm. Acesso em: 03 dez. 2022.

BRASIL. Código de Processo Civil 1973. *Lei nº 5.869, de 11 de janeiro de 1973*. Diário Oficial, Brasília, 1973. Disponível em: http://www.planalto.gov.br/ccivil_03/leis/l5869.htm. Acesso em: 03 dez. 2022.

BRASIL. *Decreto-Lei nº 4.657, de 04 de setembro de1942*. Diário Oficial, Brasília, 1942. Disponível em: http://www.planalto.gov.br/ccivil_03/decreto-lei/del4657compilado.htm. Acesso em: 03 dez. 2022.

BRASIL. *Decreto nº 2.335, de 06 de outubro de 1997*. Constitui a ANEEL. Diário Oficial, Brasília, 1997. Disponível em: http://www.planalto.gov.br/ccivil_03/decreto/d2335.HTM. Acesso em: 03 dez. 2022.

BRASIL. *Decreto nº 10.025, de 20 de setembro de 2019*. Diário Oficial, Brasília, 2019. Disponível em: http://www.planalto.gov.br/ccivil_03/_ato2019-2022/2019/decreto/D10025.htm. Acesso em: 03 dez. 2022.

BRASIL. *Decreto nº 6.514, de 22 de julho de 2008*. Diário Oficial, Brasília, 2008. Disponível em: http://www.planalto.gov.br/ccivil_03/_ato2007-2010/2008/decreto/d6514.htm. Acesso em: 03 dez. 2022.

BRASIL. *Decreto nº 4.340, de 22 de agosto de 2002*. Diário Oficial, Brasília, 2002. Disponível em: http://www.planalto.gov.br/ccivil_03/decreto/2002/d4340.htm. Acesso em: 03 dez. 2022.

BRASIL. *Lei nº 6.385, de 07 de dezembro de 1976*. Diário Oficial, Brasília, 1976. Disponível em: http://www.planalto.gov.br/ccivil_03/leis/l6385.htm. Acesso em: 03 dez. 2022.

BRASIL. Lei dos juizados especiais. *Lei nº 9.099, de 26 de setembro de 1995*. Diário Oficial, Brasília, 1995. Disponível em: http://www.planalto.gov.br/ccivil_03/leis/l9099.htm. Acesso em: 03 dez. 2022.

BRASIL. Lei de participação, proteção e defesa dos direitos do usuário dos serviços públicos da Administração Pública. *Lei nº 13.460, de 26 de junho de 2017*. Diário Oficial, Brasília, 2017. Disponível em: http://www.planalto.gov.br/ccivil_03/_ato2015-2018/2017/lei/l13460.htm. Acesso em: 03 dez. 2022.

BRASIL. Estatuto da Criança e do Adolescente. *Lei nº 8.069, de 13 de julho de 1990*. Diário Oficial, Brasília, 1990. Disponível em: http://www.planalto.gov.br/ccivil_03/leis/l8069.htm. Acesso em: 03 dez. 2022.

BRASIL. Lei ação civil pública. *Lei nº 7.347, de 24 de julho de 1985*. Diário Oficial, Brasília, 1985. Disponível em: http://www.planalto.gov.br/ccivil_03/leis/l7347orig.htm. Acesso em: 03 dez. 2022.

BRASIL. Lei de improbidade administrativa. *Lei nº 8.429, de 2 de junho de 1992*. Diário Oficial, Brasília, 1992. Disponível em: http://www.planalto.gov.br/ccivil_03/leis/l8429.htm. Acesso em: 02 dez. 2022.

BRASIL. Lei de Processo Administrativo Federal. *Lei nº 9.784, de 29 de janeiro de 1999*. Diário Oficial, Brasília, 1999. Disponível em: http://www.planalto.gov.br/ccivil_03/leis/l9784.htm. Acesso em: 03 dez. 2022.

BRASIL. Lei do Sistema Brasileiro de Defesa da Concorrência. *Lei nº 12.529/2011, de 30 de novembro de 2011*. Diário Oficial, Brasília, 2011. Disponível em: http://www.planalto.gov.br/ccivil_03/_Ato2011-2014/2011/Lei/L12529.htm#art127. Acesso em: 03 dez. 2022.

BRASIL. *Lei nº 12.527, de 18 de novembro de 2011*. Diário Oficial, Brasília, 2011. Disponível em: https://www.planalto.gov.br/ccivil_03/_ato2011-2014/2011/lei/l12527.htm. Acesso em: 03 dez. 2022.

BRASIL. *Lei nº 12.846, de 01 de agosto de 2013*. Diário Oficial, Brasília, 2013. Disponível em: http://www.planalto.gov.br/ccivil_03/_ato2011-2014/2013/lei/l12846.htm. Acesso em: 03 dez. 2022.

BRASIL. Lei de arbitragem. *Lei nº 9.307, de 23 de setembro de 1996*. Diário Oficial, Brasília, 1996. Disponível em: http://www.planalto.gov.br/ccivil_03/leis/l9307.htm. Acesso em: 03 dez. 2022.

BRASIL. *Lei nº 9.427, de 26 de dezembro de 1996*. Diário Oficial, Brasília, 1996. Disponível em: http://www.planalto.gov.br/ccivil_03/leis/l9427cons.htm. Acesso em: 03 dez. 2022.

BRASIL. *Lei nº 9.472, de 16 de julho de 1997*. Diário Oficial, Brasília, 1997. Disponível em: http://www.planalto.gov.br/ccivil_03/leis/l9472.htm. Acesso em: 03 dez. 2022.

BRASIL. *Lei nº 9.961, de 28 de janeiro de 2000*. Diário Oficial, Brasília, 2000. Disponível em: http://www.planalto.gov.br/ccivil_03/leis/l9961.htm. Acesso em: 03 dez. 2022.

BRASIL. *Lei nº 10.233, de 05 de junho de 2001*. Diário Oficial, Brasília, 2001. Disponível em: http://www.planalto.gov.br/ccivil_03/leis/leis_2001/l10233.htm. Acesso em: 03 dez. 2022.

BRASIL. *Lei nº 9.605, de 12 de fevereiro de 1998*. Diário Oficial, Brasília, 1998. Disponível em: http://www.planalto.gov.br/ccivil_03/leis/l9605.htm. Acesso em: 03 dez. 2022.

BRASIL. *Lei nº 13.848, de 25 de junho de 2019*. Diário Oficial, Brasília, 2019. Disponível em: http://www.planalto.gov.br/ccivil_03/_ato2019-2022/2019/lei/l13848.htm. Acesso em: 03 dez. 2022.

BRASIL. Lei do Governo Digital. *Lei nº 14.129, de 29 de março de 2021*. Diário Oficial, Brasília, 2021. Disponível em: http://www.planalto.gov.br/ccivil_03/_ato2019-2022/2021/lei/L14129.htm. Acesso em: 03 dez. 2022.

BRASIL. *Lei nº 14.230, de 25 de outubro de 2021*. Altera a Lei nº 8.429, de 02 de junho de 1992. Diário Oficial, Brasília, 2021. Disponível em: https://www.planalto.gov.br/ccivil_03/_ato2019-2022/2021/lei/l14230.htm. Acesso em: 02 dez. 2022.

BRASIL. Novo Código de Processo Civil. Lei nº 13.105, de 16 de março de 2015. Diário Oficial, Brasília, 2015. Disponível em: http://www.planalto.gov.br/ccivil_03/_ato2015-2018/2015/lei/l13105.htm. Acesso em: 03 dez. 2022.

BRASIL. *Lei Complementar nº 73, de 10 de fevereiro de 1993*. Diário Oficial, Brasília, 1993. Disponível em: http://www.planalto.gov.br/ccivil_03/leis/LCP/Lcp73.htm#art4vi. Acesso em: 03 dez. 2022.

BRASIL. *Lei nº 9.469, de 10 de julho de 1997*. Diário Oficial, Brasília, 1997. Disponível em: http://www.planalto.gov.br/ccivil_03/leis/l9469.htm. Acesso em: 03 dez. 2022.

BRASIL. Lei dos juizados especiais federais. *Lei nº 10.259, de 12 de julho de 2001. Diário Oficial*, Brasília, 2001. Disponível em: http://www.planalto.gov.br/ccivil_03/leis/leis_2001/l10259.htm. Acesso em: 03 dez. 2022.

BRASIL. *Lei nº 8.213, de 24 de julho de 1991*. Diário Oficial, Brasília, 1991. Disponível em: http://www.planalto.gov.br/ccivil_03/leis/l8213compilado.htm. Acesso em: 03 dez. 2022.

BRASIL. *Lei nº 10.522, de 19 de julho de 2002*. Diário Oficial, Brasília, 2002. Disponível em: http://www.planalto.gov.br/ccivil_03/leis/2002/l10522compilado.htm. Acesso em: 03 dez. 2022.

BRASIL. *Lei nº 9.985, de 18 de julho de 2000*. Diário Oficial, Brasília, 2000. Disponível em: http://www.planalto.gov.br/ccivil_03/leis/l9985.htm. Acesso em: 03 dez. 2022.

BRASIL. *Lei nº 10.257, de 10 de julho de 2001*. Diário Oficial, Brasília, 2001. Disponível em: http://www.planalto.gov.br/ccivil_03/leis/leis_2001/l10257.htm. Acesso em: 03 dez. 2022.

BRASIL. Lei Geral de Concessões e Permissões. *Lei nº 8.987, de 13 de fevereiro de 1995*. Diário Oficial, Brasília, 1995. Disponível em: http://www.planalto.gov.br/ccivil_03/leis/l8987cons.htm. Acesso em: 03 dez. 2022.

BRASIL. Lei das Parcerias Público-Privadas. *Lei nº 11.079, de 30 de dezembro de 2004. Diário Oficial*, Brasília, 2004. Disponível em: http://www.planalto.gov.br/ccivil_03/_ato2004-2006/2004/lei/l11079.htm. Acesso em: 03 dez. 2022.

BRASIL. *Lei nº 12.462, de 04 de agosto de 2011*. Diário Oficial, Brasília, 2011. Disponível em: http://www.planalto.gov.br/ccivil_03/_ato2011-2014/2011/lei/l12462.htm. Acesso em: 03 dez. 2022.

BRASIL. Lei de Mediação. *Lei nº 13.140, de 26 de junho de 2015*. Diário Oficial, Brasília, 2015. Disponível em: http://www.planalto.gov.br/ccivil_03/_ato2015-2018/2015/lei/l13140.htm. Acesso em: 03 dez. 2022.

BRASIL. Lei de Licitações e Contratos. *Lei nº 14.133, de 01 de abril de 2021*. Diário Oficial, Brasília, 2021. Disponível em: http://www.planalto.gov.br/ccivil_03/_ato2019-2022/2021/lei/L14133.htm. Acesso em: 03 dez. 2022.

BRASIL. *Lei nº 13.867, de 26 de agosto de 2019*. Diário Oficial, Brasília, 2019. Disponível em: http://www.planalto.gov.br/ccivil_03/_ato2019-2022/2019/lei/L13867.htm. Acesso em: 03 dez. 2022.

BRASIL. *Lei nº 13.988, de 14 de abril de 2020*. Diário Oficial, Brasília, 2020. Disponível em: http://www.planalto.gov.br/ccivil_03/_ato2019-2022/2020/lei/l13988.htm. Acesso em: 03 dez. 2022.

BRASIL. *Portaria MME nº 349, de 28 de novembro de 1997*. Diário Oficial, Brasília, 1997. Disponível em: http://www2.aneel.gov.br/cedoc/bprt1997349mme.pdf. Acesso em: 03 dez. 2022.

BRASIL. *Portaria AGU nº 11, de 08 de junho de 2020*. Diário Oficial, Brasília, 2020. Disponível em: https://www.in.gov.br/en/web/dou/-/portaria-n-11-de-8-de-junho-de-2020-261278373. Acesso em: 02 dez. 2022.

BROYELLE, Camille. La juridictionnalisation des MARLs. *In*: CLAEYS, Antoine; GIRARD, Anne-Laure (Dir.). *Les modes alternatifs de règlement des litiges em droit administratif*. Poitiers: PUJ de Poitiers, 2018.

CADIET, Loïc. L'accès à la justice – réflexions sur la justice à l'épreuve des mutations contemporaines de l'accès à la justice. *Recueil Dalloz*, Paris, n. 10/7723ᵉ, 09 mars 2017. Disponível em: https://www-dalloz-fr.bcujas-ezp.univ-paris1.fr/documentation/Document?id=RECUEIL/CHRON/2017/0263 Acesso em: 05 dez. 2019.

CADIET, Loïc ; CLAY, Thomas. *Les modes alternatifs de règlement des conflits*. 3. ed. Paris: Dalloz, 2019.

CAILLE, Pascal. Contentieux administratif – Troisième Partie – Titre I – Chapitre II, Chapitre II: L'exécution de la décision juridictionnelle. *Revue générale du droit on line*, 2017, numéro 26699. Disponível em: https://www.revuegeneraledudroit.eu/?p=26699. Acesso em: 30 jun. 2021.

CAM-CCBC. *Regulamento de mediação 2016*. Disponível em: https://ccbc.org.br/cam-ccbc-centro-arbitragem-mediacao/resolucao-de-disputas/mediacao/regulamento-2016/. Acesso em: 03 dez. 2022.

CANOTILHO, José Joaquim Gomes. *Direito constitucional e teoria da Constituição*. 7. ed. Coimbra: Almedina, 2003.

CAPITANT, David. L'influence du droit communautaire sur le contentieux administratif français: l'exemple des marchés publics. *In:* PARISIO, Vera (Dir.). *Diritti interni, diritto comunitario e principi sovranazionali*. Milano: Giuffrè Editore, 2009.

CAPPELLETTI, Mauro; GARTH, Bryant. NORTHFLEET, Ellen Gracie. (Trad.). *Acesso à justiça*. Porto Alegre: Sergio Antonio Fabris Editor, 2002.

CAPRA, Fritjof. *A teia da vida*: uma nova compreensão científica dos fenômenos vivos. EICHEMBERG, Newton Roberval (Trad.). São Paulo: Cultrix, 1996.

CARDOZO, José Eduardo. Prefácio. *In:* Azevedo, André Gomma (Org.). *Manual de Mediação Judicial*. Brasília/DF: Ministério da Justiça e Programa das Nações Unidas para o Desenvolvimento – PNUD, 2012.

CASSESSE, Sabino. New paths for administrative law: A manifesto. *I COM*, Oxford, v. 10, p. 603-613, 2012. Disponível em: https://academic.oup.com/icon/article-abstract/10/3/603/673508 29. Acesso em: 08 dez. 2022.

CHAMON JÚNIOR, Lúcio Antônio. *Filosofia do direito na alta modernidade*. 2. ed. Rio de Janeiro: Lumen Juris, 2007.

CHEVALLIER, Jacques. *Science administrative*. 6. ed. Paris: PUF, 2019.

CHEVALLIER, Jacques. Contractualisation(s) et action publique. *RFDA*, n. 2, Paris, 2018.

CHEVALLIER, Jacques. Le droit administratif vu de la science administrative. *AJDA*, n. 7, Paris, 2013.

CHEVALLIER, Jacques. A reforma do Estado e a concepção francesa do serviço público. *Revista do Serviço Público*, ano 47, v. 120, n. 3, set./dez. 1996.

CHRETIÉN, Patrice; CHIFFLOT, Nicolas; TOURBE, Maxime. *Droit Administratif*. 17. ed. Paris: Sirey, 2020.

CIMAMONTI, Sylvie; PERRIER, Jean-Baptiste (Dir.). *Les enjeux de la déjudiciarisation*. LGDJ: Issy-les-Moulineaux, 2019.

CLAEYS, Antoine. Résoudre autrement les différends avec l'administration: l'éclairage des droits étrangers. In: CLAEYS, Antoine; GIRARD, Anne-Laure (Dir.). *Les modes alternatifs de règlement des litiges em droit administratif*. Poitiers: PUJ de Poitiers, 2018. p. 23-42.

CLUB DES MÉDIATEURS DE SERVICES AU PUBLIC. *Site oficial*. Disponível em: https://clubdesmediateurs.fr/. Acesso em: 03 dez. 2022.

COHENDET, Marie-Anne. Une crise de la représentation politique? *Cités*, vol. 18, n. 2, p. 41-61, 2004.

CONIMA. *Página oficial*. Disponível em: https://conima.org.br/. Acesso em: 03 dez. 2022.

CONIMA. *Código de Ética para Mediadores*. Disponível em: https://conima.org.br/mediacao/codigo-de-etica-para-mediadores/. Acesso em: 03 dez. 2022.

CONSELHO DA EUROPA. *CEPEJ*. Disponível em: https://www.coe.int/fr/web/cepej/home. Acesso em: 03 dez. 2022.

CONSELHO DA EUROPA. *CEPEJ-GT-MED*. Disponível em: https://www.coe.int/en/web/cepej/cepej-work/mediation. Acesso em: 03 dez. 2022.

CONSELHO DA EUROPA. *CEPEJ(2007)15*. Disponível em: https://rm.coe.int/1680747c2e. Acesso em: 03 dez. 2021.

CONSELHO DA EUROPA. CEPEJ. *Study on the functioning of judicial systems in the EU Member States*. Strasbourg, p. 585-586, 12 mar. 2021. Disponível em: https://ec.europa.eu/info/sites/default/files/part_2_-_eu_scoreboard_-_country_fiches_-_deliverable.pdf. Acesso em: 03 dez. 2022.

CONSELHO DA EUROPA. CEPEJ. *Study on the functioning of judicial systems in the EU Member States*. Strasbourg, p. 538, 06 jan. 2022. Disponível em: https://ec.europa.eu/info/sites/default/files/part_2_-_eu_scoreboard_-_country_fiches_-_deliverable_0.pdf. Acesso em: 03 dez. 2022.

CONSELHO DA EUROPA. *Recommandation Rec(2001)9*. **Disponível em:** https://search.coe.int/cm/Pages/result_details.aspx?ObjectId=09000016805e2a35. Acesso em: 03 dez. 2022.

CONSELHO EUROPEU. *A new strategic agenda 2019-2024*. Disponível em: https://www.consilium.europa.eu/media/39914/a-new-strategic-agenda-2019-2024.pdf. Acesso em: 03 dez. 2022.

COSTA, Andréa Abrahão. *Governança judicial e mediação institucionalizada de conflitos nos fóruns descentralizados de Curitiba*: uma abordagem sobre a possibilidade de democratização do Poder Judiciário. 2018. 280 f. Tese (Doutorado) – Programa de Pós-Graduação em Direito, Pontifícia Universidade Católica do Paraná, Curitiba, 2018.

COSTALDELLO, Angela Cassia *et al.* Reflexos da nova lei de introdução às normas do direito brasileiro (Lei nº 13.655/2018) na gestão urbanística das cidades. *In*: VALIATI, Thiago Priess *et al.* (Coord.). *A lei de introdução e o direito administrativo brasileiro*. Rio de Janeiro: Lumen Juris, 2019.

DAHL, Robert. *Sobre a democracia*. Tradução de Beatriz Sidou. Brasília: Editora UNB, 2001.

DAVI, Kaline Ferreira. Composição de litígios pela Administração Pública sem intervenção do Judiciário. *Revista da Advocacia-Geral da União*, Brasília, ano 7, n. 16, p. 183-196, 2008.

DAVID, Mariana Soares. A necessidade e admissibilidade da mediação administrativa. *In*: MOREIRA, António Júdice *et al.* (Coord.). *Mediação e arbitragem na Administração Pública*: Brasil e Portugal. São Paulo: Almedina, 2020.

DE CACQUERAY, Sophie; HUTIER, Sophie *et al.* Procédure législative et QPC. *In: Conseil constitutionnel*, Titre VII, Paris, p. 164-177, outubro 2020. Disponível em: https://www.cairn.info/revue-titre-vii-2020-octobre-page-164.htm. Acesso em: 03 dez. 2022.

DEUTSCH, Morton. The resolution of conflict: constructive and destructive processes. *In*: AZEVEDO, André Gomma de (Org.). *Estudos de Arbitragem, Mediação e Negociação*, v. 3. Brasília: Ed. Grupos de Pesquisa, 2004. Disponível em: https://arcos.org.br/estudos-emarbitragem-mediacaoe-negociacao-vol3/. Acesso em: 01 dez. 2022.

DI PIETRO, Maria Sylvia Zanella. *Direito administrativo*. 35. ed. Rio de Janeiro: Forense, 2022.

DI PIETRO, Maria Sylvia Zanella. O princípio da supremacia do interesse público – sobrevivência diante dos ideais do neoliberalismo. *In*: BACELLAR FILHO, Romeu Felipe; HACHEM, Daniel Wunder. *Direito administrativo e interesse público*: estudos em homenagem ao professor Celso Antônio Bandeira de Mello. Belo Horizonte: Fórum, 2010.

DUGUIT, Léon. *L'État le droit objectif et la loi positive*. Paris: Dalloz, 2003.

EIDT, Elisa Berton. *Solução de conflitos no âmbito da administração pública e o marco regulatório da mediação*: da jurisdição a novas formas de composição. Santa Cruz do Sul: Essere nel Mondo, 2017.

EUROSTAT. *General government expenditure by function, "law courts"*. Disponível em: https://ec.europa.eu/eurostat/databrowser/view/GOV_10A_EXP__custom_4077740/default/table?lang=en. Acesso em: 03 dez. 2022.

EUROSTAT. *Government expenditure on public order and safety*. Disponível em: https://ec.europa.eu/eurostat/statistics-explained/index.php?title=Government_expenditure_on_public_order_and_safety#Expenditure_on_public_order_and_safety_by_type_of_transaction e https://ec.europa.eu/eurostat/statistics-explained/images/2/2e/Total_general_government_expenditure_on_public_order_and_safety%2C_2016_%28%25_of_GDP_%25_of_total_expenditure%29.png. Acesso em: 30 maio 2021.

FALECK, Diego. Um passo adiante para resolver problemas complexos: desenho de sistemas de disputas. *In*: SALLES, Carlos Alberto *et al*. (Coord.). *Negociação, mediação, conciliação e arbitragem*. 2. ed. Rio de Janeiro: Forense, 2019.

FARIA, Luzardo. *O princípio da indisponibilidade do interesse público e a consensualidade no direito administrativo*. 2019. 338 p. Dissertação (Mestrado em Direito do Estado) – Programa de Pós-Graduação em Direito, Universidade Federal do Paraná, Curitiba, 2019. Disponível em: https://acervodigital.ufpr.br/handle/1884/62542. Acesso em: 03 dez. 2022.

FARIA, Luzardo. O art. 26 da LINDB e a legalidade dos acordos firmados pela Administração Pública: uma análise a partir do princípio da indisponibilidade do interesse público. *In*: VALIATI, Thiago Priess *et al*. (Coord.). *A lei de introdução e o direito administrativo brasileiro*. Rio de Janeiro: Lumen Juris, 2019.

FAUTRE-ROBIN, Aurélia. Rôle et intérêt de la déjudiciarisation. *In*: CIMAMONTI, Sylvie; PERRIER, Jean-Baptiste (Dir.). *Les enjeux de la déjudiciarisation*. LGDJ: Issy-les-Moulineaux, 2019.

FERRAZ, Luciano. *Controle e consensualidade*: fundamentos para o controle consensual da Administração Pública. Belo Horizonte: Fórum, 2020.

FERREIRA, Kaline. A confidencialidade prevista na lei de mediação e os processos de autocomposição envolvendo entes públicos. *In*: FERREIRA, Kaline *et al*. (Coord.). *Sistema multiportas de resolução de litígios na administração pública*: autocomposição e arbitragem. Belo Horizonte: Fórum, 2021.

FISHER, Roger Fisher; URY, William. VIEIRA, Ricardo Vasques (Trad.). *Como chegar ao sim*: como negociar acordos sem fazer concessões. 1. ed. Rio de Janeiro: Solomon, 2014.

FRANÇA. CECMC. *Ministère de l'économie des finances et de la relance*. Disponível em: https://www.economie.gouv.fr/mediation-conso/mediateurs-references. Acesso em: 03 dez. 2022.

FRANÇA. CNMA. *Conseil national des barreaux*: Convention Cadre. Disponível em: https://www.cnb.avocat.fr/sites/default/files/documents/dossier-de-presse-mediation.pdf. Acesso em: 03 dez. 2022.

FRANÇA. *Conseil Constitutionnel*. Dec. n. 2019-778 DC du 21 du mars du 2019. Disponível em: https://www.conseil-constitutionnel.fr/decision/2019/2019778DC.htm. **Acesso em: 03 dez. 2022.**

FRANÇA. *Conseil d'État*, 391840: Sté Foncière Europe, le 9 décembre 2016. Disponível em: https://www.legifrance.gouv.fr/ceta/id/CETATEXT000033581177/. Acesso em: 06 dez. 2022.

FRANÇA. *Conseil d'État*, 78829: Arrêt Société civile Sainte-Marie de l'Assomption, le 20 octobre 1972. Disponível em: https://www.legifrance.gouv.fr/ceta/id/CETATEXT 000007642995/. Acesso em: 03 dez. 2022.

FRANÇA. Conseil d'État. La citoyenneté – Être (un) citoyen aujourd'hui. *Les rapports du Conseil d'État*. Paris, 27 set. 2018. Disponível em: https://www.conseil-etat.fr/ressources/etudes-publications/rapports-etudes/etudes-annuelles/etude-annuelle-2018-la-citoyennete-etre-un-citoyen-aujourd-hui. Acesso em: 03 dez. 2022.

FRANÇA. Conseil d'État. *Le contrat, mode d'action publique et de production de normes*. Dossier de presse. Rapport public 2008, Paris, 2008. Disponível em: https://www.conseil-etat.fr/ressources/etudes-publications/rapports-etudes/rapports-publics/le-contrat-mode-d-action-publique-et-de-production-de-normes-rapport-public-2007. Acesso em: 03 dez. 2022.

FRANÇA. *Conseil d'État*. Disponível em: https://www.conseil-etat.fr/actualites/actualites/le-conseil-d-etat-signe-une-convention-pour-promouvoir-la-mediation. Acesso em: 03 dez. 2022.

FRANÇA. *Conseil d'État*. Disponível em: https://www.conseil-etat.fr/actualites/discours-et-interventions/la-mediation-en-matiere-administrative-signature-d-une-convention-entre-le-conseil-d-etat-et-le-conseil-national-des-barreaux. Acesso em: 03 dez. 2022.

FRANÇA. *Constitution du 4 octobre 1958*. Disponível em: https://www.conseil-constitutionnel.fr/le-bloc-de-constitutionnalite/texte-integral-de-la-constitution-du-4-octobre-1958-en-vigueur. Acesso em: 03 dez. 2022.

FRANÇA. *Décret nº 2018-101 du 16 février 2018*: portant expérimentation d'une procédure de médiation préalable obligatoire en matière de litiges de la fonction publique et de litiges sociaux. Disponível em: https://www.legifrance.gouv.fr/loda/id/JORFTEXT000036608557/2021-07-16/. Acesso em: 03 dez. 2022.

FRANÇA. *Décret nº 2022-433 du 25 mars 2022*. Disponível em: https://www.legifrance.gouv.fr/loda/id/LEGIARTI000045414561/#LEGIARTI00004541456. Acesso em: 03 dez. 2022.

FRANÇA. *Loi constitutionnelle nº 2008-224, du 23 juillet 2008*: de modernisation des institutions de la Cinquième République. Disponível em: https://www.legifrance.gouv.fr/jorf/id/JORFTEXT000019237256. Acesso em: 03 dez. 2022.

FRANÇA. *Loi nº 2011-333, du 29 mars 2011*. Disponível em: https://www.legifrance.gouv.fr/dossierlegislatif/JORFDOLE000021029382/. Acesso em: 03 dez. 2022.

FRANÇA. *Loi nº 2011-334, du 29 mars 2011*. Disponível em: https://www.legifrance.gouv.fr/loda/id/JORFTEXT000023781252/. Acesso em: 03 dez. 2022.

FRANÇA. *Loi nº 2011-525 du 17 mai 2011*. Disponível em: https://www.legifrance.gouv.fr/jorf/id/JORFTEXT000024021430. Acesso em: 03 dez. 2022.

FRANÇA. *Loi nº 2016-1547 du 18 novembre 2016*. Disponível em: https://www.legifrance.gouv.fr/codes/texte_lc/LEGITEXT000006070933?tab_selection=all&searchField=ALL&query=code+de+justice+administrative&searchType=ALL&typePagination=DEFAULT&pageSize=10&page=1&tab_selection=all#all. Acesso em: 03 dez. 2022.

FRANÇA. *Loi nº 2018-727 du 10 août 2018*. Disponível em: https://www.legifrance.gouv.fr/loda/id/JORFTEXT000037307624/2021-01-23. Acesso em: 03 dez. 2022.

FRANÇA. *Loi nº 2019-222 du 23 mars 2019*: de programmation 2018-2022 et réforme pour la justice. Disponível em: https://www.legifrance.gouv.fr/loda/id/LEGIARTI000038262748/2019-03-25/. Acesso em: 03 dez. 2022.

FRANÇA. *Code de justice administrative*. Disponível em: https://www.legifrance.gouv.fr/codes/id/LEGITEXT000006070933/. Acesso em: 15 nov. 2022.

FRANÇA. *Défenseur des droits*. Disponível em: https://www.defenseurdesdroits.fr/fr/institution/competences/services-publics. Acesso em: 03 dez. 2022.

FRANÇA. INSEE. *Comparateur de territoires*. Disponível em: https://www.insee.fr/fr/statistiques/1405599?geo=FE-1. Acesso em: 03 dez. 2022.

FRANÇA. INSEE. *Statistiques*. Disponível em: https://www.insee.fr/fr/statistiques/1405599?geo=FE-1. Acesso em: 03 dez. 2022.

FRANÇA. *Rapport 2020 du Médiateur national du Pôle Emploi*. 10 maio 2021. Disponível em: https://www.vie-publique.fr/sites/default/files/rapport/pdf/279791.pdf. Acesso em: 03 dez. 2022.

FRANÇA. *Rapport 2021 du Médiateur national du Pôle Emploi*, 28 juin 2022. Disponível em: https://www.vie-publique.fr/rapport/285533-mediateur-national-de-pole-emploi-2021#:~:text=Pour%2032%25%20des%20demandes%20recevables,qui%20a%20 apais%C3%A9%20le%20conflit). Acesso em: 03 dez. 2022.

FRANÇA. *TA Poitiers, 12 juillet 2018, nº 1701757*. Disponível em: http://poitiers.tribunal-administratif.fr/content/download/139098/1408234/version/1/file/TA86%20-%20 1701757%20ano.pdf. Acesso em: 03 dez. 2022.

FRANÇA. *La justice est-elle trop lente?* Fiche thématique, 11 jun. 2019. Disponível em: https://www.vie-publique.fr/fiches/38062-delai-raisonnable-et-lenteur-des-decisions-de-justice. Acesso em: 03 dez. 2022.

FREITAS, Juarez. *Sustentabilidade*: direito ao futuro. 4. ed. Belo Horizonte: Fórum, 2019.

FREITAS, Juarez. *Direito fundamental à boa administração pública*. 3. ed. Malheiros: São Paulo, 2014.

FREITAS, Juarez. Direito administrativo não adversarial: a prioritária solução consensual de conflitos. *RDA – Revista de Direito Administrativo*, v. 276, p. 25-46, set./dez. 2017.

FRICERO, Natalie; MAZEAUD, Vincent. Domaine et méthodes de la déjudiciarisation. *In*: CIMAMONTI, Sylvie; PERRIER, Jean-Baptiste (Dir.). *Les enjeux de la déjudiciarisation*. LGDJ: Issy-les-Moulineaux, 2019.

FUNGHI, Luís Henrique Baeta. Da dogmática autoritária à administração pública democrática. *RDA – Revista de Direito Administrativo*, Belo Horizonte, ano 2011, n. 257, maio/ago. 2011.

GABARDO, Emerson. *Eficiência e legitimidade do Estado*: uma análise das estruturas simbólicas do direito público. São Paulo: Manole, 2003.

GABARDO, Emerson. *Princípio constitucional da eficiência administrativa*. São Paulo: Dialética, 2002.

GABARDO, Emerson; REZENDE, Maurício Corrêa de Moura. O conceito de interesse público no direito administrativo brasileiro. *Revista Brasileira de Estudos Políticos*, Belo Horizonte, n. 115, p. 267-318, jul./dez. 2017.

GABARDO, Emerson; SOUZA, Pablo Ademir de. O consequencialismo e a LINDB: a cientificidade das previsões quanto às consequências práticas das decisões. *A&C – Revista de Direito Administrativo & Constitucional*, Belo Horizonte, ano 20, n. 81, p. 97-124, jul./set. 2020. DOI: 10.21056/aec.v20i81.1452.

GABBAY, Daniela Monteiro. YAMAMOTO, Ricardo. Entre a norma e a prática: desafios na redação da cláusula de mediação em contratos administrativos. *In*: MOREIRA, António Júdice; *et al.* (Coord.). *Mediação e arbitragem na Administração Pública*: Brasil e Portugal. São Paulo: Almedina, 2020.

GAUDIN, Jean Pierre. *Gouverner par contrat*: l'action publique en question. Paris: Presses de Sciences PO, 1999.

GIMENEZ, Charlise P. Colet; VETORETTI, Marina. A abordagem ao conflito na sociedade contemporânea: uma análise do Poder Judiciário *versus* a mediação. *In:* SPENGLER, Fabiana Marion (Org.). *Acesso à justiça e mediação*. Curitiba: Multideia, 2013.

GIRARD, Anne-Laure. Régler autrement les conflits avec l'Administration: quelquer enseignements de l'histoire. *In*: CLAEYS, Antoine; GIRARD, Anne-Laure (Dir.). *Les modes alternatifs de règlement des litiges em droit administratif*. Poitiers: PUJ de Poitiers, 2018. p. 7-21.

GONOD, Pascale. Le Code des relations entre le public et l'administration: retour sur les difficultés de codifier la procédure administrative. *Droit Administratif*, n. 8-9, août 2016, 2. Paris: LexisNexis, 2016. Disponível em https://www.lexis360.fr. Acesso em: 20 set. 2020.

GRAF, Kathrin. *La médiation*: une approche constructive à la hauteur des conflits de notre temps. Un pont possible entre la justice et la paix dans un monde pluraliste. Paris, 2017. Thèse (Doctorat en science politique). Panthéon-Assas Paris II.

GUERINI, Caroline Gonçalves; RAINER, Yahn. A concertação administrativa e os dilemas na efetivação dos acordos ambientais no Brasil. *In:* OLIVEIRA, Gustavo Justino. (Coord.); BARROS FILHO, Wilson Accioli de (Org.). *Acordos administrativos no Brasil*: teoria e prática. São Paulo: Almedina, 2020.

GUILLAUME-HOFNUNG, Michèle. *La médiation*. Paris: PUF, 2020.

GUINCHARD, S.; DEBARD, Th. (dir.) Lexique des termes juridiques. 18a ed, 2011, v. Déjudiciarisation. *Apud*: FRICERO, Natalie. Notion et définition de la déjudiciarisation. *In*: CIMAMONTI, Sylvie; PERRIER, Jean-Baptiste (Dir.) *Les enjeux de la déjudiciarisation*. LGDJ: Issy-les-Moulineaux, 2019.

HABERMAS, Jürgen. *Consciência moral e agir comunicativo*. Rio de Janeiro: Tempo Brasileiro, 2013.

HABERMAS, Jürgen. *Direito e democracia*: entre facticidade e validade. v. I. Rio de Janeiro: Tempo Brasileiro, 1997.

HACHEM, Daniel Wunder. *Tutela administrativa efetiva dos direitos fundamentais sociais*: por uma implementação espontânea, integral e igualitária. 2014. 614 f. Tese (Doutorado) – Programa de Pós-Graduação em Direito, Universidade Federal do Paraná, Curitiba, 2014.

HACHEM, Daniel Wunder. A dupla noção jurídica de interesse público em Direito Administrativo. *A&C – Revista de Direito Administrativo & Constitucional*, Belo Horizonte, ano 11, n. 44, p. 59-110, abr./jun. 2011.

HACHEM, Daniel Wunder. *Princípio constitucional da supremacia do interesse público*. Belo Horizonte: Fórum, 2011.

HACHEM, Daniel Wunder. A dupla titularidade (individual e transindividual) dos direitos fundamentais econômicos, sociais, culturais e ambientais. *Revista Direitos Fundamentais & Democracia (UniBrasil)*, Curitiba, UniBrasil, v. 14, n. 14.1, p. 618-688, ago./dez. 2013.

HACHEM, Daniel Wunder. *Crise do poder judiciário e a venda do sofá. O que a administração e a advocacia pública têm a ver com isso?* Crise Econômica e Soluções Jurídicas, 301/2016. São Paulo: RT, 2016.

HÉON, François et al. Mary Parker Follett: Change in the Paradigm of Integration. *In:* SZABLA D.; PASMORE B.; BARNES M.; GIPSON A. *The palgrave handbook of organizational change thinkers*. London: Palgrave MacMillan, 2017. Disponível em: https://www.researchgate.net/publication/318578862_Mary_Parker_Follett_Change_in_the_Paradigm_of_Integration. Acesso em: 03 dez. 2022.

JAPIASSÚ, Hilton; MARCONDES, Danilo. *Dicionário Básico de Filosofia*. 5. ed. Rio de Janeiro: Zahar, 2008. Disponível em: https://sites.google.com/view/sbgdicionariodefilosofia/consenso. Acesso em: 04 dez. 2022.

JUSTEN FILHO, Marçal. *Teoria geral das concessões de serviços públicos*. São Paulo: Dialética, 2003.

JUSTEN FILHO, Marçal. Conceito de interesse público e a personalização do direito administrativo. *Revista Trimestral de Direito Público – RTDP*, São Paulo, 26, p. 115-136, 1999.

KANT, Immanuel. Resposta à pergunta: que é esclarecimento? *In:* VIER, Raimundo; FERNANDES, Floriano de Souza. *Textos seletos*. 2. ed. Petrópolis: Vozes, 1985.

KUHN, Thomas. *A estrutura das revoluções científicas*. 5. ed. São Paulo: Editora Perspectiva, 1998.

LE BOT, Olivier. La sécurisation des MARL par le juge administrative. *In:* CLAEYS, Antoine; GIRARD, Anne-Laure (Dir.). *Les modes alternatifs de règlement des litiges em droit administratif*. Poitiers: PUJ de Poitiers, 2018. p. 85-98.

LE FOLL, Yann. *Conditions d'homologation d'un accord de médiation*. Le Quotidien, 17 août 2018. Disponível em: https://www.lexbase.fr/revue-juridique/46942454-edition-du-17-08-2018. Acesso em: 03 dez. 2022.

LEGRAND, Pierre; HACHEM, Daniel Wunder (Trad.). *Como ler o direito estrangeiro*. São Paulo: Contracorrente, 2018.

LEGRAND, Pierre. The impossibility of legal transplants. *Maastricht J. Eur. & Comp. L.*, Holanda, v. 4, 2, p. 111-124, 1997.

LEGRAND, Pierre. On the singulatiry of law. *Harvard International Law Journal*, 47, p. 517-530, 2006.

LEGRAND, Pierre. A Impossibilidade de "Transplantes Jurídicos". *Cadernos do Programa de Pós-Graduação em Direito/UFRGS*, v. IX, n. 1, 2014.

LEMES, Selma Ferreira. Prefácio. *In:* BRAGA NETO, Adolfo. *A mediação e a Administração Pública*. São Paulo: CLA, 2021.

LOURENÇO, Nelson. Globalização e glocalização. O difícil diálogo entre o global e o local. *Mulemba – Revista Angolana de Ciências Sociais*, v. 4, n. 8, 2014. Disponível em: http://journals.openedition.org/mulemba/203. Acesso em: 04 dez. 2022.

MAIA, Taciana Mara Corrêa. A administração pública consensual e a democratização da atividade administrativa. *Revista Jurídica UNIGRAN*, Dourados, MS, v. 16, n. 31, jan./jun. 2014.

MAILLOT, Jean-Marc. L'indisponibilité des compétences en droit public français. *Petites Affiches*, Paris, n. 194, p. 3, sept. 2004. Disponível em: https://www-labase-lextenso-fr.bcujas-ezp.univ-paris1.fr/petites-affiches/PA200419401?em=L%27indisponibilit%C3%A9%20des%20comp%C3%A9tences%20en%20droit%20public%20fran%C3%A7ais. Acesso em: 02 ago. 2021.

MARRARA, Thiago. *Sistema brasileiro de defesa da concorrência, organização, processos e acordos administrativos*: de acordo com o Código de Processo Civil de 2015. São Paulo: Atlas, 2015.

MARRARA, Thiago. Método comparativo e direito administrativo. *Revista Jurídica Unigran*, Dourados, MS, v. 16, n. 32, p. 25-37, jul./dez. 2014.

MARTINS, Ricardo Marcondes. Teoria do ato administrativo à luz das alterações da LINDB. *In:* VALIATI, Thiago Priess *et al.* (Coord.). *A lei de introdução e o direito administrativo brasileiro*. Rio de Janeiro: Lumen Juris, 2019.

MAZEAUD, Vincent. Efficacité des modes déjudiciarisés. *In:* CIMAMONTI, Sylvie; PERRIER, Jean-Baptiste (Dir.). *Les enjeux de la déjudiciarisation*. Issy-les-Moulineaux: LGDJ, 2019.

MEDAUAR. Odete. *O direito administrativo em evolução*. 2. ed. São Paulo: Revista dos Tribunais, 2003.

MEDAUAR, Odete. *O direito administrativo em evolução*. 3. ed. Brasília: Gazeta Jurídica, 2017.

MEGNA, Bruno Lopes. A Administração Pública e os meios consensuais de solução de conflitos ou "enfrentando o Leviatã nos novos mares da consensualidade". *Revista da Procuradoria Geral do Estado de São Paulo*, São Paulo, n. 82, p. 1-30, jul./dez. 2015. Disponível em: https://revistas.pge.sp.gov.br/index.php/revistapegesp/article/view/538. Acesso em: 03 dez. 2022.

MELLERAY, Fabrice. La typologie des modes alternatifs de règlement des litiges en droit administratif, p. 61-66. *In:* CLAEYS, Antoine; GIRARD, Anne-Laure (Dir.). *Les modes alternatifs de règlement des litiges em droit administratif*. Poitiers: PUJ de Poitiers, 2018.

MELLO, Celso Antônio Bandeira de. *Curso de direito administrativo*. 28. ed. São Paulo: Malheiros, 2011.

MELLO, Celso Antônio Bandeira de. *Curso de direito administrativo*. 32. ed. São Paulo: Malheiros, 2015.

MELLO, Celso Antônio Bandeira de. *Natureza e regime jurídico das autarquias*. São Paulo: RT, 1968.

MELLO, Oswaldo Aranha Bandeira de. Conceito de direito administrativo. *Revista da Universidade Católica de São Paulo*, v. XXVII, p. 36, 1964.

MIGNON, Vincent Brenot Emmanuelle. Faut-il croire à la médiation dans les litiges administratifs? *ARTICLE Public – Réglementaire – Environnement*, 05 fev. 2018. Disponível em: https://www.august-debouzy.com/fr/blog/1117-faut-il-croire-a-la-mediation-dans-les-litiges-administratifs. Acesso em: 03 dez. 2022.

MINET-LELEU, Alice. La médiation administrative. *Revue du Droit Public*, Paris, n. 5, p. 1191, set. 2017. Disponível em: https://www-labase-lextenso-fr.bcujas-ezp.univ-paris1.fr/revue-du-droit-public/RDP2017-5-006?em=m%C3%A9diation%20administrative. Acesso em: 30 jul. 2021.

MOORE, Christopher W; LOPES, Magda França (Trad.). *O processo de mediação*: estratégias práticas para a resolução de conflitos. 2. ed. Porto Alegre: Artmed, 1998.

MORAES, Vânila Cardoso André de. *Demandas repetitivas decorrentes de ações ou omissões da administração pública*: hipóteses de soluções e a necessidade de um direito processual público fundamentado na Constituição. Brasília: CJF, 2012.

MORAND-DEVILLER, Jacqueline. *Cours de droit administratif*. 9. ed. Paris: Montchrestien, 2005.

MOREIRA, Egon Bockmann. Contratação de árbitros e mediadores: inexigibilidade. *In*: CUÉLLAR, Leila *et al*. *Direito administrativo e alternative dispute resolution*: arbitragem, *dispute board*, mediação e negociação. Belo Horizonte: Fórum, 2020.

MOREIRA, Egon Bockmann. Sentando-se à mesa de negociação com autoridades públicas. *In*: CUÉLLAR, Leila *et al*. *Direito administrativo e alternative dispute resolution*: arbitragem, *dispute board*, mediação e negociação. Belo Horizonte: Fórum, 2020.

MOREIRA, Egon Bockmann. Negociações público-privadas: sob a lei, mas para além do texto da lei. *In*: CUÉLLAR, Leila *et al*. *Direito administrativo e alternative dispute resolution*: arbitragem, dispute board, mediação e negociação. Belo Horizonte: Fórum, 2020.

MOREIRA, Egon Bockmann; CUÉLLAR, Leila. Administração pública e mediação: notas fundamentais. *In*: CUÉLLAR, Leila *et al*. *Direito administrativo e alternative dispute resolution*: arbitragem, *dispute board*, mediação e negociação. Belo Horizonte: Fórum, 2020.

MOREIRA, Egon Bockmann; CUÉLLAR, Leila. Câmaras de autocomposição da administração pública brasileira: reflexões sobre seu âmbito de atuação. *In*: CUÉLLAR, Leila *et al*. *Direito administrativo e alternative dispute resolution*: arbitragem, *dispute board*, mediação e negociação. Belo Horizonte: Fórum, 2020.

MOREIRA NETO, Diogo de Figueiredo. *Poder, Direito e Estado*: o direito administrativo em tempos de globalização. Belo Horizonte: Fórum, 2011.

MOREIRA NETO, Diogo de Figueiredo. *Mutações do direito administrativo*. 2. ed. Rio de Janeiro: Renovar, 2001.

MOREIRA NETO, Diogo de Figueiredo. Novos institutos consensuais da ação administrativa. *Revista de Direito Administrativo*, 231, Rio de Janeiro, jan./mar. 2003.

MUNIZ, Tânia Lobo; SILVA, Marcos Claro da. O modelo de tribunal multiportas americano e o sistema brasileiro de solução de conflitos. *Revista da Faculdade de Direito da UFRGS*, Porto Alegre, v. esp., n. 39, p. 288-311, 2018.

NAPOLITANO, Giulio. *La logica del diritto amministrativo*. Bologna: Il Mulino, 2014.

NETTO, Luísa Cristina Pinto e. *Participação administrativa procedimental*: natureza jurídica, garantias, riscos e disciplina adequada. Belo Horizonte: Fórum, 2009.

NINO, Carlos Santiago. *La constitución de la democracia deliberativa*. Barcelona: Gedisa Editorial, 1997.

NOHARA, Irene. *Reforma administrativa e burocracia*: impacto da eficiência na configuração do direito administrativo brasileiro. São Paulo: Atlas, 2012.

NOHARA, Irene Patrícia. Motivação do ato administrativo na disciplina de direito público da LINDB. *In:* VALIATI, Thiago Priess *et al.* (Coord.). *A lei de introdução e o direito administrativo brasileiro*. Rio de Janeiro: Lumen Juris, 2019.

NORMAND, Jacques. Clôture sur médiation. CADIET, Loïc (Dir.). *Médiation & arbitrage alternative dispute resolution*: alternative à la justice ou justice alternative?: perspectives comparatives. Paris: Litec, Lexis Nexis, 2005.

NOVAIS, Jorge Reis. *As restrições aos direitos fundamentais não expressamente autorizadas pela Constituição*. Coimbra: Coimbra Editora, 2003.

NURET, Bertrand. Administration/Citoyens – La médiation en droit public: d'une chimère à une obligation? *La Semaine Juridique Administrations et Collectivités territoriales*, n. 9, 2019. Disponível em: https://www.lexis360.fr. Acesso em: 20 set. 2020.

OEA. Organização dos Estados Americanos. *Pacto de São José da Costa Rica*. Disponível em: http://www.oas.org/pt/cidh/mandato/Basicos/convencion.asp. Acesso em: 01 dez. 2022.

OEA. Organização dos Estados Americanos. *Declaração Americana dos Direitos e Deveres do Homem*. Disponível em: http://www.oas.org/pt/cidh/mandato/Basicos/declaracion.asp. Acesso em: 01 dez. 2022.

OLIVEIRA, Gustavo Justino de. Os acordos administrativos na dogmática brasileira contemporânea. *In:* MOREIRA, António Júdice *et al.* (Coord.). *Mediação e arbitragem na Administração Pública*: Brasil e Portugal. São Paulo: Almedina, 2020.

OLIVEIRA, Gustavo Justino de; GONÇALVES, Cláudio Cairo. Justiça multiportas, desjudicialização e negociação na Administração Pública: novos caminhos para o consensualismo administrativo à luz da processualística civil. *In:* NOLASCO, Rita *et al.* (Coord.). *Desjudicialização, justiça conciliativa e poder público*. São Paulo: RT, 2021.

OLIVEIRA, Gustavo Justino de. Administração pública democrática e efetivação de direitos fundamentais. *Fórum Administrativo – Direito Público – FA*, Belo Horizonte, ano 8, n. 88, jun. 2008. Disponível em: http://www.bidforum.com.br/bid/PDI0006.aspx?pdiCntd=53908. Acesso em: 14 ago. 2017.

OLIVEIRA, Gustavo Justino; SCHWANKA, Cristiane. A administração consensual como a nova face da administração pública no séc. XXI: fundamentos dogmáticos, formas de expressão e instrumentos de ação, *Revista da Faculdade de Direito da Universidade de São Paulo*, v. 104, p. 303-322, jan./dez. 2009.

OLIVEIRA, Rafael Carvalho Rezende. Democratização da Administração Pública e o princípio da participação administrativa. *Revista da EMERJ*, v. 9, n. 35, p. 158-176, 2006.

ONU BRASIL. *Brasil assina a Convenção de Singapura sobre Mediação das Nações Unidas*. 08 jun. 2021. Disponível em: https://brasil.un.org/pt-br/130591-brasil-assina-convencao-de-singapura-sobre-mediacao-das-nacoes-unidas. Acesso em: 03 dez. 2022.

OST, François. Entre droit et non-droit: l'intérêt. Essai sur les fonctions qu'exerce la notion d'intérêt en droit privé. *In:* GÉRARD, Philippe; OST, François; KERCHOVE, Michel van de (Dir.). *Droit et intérêt*. Bruxelles: Facultés Universitaires Saint-Louis, 1990. v. 2.

OTEIZA, Eduardo. ADR methods and the diversity of cultures: the latin american case. p. 161-177. *In*: CADIET, Loïc (Dir.). *Médiation & arbitrage alternative dispute resolution*: alternative à la justice ou justice alternative?: perspectives comparatives. Paris: Litec, Lexis Nexis, 2005.

PALMA, Juliana Bonacorsi de. A consensualidade na Administração Pública e seu controle judicial. *In*: GABBAY, Daniela Monteiro; TAKAHASHI, Bruno. *Justiça Federal*: inovações nos mecanismos consensuais de solução de conflitos. Brasília: Gazeta Jurídica, 2014.

PERRINEAU, Pascal. Le grand débat national: la démocratie participative à grande échelle. *Pouvoirs*, n. 175, p. 113-129, 2020/4. Disponível em: https://www.cairn.info/revue-pouvoirs-2020-4-page-113.htm. Acesso em: 03 dez. 2022.

PINTO, José Guilherme Bernan Correa. Direito administrativo consensual, acordo de leniência e ação de improbidade. *Fórum Administrativo – FA*, Belo Horizonte, ano 16, n. 190, dez. 2016. Disponível em: http://www.bidforum.com.br/PDI0006.aspx?pdiCntd=246236. Acesso em: 2 jun. 2018.

PIVETTA, Saulo Lindorfer. Políticas públicas e a construção do conteúdo material do direito à saúde: desafio à Administração Pública brasileira. *A&C – Revista de Direito Administrativo & Constitucional*, Belo Horizonte, ano 10, n. 41, jul./set. 2010.

PISSALOUX, Jean-Luc. Relations des citoyens avec les administrations: le changement dans la continuite (1re partie). *Petites affiches*, n. 32, p. 4, 14 fev. 2001. Disponível em: https://www-labase-lextenso-fr.bcujas-ezp.univ-paris1.fr/petites-affiches/PA200103201?em=PISSALOUX. Acesso em: 20 set. 2020.

PISSALOUX, Jean-Luc. Relations des citoyens avec les administrations: le changement dans la continuite (suite et fin). *Petites affiches*, n. 33, p. 5, 15 fev. 2001. Disponível em: https://www-labase-lextenso-fr.bcujas-ezp.univ-paris1.fr/petites-affiches/PA200103302?em=pissaloux. Acesso em: 20 set. 2020.

PLESSIX, Benoît. *Droit administratif général*. 3. ed. Paris: LexisNexis, 2020.

PORTUGAL. *Constituição da República Portuguesa*. Disponível em: https://dre.pt/web/guest/legislacao-consolidada/-/lc/337/202009150200/128081/diploma/indice. Acesso em: 08 nov. 2020.

REALE, Miguel. *Lições preliminares de direito*. 27. ed. São Paulo: Saraiva, 2009.

RENAUDIE, Olivier. La genèse complexe du défenseur des droits, p. 397-408. *Revue Française d'Administration Publique*, n. 139, 2011/3. Disponível em: https://www.cairn.info/revue-francaise-d-administration-publique-2011-3.htm. Acesso em: 03 dez. 2022.

RIVERO, Antole; CAMARATTA, Martín. Nuevos paradigmas desde la Administración Pública para la tutela efectiva de los derechos económicos, sociales y culturales. *Revista Eurolatinoamericana de Derecho Administrativo*, Santa Fe, v. 2, n. 2, p. 123-142, jul./dic. 2015.

RIVERO, Jean; WALINE, Jean. *Droit administratif*. 21. ed. Paris: Dalloz, 2006.

ROCHA, Cármen Lúcia Antunes. Democracia, Constituição e Administração Pública. *A&C – Revista de Direito Administrativo & Constitucional*, Curitiba, ano 2, n. 9, p. 91-102, 2002. Disponível em: http://www.revistaaec.com/index.php/revistaaec/article/view/737. Acesso em: 10 set. 2017.

RODRÍGUEZ-ARANA MUÑOZ, Jaime. El Derecho Administrativo ante la crisis (el Derecho Administrativo Social). *Revista Eurolatinoamericana de Derecho Administrativo*, Santa Fe, v. 2, n. 2, p. 7-30, jul./dic. 2015.

RODRÍGUEZ-ARANA MUÑOZ, Jaime. El concepto del Derecho Administrativo y el proyecto de Constitución Europea. *A&C – Revista de Direito Administrativo e Constitucional*, Belo Horizonte, n. 23, p. 127-144, jan./mar. 2006.

RODRÍGUEZ-ARANA MUÑOZ, Jaime. Sobre el derecho fundamental a la buena administración y la posición jurídica del ciudadano. *A&C – Revista de Direito Administrativo & Constitucional*, Belo Horizonte, ano 3, n. 11, jan./mar. 2003.

RODRÍGUEZ-ARANA MUÑOZ, Jaime. *Direito fundamental à boa administração pública*. HACHEM, Daniel Wunder (Trad.). Belo Horizonte: Fórum, 2012.

ROUSSEAU, Dominique. L'ouverture du droit constitutionnel aux tiers pouvoirs. *In*: HERRERA, Carlos Miguel; PINON, Stephane (Dir.). *La démocratie, entre multiplication des droits et contre-pouvoirs sociaux*. Paris: Éditions Kimé, 2012. p. 159-164.

SAISON-DEMARS, Johanne. Contractualisation et règlement des litiges administratifs. *RFDA*, Paris, n. 2, 2018.

SALVO, Sílvia Helena Picarelli Gonçalves Johonsom di. Arbitragem de conflitos na Administração Pública brasileira e o sistema multiportas de resolução de disputas: um olhar revisitado e uma perspectiva para o futuro. *In*: MOREIRA, António Júdice *et al.* (Coord.). *Mediação e arbitragem na Administração Pública*: Brasil e Portugal. São Paulo: Almedina, 2020.

SALVO, Silvia Helena Picarelli Gonçalves Johonson di. *Mediação na Administração Pública* – o desenho institucional e procedimental. São Paulo: Almedina, 2018.

SANDER, Frank; CRESPO, Mariana Hernandez. A Dialogue between Professors Frank Sander and Mariana Hernandez Crespo: exploring the evolution of the Multi-Door Courthouse. *University of St. Thomas Law Journal*, v. 5, p. 665-674, 2008. Disponível em: https://papers.ssrn.com/sol3/papers.cfm?abstract_id=1265221. Acesso em: 02 dez. 2022.

SANTOS, Boaventura de Sousa. Para uma revolução democrática da justiça. Coimbra: Almedina, 2014, p. 23. *Apud* EIDT, Elisa Berton. *Solução de conflitos no âmbito da administração pública e o marco regulatório da mediação*: da jurisdição a novas formas de composição. Santa Cruz do Sul: Essere nel Mondo, 2017.

SANTOS, Maurício Gomm; HLAVNICKA, Karin. Arbitragem e mediação na Administração Pública: um aceno sobre a realidade no Brasil e nos Estados Unidos da América. *In:* MOREIRA, António Júdice; *et al.* (Coord). *Mediação e arbitragem na Administração Pública*: Brasil e Portugal. São Paulo: Almedina, 2020. p. 419-445.

SCHIER, Adriana da Costa Ricardo. *A participação popular na Administração Pública*: o direito de reclamação. Renovar: Rio de Janeiro, 2002.

SCHIRATO, Vitor Rhein; PALMA, Juliana Bonacorsi de. Consenso e legalidade: vinculação da atividade administrativa consensual ao direito. *Revista Brasileira de Direito Público – RBDP*, Belo Horizonte, ano 7, n. 27, out./dez. 2009. Disponível em: http://www.bidforum.com.br/bi/PDI0006.aspx?pdiCntd=64611. Acesso em: 14 ago. 2017.

SCHNEIDER, Patrícia Dornelles. Meios alternativos de resolução de conflitos: a conciliação dos processos judiciais pelo poder público. A experiência de Porto Alegre. *Revista da Procuradoria-Geral do Município de Porto Alegre*, Porto Alegre, v. 30, n. 31, p. 169-173, 2017. Disponível em: http://www2.portoalegre.rs.gov.br/pgm/default.php?reg=31&p_secao=502. Acesso em: 03 dez. 2022.

SCHWANKA, Christiane. A processualidade administrativa como instrumento de densificação da administração pública democrática: a conformação da administração pública consensual. *Revista do Tribunal de Contas do Estado de Minas Gerais*, v. 80, n. 3, ano XXIX, jul./ago./set. 2011.

SCHWIND, Rafael Wallbach. Acordos na Lei de Introdução às Normas do Direito Brasileiro – LINDB: normas de sobredireito sobre a celebração de compromissos pela Administração Pública. *In:* OLIVEIRA, Gustavo Justino (Coord.); BARROS FILHO, Wilson Accioli de (Org.). *Acordos administrativos no Brasil*: teoria e prática. São Paulo: Almedina, 2020.

SERPA, Maria de Nazareth. *Mediação uma solução judiciosa para conflitos*. Belo Horizonte: Del Rey, 2017.

SILVA, Thais Sampaio da. *Revista de Doutrina da 4ª Região*, Porto Alegre, n. 67, ago. 2015. Disponível em: https://www.revistadoutrina.trf4.jus.br/index.htm?https://www.revistadoutrina.trf4.jus.br/artigos/edicao067/Thais_daSilva.html. Acesso em: 29 nov. 2022.

SIX, Jean-François. *Le temps des médiateurs*. Paris: Seuil, 1990. p. 164. *Apud* GUILLAUME-HOFNUNG, Michèle. *La médiation*. Paris: PUF, 2020.

SOUZA, Luciane Moessa. O papel da advocacia pública no Estado Democrático de Direito: da necessidade de sua contribuição para o acesso à justiça e o desenvolvimento institucional. *A&C – Revista de Direito Administrativo & Constitucional*, n. 34, Belo Horizonte, Fórum, p. 141-174, out./dez. 2008.

SOUZA, Luciane Moessa de. *Meios consensuais de solução de conflitos envolvendo entes públicos*: negociação, mediação e conciliação na esfera administrativa e judicial. Belo Horizonte: Fórum, 2012.

SOUZA, Mara Freire de; BUENO, Flavia Scarpinella. Mediação: uma solução adequada para os conflitos ambientais entre a Administração Pública e o administrado. *In*: MOREIRA, António Júdice *et al*. (Coord.). *Mediação e arbitragem na Administração Pública*: Brasil e Portugal. São Paulo: Almedina, 2020. p. 361-382.

SOUZA, Rodrigo Pagani; ALENCAR, Letícia Lins. O dever de contextualização na interpretação e aplicação do direito público. *In*: VALIATI, Thiago Priess *et al*. (Coord.). *A lei de introdução e o direito administrativo brasileiro*. Rio de Janeiro: Lumen Juris, 2019.

SPENGLER NETO, Theobaldo; BECK, Augusto Reali. A busca de outras estratégias na resolução de conflitos. *In*: SPENGLER, Fabiana Marion (Org.). *Acesso à justiça e mediação*. Curitiba: Multideia, 2013.

SPENGLER, Fabiana Marion; MARCANTÔNIO, Roberta. Considerações sobre a teoria da ação comunicativa de Habermas e a mediação como forma de promover a comunicação para o tratamento de conflitos. *Revista de Arbitragem e Mediação*, v. 41, p. 313-329, abr./jun. 2014.

STORME, Marcel. Préface. CADIET, Loïc (Dir.). *Médiation & arbitrage alternative dispute resolution*: alternative à la justice ou justice alternative?: perspectives comparatives. Paris: Litec, Lexis Nexis, 2005.

SUSSKIND, Lawrence; FIELD, Patrick. *Em crise com a opinião pública*: o diálogo como técnica fundamental para solucionar disputas. São Paulo: Futura, 1997.

SVANDRA, Philippe. Repenser l'éthique avec Paul Ricœur. Le soin entre responsabilité, sollicitude et justice. *Recherche en soins infirmiers*, Paris, v. 124, n. 1, p. 19-27, 2016. Disponível em: https://www.cairn.info/revue-recherche-en-soins-infirmiers-2016-1-page-19.htm. Acesso em: 13 jul. 2021.

TALAMINI, Eduardo. A (In)disponibilidade do interesse público: consequências processuais (composições em juízo, prerrogativas processuais, arbitragem, negócios processuais e ação monitória)- versão atualizada para o CPC/2015. *Revista de Processo*, São Paulo, ano 42, v. 264, p. 83-107, fev. 2017.

THE WHITE HOUSE. *The Obama administration's commitment to open government*: Status Report, p. 4-5, 2011. Disponível em: https://obamawhitehouse.archives.gov/sites/default/files/opengov_report.pdf. Acesso em: 03 dez. 2022.

TONIN, Mauricio Moraes. Mediação e administração pública: a participação estatal como parte e como mediador de conflitos. *In*: NASCIMBENI, Asdrubal Franco *et al*. (Coord.). *Temas de mediação e arbitragem III*. 3. ed. São Paulo: Lex Editora, 2019.

TROSA, Sylvie. L'intérêt général: une réalité introuvable? *Lavoisier*: Gestion & Finances Publiques, n. 3, p. 82-87, 2017/3. Disponível em: https://www.cairn.info/revue-gestion-et-finances-publiques-2017-3-page-82.htm. Acesso em: 03 dez. 2022.

UNIÃO EUROPEIA. *Carta dos Direitos Fundamentais da União Europeia*. Disponível em: https://www.europarl.europa.eu/charter/pdf/text_fr.pdf. Acesso em: 03 dez. 2022.

UNIÃO EUROPEIA. *CEDH*, 1re sect., 26 mars 2015, Momčilović c. Croatie, nº 11239/11: Procédures 2015, comm. 159, N. Fricero. Disponível em: http://hudoc.echr.coe.int/fre?i=002-10566. Acceso em: 03 dez. 2022.

UNIÃO EUROPEIA. *Diretiva 2008/52/CE*. Disponível em: https://eur-lex.europa.eu/legal-content/PT/TXT/?uri=celex%3A32008L0052. Acesso em: 03 dez. 2022.

UNIÃO EUROPEIA. *Tratado sobre o projeto de Constituição para a União Europeia*. Disponível em: https://eur-lex.europa.eu/legal-content/EN/TXT/?uri=CELEX:52003XX0718(01). Acesso em: 03 dez. 2022.

UNITED NATIONS DEVELOPMENT PROGRAMME (UNDP). IDH 2021-2022. *Human Development Report*. 2022. Disponível em: https://hdr.undp.org/system/files/documents/global-report-document/hdr2021-22pdf_1.pdf. Acesso em: 03 dez. 2022.

VALETTE, Bernard. Quelles Perspectives pour la Médiation Administrative? *Petites affiches*, n. 138, p. 12, 1999. Disponível em: https://www-labase-lextenso-fr.bcujas-ezp.univ-paris1.fr/petites-affiches/PA199913804?em=Valette. Acesso em: 20 set. 2020.

VALLE, Vanice Regina Lírio do. *Políticas públicas, direitos fundamentais e controle judicial*. 2. ed. Belo Horizonte: Fórum, 2016.

VALLE, Vivian Lima López. *Contratos administrativos e um novo regime jurídico de prerrogativas contratuais na Administração Pública contemporânea*. Belo Horizonte: Fórum, 2018.

VASCONCELOS, Carlos Eduardo. *Mediação de conflitos e práticas restaurativas*. São Paulo: Método, 2008.

VEL, Guy De. Les MARC/ADR au Sein du Conseil De L'Europe: État et Esprit du Règlement Amiable des Différends dans L'Europe des Droits de L'Homme. L. CADIET. (Dir.). coll. *Médiation et arbitrage*: alternative dispute résolution Alternative à la justice ou justice alternative? Perspectives comparatives. LexisNexis, Paris, 2005.

VENTURI, Elton. Transação de direitos indisponíveis? *Revista de Processo*, v. 251, jan./2016.

VENTURI, Elton. A homologação judicial dos acordos coletivos no Brasil, p. 115-133. *In*: MOREIRA, António Júdice *et al*. (Coord.). *Mediação e arbitragem na Administração Pública*: Brasil e Portugal. São Paulo: Almedina, 2020.

VERDIER, Henri; VERGNOLLE, Suzane. L'Etat et la politique d'ouverture en France. *L'Actualité Juridique en Droit Administratif – AJDA*, Paris, n. 2, p. 65-120, 2016.

VIALETTES, Maud; SARIGNY, Cécile BARROIS DE. L'architecture du Code des relations entre le public et l'administration. *Droit Administratif*, n. 8-9, août 2016, 3.

VIAUT, Laura. Les avocats et notaires face aux MARC: un retour de la proximité judiciaire? *Petites affiches*, n. 188, 18 set. 2020. Disponível em: https://www-labase-lextenso-fr.bcujas-ezp.univ-paris1.fr/petites-affiches/LPA152c0. Acesso em: 20 set. 2020.

WALZER, Michael. Les sphères de la Justice. *Apud* ROUSSEAU, Dominique. L'ouverture du droit constitutionnel aux tiers pouvoirs, p. 159-164. *In*: HERRERA, Carlos Miguel; PINON, Stephane (Dir.) *La démocratie, entre multiplication des droits et contre-pouvoirs sociaux*. Paris: Éditions Kimé, 2012.

WARAT, Luis Alberto. *O ofício do mediador*. Florianópolis: Habitus, 2001.

WATANABE, Kazuo. Modalidades de mediação. *In:* DELGADO, José *et al.* Mediação: um projeto inovador. *Cadernos do CEJ*, Brasília, 22, CEJ, CJF, p. 42-50, 2003. Disponível em: Disponível em: https://www.cjf.jus.br/cjf/corregedoria-da-justica-federal/centro-de-estudos-judiciarios-1/publicacoes-1/cadernos-cej/mediacao-um-projeto-inovador. Acesso em: 03 dez. 2022.

WEBER, Max. *Economia e sociedade*: fundamentos de uma sociologia compreensiva. Tradução de Regis Barbosa e Karen Elsabe Barbosa. Brasília: UnB, 1999.

XAVIER, Gabriela Costa. Novos rumos da Administração Pública eficiente – Participação administrativa, procedimentalização, consensualismo e as decisões colegiadas. *Fórum Administrativo – FA*, Belo Horizonte, ano 14, n. 159, p. 33-43, maio 2014.

YARN, Douglas H. Dictionary of Conflict Resolution. São Francisco: Ed. Jossey Bass, 1999. p. 113. *Apud* AZEVEDO, André Gomma de (Org.). 2012. *Manual de Mediação Judicial*. Brasília/DF: Ministério da Justiça e Programa das Nações Unidas para o Desenvolvimento – PNUD.

ZAMORA Y CASTILLO, Niceto Alcalá. *Processo, Autocomposição e Autodefensa*. Cidade do México: Ed. Universidad Autónoma Nacional de México, 1991. p. 238.

Esta obra foi composta em fonte Palatino Linotype, corpo 10
e impressa em papel Pólen Bold 70g (miolo) e Supremo 250g
(capa) pela Artes Gráficas formato.